결혼시장

결혼 시장

MARRIAGE MARKETS
How Inequality is Remaking the American Family

준 카르본·나오미 칸 지음

김하현 옮김

계급, 젠더, 불평등 그리고 결혼의 사회학

시대의창

계급. 젠더. 불평등 그리고 결혼의 사회학

결혼시장

초판 1쇄 2016년 11월 10일 펴냄
2판 1쇄 2019년 12월 16일 펴냄

지은이 준 카르본·나오미 칸
옮긴이 김하현
펴낸이 김성실
교정교열 김태현
표지 디자인 채은아
본문 디자인 이주영
제작 한영문화사

펴낸곳 시대의창   **등록** 제10-1756호(1999. 5. 11)
주소 121-816 서울시 마포구 연희로 19-1
전화 02)335-6121   **팩스** 02)325-5607
전자우편 sidaebooks@daum.net
페이스북 www.facebook.com/sidaebooks
트위터 @sidaebooks

ISBN 978-89-5940-720-0 (03330)

잘못된 책은 구입하신 곳에서 바꾸어드립니다.

이 도서의 국립중앙도서관 출판시도서목록(CIP)은
서지정보유통지원시스템 홈페이지(http://seoji.nl.go.kr)와
국가자료공동목록시스템(http://www.nl.go.kr/kolisnet)에서 이용하실 수 있습니다.
(CIP제어번호: CIP2019046169)

감사의 글

이 책을 쓰면서 아낌없이 프로젝트를 지원해준 사람들에게 정말 빚을 많이 졌다. 수많은 동료와 친구, 가족들이 우리와 토론하고 이 책을 편집해주어 크게 도움이 되었다. 작업을 검토해주고 아이디어에 힘을 보태준 빌 블랙과 돈 브라만, 토냐 브리토, 맥신 아이크너, 마사 파인먼, 토니 감비노, 마샤 개리슨, 질 해즈데이, 팻 에르난데스, 낸시 레빗, 린다 매클레인, 해나 로진, 버피 스콧에게 감사 인사를 전한다. 우리를 믿어준 옥스퍼드 대학교 출판부 편집자 데이브 맥브라이드에게도 감사하다는 말을 하고 싶다. 특히 마이클 거튼태그에게, 그가 10대 때 그의 어머니 마샤 거튼태그가 집필하려던 성비에 관한 책을 두고 어머니와 이야기를 나누었던 경험을 공유해주어 고맙다. 보든 칼리지, 보스턴 대학교, 호프스트라 대학교, 뉴잉글랜드 법학 대학교, 세인트루이스 대학교, 플로리다 대학교, 마이애미 대학교, 미시간 대학교, 미시간 주립대학교, 미주리 대학교, 위스콘신 대학교 등에서 열린 숱한 학회와 교수 포럼에서 이 책의 초기 내용을 발표하여 덕을 많이 보았다. 호프스트라 대학교와 뉴잉글랜드 법학 대학교, 미시간 주립 대학교, 네바다-라스베이거스 대학교의 법학 잡지 편집자들에게도 감사의 말을 전한다. 이들의 글에서 도움을 많이 받았다. 또한 우리가 이 책에 들어갈 생각들을 탐구하는 수년 동안 우리의 말에 귀 기울여준 동료들, 주얼 알러스, 바버라 글레스너-파인즈, 미셸 굿윈, 비비안나 그리코, 메리 케이 키사트, 메리 케이 오말리와 연구를 도와준 메리 케이트 헌터, 조디 르볼트, 제시카 치엔에게도 고맙다는 말을 전한다. 미주리 대학교 캔자스시티 캠퍼스와 미네소타 대학교, 조지워싱턴 대학교에서도 아낌없이 연구를 지원해주었다. 평등을 믿고, 또 책 집필에 끝없는 시간을 쏟아붓는 것을 이해해준 가족 빌, 게일런, 제니나, 케니, 토니, 루이자, 애비게일에게도 감사를 전한다.

결혼 시장

목차

2부 새로운 조건

들어가는 글

미국의 가족은 변하고 있다. 그리고 이 변화는 다음 세대에 이르러 불평등을 더욱 심화시킬 것이다. 미국 역사상 처음으로 부모 세대보다 덜 교육받고 덜 건강하며 덜 부유한 아이들이 등장할 텐데, 어른들이 가용할 수 있는 자원과 아이들에게 투자되는 자원 사이의 단절이 갈수록 커지기 때문이다. 이제는 미국의 가족에 정말로 무슨 일이 일어나고 있는지를 설명할 수 있어야 한다.

물론 사람들은 이러한 변화에 대해 긍정적으로든 부정적으로든 끊임없이 논평해왔다. 결혼 연령은 갈수록 높아지고, 결혼율은 갈수록 낮아지며, 결혼한 부부의 절반은 이혼한다. 점점 더 많은 주州가 동성 결혼을 합법화하고 있으며* 혼외 관계에서 태어나는 아이의 수가 부부 사이에서 태어나는 아이의 수와 비등해지고 있다. 또한 선진국에서는 한부모 가정에서 자라는 아이들의 비율이 최고점

---

* 2015년 6월 26일 미국 전역에서 동성 결혼이 합법화되었다.

을 찍었다. 하지만 이러한 변화가 모두에게 똑같이 영향을 미치는 것은 아니다. "일반적인" 가족의 변화만 설명하다 보면 실제로 무슨 일이 벌어지고 있는지 포착할 수 없다. 경제적 불평등은 미국 가족을 계급에 따라 재구성하고 있으며, 가족들이 겪는 변화는 계급마다 다르다. 미국 가족에게 무슨 일이 일어나고 있는지, 그리고 가족법이 계급 격차가 커지는 데 어떻게 일조하고 있는지 이해하려면 미국 경제의 꼭대기에서부터 밑바닥까지 늘어서 있는 가족들이 저마다 어떻게 변화하고 있으며, 이 변화들이 어떤 관계를 맺고 있는지 파헤쳐봐야 한다.

오늘날의 미국 가족과 50년 전의 미국 가족이 왜 이렇게 극심하게 다른지에 대한 기존의 설명들은 대개 무가치하다. 우파는 도덕관념의 쇠퇴와 피임 기술의 발달, 복지, "소울메이트"와 결혼하려고 하는 사회 분위기, 그리고 그 밖의 사회적 병폐를 원인으로 지목해 비난한다. 어째서 이러한 변화가 어떤 집단에게는 영향을 덜 미치고 다른 집단에게는 영향을 더 미치는지는 설득력 있게 설명해내지 못하면서 말이다. 좌파는 개인의 선택, 성 해방, 여권 신장을 찬양하지만, 변화의 원인이 모두 좋은 것만은 아니라는 사실 그리고 그들이 지지하는 변화 중 일부는 그들이 그토록 반대하는 불평등을 더욱 심화시킨다는 사실을 인정하지 않는다. 결국 우파도 좌파도 변화에 대해 온전한 설명을 내놓지 못하고 있다. 하지만 상층 가정과 하층 가정이 왜 정반대로 움직이고 있는지 제대로 설명해내지 못한다면 미국 가족을 개혁하려는 어떠한 시도도 헛되게 될 것이다.

미국 가족에게 닥친 변화를 온전하게 설명하려면 우리 삶에서 계급이 차지하는 역할과 커져만 가는 경제적 불평등이 결혼, 이혼, 육아의 조건을 재정립하는 데 미치는 영향을 진지하게 다뤄야 한다. 제대로 된 설명이라면 왜 가장 가난한 집단은 결혼을 하지 않는지는 물론이고, 왜 엘리트 여성은 역사적 흐름을 거슬러 가장 결혼을 많이 하게 되었는지도 설명할 수 있어야 한다. 또한 현재 교육 수준이 가장 높은 집단의 이혼율은 무과실 이혼이 가능해지기 이전 수준으로 떨어진 반면 다른 집단의 이혼율은 증가 추세에 있는데, 어째서 수십 년 동안 모든 집단에서 계속 증가해온 이혼율이 이처럼 집단별로 다른 양상을 보이고 있는지도 설명할 수 있어야 한다. 종합적인 분석이라면 보수적이고 독실한 노동자 계급 여성이 아이 아빠가 청혼하는데도 혼자서 아이를 키우려고 하는 이유 역시 설명할 수 있을 것이다.

요컨대 경제적 요인을 고려하지 않고는 변화를 온전히 설명할 수 없다. 변화에 대응하려면 대졸자의 삶과 노동자 계급의 삶이 어떻게 달라지고 있는지 이해해야 한다. 대졸자들은 직업 변경, 자녀의 질병, 지역 이동 등의 스트레스를 견딜 수 있도록 직업과 결혼에 투자한다. 노동자 계급도 교육 수준이 높은 사람들과 마찬가지로 경제적 능력과 안정적인 가정을 원하지만 이제는 그 가능성이 붕괴되었다.

따라서 이야기는 미국 경제의 특징인 경제적 불평등에서부터 시작된다. 심화된 불평등은 여성보다 남성에게 더 큰 영향을 미쳤다. 사회적 지위가 높은 여성과 결혼하고자 하는 상층 남성과 더 이상 생산적 역할을 해내지 못하는 하층 남성 모두 그 수가 늘어났다. 이로 인해 '젠더 협상'이 근본적으로 변했다. 즉, 남녀가 관계를 지속적으로 유지하고 싶게끔 만드는 조건이 변한 것이다. 그리고 이러한 변화는 사회경제적 시스템의 최상층과 최하층에 다르게 작용한다. 상층의 경우 각 성별 내에서 경제적 격차가 점점 커지자 배우자를 고르는 데 더 깐깐해졌고, 미래의 가능성이 제한받지 않도록 이른 결혼을 꺼리게 되었다. 과거 상층 여성은 성공한 남성들을 두루 둘러보며 배우자를 고르곤 했다. 과거 고위직 남성은 주로 자신의 비서와 결혼했는데, 이 여성들은 집에서도 회사에서처럼 남편을 돌봐주었기 때문이다. 이제는 상층 남녀 모두가 여유 있는 삶을 살고자 하는 자신의 기대치에 부응해줄 (또는 기대치를 높여줄) 배우자를 찾는다. 둘이 벌면 골프장이 내려다보이는 집에 살 수 있지만, 혼자 벌면 격이 떨어지는 학군에 있는 그저 그런 집에 살게 되기 때문이다. 돈이 문제가 되지 않는다고 하더라도, 같은 전업 주부라도 박사학위가 있는 배우자는 고등학교만 졸업한 배우자보다 사회적 지위가 훨씬 높다. 여전히 대졸자 대부분은 지속적인 관계를 유지하며 앞으로도 그러할 것이지만, 장차 그들이 (그리고 그들이 헌신하는 파트너가) 어떤 삶을 살게 될 것인지 더욱 분명해질 때까지 결혼과 출산을 미룸으로써 미래의 가능성을 열어둔다. 이들은 미래의 배우자를 선택하는 데 엘리트가 누릴 수 있는 이점들을 최대한 활용하며, 덕분에 대졸자의 상당수가 결혼 후 경제적으로 안정된 두 부모 가정에서 아이를 양육한다.

소득이 하위 3분의 1인 집단에서는 커져가는 남녀 간 격차 때문에 남녀가 서로에 대한 기대를 접는 경향이 짙다. 다른 국가들과 미국의 자료를 비교해보면 심각한 경제적 불평등은 만성적인 실업과 높은 수감률, 약물 남용과 관련이 있는데, 이러한 요인들은 주로 남성에게 영향을 미친다.[1] 하층 여성은 카드빚을 쌓아두고 여러 일자리를 전전하며 부업으로 마약을 판매하는 남성에게 헌신하는 것은 자녀를 양육하는 데 자산보다는 위협이 된다고 본다. 반면 하층 남성은 여성이 언제나 자신의 돈을 빼앗아가면서도 자신이 절망에 몸부림칠 때는 곁에 있어주지 않는다고 생각한다. 그 결과 여성은 남성보다 자신이 갖고 있는 자원에 투자하게 되었으며, 남성은 파트너와의 관계에 어려움이 닥쳤을 때 관계를 지키려고 노력하기보다 새로운 관계를 찾아 전전하게 되었다. 이 같은 상황에서 가정의 안정은 바랄 수 없다.

가계소득 분포에서 백분위 50 전후에 위치하는 중간층은 가장 분석하기 어렵다. 이 집단은 과거 '백인 노동자 계급'이라고 불렸지만, 오늘날의 중간층은 50년 전의 중간층이나 대학 교육을 받은 현재의 소득 상위 3분의 1 집단에 비해 인종이 다양하다. 과거 이 집단은 보수가 좋은 제조업 생산직에 몸담았지만, 이제는 제조업 일자리가 예전처럼 많지 않으며 이 집단을 구분하는 뚜렷한 기준이 되지 못한다. 현재는 교육 수준이 중간층을 가르는 가장 뚜렷한 기준일지 모른다. 이 집단은 대부분 고졸자로 학사 학위가 없다. 대학에 입학했지만 졸업을 못 했거나 커뮤니티칼리지°나 직업학교를 졸업한 사람이 대다

° community college. 미국의 2년제 공립 교육 기관으로 주로 지역 주민을 대상으로 교양 과목과 직업 훈련 등의 교육을 제공한다. 고등학교 졸업 자격만 있으면 쉽게 입학할 수 있으며 학비가 상당히 저렴하다.

수다. 중간층 가족에서 태어난 여성들은 잘 해내고 있다. 상층에서는 남성이 여성보다 대학을 많이 졸업하고 남녀 간 소득 격차가 갈수록 벌어지고 있지만, 중간층에서는 여성이 남성을 앞선다. 이 집단에서는 여성이 남성보다 성적이 좋고, 교육을 더 많이 받으며, 중단한 학업을 끝마치기 위해 훗날 학교로 돌아갈 가능성이 더 높다. 교육 수준과 노동 시간이 같을 경우 중간층 남녀의 소득 격차는 크지 않다. 성공한 중간층 여성은 자신과 사회적 지위가 비슷한 남성과 결혼하려 하지만, 성공한 중간층 여성의 수는 갈수록 늘어나고 있는 반면 성공한 중간층 남성의 수는 갈수록 줄어들고 있다. 과거에는 고졸 여성이 주로 대졸 남성과 결혼했다. 하지만 오늘날 고졸 여성은 결혼을 아예 하지 않을 가능성이 더 높다. 또한 사회학자들이 조사한 바에 따르면 중간층 여성(특히 백인 여성)은 다른 집단 여성보다 동거하는 비율이 높다. 파트너와 함께 살고, 결혼하고, 이혼하고, 또다시 다른 누군가와 동거하는 비율이 다른 집단보다 훨씬 높은 것이다.[2] 이 책에서 우리는 1990년에서 2007년 사이에 미국을 완전히 바꾸어버린 변화들을 묘사할 것이다. 그러나 과거에는 상층에 가까워 보였던 중간층의 가족 패턴이 결국 하층과 비슷해질 것인지는 아직 불분명하다.

고소득 상층 남성의 권력을 강화하고, 하층 남성 대다수를 소외시키며, 중간층 남성의 수를 감소시킨 이러한 경제적 변화는 가정의 토대를 뒤흔들었다. 분명한 것은, 가족이 주식 시세나 계절별로 조정되는 실업률에 따라 변하지는 않는다는 사실이다. 그보다는 경제 변화가 남녀가 만나는 방식을 바꾼다. 또한 시간이 갈수록 배우자에 대해, 그리고 새롭게 재구성된 결혼 시장에서 자신들의 가능성에 대해 젊은 사람들이 기대하는 바를 변화시킨다. 젊은 사람들이 원하는 것을 보면 사람들이 추구하는 가치가 어떻게 변화했는지 알 수 있다. 야심 찬 대학생들은 학업을 지속하면 결혼과 진로에 도움이 되리라는 것을 안다. 또한 너무 일찍 약혼하거나 아이를 가지면 결혼과 진로에 방해가 되리라는 것도 안다. 하지만 여전히 그들은 자신이 준비가 되면 적당한 배우자(남자건 여자건 혹은 정자 은행의 상품이건)가 나타나리라 믿는다. 대학을 졸업하지 않은 여성은 출산을 인생에서 가장 의미 있는 사건이라고 여길 확률이 높으며, 믿음직스럽지도 못하고 부정하기까지 한 파트너와의 관계를 청산하고 자신과 아이에게 시간과 노력을 투자할 확률 또한 높다. 이처럼 변화하는 기대는 도덕관념의 쇠퇴, 여성 해방, 문화 충돌 같은 주제로 다뤄지지만, 이는 결혼 시장이 재구성되면서 자연스럽게 발생한 결과다. 상층에서는 다수의 성공한 남성이 상대적으로 소수인 성공한 여성과 결혼하려 한다. 중간층과 하층에서는 남성보다 더 유능하고 경제적으로 안정적인 여성들이 갈수록 줄어들고 있는 믿음직한 남성을 찾아 헤매고 있다. 이렇게 결혼 시장이 변화하면서 가족의 모습을 바꾸어놓고 남녀 간 불신을 키움에 따라 계급 또한 재형성되고 있다. 더욱 공고해진 계급 간 장벽은 새로운 미국 경제에서 승자와 패자를 나눈다.

이러한 전개와 점증하는 경제적 불평등과의 관계가 사회적 관습의 변화만 따로 떼어내어 논의하는 것보다 결혼 패턴이 변화하는 이유를 더욱 잘 설명해낼 수 있다. 계급 차원에서 문제를 바라보면 여성 해방, 복지, 도덕관념의 변화, 소울메이트와 결혼하려는 경향 등으로 변화를 설명한 이전의 논의들이 얼마나 공허한지 깨닫게 될 것이다.

우리의 삶이 왜 변하는지, 왜 우리 자녀들의 결혼 생활은 불안정한지, 왜 우리 손주들은 부모 세대가 누린 자원들을 누릴 수 없는지 이해하고 싶다면 점증하는 경제적 불평등이라는 문제를 기꺼이 직면해야 한다. 이 책은 미국 가족에게 어떤 일이 발생했는지 설명하고자 한다. 설명은 때때로 복잡하기도 하겠지만 결론은 매우 간명하다. "바보야, 문제는 경제라고!" 점증하는 경제적 불평등을 고려하지 않는 분석이나 해결책은 거짓이다. 불평등은 사회의 안녕 그리고 미래 세대의 행복에 중요한 문제다.[3]

* * *

미국 가족이 변화하는 이유를 불평등과 계급의 문제에서 찾으려 할 때 우리는 다음과 같은 질문과 맞닥뜨린다. 미국 사회에서 '계급'은 무엇을 의미하는가? 결혼 '시장'이라는 말이 가능하기는 한 것인가? 미국인들은 보통 계급이라는 개념을 거부한다. 가족이 경제적 조건에 따라 구분되어 서로 다른 사회 집단을 형성한다는 생각 자체가 미국적이지 않다고 여기기 때문이다. 미국인들은 경제적 조건보다는 인종이나 민족에 따라 집단을 나누고, 종교나 문화, 이념으로 분류하는 경향이 있다. 하지만 인정하든 안 하든 간에 계급은 우리 시대의 가족을 이해하는 데 반드시 필요한 개념이다. 문화의 저

결혼 시장

변에 깔린 사람들의 태도와 기대를 형성하고 자원을 다음 세대에 전달하는 실제적인 역할을 하는 것이 바로 계급이기 때문이다. 그러므로 이 책에서는 결혼 시장이 어떻게 구성되는지, 교육 수준에 따라 기대치가 어떻게 달라지는지, 사람들이 어떻게 사회경제적 사다리를 오르내리는지를 계급의 관점에서 분석한다.

마르크스는 계급을 자본가와 노동자, 즉 생산 수단을 소유한 자와 임금에 의존하지만 고용 조건을 결정할 권한은 없는 자가 이윤을 놓고 벌이는 대립의 측면에서 설명했다. 하지만 이러한 개념으로는 후기 산업사회를 잘 설명할 수 없다. 마르크스는 자본가와는 별개로 "중산층"이 발달할 것을 예측하지 못했다. 마르크스 사후에는 계급에 관한 논의가 주로 아시아와 라틴아메리카, 그 외 개발도상국에서의 금융 발전 과정을 기록하던 사람들 사이에서나 이뤄졌는데, 그들은 중산층의 규모와 상태에 주된 관심을 두었을 뿐 미국과 같은 나라에서 계급 구분이 다시 등장하고 있다는 사실에는 관심이 없었다. 그러므로 계급을 설명할 때 기존의 정의에만 기댈 수는 없다. 또한 정밀하고 일관된 용어만을 사용할 수도 없는데, 용어 자체가 하나의 뜻에 매여 있지 않기 때문이다. 이에 따라 발생할 수 있는 혼란을 줄이기 위해 이 책에서 사용할 몇 가지 개념을 다음과 같이 정리했다.

계급은 (항상 그런 것은 아니지만) 주로 소득에 따라 나뉘는 사회 집단이다. 계급은 집단이 행위에 대한 기대를 만들어내고 재산, 소득, 양육에 쏟는 시간과 노력, 인적 자본 등의 사회자원을 이동시키는 방식을 보다 선명하게 드러내도록 고안된 용어다. 이 책에서는 누가 누구와 결혼하려 하는지, 누가 누구와 함께 살려고 하는지, 장차 부모가 될 사람들은 어떤 가족 형태가 양육에 적합하다고 여기는지 설명할 때 계급 개념을 가장 중요하게 활용할 것이다. 이 사안들에 관한 가장 풍부하고 지속적이며 신뢰할 만한 정보는 인구 조사에서 얻을 수 있다. 이 정보에 따르면 다음의 세 집단으로 나뉜다. 첫 번째는 대졸자 집단으로, 오늘날 청년 인구의 약 3분의 1을 차지하나 전체 인구에서의 비중은 이보다 조금 낮다.[4] 최근의 결혼 관련 연구들에 따르면 대졸자끼리 결혼하는 경우가 점점 늘어나고 있다.

두 번째는 미국 인구의 '중간'에 위치한 집단으로, 정확히 규정하기 어려운 집단이기도 하다. 대학을 졸업하지 못한 고졸자, 가난하지는 않지만 경제적으로 분투하는 사람들이 이 집단에 속한다. 인구 통계를 들어 설명하자면, 2011년 미국 가계소득 백분위 50에 해당하는 가구로 연소득이 4만 2,000달러보다 약간 높은 가구,[5] 고등학교를 졸업하고 4년제 대학에 진학했으나 졸업하지 못한 사람도 이 집단에 속한다.[6] 이 집단은 지난 20년간 숙련 노동자와 비숙련 노동자의 소득 차이가 줄어들면서 점차 기반을 잃었다. 여전히 중간 집단은 하위 집단과는 다르지만, 소득이나 결혼 측면에서 20세기 중반만큼 하위 집단과 뚜렷한 차이가 드러나지는 않는다.

세 번째는 가난하고 소외된 이들의 집단이다. 고등학교 중퇴자들이 이 집단에 속하는데, 16~24세 인구 중 7.4퍼센트가 고등학교를 졸업하지 않았으나 이 집단은 분명 그보다는 규모가 크다.[7] 빈곤선 이하에 있는 15퍼센트의 미국 인구 대다수가 이 집단에 속한다.[8] 이 집단에서 결혼율은 급격하게 낮아지고 있다.

결혼 시장

이상의 세 집단은 정치경제적 분석에 쓰이는 계급 개념과 정확히 일치하지는 않지만 상당히 유사하다.[9] 대졸자로 이루어진 상층 집단은 19세기의 중산층에 가깝다. 즉, 이 집단의 정치경제적 지위는 주로 자녀의 교육에 얼마나 투자하는가에 달려 있다.[10] 상층 집단 안에는 규모는 작지만 뚜렷이 구별되는 엘리트 집단이 있다. 바로 이 엘리트 집단이 마르크스가 말한 자본가 계급, 또는 오늘날 정치 담론에서 "1퍼센트"라고 불리는 자들이다. 엘리트 집단은 자녀의 성공을 담보할 수 있는 자원을 가지고 있다는 점에서 일반적인 대졸자 집단과는 다르다. 또한 엘리트 집단은 워싱턴이나 샌프란시스코에서 집을 사기 위해 부부 모두 열심히 벌어야 할 필요가 없다는 점에서도 구별된다. 엘리트 집단은 무시무시한 정치경제적 권력을 휘두르지만 규모가 매우 작기 때문에 가족 패턴을 구분하는 데 유의미한 영향을 끼치지는 않는다.

이 책에서 대졸자, 대학 교육을 받은 중산층, 중상류층, 상위 3분의 1, 상위 3분의 1에 속한 엘리트 등의 용어가 대략 같은 집단을 가리킨다. 하지만 이 용어들이 지시하는 대상이 정확히 일치하지는 않으며, 상위 1퍼센트를 제외한다 하더라도 대졸자 집단은 균질하지 않다. 학사 학위는 인종이나 지역에 따라 그 의미가 다르다. 예컨대 워싱턴 시에서는 25세 이상 인구 중 절반가량이 대졸자이며 4분의 1이 석·박사 학위 소지자다. 반면에 중부에 있는 멤피스, 테네시, 샌안토니오, 텍사스에서는 대졸자가 인구의 약 4분의 1에 불과하다.[11] 따라서 교육 기간이 상대적으로 짧은 다른 지역에 비해 워싱턴에서는 석·박사 학위 소지자와 학사 학위 소지자, 고소득을 올리는 전문직 종사자와 일반 대졸자 사이에서 계급 차별과 사회적 차별이 더 두드러진다. 대졸자 집단 내의 인종 차이 또한 지역에 따라 의미가 다른데, 인종이 다른 커플이 결혼하거나 함께 아이를 양육하는 것이 보편적이지 않은 지역이나 성비가 전국 평균에 현저하게 못 미치는 지역에서 특히 그렇다. 이 책에서는 관련 데이터가 존재하고 데이터가 유의미하다면 인종과 지역에 따른 차이를 반영하려 한다. 하지만 전반적으로는 대학 교육을 받은 상위 3분의 1을 하나의 집단으로 다룰 것이다.

1975에서 2000년 사이에 대졸자 집단과 중간 집단 사이의 장벽은 더 공고해진 반면 중간 집단과 하위 집단의 경계는 희미해졌다. 중간 집단은 예로부터 '노동자 계급'으로 묘사되었고, 특히 백인이 많았다. 즉, 중간 계급 구성원은 비전문적인 노동자로, 이들의 복리는 정규 교육보다 안정적인 직업과 현장 교육에 달려 있다. 하위 집단은 중간 집단과 어느 정도 차이가 있는데, 이 집단에는 사회가 제공하는 혜택에서 배제되고 차별받는 소수자, 더 나은 기회 및 자원에 접근할 수 없는 가난한 시골 사람 등 가장 소외된 이들이 속해 있기 때문이다. 인종과 상관없이 신체·정신적으로 한계가 있어서 직업을 구할 수 없는 사람 또한 하위 집단에 속한다. 또한 교도소에 수감 중이거나 집행유예를 받은 사람, 가석방으로 풀려난 사람 역시 하위 집단에 포함되는데, 이들은 국가 정책에 따라 수감률이 높아질 경우 눈에 띄게 그 수가 늘어난다는 특징이 있다. 실업률이 높고 경제가 불안정한 시기에 사람들이 직장을 잃고 처지가 나빠지면 안정적인 노동자 계급과 가난한 사람들 사이의 사회경제적 차이는 줄어든다. 한두 세대 전만 해도 중간 집단의 가족은 상위 3분의 1과 훨씬 비슷한 패턴을 보였지만, 오늘날에는 하위 3분의 1 가족과 점점 더 비슷해지고 있다.[12]

이 책은 이러한 계급 구분을 바탕으로 '결혼 시장'을 설명한다. 더 정확히 말하면, 21세기에 사람들이 어떻게 결혼 상대를 고르는지 설명한다. 물론 여러 정치적·철학적 신념에 따르면 친밀한 관계를 교환의 산물로 여기는 것은 옳지 않다. 하지만 어째서 가족이 계급의 표식이 되었는지를 설명하려면 사회 변화가 가족의 변화로 이어지는 메커니즘을 살펴야 한다. 또한 남성과 여성, 게이와 레즈비언 등 각양각색의 사람들이 사회 내에서 관계를 맺는 방식은 사람들이 가족의 가치를 어떻게 이해하느냐와 깊은 연관이 있다. 경제 구조의 변화가 상위 집단, 하위 집단 그리고 중간 집단 가족의 행동 양식에 어떻게 영향을 미치는지 이해하려면, 결혼 및 그 밖의 친밀한 관계를 시장에 나온 상품으로 보아야 한다. 즉, 관계는 교환의 결과로 발생한다. 최신 아이폰을 구매하는 것과 다를 바 없다. 물론 관계의 시장은 조금 특별하다. 이 시장은 신뢰를 기반으로 하며, 성별에 대한 고정관념이 존재하고, 결혼 제도(또는 동성 결혼 반대)와 같은 사회적 압력을 반영한다. 이 시장에서 이루어지는 교환은 다른 종류의 인간관계와 마찬가지로 수요와 공급에 따라 결정된다.

어떤 사회에서든 결혼하고자 하는 사람 수의 균형이 깨지면 결혼율이 낮아진다. 하지만 시장의 변화가 단순히 결혼할 수 있는 사람 수에 영향을 끼치는 것은 아니다. 즉, 자신에게 맞는 여성을 찾기 위해 더 열심히 일해야만 하는 남성이 조금 더 늘어나고, 결국 혼자 남게 될 여성이 조금 더 늘어난다는 얘기가 아니다. 그보다 수요와 공급의 변화는 신뢰의 바탕이 되는 요인들에 영향을 미친다. 예컨 대 사람들은 동반자를 믿고 의지할 수 있을지 묻게 되었다. 그리고 신뢰는 다른 여러 결정에도 줄줄이 영향을 준다. 좋은 동반자를 만 나려면 학업을 지속하는 것이 중요할까? 학업을 지속하는 것이 현 실적인 선택일까? 자녀를 위해서는 나에게 투자하는 게 좋을까 아 니면 배우자에게 투자하는 게 좋을까? 친밀한 관계는 일시적일까 아니면 장기적일까? 이러한 고려 사항들은 우리가 '가치'라고 여기 는 것의 일부로, 현실의 공급 변화를 반영한다. 그리고 이러한 변화 는 예측 가능한 방식으로 사회에 반향을 일으킨다.

이 책은 국가, 시기, 지역별로 남녀가 짝을 찾는 방식을 다룬 문 헌 자료를 다양하게 참고했다. 자료에 따르면 결혼할 수 있는 남성 의 수가 결혼할 수 있는 여성의 수보다 많을 때 사회 규범은 대졸자 집단의 규범과 매우 비슷해진다. 여성은 깐깐하게 파트너를 고를 수 있게 되고, 남성은 원하는 여성을 얻기 위해 몸을 만들고 일을 더 열심히 하고 존경받을 만한 사람이 되어야 하는 것이다. 하지만 여성이 남성보다 많은 사회에서 가족 관계는 아메리칸 드림을 이루 지 못한 가족의 모습과 비슷해진다. 인기가 많은 남성(직업이 있는 남 성)은 한 여성에게 헌신하는 대신 수많은 여성과 즐기며 살 수 있다 는 것을 깨닫는다. 그러한 남성들에 실망할 만큼 실망한 여성들은 파트너보다는 자기 자신에게 투자한다. 시간이 갈수록 어떤 사회는 안정적인 가족이 늘어나고 어떤 사회는 줄어든다. 그리고 어떤 사 회는 자녀에 대한 투자가 늘어나고 어떤 사회는 줄어든다.

변화가 일어나고 있다는 사실뿐만 아니라 이 변화가 상당히 위험할 수 있다는 것을 이제 누구도 부인할 수 없다. 불평등이 심해지면서 중산층에 진입할 수 있는 경로가 바뀌었고, 어려서부터 질 좋은 교육을 받는 상위 계급은 자신의 계급을 더욱 안전하게 유지할 수 있게 되었으며, 근면하게 일하는 노동자 계급을 더 나은 삶으로 인도하던 계급 사다리는 아예 사라졌다.

1부에서는 현재와 같은 상황에 이르게 된 이유에 대해 알아본다. 가정과 시장의 관계가 재정립되면서 여성이 자유를 얻게 되고, 경제적 불평등이 심화되면서 남녀가 짝을 찾는 방식이 변화하게 된 데서 변화의 원인을 찾는다. 2부에서는 이러한 원인들이 남녀가 결합하는 조건을 바꾸고 계급에 따라 다른 규범을 만들어내면서 결혼 시장을 어떻게 기울어뜨렸는지 분석한다. 3부에서는 법으로 주제를 옮겨 가족법이 젠더 간 권력 관계를 해체하는 데 어떤 역할을 했는지, 또 어떻게 (엘리트를 위한) 새로운 결혼 모델을 제도화했는지 분석한다. 새로운 결혼 모델은 서로 의존하던 사람들을 독립적으로 만들고, 이혼 후 지켜야 할 의무를 줄이고, 이혼한 부모가 둘 다 자녀 양육에 지속적으로 관여할 것을 요구한다. 또한 성공한 남성의 이익을 보호하고, 믿을 만하지 않은 남성과 함께 사는 여성이 결혼을 달갑지 않게 여기도록 만든다. 또한 중간 계급에서도 새로운 결혼 모델 때문에 가족법이 젠더 간 권력 싸움의 중심에 놓이게 되었다.

4부에서는 안정적인 가족을 회복하는 일이 경제 활동 기회를 보다 평등하고 확실하게 보장하는 데 달려 있음을 논한다. 기술 발전과 세계화로 여성은 더욱 경제적으로 독립할 수 있게 되었지만 남성은 더욱 커진 경제적 불평등에 맞닥뜨리게 되었다. 계급 사다리는 더욱 가팔라졌고, 승자 독식의 보상 체계가 구축되었다. 기업은 장기적인 안목을 잃고 단기 이윤에 집중하게 되었으며, 노동자에게 월급을 덜 주고 사회의 유익에 눈감는 대신 경영진에게 어마어마한 인센티브를 주기 시작했다. 경제를 재건하려면 고용 안정성과 고용 유연성의 관계에 다시 주목해야 한다. 또한 경영진에게 주는 보상과 일자리 창출, 직업 훈련, 사회보험 사이의 연결 고리에 대해서도 다시 생각해보아야 한다.

사회를 재건하기 위해서는 자원을 다음 세대에 전하는 방식 또한 재고해야 한다. 가족 단위의 경제적 불평등이 심해지면서 가계의 재정 자원뿐 아니라 부모의 양육 자원도 기울어졌다. 1970년에는 고졸 부모가 자녀와 함께 보내는 시간이 대졸 부모가 자녀와 함께 보내는 시간과 비슷했다. 하지만 오늘날에는 아이가 한 살이 될 때까지 아이와 함께 보내는 시간이 고소득 가정의 엄마가 하루에 한 시간 더 많다. 이러한 차이 때문에 아이가 두 살이 되기 전에 형성되는 인지 능력에 격차가 발생하며, 10대 때의 성취도와 성인이 된 후의 역량에서 더욱더 격차가 벌어진다. 부모가 자녀를 양육할 수 있는 사회 기반을 새롭게 닦지 않는다면 계급에 따라 달라지는 문화를 낳게 될 것이다. 이 문화는 경제 변화와 상호 작용하면서 계급 간 장벽을 더욱 공고히 쌓아 올릴 것이며, 그 결과 계급 이동이 더욱 힘들어지고 다음 세대에서 인적 자본에 투자되는 총량 또한 줄어들 것이다.

1부 가족이라는 퍼즐

타일러는 전부 잘 해냈다.[1] 중서부에서 대학을 졸업하고 일을 시작했으며 그곳에서 첫 여자 친구를 만났다. 그녀는 자신이 집안일을 하고 아이를 돌볼 동안 돈을 벌어올 남자를 찾는 것이 곧 결혼이라고 믿었다. 하지만 타일러는 그럴 생각이 없었고, 그들은 곧 헤어졌다. 타일러는 다른 도시로 이사했고 로스쿨에 진학하면 경제적 안정을 얻을 수 있을 거라고 생각했다. 타일러의 부모님은 둘 다 보수가 좋은 전문직 종사자였는데, 로스쿨에 진학하기로 한 타일러의 결정을 지지했다. 그리고 타일러의 학비 대부분을 지원해주었다.

로스쿨 2학년 때 타일러는 같은 학교 학생인 에이미를 만났다. 에이미는 야망 있고 똑똑했으며 잘 놀았다. 타일러와 에이미는 사랑에 빠졌고 졸업하면 곧 결혼하기로 했다. 우리는 타일러에게 그녀와 결혼하기로 결심한 이유를 물었다. 타일러는 지금까지 만난 여자 중 자기만큼 잘 배우고 당당한 여자는 에이미가 처음이었다고 대답했다.

우리는 타일러가 막 로스쿨을 졸업했을 때 그를 다시 만났다. 타일러와 에이미는 일주일 뒤 결혼할 예정이었다. 우리는 그들에게 앞으로의 계획을 물었다. 로스쿨에서 성적이 우수한 학생은 유명한 판사 밑이나 유력한 로펌에서 일하게 되지만, 둘은 성적이 중간 정도였다. 에이미는 6개월짜리 계약직을 얻었는데, 회사의 재정 상태가 좋아지면 정규직으로 전환될 수도 있다고 했다. 타일러는 경험을 쌓기 위해 당분간 판사 밑에서 보수 없이 인턴으로 일하기로 했다. 타일러는 부모님께 필요한 돈을 빌릴 수 있다고 말했다. 그러고는 만약 돈이 더 필요하면 일자리

       결혼시장

를 하나 더 구하는 것이 어떻겠냐고 에이미가 제안했다면서 멋쩍게 웃었다.

우리는 아이를 가질 계획이 있느냐고 물었다. 타일러는 적어도 두 명은 낳고 싶다고 했지만 여유가 생기면 아이를 갖겠다고 했다. 타일러는 30대 초반이고 에이미는 스물여덟 살이다. 에이미는 로스쿨을 졸업하기로 했고, 그 둘은 수만 달러의 학자금 대출을 떠안은 채 학업을 마치게 될 것이다. 두 사람은 함께 돈을 벌 것이고, 그들이 사회복지에 기댈 일은 절대 없을 것이다. 그렇지만 둘은 앞으로의 재정 상황에 대해 불안해했다.

* * *

릴리는 캔자스시티에 있는 준의 집 부엌에서 울고 있었다. 그녀는 도시에서 한 시간도 더 떨어진 시골에서 자랐다. 미혼이었고, 임신 4개월째였다. 릴리의 남자 친구인 칼은 무직에다 아직도 어머니와 함께 살았지만 그녀는 개의치 않았다. 릴리는 도시에서 투잡을 뛰었는데, 이동할 때 꼭 필요한 차가 고장 나고 말았다. 부모님이 차 수리비를 대주었지만 두 분은 모두 아팠고 경제적으로 여유가 없었다. 릴리는 중고차 딜러가 스스로를 기독교인이라고 소개했기 때문에 그를 믿고 차를 샀다고 말했다. 하지만 2주 후 릴리는 차 상태가 엉망임을 알아차렸다. 차를 고치려면 수천 달러가 필요했다. 릴리는 돈을 되돌려 받기 위해 변호사를 구했고 우리에게 의견을 물었다. 우리는 릴리가 돈을 되찾을 가능성이 낮다고 생각했지만 그녀는 변호사를 굳게 믿고 있었다. 배 속의 아이에 관해 물었더니 릴리는 친구들이 출산을 도와줄 거라고 말했다.

나중에 우리는 릴리의 친구를 만났다. 그녀는 릴리와 릴리의 가족이 신실한 기독교인이며 릴리는 절대 낙태하지 않을 거라고 했다. 하지만 릴리는 칼과의 결혼을 한 번도 진지하게 생각해보지 않았다고 했다. 릴리는 스스로 먹고살 수 있을 거라고 확신했고, 항상 그래왔다. 릴리는 혼자서 아이를 키우는 일이 고될 것임을 알았지만 자신감이 있었다. 다만 자신과 아이에다가 남편까지 돌볼 수는 없을 뿐이었다.

* * *

타일러와 릴리는 서로 그리 멀지 않은 곳에서 자랐다. 둘 다 독일계 혈통을 이어받은, 유럽에서 건너와 미국의 평원에 정착한 선조의 자손이다. 과거였다면 둘은 고향 가까이에서 쭉 살았을 것이다. 대학에 진학했든 안 했든 두 가족의 삶은 그리 다르지 않았을 것이다. 1950년대였다면 둘은 같은 동네에 살고, 같은 교회에 다니고, 자녀에게 같은 기대를 품었을지 모른다. 그리고 분명 둘 다 부모보다 훨씬 나은 삶을 살았을 것이다. 하지만 오늘날 둘은 매우 다른 삶을 살게 될 것이다. 그 차이는 직업과 관계, 출산에 이르는 길이 다르기 때문에 발생한다.

계급과 결혼 시장
그리고 가족의 새로운 토대

1960년대에는 "미국 가족"이라는 것에 대해 이야기할 수 있었다. 사람들은 전형적인 가족의 이미지를 떠올릴 수 있었고, 그 이미지는 고등학교 중퇴자 가족이건 대졸자 가족이건, 보스턴에 사는 가족이건 아이오와의 농촌에 사는 가족이건 다르지 않았다. 그리고 남녀가 친밀한 관계를 맺고 함께 살 경우 결혼으로 이어질 가능성이 높았다. 실제로 거의 모두가 결국에는 결혼을 했다. 20세기가 되면서 미국에 쏟아져 들어온 이민자 가정의 자녀들은 미국 본토 아이들의 교육 수준을 따라잡았다. 그리고 거의 모두가 아이를 낳았다. 결혼하기 가장 좋은 나이나 아이를 몇 명 낳을 것인지에 대해서만 미미한 차이가 있었을 뿐이었다.

당시 미국의 중산층 가족에게는 좋은 일자리가 있었다. 전문 기술이 없는 사람도 일자리를 얻고 그 임금으로 가족을 부양할 수 있었다. 그 당시 은막의 스타는 말런 브랜도Marlon Brando였다. 그는 영화 《욕망이라는 이름의 전차》에서 스탠리 코왈스키라는 인물을 연기했는데, 스탠리는 힘과 열정이 넘치는 인물로, 땡전 한 푼 없이 쇠락한 남부의 오래된 집안 딸과 결혼한다. 그 시절 미국 경제의 중심을 이루었던 고졸자 남성은 대부분(88퍼센트) 결혼했을 뿐만 아니라 거의 모두(96퍼센트)가 직업을 갖고 있었다. 반면 어린 자녀가 있는 여성은 80퍼센트 이상이 자녀와 함께 집에 머물렀다.[2] 소수의 고학력 여성이나 그보다는 수가 많은 가난한 여성만이 결혼과 출산 후에도 직업을 유지했다.

놀랍게도 화이트칼라 관리자건 블루칼라 노동자건 노동 시간은 비슷했다. 원한다면 일을 더 할 수 있었고, 배우자를 얻길 원하거나 고위 간부가 되고 싶어 하는 몇몇만이 주당 60시간을 일했다. 하지만 부모가 아이와 함께 보내는 시간은 지금보다 짧았다. 당시에는 마을(또는 도시의 동네나 새로 개발된 교외지)이 있었기 때문에 사람들이 훨씬 편하게 생활할 수 있었다.

물론 그 시절에도 상대적 불평등이 존재했고 사회의 풍요를 누리지 못하는 사람들이 있었다. 전반적으로 빈곤율이 높았고, 원주민들은 애팔래치아 산맥이나 시골에 있는 보호 구역에 격리되었다. 특히 아프리카계 미국인은 모두가 누리던 사회의 풍요를 누리지 못했고, 가족의 모습이 점점 변하고 있었다. 20세기 전반에는 아프리카계 미국인이 백인보다 더 일찍, 더 많이 결혼했다. 1960년 무렵 아프리카계 미국인 가족은 변하기 시작했다. 남녀 관계는 덜컹거렸고, 가족을 버리는 비율이 높아졌다. 제2차 세계 대전 이후 미혼 부모에게서 태어난 아이의 수가 점점 늘어나 1960년에 이르러 사회 문제가 되었다. 그 당시에는 아무도 몰랐지만, 이미 아프리카계 미국인은 풍요롭던 전후 미국 사회의 원동력이 되어준 고임금 블루칼라 일자리를 얻을 수 없었다. 그리고 그 결과, 아프리카계 미국인 가족은 완전히 새로운 모습을 띠게 되었다.

다시 오늘날로 돌아와보자. 1970년 이후 결혼율이 높아진 집단은 전국에서 하나뿐인데, 바로 소득이 상위 5퍼센트인 여성들이다.[3] 반세기 전만 해도 대졸 여성은 교육을 덜 받은 여성보다 결혼할 가능성이 낮았다. 하지만 오늘날의 결혼 시장에서는 모두가 대졸 여성을 탐낸다. 대졸 여성을 제외한 나머지 사람들은 싱글일 가능성이 높다. 50년 전, 그러니까 《매드 맨Mad Men》●의 배경이 된 시절에 회사의 남성 경영진은 주로 그들의 여비서와 결혼했다. 그러나 오늘날에는 다른 회사의 경영진이나 의사, 아니면 회계사와 결혼할 확률이 높다. 고졸 남성이 결혼할 확률은 54퍼센트까지 떨어졌다. 고졸 남성은 직업이 있을 가능성이 낮고, 혼자 벌어서 가족을 먹여 살릴 수 있을 가능성도 낮으며(고졸 남성의 아내 중 73퍼센트가 돈을 번다), 제조업에서 일할 가능성은 훨씬 낮다.

이제 우리는 더 이상 가족을 공통의 토대 위에서 꾸리는 사업이라고 여기지 않는다. 대졸자의 경우 30년 전보다 문화적으로 더욱

● 1960년대 미국 광고계 사람들의 이야기를 다룬 텔레비전 시리즈.

보수적이 되었고, 부모가 함께 살며 아이를 키울 확률이 25년 전보다 높아졌다. 젊은 전문직 종사자들은 '원나잇 스탠드'를 즐기는 것으로 묘사되곤 하지만 혼외 출산을 할 확률은 부모 세대보다 낮다. 하위 3분의 1의 경우 여전히 하얀 울타리를 둘러친 교외의 큰 집에서 배우자와 자녀랑 평화롭게 사는 중산층의 삶을 꿈꾸지만, 사실상 결혼이라는 삶의 방식을 포기했다. 아프리카계 미국인의 경우 전체 출산의 70퍼센트가 혼외 출산이다(고등학교 중퇴자의 경우 96퍼센트). 하지만 인종을 막론하고 가장 큰 변화를 겪은 집단은 중간 집단이다. 세라 페일린●처럼 독실한 기독교 신자라면 혼전 임신을 한 딸이 낙태 대신 출산을 결심했을 때 딸의 결정을 지지할 것이다. 그리고 딸이 철없는 남자 친구와 결혼하지 않기로 결심했을 때 역시 안도의 한숨을 내쉴 것이다.

문제는 우리 사회가 얼마나 분열되었는지 설명하는 것이다. 우리는 지난 저서 《빨간 가족 vs 파란 가족 Red Families v. Blue Families》에서 미국 가족에게 닥친 변화와 정치구조 사이의 연관성을 밝히고 전후에는 매사추세츠 주나 앨라배마 주나 큰 차이가 없던 가족법이 어떻게 지역에 따라 정치적 양극단의 모습을 띠게 되었는지 설명했다. 그리고 그 과정에서 가족에 나타난 지역적 차이를 보여주었다. 새로운 '파란' 가족은 2004년과 2008년 대선에서 민주당 대통령 후

● Sarah Palin. 미국의 여성 정치인으로 알래스카 주지사를 지냈으며 2008년 대통령 선거 때 공화당 부통령 후보로 출마했다. 선거 당시 17세였던 딸 브리스톨 페일린이 혼전 임신을 한 것이 드러났고, 세라 페일린은 딸의 출산을 지지한다는 의사를 밝혔다. 또한 당시 세라 페일린은 딸이 아이 아빠인 18세 레비 존스턴과 곧 결혼할 예정이라고 밝혔으나 둘은 약혼 상태에서 결별했다.

결혼 시장

보의 지지율이 높았던 주에 사는데, 이 주들은 평균 결혼 연령이 높고 이혼율이 낮다. 또한 전반적으로 출산율이 낮으며 10대 출산율도 낮고 낙태율이 높으며 피임을 지지한다. 반면 공화당 대통령 후보를 지지하고 2004년 대통령 선거 때 '가족 가치'를 중요하게 여긴 유권자가 많았던 주에서는 아이를 많이 낳고 어린 나이에 결혼 및 출산을 하며 결혼 생활이 비교적 덜 안정적이다. 이러한 차이는 엘리트들 사이의 이념 차이와 일치한다. 빨간 주에는 종교적이고 보수적인 엘리트와 그들보다는 교회에 덜 나가는 노동자 계급이 사는 반면, 파란 주에는 비종교적인 엘리트 그리고 고소득자보다 독실한 노동자 계급이 산다. 이 밖에 다른 차이도 있다. 파란 주는 빨간 주보다 부유하다. 사실 빨간 주와 파란 주의 지역적 차이는 상당 부분 재산 차이에서 비롯된다.

《빨간 가족 vs 파란 가족》에 영감을 준 자료는 빨간 가족이냐 파란 가족이냐에 따라 이혼율과 10대 출산율이 다르게 나타난 자료였다. 그리고 이 책의 바탕이 되는 자료가 있다면, 이혼율과 미혼 출산율이 점점 더 계급의 표식이 되고 있다는 자료일 것이다. 1990년대에는 이혼율이 더 이상 높아지지 않는다는 좋은 소식이 있었다. 우리는 이 문제를 연구하는 다른 사회학자들처럼 이러한 추세가 이전과 마찬가지로 미국 전체에 고르게 영향을 미칠 거라고 생각했다. 오판이었다.

우리는 《빨간 가족 vs 파란 가족》을 쓰기 위해 자료를 모으면서 미국 가족이 점점 더 계급에 따라 구분되고 있음을 보여주는 도표를 발견했다(도표 1.1). 그리고 이 도표는 이 책 《결혼 시장》을 집필하게끔 만들었다.

이 도표에 따르면 1990년대에 이혼율이 높아지지 않았다는 것은 사실이 아니다. 이혼율은 어떤 집단에서는 꾸준히 낮아졌으나 어떤 집단에서는 다시 가파르게 올랐다. 그러므로 평균값은 현실을 설명하지 못한다. 이혼율은 모든 집단에서 낮아지지 않았다. 평균값만 보면 이혼율이 집단에 따라 다른 추세를 보인다는 사실을 알 수 없다. 이혼율은 대졸자 집단에서는 꾸준히 낮아졌지만 나머지 집단에서는 잠시 낮아졌다가 다시 오르기 시작했다. 가족은 언제나 계급에 따라 다른 모습을 띠어왔다. 그동안 중산층과 엘리트는 가난한 사람들에 비해 출산 전에 결혼할 확률이 높고, 이혼할 확률이 낮으며, 오로지 임신했다는 사실 때문에 결혼할 확률이 낮았다. 그러나 전반적인 추세는 역사적으로 계급과 상관없이 비슷했다. 도표에서 나타나듯이 1970년대에는 이혼율이 대졸자 집단과 나머지 집단

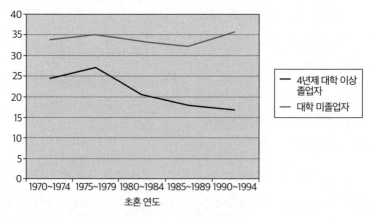

도표 1.1 교육 수준별로 여성이 초혼 후 10년 안에 이혼한 비율.
나오미 칸 · 준 카르본, 《빨간 가족 vs 파란 가족》, 40쪽(2010).

결혼 시장

에서 모두 증가했다. 확실히 대졸자 집단은 나머지 집단에 비해 이혼율이 낮았으며, 그렇기 때문에 두 선의 높이는 다르다. 하지만 두 선 모두 비슷한 기울기로 올라가고 있다.[4]

   그런데 1980년에 결혼한 부부들부터는 이혼율이 감소하기 시작한다. 이혼율은 대졸자 집단에서는 가파르게 떨어지고, 나머지 집단에서는 완만하게 떨어진다. 그러다 1980년대 후반에 결혼한 부부들에서 대학을 졸업하지 않은 집단의 이혼율은 다시 방향을 꺾어 상당히 높아지기 시작한 반면 대졸자 집단의 이혼율은 계속 떨어진다(1980년대 후반에 결혼한 부부들의 이혼율은 10년 후인 1990년대 후반에 조사했다). 대졸자 집단의 이혼율은 계속 떨어져서 2004년에는 1965년과 같은 수준이 되었다. 무과실 이혼이 불가능했고 요즘처럼 피임과 낙태를 쉽게 할 수 없었으며 성 혁명이 일어나지 않았던 때만큼 이혼율이 낮아진 것이다.[5] 그사이 교육 수준이 낮은 집단의 이혼율은 최고점을 찍었으며, 이혼율 증가 추세는 법이 이혼 시 과실의 역할을 다르게 해석하기 시작한 뒤로 더욱 힘을 받았다. 이혼율의 변화는 두 시기로 나누어 설명할 수 있다. 1970년대는 성 혁명이 일어나고 성역할이 어마어마하게 변한 시기로, 전국에서 이혼율이 높아졌다. 1990년대에는 가족 패턴에 계급 차이가 나타났다. 대졸자 집단은 대학에 진학하지 않은 집단에 비해 결혼을 훨씬 늦게 하고 끼리끼리 결혼하는 비율이 높아졌으며, 월등하게 안정적인 가족을 꾸리기 시작했다. 계급 차이는 가족의 모습을 완전히 바꾸어놓았다.

결혼 생활에 충실한 엘리트

이혼율의 차이라는 퍼즐은 혼외 출산의 증가와 들어맞는다. 혼외 출산의 증가는 가족의 변화에서 학자들의 관심을 가장 많이 끄는 연구 주제다. 혼외 출산은 매우 큰 폭으로 변화했다. 1970년대에 대졸자 집단의 평균 결혼 연령이 높아지기 시작했고, 이에 따라 초산 연령도 높아졌다. 그 결과 가정을 이루는 시기가 늦어졌고, 출산율도 전반적으로 낮아졌다. 반면 고졸자 집단의 경우 평균 결혼 연령이 높아진 것은 나중의 일이었으며, 혼외 출산의 증가를 동반했다.[6] 과거 고졸자 집단의 젊은 여성은 먼저 임신을 한 뒤에 아이 아빠와 결혼하곤 했다. 임신 시기가 1950년대나 1970년대에 비해 늦어지긴 했지만, 고졸자 집단의 젊은 여성은 요즘도 혼전에 임신을 한다. 이전에는 출산 후 아이 아빠와 결혼했지만 이제는 결혼하지 않는다는 점이 다를 뿐이다. 초산 연령은 대졸자 집단에서는 계속해서 높아진 반면, 나머지 집단에서는 1990년 이후로 더 이상 높아지지 않았다.[7] 그 결과 혼외 출산이 꾸준히 증가했지만 모든 집단에서 그런 것은 아니다. 도표 1.2를 보면, 학력 수준이 중간인 여성의 혼외 출산율은 1982년에는 저학력 여성보다 고학력 여성에 가까웠다. 하지만 오늘날은 정반대다. 혼외 출산율은 대졸자 집단에서는 큰 변동이 없지만 나머지 집단에서는 크게 높아졌다.

인종을 고려하면 격차가 더 급격해진다. 백인 대졸자 집단에서 혼외 출산율은 1980년대 중반 이후 25년간 2퍼센트를 유지했다. 하지만 같은 시기에 나머지 집단의 20대는 홀로 살아갈 확률이 높

아졌다. 저널리스트들은 대학가의 '원나잇 스탠드' 문화를 그 이유
로 들기 시작했다. 일회적이고 가벼운 섹스가 보편화되었다는 것이
다.[8] 혼전에 동거하는 숫자가 늘어났고, 결혼율은 전반적으로 낮아
졌다. 혼외 출산에 대한 낙인은 빠르게 사라졌다. 하지만 백인 대졸
자 집단에서는 변화가 없었다. 백인 대졸자 집단은 가족을 늦게 꾸
리고 첫 아이를 늦게 낳긴 했지만 여전히 결혼을 중요하게 여겼다.
실제로 대졸자 집단 가족의 14세 딸이 엄마 아빠와 함께 살고 있을
확률은 1980년대 초반보다 2006~2008년에 더 높았다. 이는 아프
리카계 미국인의 경우도 마찬가지였다.[9] 타일러·에이미 커플이 릴
리·칼 커플과 다른 점은 자신들이 결혼 생활을 잘 유지할 수 있을
것이며 적절한 파트너가 나타날 때까지 아이를 갖지 않고 기다려야
한다고 여전히 믿고 있다는 점이다.

　반면 대학을 졸업하지 않은 집단의 경우 결혼 시기가 늦어지자
혼외 출산율이 증가했다. 동시에 아예 결혼을 하지 않는 사람 수도

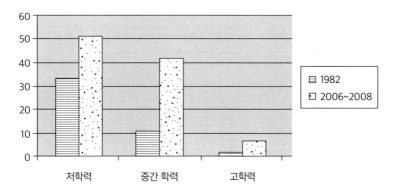

도표 1.2 15~44세 미혼 여성의 출산율.
Nat'l Marriage Project, The State of Our Unions 2010,《When Marriage Disappears: The New Middle America》, 23쪽, 도표 5.

늘었다. 최빈곤층 여성의 경우 1982년에 이미 혼외 출산율이 높았으며 이후로도 계속 증가 추세다. 예컨대 오늘날 고등학교를 졸업하지 못한 아프리카계 미국인 집단에서 혼외 출산율은 96퍼센트다. 극빈층에서는 사실상 결혼이 사라졌다. 도표 1.3을 보면, 1980년대 중반부터 2008년까지 혼외 출산율이 가장 많이 증가한 집단은 백인 고졸자 집단이다. 이들은 한때 결혼할 확률이 가장 높았던 집단으로, 1982년에는 혼외 출산율이 대졸자 집단을 약간 웃도는 정도인 4퍼센트였다. 하지만 2008년이 되자 혼외 출산율이 34퍼센트까지 치솟아 고등학교를 졸업하지 못한 백인 집단의 혼외 출산율(42퍼센트)에 가까워졌다. 같은 기간 아프리카계 미국인 고졸자 집단의 혼외 출산율 역시 48퍼센트에서 74퍼센트로 치솟았다. 이뿐만 아니라 최근 혼외 출산율의 급격한 증가는 미국 중간층에게 매우 큰 영향을 미쳤으며, 주로 20대 여성에 집중되었다. 10대 출산율은 전반적

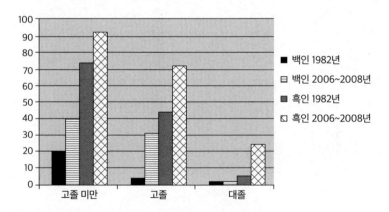

도표 1.3 인종, 교육 수준, 연도별 15~44세 미혼 여성의 출산율.
Nat'l Marriage Project, The State of Our Unions 2010, *When Marriage Disappears: The New Middle America*, 56쪽, 도표 S2, http://stateofourunions.org/2010/SOOU2010.pdf에서 볼 수 있음.

으로 떨어졌다.

이 숫자들은 이혼, 성생활, 혼외 출산에 대한 태도와 결혼 만족도가 계급별로 달라진 것과도 관련이 있다. 결혼 생활이 매우 행복하다고 답한 백인 대졸자 비율은 1990년에는 58퍼센트였으나 2010년이 되자 63퍼센트로 증가했다. 반면 같은 기간 동안 결혼 생활이 행복하다고 답한 백인 노동자 계급의 비율은 38퍼센트에서 23퍼센트로 곤두박질쳤으며[10] 아프리카계 미국인의 경우는 그보다 더 낮았다. 2010년 〈스테이트 오브 아워 유니언State of Our Unions〉 보고서는 이혼율과 혼외 출산율의 변화를 설명하면서 미국 중간층에서 "결혼이 사라지고 있다"고 묘사했다. 보고서 작성자는 24~44세 사람들에게 "지인들 대부분이 결혼 생활에 문제가 있는지" 물었다. 교육수준이 가장 낮은 집단에서는 반 이상이(53퍼센트) 그렇다고 답했다. 교육 수준이 중간인 집단 또한 43퍼센트가 그렇다고 답함으로써 결혼에 회의적인 태도를 보였다. 반면 교육을 가장 많이 받은 집단은 단 17퍼센트만이 그렇다고 답했다. 즉, 83퍼센트는 지인 대부분이 결혼 생활을 잘하고 있다고 여긴 것이다.[11] 타일러의 부모님은 이혼했지만 타일러와 에이미는 결혼하는 것이 옳다고 믿는다. 릴리는 두 부모와 함께 살며 시골에서 자랐지만 타일러와 에이미만큼 결혼을 긍정적으로 바라보지 않을 가능성이 크다.

사람들은 동성 결혼처럼 세간의 이목을 끄는 문제들에 주로 관심을 쏟지만, 이런 문제들이 광범위한 변화를 만드는 것은 아니다. 미국 가족의 역사는 보수적인 중산층이 신봉하는 가족의 가치를 약화시키는 좌파 기득권의 역사도 아니고, 더 창의적인 가족 형태를 추구하는 자유주의자들의 역사도 아니다. 실제로 엘리트는 결혼을 거부하는 행렬에 앞장서지 않는다. 오히려 다시 결혼의 가치를 사들이느라 여념이 없다. 잘 교육받고 성공한 상위 3분의 1은 다시 결혼을 받아들였다. 교육 수준이 가장 높은 집단은 부모 세대보다도 더 높은 비율로 이혼이 더 어려워져야 한다고 믿으며(각각 48퍼센트, 36퍼센트) 혼전 섹스는 그 어떤 상황에서도 옳지 않다고 믿는다(각각 21퍼센트, 15퍼센트).[12] 부모 세대에 여성은 교육 수준이 높을수록 결혼할 확률이 적었다. 하지만 오늘날은 정반대다. 교육 수준이 높은 여성은 결혼하고 남편과 함께 자식을 키울 확률이 다른 여성보다 높다.

반면, 교육을 덜 받은 집단은 사고나 행동이 덜 '전통적'이게 되었다. 그들은 부모 세대만큼 결혼을 신뢰하지 않으며, 이혼을 자제해야 하고 혼전 섹스가 옳지 않다는 주장에 동의하는 비율도 부모 세대보다 낮다. 혼전에 자녀를 낳을 확률 또한 높다.

한때는 보편적이었고 한때는 저항의 대상이었던 결혼은 이제 미국 사회를 재구성하는 새로운 계급 구분의 표식이 되었다. 안정적인 결혼 생활은 이제 특권의 상징이 되어버렸다. 결혼으로부터 벗어나는 비행기 안에 엘리트는 없다. 반면 대부분의 미국인에게 안정적인 결혼 생활은 점점 더 이루기 어려운 것이 되었다. 대학을 졸업하지 않은 대다수 미국인은 결혼율이 낮고 이혼율은 높으며, 첫째 아이는 결혼한 부모 밑에서보다 한부모 가정에서 태어날 확률이 높다.[13] 하지만 결혼 생활을 유지할 수 있는 사람들에게 결혼은 다음 세대, 즉 자녀의 삶을 풍요롭게 만들어주는 것으로 후하게 보답한다.

결혼 시장

빛에 눈이 멀다

타일러와 에이미는 결혼해서 아이를 함께 키울 가능성이 더 높은 반면 릴리와 칼은 결혼을 포기하는 이유가 뭘까? 이 퍼즐 조각은 처음부터 있어왔고, 우리가 의지만 있었다면 볼 수 있었던 문제다. 하지만 가족에 대한 연구는 제대로 목소리를 낼 수 없었고 문제의 핵심 주위를 빙빙 돌다가 막다른 길에 부딪쳤으며 이념 분열에 발목을 잡혔다. 경제 변화로는 가치관의 변화를 설명할 수 없다는 일관된 주장이 (충분한 자금을 지원받으며) 수십 년간 되풀이되고 있다. 즉, 아이 아빠와 결혼하지 않겠다는 릴리의 결정은 일에 대한 불안한 전망 때문이 아니라는 것이다. 이러한 주장에 따르면 부모로서의 행동, 출산에 대해 느끼는 부끄러움(혹은 자랑스러움), 책임 의식(혹은 특권 의식)은 개개인에게 달려 있기 때문에 사회는 고용 문제를 논의하기보다 사회적 관습이나 사람들의 행동 양식을 바꿔야 한다.

하지만 계급 분열이 가족 문제의 밑바탕에 깔려 있음을 증명하는 자료들과 앞에 등장한 두 커플이 이러한 주장이 틀렸음을 입증한다. 두 커플이 왜 그토록 다른 길을 걷게 되었는지를 설명하려면 사회적 관습과 경제를 함께 논의해야 하고, 21세기 결혼 시장에서 남녀가 어떻게 짝을 찾는지도 설명해야 한다. 도대체 무슨 일이 일어난 걸까? 이 질문에 답하려면 가족에 대한 격렬한 논쟁을 둘러싼 우회로와 장애물을 넘어야 한다. 그러고 나면 그 답이 언제나 우리 눈앞에 있었음을 깨닫게 될 것이다.

우리가 문제를 직시하지 못하고 우회로를 돌게 된 것은 사회 관습의 변화와 경제 변화를 분리하고 싶어 하는 심리적 욕구 때문이다. 가족 구조의 분화에 관한 수많은 설명들은 어떻게든 정서 변화가 경제와 무관하다고 주장한다.[1] 이러한 주장과 더불어 남녀가 성性적 측면에서 벌이는 협상과 물질적 측면에서 벌이는 협상의 관계를 설명하기가 어렵다는 점이 앞으로 이어질 우리의 논의를 반대하는 핵심 이유다. 그래서 우리는 우회로에서부터 시작하고자 한다. 바로 이 우회로가 1990년대에 대거 등장한 가족과 계급 시스템을 온전히 설명할 수 있는 단서를 제공하기 때문이다.

모이니핸의 위대한 유산

적어도 모이니핸Moynihan 리포트가 발표된 1965년부터 사람들은 경제와 가족 구조 간에 상관관계가 있음을 알고 있었다. 모이니핸은 실직이 가족 구조를 변화시키는 원인이라고 주장했는데, 이 주장은 리포트가 발표된 당시에도, 오늘날에도 여전히 뜨거운 논란거리다. 모이니핸의 '악명 높은' 리포트가 발표된 지 반세기가 지난 지금, 일을 관두고 싶은 정부 관료가 아니라면 그 누구도 인종에 따라 결혼 패턴이 달라지는 이유를 밝히려 하지 않는다.[2] 실제로 2012년 결혼율에 관한 미국 정부의 심층 보고서는 결혼율이 집단에 따라 다르게 나타나는 데는 문화적·구조적 원인이 있으며 더 많은 연구를 필요로 한다고 가볍게 언급할 뿐이다. 하지만 '문화적' 원인과 '구조적' 원인은 밀접하게 얽혀 있기 때문에 서로 다른 것으로 볼 수 없다. 이두 가지 원인이 어떻게 얽혀 있는가 하는 문제는 뜨거운 정치적 논란을 촉발시킬 수 있으며, 여전히 풀리지 않은 채 남아 있다.

모이니핸은 무엇을 발견했는가

미국 사회에서 흑인 집단과 그 밖의 집단 사이의 간극은 점점 벌어지고 있다. 근본적인 문제는 가족 구조에 있으며, 이는 틀림없는 사실이다. 결정적이지는 않지만 매우 설득력 있는 증거로 도시 빈민가에 사는 흑인 가족이 붕괴되고 있다는 사실을 들 수 있다. 중산층은 그럭저럭 버텨 나가고 있지만, 전문 기술이 없고 교육을 거의 받지 못한 대다수 도시 노동자 계급에서 기존의 사회적 관계망은 거의 와해되었다. … 이러한 상황이 지속되는 한 가난과 차별의 문제는 끊임없이 반복될 것이다.

모이니핸 리포트, 1965[3]

1965년 린든 존슨Lyndon Baines Johnson 대통령이 펼친 빈곤과의 전쟁이 촉발된 원인은 어느 정도 그 유명한 '모이니핸 리포트'에 있다. 이 리포트에서 당시 흑인의 혼외 출산율이 26퍼센트에 달한다고 밝혔기 때문이다. 오늘날 백인의 혼외 출산율은 그 수치를 뛰어넘으며, 전체 혼외 출산율은 41퍼센트다. 그리고 70퍼센트가 넘는 아프리카계 미국인 아기가 한부모 가정에서 태어나는데, 한부모 가정은 인종이나 민족에 관계없이 빈곤, 병리, 수감에 대한 주요한 사회학적 지표다.[4]

"혼인 서약The Marriage Vow"•, 2011

저자의 이름을 딴 '모이니핸 리포트'로 더 잘 알려져 있는 대니얼 패트릭 모이니핸Daniel Patrick Moynihan의 1965년 리포트, 《흑인 가족: 국가 조치를 위한 실태 조사The Negro Family: The Case For National Action》는 문화적·구조적 변화를 아우르는 설명의 전범이다. 또한 정치의 장에서 논의할 수 있는 범위가 어디까지인지에 대해 교훈을 전해준다. 모이니핸은 경제 변화(러스트벨트 북부 도심에서의 고소득 블루칼라 일자리 손실)가 어떻게 가족 문화의 변화(여성이 가장 역할을 하는 가정의 증가)로 이어졌는지 설명하려 했으며, 새로운 가족 문화가 가난을 대물림한다고 주장했다. 또한 모이니핸은 고용과 가족 문화의 관계를 입증함으로써 오늘날 계급 분화를 설명하는 데 근본적인 통찰을 제공했다. 하지만 그가 제시한 설명은 여전히 도전받고 있다.

모이니핸 리포트가 발표된 지 50년이 지났지만 실업자 남성의 증

• 보수 성향의 정치인인 밥 밴더 플라츠Bob Vander Plaats가 내건 정치 공약 중 하나.

결혼 시장

가와 이혼율 및 혼외 출산의 증가 사이에 인과 관계가 있다는 주장은 아직까지도 격한 반발을 불러일으킨다. 모이니핸이 문화가 형성되는 과정을 설명하면서 인종과 성별이 만나는 지점을 건드렸기 때문이다. 그는 실업율의 증가가 백인보다 흑인의 가족 구조에 더 큰 영향을 미치는 이유를 설명하고자 했다. 그리고 그 과정에서 흑인을 노예제의 유산으로 취급하고, 아프리카계 미국인 가족을 '온갖 병리가 뒤얽힌 상태'로 묘사하는 등 흑인을 비난했다. 또한 아프리카계 미국인 여성이 믿을 만한 남성 가장을 찾지 못하고 스스로 그 빈자리를 채우려 하기 때문에 흑인 사회가 '모계 사회'의 특징을 띠게 되었다고 하면서 흑인 가족의 문제를 모계 중심적 특성 탓으로 돌렸다. 2009년에 두 연구자는 다음과 같이 결론을 내렸다.

모이니핸 리포트는 이른바 '하층 계급'에 속한 흑인이 점점 더 절망적인 상황에 처하는 이유가 불안정한 가족 구조 때문이라고 주장했다. 결혼하지 않은 채 아이를 낳아 키우는 사람이 늘고, 여성이 가족을 부양하는 경우가 많았으며, 남성의 수입에 의존하는 가계가 줄었다는 것이다. 언급이 됐든 되지 않았든 이러한 추세가 암시하는 바는 명확했다. 흑인 여성은 흑인 남성의 실직과 불완전 고용에 책임이 없지만 흑인 여성이 가족을 부양하는 경제적·사회적 책임을 지게 되자 흑인 남성은 무력해지고 좋은 남편이자 아버지가 되려는 노력을 하지 않게 되었다.[5]

모이니핸 리포트가 공개됐을 당시 진보주의자들은 리포트의 인종차별적 요소를 지적하며 아프리카계 미국인 가족이 더욱 존중받을 필요가 있다는 주장을 내세웠다. 오늘날에도 많은 사람들이 주장하듯이 가족을 꾸리는 일은 어디까지나 개인의 선택의 문제라는 것이었다. 그리고 보수 진영은 당시부터 현재까지 쭉 모이니핸 리포트를 아프리카계 미국인 가족의 도덕적 결함에 대한 비판으로 다뤄왔다. 모이니핸 리포트가 일자리 감소를 문제의 원인으로 들었다는 사실은 멋대로 간과한 채 말이다. 모이니핸 리포트는 경제 변화가 가족 구조를 변화시킬 수 있으며, 그 변화가 계급 간, 인종 간 장벽을 더욱 공고하게 만들 수 있다고 주장했다. 그리고 모이니핸 리포트의 이러한 주장은 여전히 뜨거운 불씨로 남아 있다.

오늘날 모이니핸 리포트가 갖는 함의

따라서 모이니핸이 남긴 유산을 평가하기란 몹시 까다롭다. 고용 패턴의 변화와 문화 규범(여성이 부양하는 가족의 증가, 혼외 출산 등)을 연결시킨 모이니핸의 분석은 오늘날 미국 가족을 이해하는 데 좋은 실마리가 된다. 하지만 변화의 원인을 인종과 성별에 둔 것은 (당시로서는 최선의 사회학적 사고를 반영한 것이라 하더라도) 분명히 틀린 분석이며, 아무리 좋게 봐도 불완전한 분석이다. 게다가 모이니핸이 긴급한 사회 문제라고 본 사안에 즉각적인 반응을 불러일으키기 위해 사용한 언어가 리포트의 실질적인 주장과는 상관없이 여전히 논란을 낳고 있다. 리포트에서 모이니핸은 아무런 부연 설명도 없이 다음과 같이 말했다. "무너지는 흑인 사회의 핵심에는 무너지는 흑인 가족이 있다. … (흑인 가족의) 손상이 복구되지 않는다면, 차별과 가난 그리고 불평등을 멈추려는 노력은 극히 미미한 성과를 거둘 것이다."[6]

이 문장을 쓸 당시 젊고 자신만만했던 노동부 차관보였던 모이니핸은 대통령의 주목을 받고 싶어 했다.[7] 린든 존슨 대통령은 1964년 1월에 있었던 그의 첫 연두교서에서 "빈곤과의 전쟁"을 선포했다. 존슨 대통령은 빈곤 문제를 해결하겠다고 약속하며 백악관에 입성했다. 그리고 존슨 대통령이 임기를 시작한 당시는 "지속적인 경제 성장과 꾸준히 증가하는 부가 이제 항구적이고 불가역한 미국인의 삶의 현실"이던 때였다. 사회가 전반적으로 풍요로웠던 냉전 시기, 국가는 불우한 사람들을 도와줄 용의가 있었다.[8] 문제는 낙오된 사람들에게 가닿을 수 있는 방법을 찾아내는 것이었고, 빈곤과의 전쟁은 시골 지역의 빈곤과 도심에 집중된 빈곤 문제를 해결하는 데 특별한 노력을 기울였다.

모이니핸은 지식인 집안에서 태어났지만 뉴욕에서 가장 낙후된 동네에서 가난하게 성장했다. 아버지는 가족을 버리고 떠났고, 어머니는 뉴욕에서 가장 범죄가 많은 지역에서 공동 주택을 전전했다.[9] 모이니핸은 할렘에 있는 고등학교를 수석으로 졸업한 뒤 부두에서 인부로 일하면서 당시 등록금이 무료였던 시립 대학을 다녔고, 제대군인 원호법*의 도움으로 학업을 마쳤다. 모이니핸도 존슨 대통령처럼 빈곤 문제, 특히 도시의 빈곤 문제에 관심을 쏟았다. 모이니핸은 리포트를 통해서 두 가지를 해내려고 애썼는데, 첫째는

• 퇴역 군인에게 교육, 주택, 보험, 의료 및 직업 훈련의 기회를 제공하는 프로그램 및 법률.

가족 구조가 인종 간 불평등을 영속시키는 원인 중 하나라는 사실을 명확하게 밝히는 것이었다. 이는 당시 그 누구도 관심을 쏟지 않던 문제였다. 둘째는 연방 정부가 문제 해결을 돕도록 장려하는 것이었다.[10] 모이니핸은 우편 배달 횟수를 하루 두 번으로 늘리자는 매우 혁신적인 제안을 했다. 직장을 구하지 못하는 남성에게 일자리를 제공하는 것이 문제를 해결하는 데 무엇보다 중요하다는 사실을 인식하고 있었기 때문이다.

하지만 리포트에 대한 반응 때문에 가족 구조를 논의하는 일은 적어도 한 세대 뒤로 미뤄졌다. 실제로 리포트가 발표되기도 전에, 평론가들이 리포트를 보기도 전부터 (인터넷이 없던 시절이었음에도) 리포트에 대한 비난이 쏟아졌다.[11] 좌파가 가장 맹렬한 반응을 보였는데, 유력한 평론가였던 윌리엄 라이언William Ryan은 모이니핸의 주장을 일축하기 위해 "희생자 탓하기"라는 용어를 만들어냈다. 라이언은 다음과 같이 말했다.

모이니핸의 설명은 (미국 사회의 인종차별적 구조가 아니라) 소위 흑인 희생자의 '결점'에만 초점을 맞춘다. 흑인이 겪는 모든 문제가 그러한 결점 때문에 발생하는 것처럼 말이다. 모이니핸 리포트는 흑인이 겪는 불평등의 원인으로 "흑인 가족의 불안정"을 꼽는다. 하지만 통계 자료는 현 시대에 존재하는 차별에 의한 현재의 결과를 보여준다. 흑인 가족이 불안정한 것은 문제의 원인이 아니라 결과다.[12]

25년이 지난 뒤에도 아돌프 리드 주니어Adolph Reed Jr.와 줄리언

결혼 시장

본드Julian Bond는 모이니핸 리포트를 "모이니핸의 인종차별적이고 악의적으로 성차별적인 1965년 리포트"라고 부르곤 했다.[13]

오늘날 학자들은 이전보다는 모이니핸의 주장에 동의하는 편이다. 모이니핸의 주장이 어떤 면에서 옳았는지에 대해서는 별다른 합의가 이루어지지 않았지만 말이다. 특히 모이니핸이 구조와 문화를 모두 강조했다는 사실을 언급하는 사람은 존경심을 담아 모이니핸을 인용하는 소수 중에서도 극히 일부다. 그 대신 사람들은 자신의 세계관에 잘 들어맞는 분석 중에서도 일부만을 골라서 사용한다. 예를 들어, 많은 아프리카계 미국인은 모이니핸이 아프리카계 미국인 가족의 특정 약점을 서술했다고 생각하며 여전히 발끈한다.[14] 하지만 가장 쉽게 폭넓은 합의를 이끌어내는 방법은 다음과 같이 생각하는 것이다. '모이니핸은 구조적 변화를 서술하는 데 대단한 선견지명이 있었다. 그 구조적 변화는 계급의 경계를 따라 작용하며 흑인뿐만 아니라 백인에게도 영향을 미친다.' 이러한 맥락에서 모이니핸의 업적을 회고한 2009년 자료는 다음과 같이 결론을 내린다. "사실 모이니핸의 핵심 주장은 매우 단순하다. 어떤 인구집단에서든 남성이 안정적인 직업과 버젓한 수입, 사회적으로 인정받는 지위를 얻을 수 있는 폭넓은 기회를 갖지 못하면 한부모 가정이 늘어나고 여성과 아이들에게 부작용을 끼친다는 것이다."[15]

하지만 이러한 결론 역시 모이니핸의 핵심 주장을 제대로 설명하지 못한다. 모이니핸은 구조적 힘(안정적인 직업을 얻을 수 있는 기회의 결여)은 가족을 직접적으로 변화시키지 않고(직업을 잃은 남성은 이혼당할 위험에 처한다), 집단의 성 규범과 젠더 규범을 바꾸면서 간접적으로 변화시킨다고(여성은 점점 더 본인의 수입에 의지하기 시작하며 덜 의존적으로 변한다) 주장했다. 그리고 그 결과 아프리카계 미국인 집단 전체가 영향을 받는다고 강조했다. 모이니핸은 다음과 같이 말했다. "흑인 집단은 미국 사회의 다른 집단과는 매우 다르기 때문에 어쩔 수 없이 모계 중심적 구조로 변해왔다. 그리고 이러한 변화는 흑인 집단의 발전을 심각하게 지연시킨다."

반면에 우파는 모이니핸이 문화의 변화를 설명한 지점을 인용하면서, 모이니핸이 문화의 변화 원인이 실업에 있다고 반복해서 설명한 사실을 마음대로 누락해버린다. 예컨대 보수 기독교 집단은 2012년 공화당 예비선거에서 '혼인 서약'을 홍보하면서 모이니핸을 언급했다. 이들은 가족 패턴의 변화가 빈곤의 독립적인 원인이라고 여겼고, 빈곤과의 전쟁을 가족 패턴의 변화를 해결하려는 노력의 일환으로 보았다. 문제가 발생한 순서, 즉 인과 관계가 뒤바뀐 설명이다.[16] 우리는 2011년 가족의 가치와 실업의 관계를 설명한 글을 블로그에 올렸는데 《허핑턴포스트Huffington Post》처럼 진보적인 매체의 독자 중에서도 실업과 가족의 가치 사이에 연관성이 있다고 생각하는 사람은 드물었다.

모이니핸은 러스트벨트 북부 도심에서 안정적인 제조업 일자리가 사라지자 무슨 일이 일어났는지 거의 확실하게 파악했다. 민권운동이 한창이었을 때 아프리카계 미국인이 많이 거주하는 도심 지역은 상황이 나아지지 않고 더 나빠졌는데[17] 모이니핸은 이러한 사실을 가장 먼저 인식한 사람들 중 한 명이었다. 나중에야 깨닫게 되었지만, 모이니핸의 설명은 성 역할의 변화를 초래한 안정적인 일

결혼 시장

자리의 손실이 확산됨에 따라 앞으로 미국 전체에서 벌어지게 될 상황에 대한 로드맵이었다. 모이니핸에 따르면 1940년에는 이혼율이 인종별로 차이가 없었다. 하지만 1964년 무렵 비非백인 집단의 이혼율은 백인 집단의 이혼율보다 40퍼센트 높았다. 같은 기간 아프리카계 미국인의 혼외 출산율은 16.8퍼센트에서 23.6퍼센트로 증가했다(백인의 혼외 출산율은 2퍼센트에서 3.07퍼센트로 증가했다). 게다가 교육 수준이 높은 아프리카계 미국인은 비슷한 교육 수준의 백인보다 자녀를 적게 낳은 반면, 교육 수준이 낮은 아프리카계 미국인은 비슷한 교육 수준의 백인과 비교했을 때 더 어린 나이에 더 많은 자녀를 낳았다. 변화의 결과, 두 집단이 완전히 반대 방향으로 움직이는 상황이 발생한 것이다. 1940년에서 1960년대 중반까지 여성이 가족을 부양하는 비율은 백인 집단에서는 낮아졌으나 아프리카계 미국인 집단에서는 높아졌다.[18] 게다가 아프리카계 미국인 집단 내에서는 전체 통계 수치 때문에 벌어지는 계급 격차가 은폐되었는데 안정적인 아프리카계 미국인 중산층의 경우 "가족을 안정적으로 꾸리고 가족의 자원을 보호하는 데 백인 중산층보다 더 높은 가치"를 부여했기 때문이다.[19]

따라서 모이니핸이 남성 실업이야말로 아프리카계 미국인의 가족 구조를 변화시킨 단 하나의 가장 중요한 원인이라고 강조한 것은 대단한 선견지명이었다.[20] 실제로 모이니핸은 실업의 영향이 "현재의 위기에 일조한 여러 요인 중 가장 덜 알려져 있다. 실업이 끼치는 영향에 대한 분석은 거의 없는데, 조사된 바가 없다시피 하기 때문이다"라고 말했다.[21]

얼마 없는 기존 연구를 참고해 모이니핸이 밝힌 바에 따르면, 아프리카계 미국인 남성의 취업률은 백인 남성이 징병되고 불법 노동의 필요성이 증가했던 제2차 세계 대전 및 한국 전쟁 당시 최고조에 달했다. 하지만 1951년 이후에는 러스트벨트 북부 도심 지역을 중심으로 실업률이 서서히 증가하기 시작했다. 모이니핸은 다음과 같이 설명했다.

이 자료가 보여주는 결론을 피하기는 어렵다. 일자리가 풍부한 시기에 … 흑인 가족은 더욱 견고해지고 안정된다. 일자리를 찾기가 어려워질수록 가족을 안정적으로 유지하기가 힘들어진다.[22]

모이니핸은 (특히 남성에게) 직업의 역할은 사회의 지배적인(불가피한 것은 아닐지라도) 질서에 따라 남성이 여성 위에 군림하는, 제대로 된 가족 내 위계질서를 회복하는 것이라고 주장했다.[23]

모이니핸은 실업과 불안정한 가족 사이의 관계를 규명하면서 그 원인을 흑인 사회에 강요된 "모계 중심적 구조"에서 찾았다. 모계 중심적 구조가 이미 노예 제도의 유산 탓에 쇠약해져 있는 흑인 사회에 치명적인 영향을 끼쳤다는 것이다. 실제로 오늘날에도 "남성의 책임감을 인정하지 않고 남성을 존경하지 않는 사회는 남성을 인정하는 사회보다 극도로 성과가 나쁘다"라고 주장하면서 모이니핸의 주장에 동의하는 사람들이 있다.[24] 동시에 모이니핸의 주장에 전적으로 반대하는 사람들도 있는데, 아프리카계 미국인 여성이 남성을 무력하게 만들었기 때문에 아프리카계 미국인 가족의 현 상황에 책임을 져야 한다는 생각에 동의할 수 없기 때문이다. 젠더 위계 질서를 어떻게 이해하느냐는 모이니핸의 분석과 그 함의를 어떻게 받아들이느냐에 여전히 지대한 영향을 미친다.

그렇다면 모이니핸의 주장은 어디가 옳았다는 것인가? 가족이 변화하고 있다는 주장은 분명 옳았다. 그 변화가 계급에 따라 다르다는 주장도 옳았다. 인종이 변화의 한 요인이라는 주장도 옳았으나 그때나 지금이나 왜 인종이 문제인지에 대해 합의된 바가 없다. 변화가 아프리카계 미국인 아이들의 상황을 악화시키고 있다는 주장도 옳았다. 실업이 변화의 중요한 원인이라는 주장도, 아프리카계 미국인이 광산의 카나리아였다는 주장도 옳았다. 산업사회에서 제조업 실직의 영향을 아프리카계 미국인이 가장 먼저 체험했던 탓이다. 가장 어려운 문제는, 그가 주장한 인과 관계를 파악하기 어렵다는 것이다. 실업은 어떻게 문화 규범을 변화시키는가? 젠더는 어떻게 결과에 영향을 끼치는가? 이제 이 질문에 대답해보자.

문화 전쟁은 어떻게 문제의 본질을 흐리는가

손꼽히는 가족 이론 전문가들은 하나같이 이렇게 이야기한다.

남자가 여자를 만난다. 남자는 사랑에 빠진다. 여자는 남자가 헌신하겠다는 신호를 보낼 때까지 거리를 유지한다. 그 신호에는 반지, 사려 깊은 행동, 충실성, 취직 등이 있으며 이를 모두 충족시킨다면 더할 나위가 없다. 남자와 여자가 결혼을 하고 약 2.3명 또는 1.98명의 자녀를 낳을 때쯤이면

로맨스는 사라지고 없지만, 결혼 제도와 사회가 둘에게 어떤 역할을 수행해야 하는지 일러주기 때문에 둘은 여전히 함께한다. 사회적 압력, 경제적 의존 관계, 도덕적 의무와 성별화된 권력 구조 또한 둘의 결혼 생활을 지속시키는 데 한몫한다. 이러한 대본이 변하면 가족과 사회는 무너진다.

이 이야기는 왜 가족이 계급에 따라 분화되는지 충분히 설명하지 못한다. 이 대본에 따르면 대학 시절 원나잇 스탠드를 즐겼던 독립적인 여성은 결혼할 가능성이 가장 낮아야 하지만, 실제로는 이들이야말로 안정적인 관계를 유지하고 계획대로 자녀를 낳아 애지중지 키울 가능성이 가장 높다. 하지만 이 교훈적 이야기에는 모이니핸 리포트에는 없는 장점이 하나 있다. 바로 그 어느 때보다도 번성하고 있는 대형 교회의 설교자들, 재정이 풍족한 싱크탱크에서 한가롭게 일하는 사람들에게 돈을 갖다 바치는 행위를 합리화해준다는 점이다. 이들은 언제든 문화 전쟁을 치를 준비가 되어 있다. 좌파는 아프리카계 미국인 사회에서 가난이 지속되는 원인이 문화에 있다는 모이니핸의 주장을 비난한 반면, 우파는 오직 문화의 타락과 개인의 나약함 때문에 혼외 출산이 증가한다고 주장해왔다. 이처럼 모이니핸 리포트의 주장을 놓고 격렬한 소동이 일어난 탓에 가족 문제는 한 세대 동안 공적 토론의 주제가 될 수 없었다. 겨우 토론이 재개되었을 때에는 '도덕적 다수파'•와 신흥 보수주의 운동이 여론을 장악하고 말았다.

• 미국의 보수적 기독교 정치 단체.

희생자 탓하기:
교훈적 이야기

미국인은 개인이 자신의 운명에 책임을 져야 한다고 보는 경향이 유럽인보다 훨씬 심하다. 기회는 널려 있다. 문제는 그 기회를 잡느냐 잡지 못하느냐다. 그리고 보수주의자들은 미국에서뿐만 아니라 다른 나라에서도 기성 질서가 능력을 보상해준다고 여긴다. 결과적으로, 만약 당신이 성공하지 못했다면 그건 당신 잘못이다. 그리고 찰스 머리Charles Murray는 이러한 가치관을 그 누구보다도 정확히 담아낸 사람이다. 찰스 머리의 가장 유명한 저서 《벨 커브The Bell Curve》는 하버드 대학교의 심리학자 리처드 헌슈타인Richard Herrnstein과 함께 집필한 책으로 1994년에 출간되었다. 이 책에서 머리는 사회적 성공과 실패가 갈수록 지능에 좌우되기 때문에 정부가 이를 바꾸기는 어렵다고 주장했다. 찰스 머리는 가족 문제에 관해 쓴 두 권의 책(1980년대에 출간한 《기반 상실Losing Ground》과 2012년에 출간한 《양극화Coming Apart》)에서 중요한 것은 근면과 결혼, 종교라고 주장했다. 1980년대에 찰스 머리는 정부의 개입이 그릇된 방향으로 나아가고 있으며 역효과를 불러일으킨다고 주장함으로써 가난한 사람들을 위한 정부 원조를 업신여기던 자유주의 엘리트들과 당시 지지 기반을 넓히면서 전통적 가치를 되찾고자 했던 사회적 보수주의자들을 결속시켰다.

내키지는 않지만 찰스 머리의 업적에 대해 이야기해보자. 모이니핸은 정책에 영향을 미치고자 했던 사회 참여적 지식인이었을 뿐만 아니라 학문적으로도 그 시대 가장 훌륭한 성과를 내놓았다. 모이니핸의 주장이 논란을 불러일으켰던 이유는 실업이 인종차별과 결합되어 문화 장벽을 만들어냄으로써 지역 사회가 개선되는 것을 방해한다는 타당한 결론을 이끌어냈기 때문이다. 반면 찰스 머리는 보수주의 신봉자처럼 글을 쓴다. 찰스 머리의 평론은 주류 연구의 틀 밖에 있으며, 어떤 문제가 자신이 원하는 결론에 들어맞지 않으면 그냥 무시해버린다. 찰스 머리의 연구는 모이니핸의 연구만큼 철저하고 엄격하지 않으며, 사회학적 측면에서도 모이니핸만 못하다. 하지만 찰스 머리는 모이니핸과 다르게 사회 정책의 방향을 바꾸고 희생자를 비난하는 데 성공했다. 그러므로 미국 가족을 변화시키고 있는 힘을 직시하지 못하는 이유를 이해하려면 다음 두 질문에 답할 수 있어야 한다. 왜 절반이 넘는 미국인들이 아직도 복지 때문에 미국의 가족 패턴이 변화한다는 찰스 머리의 주장을 믿

결혼 시장

고 있는가? 왜 찰스 머리는 그의 주장이 틀렸음을 보여주는 수많은 증거가 있음에도 불구하고 경제 변화가 가족 패턴의 변화와 아무런 상관이 없다고 30년 동안 주장해올 수 있었는가?

1980년대에 찰스 머리는 아프리카계 미국인 최하층 계급에 주목한 연구를 통해 모이니핸 리포트가 휩쓸고 지나간 자리를 채웠다. 1990년대 초반에는 《월스트리트저널Wall Street Journal》 논평란에 〈백인 최하층의 도래〉라는 도발적인 제목의 논평을 발표하여 사람들의 시선을 끌었으며[1] 2012년 《양극화: 미국 백인의 현실Coming Apart: The State of White America》이라는 책을 출간하면서 분석을 마무리했다. 그때에는 1960년대 중반에 모이니핸이 문제라고 생각했던 아프리카계 미국인 집단의 특징이 백인 집단의 특징이 되어 있었다. 2010년 혼외 출산율은 전체 백인 출산의 30퍼센트에 다다랐다. 이혼율은 1980년 이후 대졸자 집단에서는 쭉 낮은 수준을 보였으나 노동자 계급에서는 가파르게 증가했다. 또한 한부모 가정에서 자라나는 아이들은 거의 대부분 가난한 지역에 몰려 있었다.[2] 1963년에는 생물학적 부모와 함께 사는 아이의 비율이 전체 인구의 90퍼센트가 넘었고, 백인끼리는 계급 간 차이도 거의 없었다. 하지만 2005년이 되자 계급 격차가 급격하게 벌어졌고, 생물학적 부모와 함께 사는 아이의 비율은 상위 20퍼센트에 속하는 백인 가정에서는 여전히 90퍼센트인 반면 하위 3분의 1에 속하는 백인 가정에서는 35퍼센트밖에 되지 않았다. 찰스 머리는 이를 두고 백인들이 "서로 다른 가족 문화"를 만든다고 주장했다.[3] 심지어 결혼 만족도도 점점 더 계급에 따라 달라졌다.[4] 결국 찰스 머리가 경고한 것처럼 백인 최하층 계급[5]

이 형성되었는데, 범죄율이 상승하고, 인근 학교가 열악해지고, 실업률이 높아지고, 지역 사회가 약화되는 것이 백인 최하층 계급의 특징이다.[6]

찰스 머리는 가족이 불안정한 원인을 끊임없이 개인의 인격 부족과 정부의 그릇된 개입 탓으로 돌렸다. 찰스 머리는 1980년대에도 그리고 최근에도 가족의 변화가 계급을 바탕으로 한다고 설명했는데, 이러한 설명에는 이의가 없다. 하지만 경제 변화로 낭떠러지에 내몰린 사람들의 도덕적 해이 때문에 계급 격차가 갈수록 벌어진다는 그의 설명에는 놀라움을 감출 수 없다. 그는 오로지 노동자 계급의 문화만을 문제 삼는다. 미국 가족을 위협하는 그 어떤 요소도 개인의 책임에서 비롯되지 않는다는 사실을 인정한다 하더라도 찰스 머리는 여전히 그릇된 정부 개입을 탓한다. 새 힘을 얻은 1980년대 우파를 위해 찰스 머리가 마련한 기치는 도덕의 타락, 즉 "복지 덕분에 도둑질을 할 수 있어요"로 요약할 수 있다. 미국의 시사 잡지 《마더 존스Mother Jones》는 사회적 쇠퇴의 원인에 대한 찰스 머리의 진단을 다음과 같이 묘사했다. "오래된 문제다. 정부가 식량 배급표를 주면, 다들 알다시피 그다음에는 결혼이 파탄난다. 사람들은 일을 그만두고 신에게 등을 돌린다. 그리고 5~10명쯤 모아서 식료품점을 턴다."[7] 찰스 머리는 모이니핸이 강조했던 지점을 절대로 언급하지 않으려 한다. 노동자 계급 남성에게 '좋은 일자리'가 줄어들면 노동자 계급 사회가 불안정해진다는 주장 말이다.

머리는 2012년에 쓴 책에서도 미국에서 계급 격차가 벌어짐에 따라 발생한 현상을 충격적이고 절망적일 정도로 정확하게 묘사했지만, 역시나 이 결과가 경제 불평등과 관련 있다는 사실은 부인했다.[8] 대신 머리는 사람들이 일을 덜하고, 종교를 믿지 않고,[9] 결혼하지 않는 것이 문제라고 주장한다. 개인이 나태해지면서 과거에는 보편적이었던 미덕이 사라졌다는 것이다. 머리의 초기작은 보수층의 사고방식, 즉 바로 낙인찍고 벌을 줘야지만 개인을 통제할 수 있다는 사고방식을 그대로 드러낸다. 그는 1993년에 이렇게 말했다.

결혼을 하면 이득을 보고, 결혼을 하지 않으면 불이익이 따르게 만들어야 합니다. 이때 사회적 차원으로 접근할 필요는 없습니다. 국가가 자연의 섭리를 방해하지만 않으면 됩니다. 자연의 섭리는 천년이 넘도록 제 기능을 해왔습니다. … 역사적으로 어린아이를 둔 젊은 여자는 경제적으로 자립할 수 없었습니다. 젊은 여자와 아이들은 생존 가능한 경제 단위가 아니었을뿐더러 합법적인 사회의 구성 요소도 아니었습니다. 젊은 여자와 아이들은 수가 적을 경우 사회의 자원을 갉아먹으며, 수가 많을 경우 사회의 자생 능력을 파괴합니다. 놀랍게도, 배우자가 없는 한부모 가정에 혹독한 낙인을 찍지 않는 사회는 존재하지 않습니다.[10]

개인에게 수치감을 줌으로써 관습을 바꿀 수 있다는 말이다. 그러므로 곤경에 처한 개인을 돕는 행위는 곧 사회의 안녕을 해친다.

머리는 여성이 성적 자율권을 갖고 출산 여부를 스스로 결정한다는 사실을 비난하더니 2012년이 되자 직업을 갖지 못한 남성을 비난하기 시작했다. 그러나 개인의 도덕성을 비난한다는 점에서는 바뀐 것이 없다. 머리는 일자리가 사라지고 있는 현상을 있는 그대로 낱낱이 기록했다. 최소 한 명의 가족 구성원이 주당 40시간 이상 일하는 엘리트 가족의 비율은 1960년에서 2010년이 될 때까지 바뀌지 않았다. 이 비율은 머리가 '벨몬트Belmont'라고 부르는 부유한 지역에서는 거의 90퍼센트에 달한다. 하지만 저소득 백인 노동자 계급이 사는 '피시타운Fishtown'에서는 이 비율이 80퍼센트에서 60퍼센트로 떨어졌으며[11] 일하지 않는 남성의 수는 두 배로 뛰었다.[12] 머리는 노조가 있는 고소득 일자리가 줄어들고 비숙련 노동자의 월급이 제자리걸음을 하고 있다는 것을 인정한다. 하지만 일자리가 부족하기 때문에 남성이 일을 하지 못한다는 증거는 "존재하지 않는다"고 주장한다. 저임금 일자리는 충분히 많고, 오히려 고용주는 저임금으로 일할 사람을 찾지 못해서 고생하고 있으며, 많은 경제학자들도 이른바 '직업난'을 근거 없는 미신으로 여긴다는 것이다.[13] 대신 머리는 더 "단순한 원인"을 찾아냈다. 2000년대 들어 백인 남성이 전보다 게을러졌으며, 왜인지는 모르겠지만 이 게으른 성향이 노동자 계급에게만 영향을 미쳤다는 것이다. 노동자 계급은 그냥 "매일 아침 일어나서 일터로 가는 능력"이 부족할 뿐이다.[14] 그렇다면 계급 분화는 무엇으로 설명할 수 있을까? 머리는 이렇게 대답한다. 만약 남성이 "생존하기 위해 노동을 해야 한다면 시급이 낮아진다고 해서 일을 그만두지는 않을 것이다."[15] 머리에 따르면 오늘날 남성은 생존을 위해 일을 할 필요가 없다. 정부나 같이 사는 여자한테 빌붙으면 되기 때문이다.[16] 머리는 "남자는 성인이 되어서도 야만인이나 다름없으며, 결혼을 하고서야 비로소 인간이 된다"는 조지 길더George Gilder의 주장을 지지한다. 남자는 결혼을 하지 않으면,

결혼 시장

즉 본인의 수입에 의존하는 가족이 없으면 야만인에서 벗어나지 못한다.[17] 여성은 선택권이 있다면 기꺼이 야만인 없이 사는 편을 택할 것이다. 그러므로 머리는 문제를 해결하려면 올바른 가치 체계를 재정립해야 한다고 보았다. 즉, 일하지 않는 남성은 "다른 시민들에게 게으르고 무책임하고 남자답지 못하다고 대놓고 무시당해야 한다."[18]

머리는 "경제는 계급에 따라 문화가 달라지는 현상을 설명할 수 없다"[19]고 주장하면서, 사람들이 바라는 바는 여전히 계급에 상관없이 동일할 수 있으며(찰스, 가난한 사람들도 여전히 결혼을 하고 싶어 한답니다) 다만 개인이 통제할 수 없는 힘이 작용해서 어떤 사람들은 바라는 바를 이루지 못하게 되는 것이라는 사실을 인정하지 않는다. 토머스 케닐리Thomas Keneally는 아일랜드와 인도에서 발생했던 기근의 파괴력에 대해 다음과 같이 묘사했다. "(기근이 발생하면) 희생자는 완전히 다른 사람이 된다. 깔끔했던 사람은 지저분해지고, 친절했던 사람은 거칠게 변한다. 도덕은 기근이라는 비도덕에 압도된다. 사랑과 우정도 점점 사라진다."[20] 반면 머리는 아일랜드인과 인도인이 기근으로 고통받아 마땅하다고 한 당시 런던 언론의 사설을 옹호하는 신자유주의자들과 다를 바 없다.[21] 사람들이 변해가는 모습을 손가락질하면서 '자, 봐라. 이 사람들은 지저분하고 거칠고 부도덕해서 굶주리고 있다. 사람들을 굶주리게 내버려둬라. 그러면 알아서 변할 것이다'라고 말하는 꼴이다.

30년 동안 노동자 계급의 소득은 계속 줄었고, 머리의 주장에 영향을 받아 여러 복지 제도가 폐지되었으며, 불평등이 심해졌고(초고소득층의 소득은 늘었다), 미국 인구의 하위 50퍼센트가 계급 상승의 가능성을 상실했다. 하지만 머리는 이렇게 힘든 시간을 보내면서도 왜 사람들이 마법처럼 변하지 않는지 설명하지 못한다. 아마 사람들이 아직 덜 고생했거나 우리가 게으른 사람들을 충분히 비난하지 않았기 때문이라고밖에 말할 수 없을 것이다.

모이니핸도 예견하지 못하고, 머리도 인정하지 않은 것이 하나 있다. 그동안 더 많은 여성이 일을 하게 되었는데도 벨몬트의 부유한 가족이 와해되기는커녕 오히려 더 끈끈해졌다는 사실이다. 머리는 타일러와 에이미 같은 로스쿨 커플이 가족을 꾸리면 1950년대 가정주부가 있던 가족과 모든 면에서(그들이 경멸할 릴리와 칼이 있다는 사실을 제외하고) 똑같아질 것이라고 주장한다. 머리는 1980년대에도 오늘날에도 왜 여성이 똑같이 일을 하는데 부유한 벨몬트에서는 결혼 생활이 더 끈끈해지고 노동자 계급이 사는 피시타운에서는 결혼이 파탄 나는지 설명하지 못한다. 머리가 할 수 있는 제안이라곤 부유한 사람들이 그들만의 사회에서 문을 열고 나와 "그들의 삶의 방식을 설교해야" 한다는 것뿐이다. 그들의 세상에서 결혼이란 30대 초반에 변호사끼리, 약사끼리, 투자 전문가끼리 하는 것이다. 그들의 결혼 생활은 분명 안정적일 것이다. 우리 역시 타일러와 에이미가 잘해낼 것이라 기대한다. 하지만 머리는 우리가 절대로 이해할 수 없는 몇 안 되는 사람 중 한 명인데, 월스트리트의 아바타들을 도덕의 기준으로 삼는 그가 보기에 부유한 사람의 죄목은 사회의 낙오자를 충분히 비난하지 않았다는 것뿐이다. 머리가 저술한 그 모든 책들의 핵심 내용이지만 정작 자신은 절대 인정하지 않

결혼 시장

으려 하는 사실이 있다. 바로, 성공으로 향하는 길이 변하고 있으며 그 과정에서 여성의 역할과 계급 또한 재구성되고 있다는 것이다.

결혼에 대한 오해

여성의 역할에 주목한 가족 이론 중 가장 유명한 두 가지는 경제학과 사회학에서 나왔다. 하지만 이 두 이론은 가족이 변화하는 양상을 입체적으로 분석하기보다는 여성의 역할이 변화하면 가족 수가 줄어들 수밖에 없는 이유를 탁상공론 격으로 설명한다. 시카고학파 경제학자인 게리 베커Gary Becker는 경제학을 가족의 영역까지 확장시킨 공로를 인정받아 노벨 경제학상을 수상했다. 베커가 1981년에 발표한 《가족에 대한 논문Treatise on the Family》은 사람들이 이성적으로 비용과 이득을 계산하여 자신의 행복을 극대화하는 방향으로 행동한다는 합리적 선택 이론과 환원주의 모델, 이 모델을 입증하는 방정식을 사용해서 결혼이나 성별 분업 같은 비물질적인 행위를 분석했다. 이 논문의 핵심은 결혼의 최대 이점은 남녀의 성별 분업에 있다는 주장이다. 즉, 남자는 돈을 벌어오고 여자는 집안일을 해야 결혼을 통해 얻을 수 있는 이득이 극대화된다는 이야기다. 베커는 이 모형에 따라서 소득이 높은 사람은 소득이 적은 사람과 결혼할 것(이질혼negative assortative mating)이라고 예측했다. 여성이 바깥활동을 많이 할수록 집안일에 소홀하게 되어 결혼을 통해 얻을 수 있는 이득이 줄어들고, 이는 곧 결혼율 하락과 이혼율 상승을 불러온다는 것이다. 베커의 주장에 따르면, 야망 넘치는 로스쿨 학생인 에이미는 고소득 일자리를 얻을 가능성이 적은 릴리보다 결혼에 덜 투자하리라 예상할 수 있다. 우리 역시 릴리가 집안일에 능숙하다는 장점을 살려(릴리는 부업으로 다른 집 청소를 한다) 본인보다 돈을 더 많이 버는 남자에게 정착하기를 바랄 것이라고 생각한다. 베커는 더 나아가 타일러처럼 본인의 경제 활동에 집중하고 싶어 하는 남성은 자신이 원하지 않는 청소, 장보기, 잔심부름, 자녀 양육 등을 기쁜 마음으로 해줄 릴리 같은 여성을 선호할 것이라고 내다봤다. 하지만 베커를 존경하는 경제학자조차도 오늘날 배우자 선택에 이러한 계산이 작용한다는 생각에는 비웃음을 금치 못한다. 타일러는 에이미가 본인만큼 돈을 벌어옴에도 '불구하고'가 아니라 그렇기 '때문에' 에이미와 결혼하려고 한다. 하지만 베커의 예측이 빗나갔음을 인정하는 경제학자도 가족 문제에 관해 논문을 쓸 때는 항상 말머리에 베커의 이론을 언급한다.[22]

사회학자는 방정식보다 사회를 이루는 제도들을 훨씬 신뢰한다. 따라서 사회학자들이 가족의 변화를 염려하며 '탈제도화'라는 용어를 사용하는 것은 놀랄 일이 아니다. 현재의 동향을 묘사한 가장 영향력 있는 논문은 사회학자 앤드루 셜린Andrew Cherlin이 2004년에 발표한 논문이다. 2004년까지 이혼율, 동거율, 혼외 출산율은 틀림없이 증가했다. 결혼율이 계급에 따라 다르게 나타난다는 사실 또한 분명했다. 셜린은 '탈제도화'를 사회 규범이 힘을 잃는 현상이라고 정의했다. 한때 사회 규범은 젊은이들이 결혼을 하도록 이끌고(주로 결혼 전에 성관계를 갖거나 아이를 낳아 키우는 사람에게 낙인을 찍는 방식을 통해서였을 것이다) 결혼 후에는 성별에 따라 이들에게 역할을 부여했다.

결혼시장

그리고 이러한 성별 분업은 젊은이들이 성인이 되었음을 의미했다. 반면 셜린은 오늘날에는 결혼을 늦게 하는 것이 곧 '사회적 지위'를 나타낸다고 보았다. 충분히 성숙하고 경제적으로도 안정적이며, 사회가 강요하는 제도와 의무를 거부하고 개인의 자유와 성취를 추구하는 현대적 관계를 맺는 사람만이 결혼을 늦게 할 수 있다는 것이다. 셜린은 수백 년 동안 개인주의가 심화되어 왔으며 결혼 제도의 성별 분업을 해체했던 혁명이 평등주의로 이어지지도 못했고 다수가 공감하는 새로운 가족 구조를 제시하지도 못했기 때문에 이러한 변화가 일어났다고 설명한다. 이처럼 셜린은 가족의 변화가 계급에 따라 다르게 나타난다는 사실을 인정한다. 그러면서 미래에는 가족이 점점 더 취약해지거나 아니면 믿기 힘들 정도로 여성의 경제 활동이 줄어들고 가족 역할이 예전처럼 더욱 성 편향적으로 바뀔 것이라고 주장한다.[23] 셜린은 베커의 예측이 빗나갔음을 지적하면서 베커의 영향력에 의문을 제기한다. 그리고 다른 사회학자들은 셜린이 제시한 미래상에 동의하든 안 하든 언제나 셜린의 탈제도화 가설을 언급한다.

베커와 셜린은 분명히 다르지만 둘 다 널리 퍼져 있는 (저마다 비슷비슷한) 해석에 딱 맞아떨어지는 학문적 프레임을 제시했다. 가족은 여성이 더욱 자율적으로 변하면서 불안정해지기 시작한다. 사회의 안정은 결혼의 기본적인 역할에 달려 있다. 그리고 결혼은 남녀에게 상호 보완적인 역할을 부여함으로써 자녀를 양육할 수 있도록 고안된 제도다.[24] 젠더 개념을 해체하고, 가족이 개인 간 협상에 따라 구성되도록 놔두면 제도는 무너진다. 그리고 이러한 맥락에서 종종 동성 결혼이 현대 가족이 안고 있는 문제의 상징으로 등장한다. 물론 엘리트이고, 의욕 넘치고, 잘 교육받고, 운이 좋은 구식 전통주의자는 요즘 같은 때에도 결혼할 수 있을 것이다. 하지만 결혼은 점점 계급과 결부되고 있다. 한때는 모두를 결혼으로 이끌고 결혼 생활을 가능케 했던 사회적 경로가 사라지고 있기 때문이다.

경제학자와 사회학자, 도덕주의자, 전문가들은 오래도록 이어져 내려온 삶의 대본이 바뀌고 있다며 한탄한다. 대중지에서 이들은 삶의 대본이 다음과 같이 바뀌고 있다고 주장한다.

남자가 여자를 만난다. 성적으로 끌린 둘은 차 뒷좌석에 함께 올라탄다. 잘 교육받고 야망이 있는 여자라면 사춘기 때부터 경구피임약을 먹어왔을 것이다. 그렇지 않다면 여자는 임신하게 될 것이다. 여자는 스스로 아기를 돌보리라 결심한다. 남자도 여자가 그렇게 할 수 있으리라 생각한다. 남자와 여자 모두 아이를 사랑하지만, 서로에 대한 사랑은 영원하지 않다. 둘은 성관계가 만족스럽고, 다툼이 없고, 새로운 기회가 나타나기 전까지만 함께 산다. 둘은 결국 헤어지고, 사회는 나락으로 떨어진다.

이렇게 간단한 이야기라면 문제는 피임을 함으로써 쉽게 해결된다. 어린아이가 선으로 찍찍 그려놓은 그림보다 나은 설명을 제시하려면, 왜 상위 3분의 1의 엘리트 집단에서는 효과를 보는 해결책이 나머지 집단에서는 먹히지 않는지, 과거 결혼 제도의 성 편향적 역할을 가장 먼저 거부했던 상위 3분의 1이 왜 오늘날 재구성된 관습으로 되돌아왔는지 이해할 수 있어야 한다.

결혼 시장의 재발견

1960년대 샌프란시스코에 살던 백인 노동자 계급을 연구한 자료에 따르면, 노동자 계급의 연애는 보통 성적이며 짧다. 이 자료는 한 젊은 남성의 말을 인용한다. "여자가 임신하면 결혼을 해야 합니다. 다른 선택지는 없어요. 그래서 저도 제 와이프와 결혼했습니다."[1]

아이 아빠인 캘빈은 쉐보레를 타고 달리지도 못할 것이고, 식탁에서 그가 마땅히 차지해야 할 상석에 앉지도 못할 것이다. 아이 엄마인 베서니가 이미 그 자리를 차지했기 때문이다. 매달 주택 담보 대출금을 갚는 일은 물론이고 부엌 개조도 베서니가 했으며 차도 베서니가 직접 몰았다. 베서니는 일을 너무 많이 했지만 그만큼 능력이 있었고 자유를 누렸다. 무엇 때문에 베서니가 이 모든 것들을 포기해야 하는가?[2]

모이니핸은 "수탉에서부터 별을 네 개나 단 장군에 이르기까지 남성은 하나같이 허세를 부린다"고 주장했다. 그러면서 여성이 가장이 되어 남성이 허세를 부릴 기회를 빼앗아버리면 가족이 무너진다고 결론 내렸다. 찰스 머리는 열심히 일하는 사람은 언제나 허세를 부릴 수 있다고 주장했다. 그러면서 남성이 시급 25달러의 공장 일자리를 잃어도 홈디포*에서 시급 10달러를 받고 일하면서 야근으로

---

* Home Depot. 미국의 가정용 건축자재 및 인테리어 용품 소매점.

부족한 돈을 채우기만 한다면 가족이 그를 내쫓지는 않을 것이라고 말했다.

여성은 일자리가 없는 남성과 결혼하지 않는다는 모이니핸의 주장이 옳다면 그다음엔 무슨 일이 일어날까? 여성이 경제적으로 독립하면 무슨 일이 일어날까?[3] 차근히 알아보도록 하자. 사실 저널리스트 해나 로진Hanna Rosin이 말한 것처럼 여성은 자기 삶을 돌보기에도 너무 바빠서 남자가 홈디포에서 버티는지 아닌지 신경 쓸 겨를이 없다. 이 여성은 남자가 프러포즈를 하더라도 받아들이지 않을지도 모른다.

보수 진영의 비평가들은 대학에 진학한 여성들이 글로리아 스타이넘Gloria Steinem 같은 페미니스트에게 현혹되어 성관계와 결혼, 자녀 양육의 연결 고리를 해체하는 데 앞장섰으며, 그 결과 노동자 계급에게 올바르게 행동하라고 촉구할 사람이 아무도 남지 않았다고 주장한다.[4] 이렇게 주장하는 비평가들은 릴리와 칼의 문제가 에이미와 타일러의 침실에서도 일어나는 바로 그 일 때문에 발생한다고 주장한다. 그리고 진보 진영과 보수 진영 모두 에이미는 성관계를 해도 임신을 하지 않는 반면 릴리는 성관계를 하고 임신을 한다는 사실이 계급 간 차이를 만든다는 데 동의한다. 그러나 진보와 보수는 이러한 사실이 결혼과 어떤 관련이 있는지에 대해서 생각을 완전히 달리한다.

이제 성관계라는 쟁점을 다시 돌아볼 차례다. 릴리와 칼이 왜 결혼하려고 하지 않는지는 충분히 다루었지만, 훨씬 흥미로운 질문은 '왜 에이미와 타일러는 여전히 결혼을 하려고 하는가'이다. 보수와 진보 모두 사람들이 더 이상 임신 때문에 결혼하지는 않는다는 데 동의한다. 두 진영이 설명해내지 못하는 부분은 '왜 어떤 사람은 임신을 하지 않았는데도 굳이 결혼을 하려고 하는가'이다. 이 질문에 대한 대답은 중산층이 사랑을 얻고 승진 전쟁에서 승리하기 위해 고안한 새로운 전략의 기초를 이룬다.

속도위반 결혼의 종말

1996년 경제학자 조지 애컬로프George Akerlof와 재닛 옐런Janet Yellen, 마이클 카츠Michael Katz는 보수 진영의 주장에 힘을 실어주었다. 이들은 피임약이 개발되고 낙태가 합법화되면서 임신 때문에 마지못해 결혼할 필요가 없어졌고, 그 결과 혼외 출산율이 증가했다고 주장했다.[5] 아이러니하게도 비교적 진보적인 경제학자들조차 찰스 머리처럼 성 혁명이 남자를 무책임하게 만들었다고 생각한 것이다. 이들은 왜 문화가 전반적으로 변화하면(출산에 대한 여성의 자율성 증대) 교육 수준이 높은 여성은 형편이 나아지고, 교육 수준이 낮은 여성은 힘을 잃고 남자를 꾀어 결혼하기가 어려워지는지 설명했다. 모이니핸과 머리처럼 이들 역시 사회경제적 지위가 낮은 사람들에게 어떤 일이 발생하는지에 주목했다. 하지만 동시에 상위 계급의 결혼 시장이 재구성되고 있다는 사실을 간파하고, 그것이 다른 계급에 어떤 영향을 미치는지 또한 분석했다.

애컬로프는 노벨 경제학상 수상자로 버클리 대학교에서 경제학과 교수로 재직했다. 재닛 옐런은 애컬로프의 아내로, 2014년에 연방준비제도이사회 의장으로 임명됐으며 빌 클린턴 행정부에서 대통령 경제자문위원장을 지냈다. 둘은 동료인 마이클 카츠와 출산에 대한 여성의 의사 결정이 어떻게 변화하는지 모델을 제시하려고 했다. 이들의 주장에 따르면 피임과 낙태가 확산되기 전에는 임신을 피하기 힘들었던 탓에 당시 미혼 여성들은 임신을 하더라도 자신과 결혼하겠다는 의사를 비치는 남성과만 성관계를 가졌다. 결혼하지 못하는 경우에는 주로 아이를 입양 보냈다. 세 경제학자는 당시 혼전 임신을 한 백인 커플의 약 60퍼센트와 흑인 커플의 약 35퍼센트가 출산 전에 결혼했다고 추정했다. 반면 임신했으나 결혼하지 않은 여성이 아이를 계속 키우는 비율은 30퍼센트 미만으로 나타나 입양 보내는 경우가 많았음을 알 수 있다.[6] 이른바 '사생아' 출산에 따라붙던 낙인 탓에 1950년대에 혼전 성관계가 증가하자 결혼 연령이 낮아졌으며(임신으로 인한 결혼인 경우가 많았다) 한 세기 반 전 추세와는 다르게 입양률이 증가했다. 1960년에는 새신부의 30퍼센트가 결혼 후 8개월 반이 지나기 전에 출산했는데, 이 수치는 1800년 이후 최고 수준이었다. 결혼 연령이 낮아지면서 여성의 교육 수준 또한 남성보다 낮아졌다. 하지만 1970년대에 이러한 추세는 반전되었고, 그 과정에서 계급 격차가 발생하기 시작했다.

세 경제학자는 피임약의 등장과 낙태 합법화 때문에 과거 성관계와 결혼을 묶어놓던 협상 조건이 바뀌었다고 주장한다. 1950년대에는 대학에 다니는 여성이나 고등학교를 중퇴한 여성이나 자동차 뒷좌석에서 섹스를 한 후에 발생하는 결과가 비슷했다. 피임약이 개발되고 낙태가 합법화되자 여성은 남성과 같은 조건에서 섹스를 할 수 있게 되었다. 미래를 약속할 필요가 없어진 것이다. 이제 여성은 임신을 하더라도 스스로 낙태를 결정할 수 있게 되었다. 남성은 여성이 아이를 낳을지 말지 결정할 때 이래라저래라 할 수 없게 되었다.[7] 또한 남성은 낙태 비용을 보태야 한다는 의무감을 가질 수는 있지만, 여성이 아이를 낳기로 결정했을 때 예전처럼 반드시 결혼해야 한다고 생각하지는 않게 되었다. 애컬로프와 옐런, 카츠는 이러한 변화가 아이를 낳고 싶은 여성, 또는 제대로 교육받지 못했거나 신앙심 때문에 피임이나 낙태를 하지 않는 여성에게 큰 변화를 불러왔다고 주장한다. 이 여성들은 결혼을 보장받을 수 없게 되었으며, 혼자서 아이를 키울 가능성이 높아졌다.

세 경제학자의 주장은 일리 있고 독창적이며, 여전히 널리 인용되고 있다. 이 논리를 반박하는 주장은 주로 우파에서 나왔다. 예를 들어 제임스 윌슨James Q. Wilson은 혼외 출산이 증가한 이유를 설명할 때 주목해야 할 것은 경제적 계산이 아니라 도덕관념의 변화라고 주장했다.[8] 윌슨은 보수주의자의 만트라를 또다시 반복한다. 중요한 것은 개인의 성격과 책임감, 가치관이며 이러한 것들은 일자리의 개수나 낙태 합법화 같은 사회구조적 요인과는 아무런 관련이 없다는 것이다. 사실 애컬로프와 옐런, 카츠 또한 도덕성의 변화를 다루었다. 그동안 혼외 출산에 그토록 강력한 낙인을 찍을 수 있었던 이유는 금지된 성관계가 수치스러운 임신으로 이어지기 때문이었다. 세 경제학자는 피임약이 보편화되자 성관계에 대한 인식이 바뀌었고, 곧 혼외 출산을 향한 비난도 사라졌으며, 아이를 낳기 전에 결혼해야 한다는 압력 또한 자취를 감추었다고 주장했다.[9]

낙태가 합법화되고 5년이 지나자 출산율이 눈에 띄게 감소했고 입양률도 절반으로 떨어졌다. 원치 않는 출산을 예방할 가능성이 높아진 동시에 아기를 직접 기를 확률도 높아졌다. 입양 또한 불법 낙태 시술과 마찬가지로 혼전 임신에 쏟아지는 사회의 맹비난을 피하려는 수단이었던 것이다.[10]

세 경제학자는 과거 속도위반 결혼을 촉진했던 낙인이 사라진 이유는 설명해냈으나 왜 계급별로 결혼율이 다르게 나타나는지는 설명하려 하지 않았다. 그들의 설명에 따르면, 피임을 하는 여성은 남성과 같은 조건에서, 즉 미래에 대한 약속 없이 성관계를 갖고자 한다. 오직 결혼을 원하는 여성만이 손해를 본다.[11] 그러나 대학에 다니는 여성은 의무 없는 섹스와 피임을 가장 적극적으로 받아들였음에도 불구하고 가장 많이 결혼한다. 오히려 결혼을 거부하는 쪽은 계획에 없던 아이를 낳아 혼자 기르는 여성이다. 이들이야말로 왼손 약지에 결혼반지를 끼는 데 관심이 없는 것이다. 우리는 앞에서 저널리스트 해나 로진이 묘사한 베서니와 캘빈의 이야기를 인용했다. 이 21세기 관계에서 관계를 유지할지 말지 결정하는 쪽은 캘빈이 아니라 베서니다.[12]

그렇다면 대학 시절 자유롭게 섹스를 즐기던 여성들은 어떻게 임신하지도 않고 남성을 설득해 결혼할 수 있었을까? 그리고 어린 나이에 아이를 낳은 여성들은 왜 남성이 결혼할 의지를 보여도 결혼하지 않으려고 할까? 섹스와 결혼을 이어주던 연결고리가 약해지자 결혼할 이유(또는 결혼하지 않을 이유) 또한 바뀌었다. 그리고 이러한 변화는 거의 피임약 때문에 발생했다고 볼 수 있다.

피임약과 결혼 시장의 분화

2002년 큰 주목을 받은 논문 〈피임약의 힘The Power of the Pill〉에서 하버드 대학교 경제학과 교수인 클라우디아 골딘Claudia Goldin과 로렌스 카츠Lawrence Katz는 피임약이 보급되면서 1970년대에 대학에 다녔던 여성의 삶이 완전히 바뀌었다고 강조했다.[13] 둘은 더 많은 특권을 가진 여성들에게 어떤 일이 일어났는지 묘사함으로써 애컬로프의 분석에 힘을 실었다. 이 여성들은 다른 대학생들과 섹스를 하면서 말로 표현하든 은연중에 나타내든 간에 결혼을 원하지 않았다. 골딘과 카츠에 따르면 1950년에 태어나서 대학에 입학한 여성의 절반이 23세가 되기 전에 결혼했다. 이 시기에 대학에 다니던 여성은 다른 여성과 마찬가지로 임신을 두려워했으며 일찍 결혼했다. 그러나 이들보다 겨우 7년 늦게 대학에 입학한 여성은 오직 30퍼센트만이 23세 이전에 결혼했다. 성 혁명의 한가운데를 뚫고 지나온 여성들은 성년 연령이 21세에서 18세로 바뀌면서 부모의 동의 없이도 피임약을 처방받을 수 있게 되었고, 대법원은 출산을 통제하고 낙태할 수 있는 권리를 인정했다. 골딘과 카츠에 따르면 피임과 낙태 모두 결혼 연령에 영향을 미쳤으며, 피임이 법적으로 인정되자 변화의 폭이 더욱 커졌다.

실제로 피임약을 쉽게 구할 수 있게 되자마자 대졸 여성들은 결혼을 미루기 시작했는데, 이 변화는 교육 수준이 낮은 여성과 비교했을 때 매우 빠르고 규모가 컸다. 도표 4.1을 보면, 일찍 결혼하는 대졸 여성의 비율은 1970년대에 크게 낮아졌다. 다른 집단은 이 정

도 비율로 떨어지기까지 20년이 더 걸렸다.[14]

  하지만 골딘과 카츠가 피임약의 파급력을 논할 때 중점을 둔 것
은 결혼(속도위반 결혼이 사라졌다는 사실)이 아니라 대학원 진학이었다.
보통 임신 가능성이 있는 여성은 결혼 제도 내로 편입되어야 했지
만, 진로 계획에 따라 출산 시기를 정할 수 있는 여성은 1970년대에
이르러 여성에게도 활짝 열린 기회를 붙잡을 수 있었다. 변화는 엄
청났다. 로스쿨의 여학생 비율은 1960년대에는 4퍼센트에 불과했
으나 1980년이 되자 36퍼센트로 증가했다. 의대의 여학생 비율도
1퍼센트에서 30퍼센트로 증가했고, 치대는 1퍼센트에서 19퍼센트,
경영대는 2퍼센트에서 28퍼센트로 증가했다.[15] 1970년대는 출산율
이 급락한 "베이비 버스트baby bust" 시대였다. 그러나 결혼한 후에
아이를 낳는다는 대졸자 집단의 특성은 변하지 않았다. 1982년, 학
사 학위 소지자 집단에서 혼외 출산이 차지하는 비율은 단 2퍼센트
였다. 백인 집단의 경우 이 수치는 2006년이 될 때까지 변하지 않았

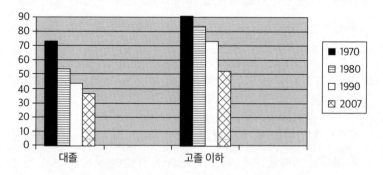

도표 4.1 25세 여성의 결혼율.
Adam Isen and Betsey Stevenson, 2010. "Women's Education and Family Behavior: Trends in Marriage,
Divorce and Fertility," NBER Chapters, in *Demography and the Economy*, 107-140, National Bureau of
Economic Research, Inc., p. 7 in the NBER version, http://www.nber.org/papers/w15725.pdf.

결혼 시장

다.[16] 그리고 1980년대가 되자 "베이비 버스트" 시대가 가고 "베이비붐" 시대가 왔다.

그 결과 대졸자들은 직업과 결혼에 대해서 이전과는 다른 생각을 갖게 되었다. 19세기에는 대졸 여성의 거의 절반이 평생 결혼을 하지 않았다.[17] 1960년에는 대학을 졸업한 60대 여성의 29퍼센트가 미혼이었다.[18] 1980년대까지는 고졸자가 대졸자보다 결혼할 확률과 결혼 생활을 유지할 확률이 더 높았다.[19] 하지만 오늘날 이 비율은 완전히 뒤바뀌었다. 이제 대졸 여성은 "그 어느 때보다도 결혼을 가장 많이 할" 태세다.[20]

그 비결은 바로 대졸 여성이 결혼을 미루면 남성 또한 결혼을 미룬다는 것이다. 우리는 대학에 입학할 때(이 책의 공저자인 준은 1971년, 나오미는 1975년) 대학에 다니는 동안 괜찮은 남자를 찾아야 한다는 조언을 들었다. 우리는(그리고 우리 동기들은) 대학 재학 중에 임신하지도, 누군가에게 미래를 함께하자고 요구하지도 않았으며, 우리가 만나던 남자들 또한 결혼하지 않았다. 골딘과 카츠는 피임약 때문에 결혼이 늦어진 결과 직장 여성에게 더 '알찬' 결혼 시장이 만들어졌다고 말한다. 결혼 연령이 높아지면서 남녀의 결혼 연령 차이는 작게 유지되었다.[21] 대신 결혼 시장이 계급에 따라 나뉘기 시작했다. 1950년대와 1960년대에 대학에 다니던 남성은 주로 20대 초반에 고향에 있는 고등학교 동창과 결혼했다. 대학에서 만난 남녀가 결혼할 경우에는 여성이 결혼 뒤 학교를 그만두었다. 하지만 우리 세대의 대졸 남성은 결혼을 늦게 했고, 그만큼 대학을 함께 졸업한 동기와 결혼할 가능성이 높아졌다. 결혼을 미룬 여성은 결혼하지 않고 자신을 기다리던 조건 좋은 남성을 만날 수 있게 되었다.

이처럼 결혼 조건이 변하자 1990년대에는 대졸자 집단과 나머지 집단 사이에 소득 차이가 나기 시작했다.[22] 1960년에서 1980년 사이에는 가장 교육을 많이 받은 집단과 그보다 교육을 덜 받은 집단의 가계소득이 같이 늘고 줄었다. 하지만 1980년 이후 가장 교육을 많이 받은 집단의 가계소득은 늘어난 반면 나머지 집단의 가계소득은 변동이 없거나 줄었다(도표 4.2).[23] 이렇게 된 가장 큰 이유는 무엇일까? 고소득 남성과 고소득 여성이 끼리끼리 결혼했기 때문이다. 성 혁명을 이끌었던 사람들은 열매만 따먹고 다시 전통적인 가정생활로 돌아갔다.

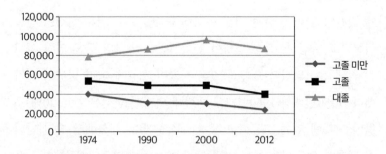

도표 4.2 교육 수준별 평균 가계소득, 2012년(달러 기준).
출처: 미국 인구조사국, 연도별 가계소득 표, H-13, H-14.
표 H-13과 H-14는 교육 정도의 기준이 약간 다르다. 예를 들어, 도표 4.2에서 '대졸' 자료는 2000년과 2012년에는 "학사 이상"(표 H-13) 자료를 참고했고 1974년과 1990년에는 "4년제 대학 이상"(표 H-14) 자료를 참고했다. 또한 표 H-13에는 "9~12학년(졸업장 없음)" 카테고리가 있는 반면 표 H-14에는 "고등학교 1~3학년" 카테고리가 있다.

결혼 시장

선별 효과와 현대판 미스터 다아시 찾기

애컬로프와 옐런, 카츠가 묘사한 것처럼 대학에 다닌 여성들은 피임약과 낙태를 기꺼이 받아들였고, 그 결과 직업을 가질 수 있게 되었다. 하지만 변한 것은 이뿐만이 아니었다. 게리 베커가 "결혼 시장"이라고 부른 것 역시 변화했다. 베커는 바쁜 회사 간부가 집에서 아이를 키우고 자신을 돌봐줄 배우자를 선호할 거라고 예측했다. 하지만 오늘날 베커의 예측은 완전히 틀렸다. 여성이 자신의 경제력에 더 많이 투자하면서 결혼 시장이 변화했기 때문이다. 이러한 변화를 꿰뚫어 본 UCLA의 사회학자 발레리 오펜하이머Valerie Oppenheimer는 베커가 《가족에 대한 논문》을 발표한 직후에 글을 썼는데, 베커와 마찬가지로 오펜하이머도 연애와 결혼을 경제적 교환의 산물로 보았다.[24] 하지만 오펜하이머는 베커와 달리 가족 구조가 변화하면 이상적인 배우자상 또한 바뀐다는 것을 알아챘다. 여성이 아내와 엄마로서의 역할만 수행할 때 사회적 성공을 꿈꾸는 남성은 선하고 집안일을 잘하며 매력적이고 가장의 말에 고분고분 따르는 여성을 이상형으로 꼽았다. 하지만 여성이 점차 더욱 다양한 역할을 수행하기 시작하자 이상적인 배우자를 선택하는 일은 더욱 복잡해졌다. 첫째, 사회 규범이 바뀔 때는 자신과 생각이 같은 사람을 찾는 것이 더욱 중요해진다. 경제 활동을 우선시하는 여성은 자신의 목표를 인정해주는 남자를 만나길 원한다. 타일러는 에이미의 직업적 전망 때문에 그녀와 결혼하려는 것이다. 둘째, 교육 수준이 높은 사람들이 결혼을 미루기 시작하면서 더 심해진 불평등은 판돈을 더 키웠다. 1840년대에 남성은 경건하고 순결하고 순종적인 여성을 배우자로 얻어야 한다는 조언을 들었다. 이전과는 달리 남편이 집을 비우게 되었고, 남편의 관리 감독 없이 아내 혼자 집안을 돌봐야 했기 때문이다. 오늘날에는 자녀를 아이비리그에 보내려면 부모가 둘 다 열심히 벌어서 자녀 교육에 투자해야 하며, 이를 위해서는 과거와는 다른 종류의 능력을 갖춰야 한다. 셋째, 부부가 둘 다 경제 활동을 하려면 출산을 미뤄야 하는데, 이 때문에 결혼 시장에서 계급이 더 중요해졌다. 대학원에 진학하는 사람은 30대 초반이 가정을 꾸리기에 적당한 시기라고 생각하지만, 월마트에서 일하는 19세 남녀에게는 결혼을 미룰 이유가 없다.

　1950년대에는 결혼식을 치르고 나면 어른의 역할을 하도록 사회화되고 부부에 걸맞은 행실을 갖추게 될 것이라고 기대하며 남녀가 결혼을 했다. 임신 때문에 결혼한 젊은이는 곧 다른 아버지와 남편들처럼 일터에 나가서 돈을 벌기 시작했다. 중산층 여성은 첫째를 낳고 얼마 지나지 않아 둘째를 낳았고, 친구 및 가족들과 함께 교외에 있는 집에 머물며 동네에 사는 다른 주부들에게 아내와 엄마로서의 도리를 배웠다. 이런 세계에서 남성 대부분은 물 흐르듯 가장의 역할을 흡수했고(일자리는 언제나 충분했다) 여성 대부분은 10대라는 어린 나이와 상관없이 가정주부로 다시 태어났다. 이러한 교육이 효과가 없을 경우에는 부모가 등장해서 도망칠 곳이 없다는 사실을 상기시켜주었다. 아이 둘이 딸려 있고 셋째까지 임신 중인 젊은 여자는 남편을 떠나면 가난으로 고생할 것이 뻔했다. 그리고 젊은 남자가 가족을 버리면 볼링장에서, 구내식당에서, 심지어는 동네 술

집에서 다른 사람들과 어울리지 못하게 될 것이었다.

여성이 경제 활동을 하고 남성 간 불평등이 심화되자 모든 것이 변했다. 물론 여성은 여전히 아이 돌보는 일을 떠맡고 있으며, 직접 아이를 돌볼 수 없을 경우 보모를 고용해서 도움을 받아야 한다. 하지만 이제 성인 여성의 역할은 엄마 노릇 또는 여자라면 웬만큼 해내야 하는 잡다한 일(요리, 청소, 아이 돌보기)에 국한되지 않는다. 대신 여성은 의사, 저널리스트, 종업원, 치료사라는 새로운 역할을 맡았다. 그리고 이제 여성은 자신의 직업을 인정해주고 자신과 비슷한 삶을 사는 남자를 원하게 되었다. 전 세계를 돌아다니는 저널리스트라면 한곳에 정착해 사는 레스토랑 주인과 결혼하지 않을 것이다. 하지만 이러한 배우자 탐색에는 불확실성이 따른다. 월스트리트에서 큰돈을 벌고자 하는 대학생은 22세보다는 32세에 결혼을 더 잘할 수 있을 테지만 어디까지나 그가 성공했을 때의 이야기다. 야심만만한 여성이라면 이 남성이 마음에 들었어도 앞으로 둘의 미래가 어떻게 될지 기다려 보려고 할 것이다. 연애와 결혼은 점점 더 큰 위험을 감수해야 하는 게임이 되고 있다.

오펜하이머는 결혼 시장이 존재한다는 사실만 통찰한 것이 아니다(이는 베커도 이야기한 바다). 여성의 역할이 변화하고 남성 간 불평등이 심화되면서 결혼 시장이 세분화되었으며, 이 시장들이 서로 중첩되지 않는다는 사실 또한 간파했다. 대형 로펌에 다니는 여성은 고등학교 때 만나던 남자 친구를 결혼 상대로 여기지 않는다. 그 남자 친구를 젊은 변호사들이 모이는 칵테일파티에서 만난다면 얘기가 달라지겠지만 말이다. 또한 노동자 계급 출신으로 에모리 대학교*에 입학한 여성은 종종 선택의 기로에 서게 된다. 고향에 있는 남자 친구와 헤어지거나 아니면 남자 친구 때문에 미래의 성공이 멀어져가는 것을 바라보기만 해야 하는 것이다.[25] 결혼 시장은 《욕망이라는 이름의 전차》보다는 《오만과 편견》 같은 방식으로 계급 장벽을 강화하고 있다. 야심 찬 남녀 대학생이 피임약과 낙태 시술을 적극 환영한 것은 더욱 세분화된 새로운 엘리트 결혼 시장에 발을 내딛기 위한 전략의 일부였다. 물론 덕분에 그 과정에서 재미도 좀 볼 수 있게 되었다.

* * *

이러한 변화와 더불어 삶의 대본은 이렇게 바뀌었다.

남자가 여자를 만난다. 남자는 여자가 좋다. 여자는 점검 사항을 확인해본다. 남자는 하룻밤 상대인가? (그렇다면 제안에 응한다.) 한 달이 지난 후에도 남자를 계속 만나고 싶을 것 같은가? (그렇다면 오늘밤에는 만나지 않기로 하고 다른 날 약속을 잡는다.) 남자가 그동안 너무 비싸서 구입하지 못했던 아파트의 융자를 함께 갚아줄 것 같은가? (그렇다면 매력을 더욱 뽐낸다.) 결국 남자의 더러운 양말이나 줍고 학자금을 갚아주며 살게 될 것 같은가? (남자가 엄청나게 매력적인 게 아니라면 절대 만나지 않는다.)

• Emory University. 남부의 하버드라 불리는 미국의 사립 대학교.

이 여성이 결정을 내릴 때쯤에는 이 책이 끝나갈 것이다. 그녀는 이 남성이 아이를 가질 수 있는 마지막 기회인지, 오랫동안 관계를 유지할 만한 상대인지, 아니면 정자 기증자 정도인지 궁금해할 것이다. 하지만 우선 지금은 미국 가족에게 무슨 일이 일어났는지 파악해야 한다. 이번 장에서 우리는 1970년대 대학에 다니던 여성들이 글로리아 스타이넘을 지지한 이유를 알아보았다(더 높은 소득과 더불어 더 안정적인 결혼 생활을 누릴 수 있게 되었기 때문이다). 이제 '왜 다른 사람들은 결국 이들처럼 되지 못했는가'라는 질문에만 답하면 퍼즐을 완성할 수 있다. 다음 장에서는 지난 30년 동안 악화된 계급 격차에 대해 알아볼 것이다.

2부 새로운 조건

에이미와 타일러는 결혼하고 싶다. 둘은 자신이 무엇을 하는지 충분히 알 만한 나이가 되었다. 하지만 부모님과 친구들은 조금 더 시간을 갖고 천천히 생각해보라고 권유해왔다. 이제 둘은 결혼하려고 한다. 둘은 서로를 만난 것이 엄청난 행운이라고 느낀다. 둘이 이혼하지 않고 쭉 함께한다면, 그건 아마도 둘이 여전히 서로를 존경하고 결혼 생활을 유지하고자 끊임없이 노력하기 때문일 것이다. 에이미는 타일러가 자신을 동등하게 여긴다는 점을 좋아한다. 타일러는 논쟁을 벌일 때 에이미가 받아칠 수 있다는 사실에 기뻐한다. 에이미와 타일러는 포부와 소득 수준이 비슷한 사람끼리 결혼하는 것이 안정적인 가정을 꾸리는 데 도움이 된다고 믿는다. 이들에게 결혼은 선택일 뿐 사회적 의무도 아니고 임신 때문에 억지로 하는 것도 아니며 부모님의 압박 때문에 하는 것은 더더욱 아니다. 결혼은 자녀 계획과도 무관하다. 에이미와 타일러는 곧 결혼한다는 사실에 무척 들떠 있지만, 경제적·정서적으로 아직 부모가 될 준비는 되지 않았다는 것을 잘 알고 있다.

칼과 릴리의 경우 결혼해야 한다는 사회적 압박의 부재가 둘의 관계를 끝내버렸다. 둘은 섹스를 했고, 릴리는 임신을 했다. 하지만 둘은 서로를 잘 알지도 못하며, 결혼은 둘에게 수지맞는 장사가 아니다. 릴리는 칼과 결혼하면 자신이 칼을 돌봐야 한다는 사실을 안다. 하지만 자신이 그만큼 돌려받을 수 있다고 생각하지는 않는다. 이는 그동안 칼과 함께했던 짧은 순간들이 얼마나 즐거웠는지와는 별개다. 칼은 릴리가 자신에게 더 관심을 보이길 바라지만, 릴리 말에 고분고분 따르고, 얼마 안 되는 월급을 릴리에게 갖다 바치고, 집안일을 돕고, 같이 놀자는 친구에게 안 된다고 말하고 싶지는 않다. 칼은 자신이 릴리의 기대에 부응할 수 있으리라 생각하지 않으며, 노력해보려는 의지도 별로 없다.

에이미와 타일러는 서로를 감사하게 여기고 릴리와 칼은 서로에게 신중하다. 이러한 차이는 계급 분화의 표식이다. 두 커플이 차이를 보이는 이유를 이해하려면 문화의 변화와 경제를 함께 고려할 수 있어야 한다. 그리고 지난 50년간 있었던 변화가 어떻게 결혼 시장을 세분화하여 젊은이들이 전혀 다른 종류의 관계를 맺게 만들었는지 알아보아야 한다. 계급에 따라 가족의 모습이 점점 차이를 보이게 된 배경에는 두 가지 큰 변화가 있다. 이 변화는 미국인의 삶의 모습을 완전히 바꾸어놓았다.

먼저, 여성의 역할이 달라졌는데, 이는 중산층에 이르는 새로운 길이 놓이는 데 한몫했다. 과거 제조업에 크게 의존하던 경제가 기술과 정보 산업으로 중심을 옮기자 여성의 노동력이 더욱 필요해졌으며 가정과 가족의 관계가 달라졌다. 그 결과 여성이 경제 활동을 하기에 더욱 유리해졌고(이제는 고소득을 올리는 여성이 결혼할 확률이 가장 높으며, 가계에 기여할 가능성도 가장 높다) 가족 내에서 여성의 목소리도 더욱 커졌다. 결과적으로 여성은 결혼할 때 상대를 더욱 깐깐하게 고를 수 있게 되었다(결혼을 하고 싶다면 말이다). 이처럼 젠더 간 역학 관계가 변화하자 여성이 관계를 시작할지 말지 결정할 수 있는 힘을 쥐게 되었으나 결혼 후에도 관계를 통제할 수 있게 된 것은 아니다.

두 번째 변화는 더욱 커진 경제적 불평등이다. 여성의 역할은 1970년대에 크게 변화한 반면 불평등은 1980년대에 나타나기 시작해서

1990년대에 가속화되었다. 남녀 모두에게 '훌륭한' 일자리와 '나쁜' 일자리가 늘어난 반면 그 중간의 그럭저럭 괜찮은 일자리는 대폭 줄었다. 제2차 세계 대전이 끝난 직후 경기가 좋았던 시기에 고졸자 가족은 노조 설립에 힘입어 임금 상승의 혜택을 누릴 수 있었으며, 교육을 더 많이 받은 가족은 중간 관리자층이 늘어난 덕을 보았다. 그리고 블루칼라와 화이트칼라 모두 안정적인 일자리와 쏠쏠한 수입, 가족임금•을 제공받을 수 있었다. 그러나 1980년대 후반이 되자 기업들은 블루칼라 일자리를 해외로 돌리고 정규직 일자리 대신 비정규직 일자리를 늘렸으며 관리직을 해고했다. 1990년대 후반이 되자 경제가 되살아났고, 교육에 투자한 사람들에게 보답하기 시작했다. 그 결과 경영진과 금융 전문가들은 초고소득을 올리게 되었지만 블루칼라 노동자의 월급은 전혀 회복되지 않았다.

그 뒤로 모든 것이 악화되었다. 주택 시장 호황과 금융 위기를 거치며 경제는 충분히 회복되지 않았고, 화이트칼라 노동자의 월급은 정체되었다. 하지만 압도적으로 남성이 많은 고위 경영진은 금융 위기 이전에도 경제가 회복되기 시작한 뒤에도 전체 경제의 이익에서 이전보다 더 큰 몫을 챙겼다. 반면 갈수록 더 불안정해진 중간 및 하위 직원들은 거의 아무런 혜택도 받지 못했으며, 어린 자녀를 키우는 데도 변변한 도움을 받지 못했다.[1]

두 변화를 같이 놓고 생각해보자. 여성의 자율성이 더욱 커졌고 경제는 인적 자본에 투자한 이들에게 더 큰 보상을 안겨주는 구조로 변했다. 이제 가족이 어떤 전략을 취해야 하는지 알 수 있을 것이다. 그러나

• 가족이 생활 가능한 수준으로 지급하는 임금.

결혼 시장

그 전략은 노동자 계급의 능력 밖에 있다. 전략대로 자신의 능력에 투자하고, 결혼과 출산을 미루며, 경제적으로 독립할 수 있는 수단을 마련하고, 괜찮은 배우자를 만날 수 있는 남녀에게는 결혼이 여전히 할 만한 것이며 내가 가지고 있는 자원을 자녀에게 전달할 수 있는 가장 믿을 만한 방법이다. 그러나 이 전략을 취할 수 없는 사람들은 안정적인 가족을 이룰 가능성에서 점점 멀어지고 있다. 2부에서 우리는 "문제의 핵심", 즉 여성의 힘이 더욱 커진 시기에 경제적 불평등이 심화되면서 계급에 따라 가족의 모습이 달라지기 시작한 이유를 알아볼 것이다.

문제의 핵심

미국 사회의 심화된 불평등은 새로운 미국 가족이라는 퍼즐에서 잃어버린 커다란 퍼즐 조각이다. 불평등은 가족 구조와 젠더 간 역학 관계가 바뀐 원인이다. 여성의 역할이 변하자 연애와 결혼의 패턴이 바뀌었으며, 불평등이 심해지자 결혼을 선택할 때 감수해야 하는 위험이 커졌다. 그 결과 결혼은 사회적 불평등을 가속화하는 원인이 되었고, 부유한 사람과 가난한 사람 모두에게 크게 영향을 미쳤다.

이런 경향은 남성 간 소득 격차가 크게 벌어지기 시작한 1990년대 초반부터 있었다. 하지만 두 가지 장애물이 퍼즐을 완성하여 뭔가 의미 있는 조치를 취하는 데 방해가 되어왔다.

첫 번째 장애물은 이념의 양극화다. 우파는 가족이 변화한 이유가 사람들이 올바른 가치를 추구하지 않았기 때문이라는 주장만 되풀이할 뿐 다른 설명은 인정하려 들지 않는다. 그러니 경제적 평등과 경제적 안정을 해결책으로 제시하는 모이니핸 식의 분석을 받아들일 리가 없다. 좌파는 경제적 평등을 추구해야 한다는 데는 동의하지만, 그 어떤 판단도 내리려고 하지 않는다. 모든 가족은 동등하고 똑같이 가치 있다는 말만 하고 싶은 것이다.[2] 그러니 계급에 따라 결혼의 양상이 달라지고 있으며, 이에 관심을 기울여야 한다는 주장을 들으려고 하지 않는다. 결혼 시장이 변하고 있으며 이는 문화의 변화와 관련되어 있다는 사실을 우파와 좌파 모두 이념 때문에 보지 못하고 있는 것이다.

두 번째 장애물은 엘리트 집단의 전략 변화를 다른 집단의 행동 변화와 연결시키는 해석이 없다는 것이다. 모이니핸은 사회 구조의 변화와 사람들이 추구하는 가치의 변화를 동시에 고려하고, 이 두 변화를 불평등과 연결시키려고 했다. 프린스턴 대학교의 사회학자 사라 맥라나한Sara McLanahan은 모이니핸 식의 분석을 통해 하위 3분의 1에서 어떤 변화가 일어났는지 연구했다. 이 책의 분석 역시 그들의 통찰에 도움을 받았지만, 한 발 더 나아갔다. 불평등은 어느 한 집단이 아닌 '모든' 집단에서 가족 형성의 조건을 바꾸었다. 상위 계급에서의 안정적 결혼 생활의 증가는 하위 계급에서의 결혼의 소멸과 연관되어 있다. 그러나 두 집단이 정반대의 방향으로 나아가고 있기 때문에 두 집단 모두에 적용되는 답을 내놓기가 어렵다. 우리는 불평등과 젠더 간 역학 관계가 미국 전체의 가족 구조와 어떤 관련이 있는지에 초점을 맞출 것이다.

　이념과 계급의 눈가리개는 왜 사람들이 가족에 대해 저마다 다른 생각을 갖게 되었는지 이해하는 데 방해가 되어왔다. 그 결과 가족이 변화하는 이유를 설명한 분석들은 이것 아니면 저것 식의 이분법을 따른다. '결혼을 장려해라' 아니면 '모든 종류의 가족에 대한 인정을 장려해라'라는 식이거나 '가치를 재정립하면 가족 문제를 해결할 수 있다' 아니면 '경제 문제를 해결하면 가치는 알아서 변한다'라는 식이다. 이분법이 대개 그렇듯이 이러한 접근은 옳지 않다. 우리는 가치와 경제가 전부 중요하다고 믿는다. 문제는 경제 변화가 사람들의 정서와 기대를 변화시켜서 결국 사람들의 행동에까지 영향을 미치는 메커니즘을 이해하지 못하고 있다는 것이다. 이번 장에서는 이러한 메커니즘의 중심에 불평등이 자리하고 있음을 증명하고, 불평등이 어떻게 결혼 시장을 경사지게 하고 있는지 설명할 것이다. 불평등이 심해지자 남녀가 짝을 짓는 방식이 바뀌었고, 결국 연애와 결혼의 조건도 변했다. 이는 커플들이 결혼(또는 안정적인 동거)을 해도 좋을 만한 관계 자체를 유지할 수 있느냐 하는 문제에도 영향을 미쳤다. 우리는 결혼에 초점을 맞췄는데, 우리 문화에서 이성애·동성애 커플 모두가 헌신의 상징으로 여기는 것이 바로 결혼이기 때문이다. 물론 결혼이 아닌 다른 여러 종류의 동거 관계 역시 지속 기간, 안정성, 질적인 측면에서 변화가 있었다. 하지만 결혼을 통해 관계를 법적으로 인정하는 사회에서는 계급에 따라 결혼이 다른 양상을 보인다는 사실이야말로 전반적인 문화의 변화를 가장 뚜렷하고 쉽게 드러내준다.

　　　　　　　　　　　　　결혼 시장

계급에 따라 다른 가족 전략은 어떻게 남녀가[3] 자신의 기대에 따라 짝을 맺는지를 보여준다. 이것이 경제와 어떻게 관련되어 있는지를 설명하려면 다음과 같은 단계를 거쳐야 한다. ① 해당 결혼 시장에서 경제 변화가 어떻게 성비에 영향을 미치는지 실례를 들어 설명한다. ② 성비가 가족 형성 전략에 미치는 영향을 분석한다. 두 단계를 거치고 나면, 어떻게 성비가 사회 규범을 바꾸어놓는지 이해할 수 있을 것이다.

이론: 성비와 결혼 시장

"남자들은 수가 적기 때문에 제멋대로 굴어요. 책임감 없이 원하는 만큼 여자를 만나고 다니죠." 맨해튼에 있는 스타트업에서 일하는 26세 여성 레아 나노스의 말이다. "남자들은 맘만 먹으면 여자를 1,000명도 더 만날 수 있을 거예요."

일부 남성은 레아의 말이 사실이라고 인정한다.

"여자를 만나는 일은 버스나 기차를 기다리는 거나 마찬가지예요. 몇 분만 기다리면 또 다른 여자가 찾아와요. 너무 예뻐서 입을 다물 수가 없죠. 하지만 한 골목만 더 가면 그만큼 예쁜 여자를 또 만날 수 있어요." 교사이자 배우 지망생인 24세 크리스천 브라운의 말이다.[4]

적어도 타자기가 발명된 이후부터 뉴욕에는 항상 남자보다 여자가 많았다. 2011년 《뉴욕포스트New York Post》는 25~29세 여성이 또래 남성보다 10퍼센트 정도 더 많다고 보도했다. 《뉴욕포스트》는 문제를 인식하고 있는 젊은이들을 어렵지 않게 찾을 수 있었다. 연구자들은 《뉴욕포스트》가 보도한 내용에 동의했다. 한 웹사이트는 여성이 남성보다 많은 곳을 알려주는 글에서 다음과 같이 말했다. "뉴욕은 데이트를 갈구하는 5만 명의 젊은 여성들로 넘쳐난다."[5]

  사람들은 오래전부터 성비를 관측하고 그 의미를 탐구해왔다. 찰스 다윈은 거의 모든 종에서 수컷과 암컷의 수가 비교적 동일하게 나타나며, 이는 수컷 한 마리가 여러 암컷과 관계를 맺고 수많은 자녀를 낳는 종에서도 마찬가지라고 했다.[6] 인간도 남녀 비율이 비슷하지만 시기에 따라 차이를 보이기도 했다. 예를 들어 전쟁 중에는 남성 인구가 급격하게 줄어든다. 또 이민자 남성은 고향에 남아 있는 예비 신부와 헤어질 수밖에 없다. 가령 초기에 미국으로 이민 온 중국인 남성은 미국에 있는 중국인 여성보다 20배가량 많았다. 어떤 집단은 남녀의 출생 비율 자체가 다르다. 19세기 동유럽의 정통파 유대교 집단에서는 여아보다 남아가 훨씬 많이 태어났다. 오늘날 아프리카계 미국인 집단에서도 전체 인구에 비해 여아가 많이 태어나는데, 절대적인 차이는 그리 크지 않다. 사회학자인 마샤 거튼테그Marcia Guttentag와 폴 세코드Paul Secord는 오랜 시간에 걸쳐 성비가 미치는 영향을 조사해 1983년 그 결과를 발표했다.[7]

  두 사회학자는 시장에서의 공급 변화와 유사한 방식으로 성비의 변화가 결혼 시장에 영향을 미칠 것이라고 가정했다. 결혼 적령기 여성이 남성보다 많으면 결혼할 확률은 남성이 여성보다 높을 것이라고 예측할 수 있다. 이러한 가정을 뒷받침해줄 증거도 있다.[8] 그러나 거튼테그와 세코드는 여기서 더 나아가, 성비가 변하면 결혼

결혼 시장

율뿐만 아니라 사회의 문화 규범까지 바뀐다고 주장했다. 특히 둘은 미혼 남성의 수가 부족한 곳에서 젊은 남성은 크리스천 브라운 (《뉴욕포스트》 기사에 등장했던 바로 그 남자)처럼 행동하게 될 것이라고 예측했다. 즉, 사탕 가게에 들어간 아이처럼 맛보는 데는 열심이지만 하나를 고르려고 하지는 않는다는 것이다.

거튼테그와 세코드는 주의 사항을 덧붙였다. 둘은 성비가 변할 때 남녀가 사회에서 권력을 얼마만큼 쥐고 있느냐에 따라 결과가 다르게 나타난다고 주장했다. 이때 둘은 "구조적" 또는 사회적 권력과 "관계적dyadic" 권력을 구분했는데, 관계적 권력은 관계를 어떻게 이끌고 갈지 결정할 수 있는 권력이다.[9] 보통 남녀 비율이 관계적 권력을 결정한다. 예를 들어, 남성이 여성보다 많은 사회에서는 여성이 관계의 조건을 결정할 수 있는 힘을 갖는다.[10] 하지만 이때 구조적 권력, 즉 사회 내에서 남녀가 각각 갖고 있는 특권이 개입한다. 거튼테그와 세코드는 '리베르티나LIBERTINA'라는 가상의 사회를 그렸다. 리베르티나는 여성이 적어서 매우 우대받는 사회다.[11] 둘은 이러한 사회가 실제로 존재한 적이 있다고 언급했는데, 인류학자의 연구에 따르면 1950년대 아프리카 카메룬에 사는 바퀘리Bakweri족이 리베르티나와 비슷한 모습을 보였다고 한다.[12] 이러한 사회에서 남성은 결혼할 때 신부에게 상당한 금액을 지불해야 했다. 그리고 여성은 결혼 후에도 부업으로 돈을 받고 성관계를 맺곤 했다. 여성은 이렇게 번 돈을 스스로 관리했고, 남편은 아내가 다른 남자와 섹스를 하는 것과 아내의 경제적 독립에 분개하곤 했다. 그러나 이 사회에서 가장 흔한 이혼 사유는 아내의 부정이 아니라 남편이 자신을 지지해주지 않는다는 아내들의 불만이었다. 이처럼 여성이 비교적 "자유"를 누릴 수 있었던 데에는 여러 가지 원인이 있는데, 우선 남성의 이주로 성비가 여성 100명당 남성 236명꼴이었다. 또한 식민 지배를 받았기 때문에 남성이 사회에서 권력을 더 요구할 수 없었고, 여성은 성비 불균형을 이용해 남성보다 많은 수입을 얻고자 했으며, 그 수입 덕분에 여성은 사회에서 더 큰 권력을 차지할 수 있었다.

그러나 바퀘리족 같은 경우는 드물다. 이 예는 한 남성 집단(영국인)이 다른 남성 집단(바퀘리족)을 주변화시킨 아주 특수한 상황이었다. 이와 달리 대부분의 사회에서는 남성이 무소불위의 권력을 틀어쥐고 있다. 남성이 지배하는 사회에서 남성이 여성보다 많을 경우 여성과 성적 관계를 맺을 수 있는 권한은 더욱 '가치'가 커지고 여성은 소유물처럼 여겨지게 된다.[13] 남성(아버지나 포주)은 가치 있는 여성을 빈틈없이 관리한다. 여성의 수가 적다는 사실에서 발생하는 이익은 여성이 아닌 남성이 거두어간다. 더 극적인 예를 들어보자. 중국인이 미국으로 막 이민하기 시작하던 때 미국 내 중국인의 성비는 남성 20명에 여성 1명꼴이었는데, 미국은 다른 인종 간 결혼을 법으로 금지했다.[14] 중국인 집단은 이에 대응해서 성매매를 시작했다. 아시아 여성을 모으는 데 돈이 많이 들었기 때문에 남성 고객이 성매매 여성과 도망쳐서 결혼할 경우 용서받지 못했다.[15] 이 사회에서 여성은 사실상 죄수와 다름없었으며, 남성이 여성에게 엄청난 가치를 부여했음에도 불구하고 그 이익을 챙기지 못했다.

그러나 일반적으로 남성이 여성보다 많을 경우 결혼할 수 있는 능력, 특히 사회적 지위가 높은 여성(사회마다 사회적 지위를 결정하는 요인은 다르다)과 결혼할 능력은 더욱 중요해진다. 힘을 가진 남성은 자신이 독차지할 수 있는 여성을 원하고, 여성을 놓고 벌이는 경쟁이 치열해질수록 남성은 능력을 갖춰야 결혼할 수 있게 된다. 만약 여성(또는 여성의 아버지나 보호자)이 결혼을 끝낼 수 있는 힘을 갖고 있다면, 곧 남성은 결혼 생활을 유지하기 위해 아내에게 더욱 헌신해야 한다는 사실을 깨닫게 될 것이다. 전통 사회에서는 부모가 딸을 관리한다. 그래야만 더 좋은 남성과 결혼할 수 있다는 사실을, 또 어떤 사회에서는 그래야만 딸을 결혼시킬 때 돈을 더 많이 받을 수 있다는 사실을 알기 때문이다. 또한 부모는 딸보다 아들의 경제력에 더 많이 투자한다. 동유럽에 사는 정통파 유대교도 집단에서 극적인 예를 찾아볼 수 있는데, 이 집단에서는 여성이 생리할 때는 성관계를 금지하고, 배란일이 가까워졌을 때는 성관계를 장려한다. 그렇게 하면 남아가 태어날 가능성을 높일 수 있다고 전통적으로 믿어왔는데, 그러한 관습 덕분인지 동유럽의 유대인 마을에서는 남아의 수가 여아보다 훨씬 많았다.[16]

거튼테그와 세코드는 남성이 여성보다 많을 때 "선순환"이 발생한다고 주장한다(물론 말장난이다). 여성의 수가 적을 경우 남성은 여성에게 헌신한다. 그리고 결혼 생활이 안정적이면 부모는 자녀에게 더욱 많이 투자하게 된다. 실제로 동유럽과 미국의 정통파 유대교도 집단은 지독하게 가난하던 시기에도 다른 집단보다 유아 사망률이 낮았다. 부모가 자녀에게 투자를 많이 하면 엄격한 종교 계율을 유지할 수 있고, 이는 곧 가족 안정성을 강화했다. 이때 여성은 사회에서 소중하게 여겨지긴 하지만 자율성을 누리지는 못했다.

그렇다면 여성이 남성보다 많을 때는 무슨 일이 발생하는가? 거튼테그와 세코드에 따르면 결과는 사회에서 누가 권력을 쥐고 있느냐에 따라 달라진다. 아마조니아, 즉 여성이 지배하는 사회가 현실에 존재한다면, 가장 권력이 센 여성들이 남성을 마음대로 다룰 수 있을 것이다. 거튼테그와 세코드는 엘리트 여성이 미소년과 함께 즐기는 모습을 상상했으나 우리는 보노보처럼 여성이 남성을 공유하는 집단을 상상해보았다. 이 집단에서 여성은 소득과 아이들을 통제하고(이래야만 여성이 지배하는 사회라고 할 수 있을 것이다) 오락으로 성관계를 갖는다. 대학 동료 몇몇이 실제로 북유럽 어딘가에서 점점 이러한 경향이 나타나고 있다고 우리에게 알려주었는데, 이에 대한 결론은 사회학자에게 맡기기로 한다.[17] 그러나 거튼테그와 세코드는 1980년대 그리고 그 이전에도 여성이 권력도 있고(굉장히 드문 일이다) 남성보다 수도 많은 사회의 예를 찾지 못했다.

대신 거튼테그와 세코드가 현실 세계에서 찾은 여성이 남성보다 많은 집단은 모두 남성이 지배하는 사회였다. 이러한 사회는 《뉴욕 포스트》가 묘사했던 섹스 상대를 찾는 젊은 남성과 같은 유형을 낳는다.[18] 거튼테그와 세코드는 여성이 남성보다 많은 사회에서 다음과 같은 악순환이 반복된다고 주장한다.

- 남성은 한 여성에게 정착하지 않으려 하고, 미래를 약속했다 할지라도 바람을 피울 가능성이 높다.
- 여성은 이용당했다고 느끼고, 점점 남성을 믿지 못하게 된다.

결혼 시장

- 여성은 상처받은 마음을 안고 다른 데로 눈을 돌린다. 이들은 경제적으로 보다 독립적이 되고, 결혼하기를 꺼리며, 이혼하거나 혼자서 자녀를 키울 가능성이 높아진다.[19]

만일 젊은 남성이 골목마다 아리따운 여성을 만날 수 있고 그 여성들을 죄다 만나고 다닌다면, 곧 여성은 남성에게 의지하지 않기로 결심할 것이다. 그리고 그 결과 가족은 더 불안정해지고 혼자 아이를 키우는 여성이 늘어나게 된다.

이론 검증하기: 성비와 관계 안정성

이후 학자들은 다양한 비교문화 연구를 통해서 거튼테그와 세코드의 이론을 실험했다. 여러 국가를 비교하기도 했고, 한 국가 내에서 서로 다른 민족을 비교하기도 했다. 그중 제일 흥미로운 것은 대학 캠퍼스를 분석한 연구다. 오늘날 미국의 캠퍼스는 자연스럽게 성비 연구를 하기에 가장 좋은 장소가 되었다. 점점 더 많은 대학에서 여학생이 남학생보다 많아지고 있기 때문이다. 그러므로 여러 대학에서 데이트 규범이 어떻게 나타나는지 연구해볼 수 있다.

먼저, 여러 국가의 통계를 분석해서 거튼테그와 세코드의 이론을 실험한 연구들을 살펴보자. 연구 결과는 거튼테그와 세코드의 이론에 신빙성을 더해주었으나 그러한 경향은 저개발국보다 선진국에서 더욱 뚜렷하게 나타났다.[20] 연구자들은 여성이 남성보다 많은 사회에서 다음과 같은 일이 발생할 것이라고 예측했다.

여성이 많은 사회에서 남성은 여러 여성과 성관계를 맺고 일부일처제에 헌신하지 않게 된다. 이러한 사회에서 결혼하는 남녀는 얼마 없으며, 결혼을 해도 늦은 나이에 한다. 또한 예로부터 여성이 맡아왔던 역할은 더 이상 존중받지 않는다. 남성에게는 현재 파트너 말고도 만날 수 있는 여성이 수없이 많기 때문이다. 결혼 가정 내의 출산율은 낮아지고, 혼외 출산율이 높아지며, 이혼 또한 잦아질 것이다. 많은 여성이 현재의 파트너에게 의존하거나 관계를 계속 유지할 수 없을 것이고, 점점 더 가족의 테두리 밖에서 학업이나 직장 생활에 몰두하려고 할 것이다.[21]

또한 연구자들은 이러한 사회에서 여성이 우울증을 겪고 자살할 확률이 높을 것이라 예측했다. 이들은 여성 100명당 남성이 80명이었던 스와질란드에서 여성 100명당 남성이 119명이었던 브루나이까지 다양한 국가의 자료를 조사했다.[22] 개발도상국은 사망률이 높고 이민 가는 남성이 많았기 때문에 성비가 불균형했다. 반면 선진국에서는 사망률이 훨씬 낮았는데, 연구자들은 선진국과 저개발국에서 성비의 영향을 따로 분석했다. 저개발국에서는 여성이 남성보다 많을수록 더 많은 여성이 노동 시장에 뛰어든다는 사실을 제외하면 성비와 관련된 별다른 상관관계를 찾지 못했다. 반면 선진국에서는 여성의 수가 상대적으로 적어지면 결혼율과 출산율이 높아지고 여성의 결혼 연령이 낮아지며 여성 문맹률이 높아졌다.[23] 놀랍게도 선진국에서는 성비가 노동 시장 참여율에 별다른 영향을 미치지 않았다. 그리고 선진국과 저개발국 모두에서 성비와 여성 자살률의 상관관계는 발견되지 않았다.[24]

결혼 시장

또 다른 연구는 20세기 초에 미국으로 건너온 열 곳의 유럽 이민자 집단을 비교분석했다. 성비는 집단별로 다양했는데, 아일랜드 이민자 집단에서는 여성이 남성보다 두 배 이상 많았고, 이탈리아 이민자 집단에서는 남성이 여성보다 두 배 이상 많았다. 연구 결과 남성이 여성보다 많을수록 결혼율이 높은 것으로 나타났다. 아마도 여성이 적을수록 남성이 결혼 생활에 헌신할 가능성이 높기 때문일 것이다. 그리고 남성이 더 많은 집단에서는 여성이 노동 시장에 참여할 가능성이 더 낮게 나타났음에도 불구하고 부부의 총소득은 더욱 높았다. 경제학자 조시 앵그리스트Josh Angrist에 따르면 "이러한 결과는 여성이 적을수록 남성이 미래의 배우자에게 더욱 매력적으로 보이려고 노력한다는 견해와 일치한다."[25] 남성이 미래의 배우자에게 잘 보이기 위해 더욱 열심히 일했거나 여성이 소득이 많은 남성을 배우자로 선택한 것이다.

진화심리학자들은 여러 국가를 비교하며 사람들이 성비에 따라 어떤 배우자를 선호하는지 연구했다. 그들은 경쟁하는 두 가지 이론을 가지고 연구를 시작했다. 첫 번째 이론은 한쪽 성별이 많을 경우 그 성별은 반려자를 고를 때 덜 까다로울 것이라 예측했다. 예를 들어 여성이 남성보다 많으면 여성은 아무 남성이나 고르게 되는 반면 남성은 여성을 깐깐하게 고른다는 것이다. 두 번째 이론은 여성이 남성보다 많을 경우 남성은 수많은 여성과 성관계를 가질 것이라 예측했다. 즉, 잠자리 상대를 고르는 기준이 낮아진다는 것이다. 또한 남성은 결혼을 하려는 마음이 덜할 것이며, 여성은 불만족스러운 남편과 사느니 결혼을 아예 안 하는 편을 선택할 것이라고 내다봤다. 연구자들은 다양한 성비의 35개 국가를 분석했다. 콜롬비아와 잠비아는 성비가 각각 98.19와 98.51로 여성이 남성보다 많았고, 노르웨이는 성비가 105.23, 인도는 108.26, 중국은 108.30, 대만은 108.62로 남성이 여성보다 많았다. 미국의 성비는 100.60으로 중간에 위치했다. 연구 결과 여성의 수가 많으면 남성이 반려자를 고를 때 다소 까다로워지긴 했으나 통계적 연관성은 약했다. 그러나 이러한 사회에서 여성은 결혼을 덜 하려고 했으며 여성이 남편을 고르는 기준은 높아졌다.[26] 다시 말해서, 여성이 남성보다 많을 때 남성은 나쁜 놈이 된다. 남성은 수많은 여성을 원하는 만큼 만날 수 있고, 또 실제로 그렇게 한다. 남성이 부정을 저지르는데도 여성이 이를 용인할 경우 둘은 결혼한다. 여성이 이를 용인하지 않으면 둘은 결혼하지 않고 계속 이어질 새로운 만남을 즐긴다. 여성은 남성의 이러한 행동에 질려서 장기적인 관계에 헌신하기를 꺼리게 된다. 결국 사회는 점점 더 성적으로 문란해지고, 젠더 간 불신이 커지며, 오랫동안 안정적으로 관계를 유지하는 커플의 수는 적어진다.

물론 이 연구에는 한계가 있다. 나라마다 문화가 다르기 때문이다. 미국에 거주하는 이탈리아인과 아일랜드인 그리고 잠비아인과 노르웨이인은 연구자들이 예측할 수 없는 여러 측면에서 다른 양상을 보였을 것이다. 그러나 이 연구는 동일한 문화 내의 변화를 분석한 연구와 (완벽하게는 아니지만) 많은 부분에서 같은 결과를 보였다. 예를 들어, 한 경제학자 집단은 제1차 세계 대전 이후 프랑스에서 나타난 결혼 패턴을 조사했다. 제1차 세계 대전 당시 프랑스의 남성

결혼시장

사망률은 지역별로 달랐고, 연구자들은 전쟁이 끝나고 달라진 성비와 결혼 패턴 간의 관계를 조사했다. 연구에 따르면 사망률이 높았던(따라서 남성이 적었던) 지역은 남성 수가 더 많았던 지역에 비해 남성의 결혼율이 높았고 여성의 결혼율은 낮았다. 이는 놀라운 일은 아니다. 그리고 사망률이 높았던 지역에서는 남성이 자신보다 사회적 계급이 낮은 여성과 결혼할 확률이 낮았다. 남성이 까다롭게 여성을 고르게 된 것이다. 이 밖에도 혼외 출산율이 증가했고, 이혼율이 낮아졌으며, 아내와 남편의 나이 차이가 줄었다.[27] 남성이 여성의 사회적 계급에 까다로워지고, 여성이 결혼을 덜 하려고 할 뿐만 아니라 결혼하지 않고 아이를 낳으려고 했다는 사실은 다른 연구 결과와도 일치한다. 남성의 결혼율이 높아졌다는 연구 결과는 당시 사회에서 결혼이 당연했기 때문에 그다지 놀랍다고 할 수 없다. 그러나 남성이 이혼할 확률이 낮아졌다는 사실은, 이혼 뒤 다른 아내를 찾을 기회가 많았다는 사실을 고려했을 때 매우 놀랍다. 우리는 남성이 첫 결혼부터 제 짝을 잘 만났거나 전쟁 경험 때문에 이혼을 하지 않으려 했기 때문일 것이라고 추측한다.[28] 그러나 분명 문화 간 차이가 결과에 영향을 미쳤을 것이다.

성비에 관한 또 하나의 흥미로운 연구가 있다. 미국의 사회학자 마크 리그너러스Mark Regnerus와 제러미 위커Jeremy Uecker는 대학 캠퍼스에서의 성생활에 대해 조사했으며, 성비가 대학생의 데이트 경험에 어떤 영향을 미치는지 연구했다. 연구 대상은 모두 젊은 미국인 대학생이었고, 리그너러스와 위커는 인종이나 학년 같은 개인적 요소뿐만 아니라 대학이 위치한 지역과 동아리 활동 등 대학의 특징도 고려했다. 연구에 따르면 캠퍼스의 남성 비율은 대학에서의 사교 활동에 큰 영향을 미치며, 남성이 적을수록 여성이 다음과 같은 경향을 보일 확률이 높아졌다.

- 캠퍼스의 남성에 대해 부정적인 평가를 함
- 현재 갖고 있는 관계를 부정적으로 생각함
- 데이트를 적게 함
- 남자 친구가 있을 가능성이 낮음
- 관계에 헌신하는 남자 친구를 얻을 가능성이 낮음[29]

캠퍼스에 남성이 여성보다 많을 경우에는 여성이 '신사'를 만나서 안정적인 관계를 유지할 가능성이 높아진다. 결국 모든 남성이 나쁜 놈인 것은 아니다! 프린스턴 대학교가 남녀공학으로 바뀐 초기에 어땠는지는 기억나지 않지만, 어쨌든 바사르Vassar 대학교보다는 나았을 것이다.•

리그너러스와 위커는 자신들의 연구를 뒷받침하기 위해 몇 가지 흥미로운 자료를 제시했다. 남자 친구가 있는 여대생이 지난달 성관계를 가졌을 확률을 살펴보자(도표 5.1). 북동부 이외의 지역에 위치한 국립 대학교 중 규모가 크고 동아리 활동이 있는 대학교의 3학년 학생들에게 질문했을 때 대답은 캠퍼스의 남성 비율에 따라 달라졌다. 학생 중 30퍼센트가 여성일 경우 여대생이 성관계를 가졌

• 프린스턴 대학교는 남학생만 입학이 가능했다가 남녀공학이 되었고, 바사르 대학교는 여학생만 입학이 가능했다가 남녀공학이 되었다.

결혼 시장

을 확률은 50퍼센트였다. 학생 중 50퍼센트가 여성일 경우에는 여대생이 성관계를 가졌을 확률은 66퍼센트로 올랐다. 학생 중 70퍼센트가 여성일 경우에는 남자 친구가 있는 여대생의 79퍼센트가 최근 성관계를 가졌다고 대답했다.[30] 반대로 성관계 경험이 없다는 대답은 여학생 비율이 낮은 대학에서 더 많이 나타났다. 여성이 남성보다 적기 때문에 맘에 드는 남성을 더 쉽게 찾을 수 있는 환경임에도 이런 결과가 나타난 것이다. 여학생 비율이 낮은 대학에서는 여성이 성관계를 갖지 않고도 남자 친구와 관계를 유지할 수 있다. 도표 5.2에서 보듯 여학생 비율이 30퍼센트인 캠퍼스에서는 남자 친구가 있는 여대생의 56퍼센트가 아직 성관계 경험이 없다고 대답했다. 반면 여학생 비율이 70퍼센트인 캠퍼스에서는 이 비율이 12퍼센트로 떨어졌다. 간단히 말해서, 남성의 공급이 적을 경우 남자 친구를 가졌을 때 지불해야 하는 대가가 상승하며, 그 대가에는 성관계가 포함된다. 리그너러스와 위커는 다음과 같이 결론 내렸다. "학자들이 '원나잇 스탠드 문화'라고 이름 붙인 문화는 서구의 성관계 문화가 개방적으로 변했기 때문에 발생했다기보다는 특정 인구통계학적 경향(캠퍼스의 성비 불균형) 때문에 자연스럽게 발생했다고 볼 수 있다."[31] 리그너러스와 위커의 분석에 따르면 대학 캠퍼스에서의 성관계 습관이 대학 졸업 후 안정적으로 장기적 관계를 유지할 수 있을지 여부에 영향을 꼭 미친다고 볼 수는 없다. 졸업 후 정착할 곳의 성비가 대학 캠퍼스의 성비와 다를 수 있기 때문이다.

물론 '어떻게 학생들 스스로 캠퍼스에 남성이 많은지 여성이 많은지 알 수 있는가' 하는 의문이 들긴 한다. 하지만 캘리포니아 공

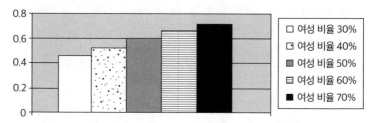

도표 5.1 캠퍼스 내 여성 비율에 따라 남자 친구가 있는 여대생이 지난달 성관계를 했을 가능성.

도표 5.2 캠퍼스 내 여성 비율에 따라 남자 친구가 있는 여대생이 아직 성관계를 하지 않았을 가능성.

대 같은 기술 전문대학이나 시타델The Citadel 같은 군사 아카데미, 소수의 신학대학교나 시골 지역 대학교에는 확실히 남성이 많다고 할 수 있을 것이다. 이런 학교들에 다니는 남학생들은《빅뱅이론Big Bang Theory》*의 주인공들과 비슷할 수도 있다. 하지만 캠퍼스에서의 성관계를 조사하는 일은 사회학자에게 맡기기로 하자.

● 캘리포니아 공대에 다니는 괴짜 남학생 네 명이 주인공으로 등장하는 미국 시트콤.

결혼 시장

불평등 더하기: 성비 이론은 어떤 영향을 미쳤나

성비 이론은 어떻게 구조적 힘(사회적 불평등, 중산층의 새로운 전략, 여성의 경제적 자립)이 사람들의 행동과 규범을 계급에 따라 달리 변화시키는지 설명해준다.

첫째, 심화된 불평등은 결혼 시장을 세분화했다. 1950년대로 되돌아가 보자. 미국은 좀 더 동질적인 사회였다(그렇다, 백인들이 많았다는 이야기다). 19세기에 존재했던 민족 구분의 중요성이 줄어들었고 당시는 아직 대규모 이민이 발생하기 전이었다. 이러한 세계에서는 목수의 자식과 기술자의 자식이 결혼하는 일이 흔했다. 이 시기에 인종은 비교적 평등한 사회에 남아 있던 얼마 안 되는 장벽 중 하나였다. 반면 오늘날 불평등이 심화되자 고향에 남아 있는 사람들과 교육이나 취직을 위해 다른 지역으로 이동할 의사가 있는 사람들이 나뉘었다. 또한 교육 수준이 높고 결혼과 출산을 미루는 사람들과 20대 초반에 가족을 꾸리려고 하는 사람들도 나뉘었다. 그리고 이러한 지역 차이와 계급 차이는 인종 내에서도, 또 인종 간에서도 생겨났다. 예를 들어 여전히 필라델피아의 고졸 아프리카계 미국인은 교외에 거주하는 고졸 백인이나 펜실베이니아 대학교 학생보다는 자신과 비슷한 배경의 아프리카계 미국인을 만나려고 한다.

둘째, 심화된 불평등은 남녀에게 미치는 영향이 다르다. 대부분의 사회에서 여성은 중간에 밀집해 있다. 실제로 대부분의 연구는 소득 사다리의 꼭대기와 밑바닥 사이의 거리가 여성보다 남성 사이에서 더 멀어졌음을 보여준다. 소득이 더욱 증가한 경영진에도, 소득이 더욱 감소한 블루칼라 일자리에도 남성이 여성보다 많다. 개인적인 측면에서도 남성이 여성보다 큰 영향을 받았다. 흥미로운 비교문화 연구들에 따르면, 불평등이 심해질 경우 실업 상태가 길어지고 폭력이 더 많이 발생하며 수감률이 높아진다. 그리고 이러한 변화는 특히 경제 변화의 희생자가 된 남성에게 일어난다.[32] 요약하면, 역사적으로나 오늘날 상황에서나 불평등이 심화되면 상위 계급 남성이 늘어나고(여성은 그렇지 않다) 저소득 남성의 상당수가 사회적으로 실패하여 실질적으로 결혼할 수 없게 되는 경향이 있다. 한편 여성은 중간층에 더욱 집중된 채로 남아 있고, 중간층에 위치한 남성은 줄어든다. 그 결과 결혼 시장이 점점 더 세분화되면서 상위 계급 여성은 보다 "바람직한" 선택을 할 수 있게 되고, 중간층에 위치한 여성은 상위 계급 여성에 비해 선택지가 좁아지며, 하층에 위치한 여성은 선택지가 거의 전무해진다.

셋째, 성비는 각각의 결혼 시장 내에서 연애, 섹스, 결혼의 조건에 영향을 미친다. 상위 계급에서는 남성 수가 증가했으며 이들 모두가 얼마되지 않는 높은 지위의 여성과 결혼하려 한다. 거튼테그와 세코드는 상위 계급의 남녀가 점점 더 결혼을 지향할 것이며 이들의 관계는 점점 더 안정적으로 변할 것이라고 예측한다. 반면 다른 집단에서는 결혼할 만한 여성에 비해서 결혼할 만한 남성이 줄어들고 있다. 사회학자들은 직업이 있는 남성과 무직 남성 모두 점점 믿을 수 없는 나쁜 놈이 될 것이며, 여성은 남성과 함께하기를 포기하고 자기 자신에게 투자하게 될 것이라고 예측한다. 데이트 비용을 부담하는 잘생긴 남자와 뜨거운 밤을 보내는 것과 신용카드

결혼시장

를 함께 쓰고 집을 공동 명의로 하는 것은 전혀 다른 문제다. 하버드 대학교의 사회학자 빌 윌슨Bill Wilson은 거튼테그와 세코드가 책을 출판하자마자 이 내용이야말로 모이니핸의 분석에서 빠졌던 것이라고 했다. 아프리카계 미국인 가족은 여성이 가장이 되어서가 아니라 결혼할 만한 남성이 얼마 안 되기 때문에 그에 따른 결과로 곤경에 처했다는 것이다.

가족 형성에서 계급 차이가 나는 이유가 성비 이론으로 설명이 되었는가? 아울러 원나잇 스탠드 문화라든가 몇몇 저널리스트가 "부유한 여성" 또는 "남자의 종말"이라고 잘못 이름 붙인 현상에 대해서도 설명이 되었는가?* 우리는 성비 이론으로 관계 내에서 발생하고 있는 현상을 설명할 수 있다고 본다(남녀 간의 구조적 권력이 변화하는 이유는 설명하지 못하지만 말이다). 다음 장에서는 결혼 시장이 세분화되었다는 증거를 조사해보고(오늘날에는 누가 결혼하는가? 그들은 누구와 결혼하는가?) 각 결혼 시장 내의 성비가 어떻게 변했는지 알아보고자 한다. 뉴욕의 맨해튼과 캔자스 주의 맨해튼, 몇몇 대도시에서 이웃하고 있는 벨몬트와 피시타운은 남녀가 짝을 찾는 방식을 비교했을 때 완전히 다른 세계일지도 모른다.

---

* Liza Mundy, *The Richer Sex: How the New Majority of Female Breadwinners Is Transforming Our Culture*(New York: Free Press, 2013); Hanna Rosin, *The End of Men: And the Rise of Women*(New York: Penguin, 2012, 한국어판은 김수안 옮김, 《남자의 종말》, 민음인, 2012).

남자는 어디에 있는가

대학 교육을 받은 여성이 배관공 남자 친구와 함께 걸어가는 모습은 좀처럼 볼 수 없다. 우리가 입 밖에 내고 싶어 하지 않는 바로 그 이유 때문이다. 즉, 여성은 똑똑한 자식을 낳고 싶은 것이다. 교육 수준이 높은 남녀는 자기 자식이 현대의 지식 기반 경제에서 살아남기를 바라며, 그러한 자식을 낳도록 도와줄 배우자를 찾는다. 이들은 IQ가 높고, 꿈이 원대하며, 자기 주도적으로 숙제를 하고, 심화학습을 소화할 수 있는 자녀를 원한다. 아이비리그 졸업생이 정자와 난자를 비싼 값에 팔 수 있는 것도 부모들이 "알파 키드alpha kid"를 원하기 때문이다. 엘리트와 주립 대학 졸업생의 배우자 선택에 차이가 있는지 구체적으로 조사한 바는 없지만, 하버드를 졸업한 여성은 아마도 플로리다 주립 대학교를 졸업한 남성의 청혼을 받아들이지 않을 것이다. 경제학자 그레고리 맨큐Gregory Mankiw는 "하버드는 아마 세계에서 가장 엘리트가 많은 결혼정보업체일 것"이라고 빈정댔다. 《뉴욕타임스》의 결혼식 광고란을 힐끗 보기만 해도 그의 말이 맞다는 사실을 알 수 있다.

케이 히모위츠Kay Hymowitz[1]

세실리아는 그녀의 남편이 그녀보다 훨씬 적게 번다는 사실에 그다지 괘념치 않는다고 말했다. 하지만 그녀와 얘기를 더 나눌수록 그녀가 남편을 낮잡아본다는 사실을 알 수 있었다. 그녀의 남편에게는 경제적 결정을 내릴 권한이 없는 것 같았다.

릭 뱅크스Rick Banks[2]

1966년 가수 바비 다린Bobby Darin은 〈내가 목수였다면If I Were A Carpenter〉이라는 노래를 불러 큰 인기를 얻었다. 이 노래는 미래에

만나게 될 "숙녀"에게 자신이 목수나 땜장이 혹은 방앗간 주인이었어도 자신을 사랑했을 것인지 묻는다. 이 노래는 여성이 목수와 결혼하려 한다는 사실 자체가 여성의 사랑을 증명해준다고 가정하며 여성이 '그렇다'고 대답해주기를 바랄 뿐만 아니라 여성이 자신을 우러러봐주기를 바란다. 그리고 바로 여기에 문제가 있다. 아마 오늘날 "숙녀"들은 이 물음에 '말도 안 돼'라고 대답할 것이다.

성비 이론의 핵심은 수요와 공급이다. 얼마나 많은 싱글 남녀가 브루클린에 사는지, 또는 얼마나 멀리서부터 브루클린에 찾아오는지 생각해보라. 그리고 거기에서 관계에 헌신하고 싶지 않은 사람과 약물 중독자, 유죄 선고를 받은 흉악범, 뭐 하나 제대로 하지 못하는 문제 있는 사람을 제외해보라. 그러면 결혼 시장이 남는다. 그러나 고려해야 할 것이 더 있다. 결혼 시장에 남은 남녀가 넘을 수 없는 선에는 어떤 것들이 있는가? 인종? 교육 수준? 신체적 매력? 인구통계학의 도움을 받으면 한 지역에 특정 인종의 싱글 남녀가 얼마나 거주하고 있는지는 쉽게 알 수 있지만, 그들이 어떻게 서로 짝이 되는지는 여전히 추측할 수밖에 없다. 이 질문에 답하기 위해 많은 이들이 여러 요인을 찾아냈으나 관계라는 수수께끼를 완전히 푼 사람은 아직 없다.

결혼 시장을 그려보려는(누가 누구와 결혼하는지 알아보려는) 시도는 몇 가지 확실한 구분에서부터 시작할 수 있다. 80세와 20세는 서로 결혼할 가능성이 낮다. 실제로 미국에서는 부부 간 나이 차이가 평균 2세가량으로 줄었다. 그러므로 성차를 확인하는 데 가장 적합한 시기는 결혼 적령기 무렵의 연령대이다. 미국에서 신생아의 성비는 104.8(즉, 여아 100명당 남아 104.8명)이다. 그러나 여성이 대체로 남성보다 오래 살기 때문에, 85세가 되면 성비는 40.7(여성 100명당 남성 40.7명)로 떨어진다.[3] 85세 여성이 결혼하고 싶어 할 가능성은 그다지 크지 않다.

또한 결혼 시장은 지역과 인종에 따라 달라진다. 남성을 만나고 싶다면 서쪽으로 가야 한다. 성비가 가장 높은 지역은 알래스카(107.0)이며, 그다음은 네바다(103.9), 콜로라도(101.4), 유타(100.4) 순이다. 성비가 가장 낮은 지역은 로드아일랜드(92.5), 매사추세츠(93.0), 워싱턴 시(89.0)다. 성비가 낮은 지역은 주로 남부에 있다.[4]

이러한 성비 차이는 인종에서 비롯되기도 한다. 아프리카계 미국인의 성비는 출생 시부터 백인의 성비보다 낮으며, 처음에는 큰 차이가 없지만 시간이 지날수록 차이가 커진다. 성비의 영향을 특히 많이 받는 지역은 도심의 흑인 거주 지역으로, 이와 관련해 각종 연구가 이루어졌다. 하지만 이 지역의 성비는 근친결혼의 영향,[5] 대량 투옥,[6] 낮은 교육 수준, 실업을 함께 고려하지 않고는 제대로 이해할 수 없다. 이에 대해서는 곧 다시 알아볼 것이다.

이보다 더 어려운 문제, 그리고 우리가 이번 장에서 알아볼 문제는 어떻게 계급이 결혼 시장에 영향을 미치는가다. 교육 수준은 계급을 나누는 척도가 될 수 있지만, 정확히 말하면 교육 수준과 소득 수준, 직업의 종류가 함께 작용하여 사회적 지위를 결정한다. 빌 게이츠가 하버드를 졸업했는지 아닌지 궁금해하는 사람이 있는가?(빌 게이츠는 대학교를 중퇴했지만 38세가 될 때까지 결혼하지 않았으며 엄청나게 성공했다.) 자신이 사는 아파트의 경비원이 알고 보니 하버드를 졸업했

결혼 시장

다고 해서 여성이 갑자기 마음을 바꾸고 그 남자를 결혼 상대로 여길 수 있을까? 계급은 나이, 인종, 사는 지역과 상호 작용하여 배우자감을 결정하며, 최근에는 소득 불평등이라는 큰 변화까지 가세하여 누가 누구와 결혼하는가를 결정한다.

왜 불평등이 문제인가라고 물을 때 우리는 그 대답이 결혼 및 출산을 미루는 현상과 어느 정도 관련되어 있으리란 것을 이미 알고 있다. 1960년대에 여성의 평균 결혼 연령은 20세였고 남성은 22세였다. 우리는 22세에 대학을 졸업할 수 있을지 없을지에 대해서는 대강 짐작할 수 있지만 그 이상은 잘 모른다. 배우 앤 헤이시Anne Heche가 부모의 결혼에 대해 리포터에게 이야기한 내용을 떠올려보라. 앤 헤이시의 부모는 고등학교 때 연인 사이였다. 결혼할 때 앤의 어머니 낸시는 앤의 아버지 돈이 "잘생긴 인기남에 못하는 게 없다"고 생각했다. 당시 남성의 평균 결혼 연령이던 22세에 돈은 의사가 되기 위해 대학에서 공부하고 있었다. 하지만 그때 모든 것이 변했다. 돈은 "낙오하는 바람에 의대에서 중퇴했다. 이후 교회에서 시간제로 오르간을 연주하거나 합창단을 지휘했지만 안정적인 일자리를 얻을 수는 없었다. 돈을 번답시고 벌린 일들은 족족 실패했고, 가족을 오하이오 주 시골에 있는 종교단체에 맡겼다." 또한 그는 가족에게 알리지는 않았으나 동성애자였으며, 아들을 때리고 딸들을 성적으로 학대했다.[7] 그리고 1983년에 에이즈로 사망했다.

오늘날에는 평균 결혼 연령이 높아졌다. 의대에 다니는 남성은 20대 후반이 되기 전에는 결혼하지 않을 것이며, 그때까지 자신의 성적 취향을 확실하게 파악할 수 있을 것이다. 그리고 의사가 된다면 자신만큼 성공한 배우자를 얻으려 할 것이다. 만약 학업을 중단하고 다른 직업을 얻지 못한다면 아예 결혼하지 않을 가능성이 크다. 좋은 정보건 나쁜 정보건 간에 결혼을 미루면 그만큼 정보를 더 많이 얻을 수 있다는 것은 사실이다. 그리고 어떤 사람과 그 사람의 전망에 대한 정보가 많아질수록 결국에는 비슷한 배경의 사람끼리 만나게 될 가능성이 높아진다.

결혼 시장과 결혼을 지향하는 새로운 엘리트

'파란' 가족의 새로운 전략은 여성도 남성만큼 스스로에게 투자하고 출산을 미루는 것이다. 그 결과 활용 가능한 정보의 양이 늘어났고, 교육 수준이 높은 집단과 그보다 교육 수준이 낮은 집단이 가족을 꾸리는 시기가 달라졌다. 사회학 연구들도 이를 뒷받침한다. 사회학에서는 교육 수준이 비슷한 사람끼리 결혼하는 현상을 동질혼assortative mating이라고 하는데, UCLA 연구진에 따르면 동질혼을 할 경우 결혼 시기가 늦어진다.[8] 1940년과 1960년 사이에는 평균 결혼 연령이 낮아졌고, 남편과 아내가 같은 수준의 교육을 받았을 확률 또한 59퍼센트에서 45퍼센트로 상당히 낮아졌다. 테네시 윌리엄스Tennessee Williams가 《욕망이라는 이름의 전차》에서 보여준 것처럼 이 시기에 숙녀들은 목수, 공장에서 일하는 노조원과 결혼할 확률이 높았다. 하지만 그 이후로 교육 수준이 비슷한 사람끼리 결혼할 확률이 다시 오르기 시작해 2003년에는 55퍼센트를 넘어섰다.[9] 대졸자가 대학에 입학은 했으나 졸업은 하지 못한 사람과 결혼할 확률은 지난 수십 년간 쭉 낮아져왔으며 2000년에는 1940년 이후 최저점을 찍었다.[10] 그리고 이러한 경향은 2000년 이후로 더욱 심해졌다.[11]

여성의 입장에서 이는 곧 교육 수준이 높을수록 소득이 높아질뿐만 아니라 높은 지위의 남성과 결혼할 기회 또한 많아진다는 것을 의미한다. 예컨대 전문직 남성은 대졸자 여성과 결혼할 확률이 높을 뿐만 아니라 같은 직종에 종사하는 여성과 결혼할 확률 또한 높다.[12] 그 결과 결혼 시장은 더욱더 계급에 따라 세분화되며, 가족 간 불평등이 증가하게 된다. 여성은 지위가 높은 남성을 만나고 싶으면 반드시 일정 수준의 학업을 마쳐야 하고, 직업을 가져야 하며, 괜찮은 남자를 만날 때까지 임신을 미뤄야 한다. 여성이 데이트에 두 살 난 아이를 데리고 나가면 그 어떤 계급의 남성이라도 흥미를 잃기 마련이다.[13] 특히 자신보다 성공한 남성과 결혼한 여성 중에는 결혼 전에 아이가 있었던 여성이 드물 것이다. 여러 연구 결과를 살펴봤을 때 대학을 졸업할 능력과 예기치 않은 출산을 피할 가능성은 지난 15년간 계급에 따라 점점 달라져왔다. 또한 대학 등록금이 점점 더 비싸지면서 대학 졸업 여부는 부모의 소득에 더욱 좌우되게 되었다.[14] 예기치 않게 임신할 가능성은 대졸 여성 집단에서 상당히 낮아진 반면, 소득이 가장 적은 여성 집단에서는 높아졌다. 그러다 보니 초산 연령이 대졸 여성 집단에서는 점점 더 높아지고 이보다 교육을 덜 받은 여성 집단에서는 큰 변화 없이 유지되고 있다.[15] 어린 나이에 임신하고 출산하지 않는 것은 중산층의 삶을 규정하는 요소 중 하나가 되었다. 또한 그 요소를 잘 지켜내어 각자

억대 연봉을 받게 된 커플은 그들보다 덜 성공한 커플에 비해 멀찌 감치 앞서 있게 된 것이다.[16]

하지만 대졸 여성에게 중요한 문제는 좋은 직업을 가지고 고소득을 올리는 여성이 서른이 되어 자신의 생체 시계가 똑딱거리는 소리를 듣기 시작했을 때에도 과연 만날 남자가 있을까 하는 것이다. (정말 성공한 여성이라는 가정하에) 그 대답은 '그렇다'이다. 아이러니한 것은 불평등이 급격히 심화되고 엘리트 여성보다 엘리트 남성이 훨씬 더 돈을 많이 버는 현 경제 상황에서 '정말 잘 만난 결혼'의 수가 늘어났다는 것이다. 미국인 중 특정 일부는 친밀한 관계를 전보다 더욱 안정적으로 유지하고 있다. 그 이유를 이해하려면 결혼 시장이 점점 더 세분화되고 있다는 사실과 경제 변화를 연결시켜 생각할 수 있어야 한다.

결혼 시장과 일반 시장

미국이 가족, 정치, 경제 면에서 가장 평등했던 때는 전쟁이 끝나고 찾아온 베이비붐 시기였다. 당시에는 동질혼이 줄고 결혼 연령이 낮아졌으며 남성과 비교해 여성의 교육 수준이 낮아졌다. 베이비붐 시기에 태어난 경제학자들은 애정 어린 시선으로 자신의 어린 시절을 돌아보면서 당시를 "대압착 시대The Great Compression"라고 부른다.[17] 반면 이들은 1980년대 이후의 시기는 "대분기 시대The Great Divergence"라는 이름 붙였다. 이때부터 사회적 불평등은 다시 심화되기 시작해 다시 도금 시대Gilded Age와 대공황 때의 수준에 이르렀다.[18] 1966년에서 2011년 사이 미국인의 하위 90퍼센트는 인플레이션을 감안했을 때 소득이 60달러도 오르지 않았으나 상위 10퍼센트는 평균 소득이 11만 6,000달러 이상 늘었다.[19]

2008년 금융위기 이후 "대침체기The Great Recession"가 이어졌고 상황은 더욱 악화되었다. 《뉴욕타임스》가 2012년 10월 보도한 바에 따르면 소득 불평등이 극도로 심해졌고, 2008년 위기 이후 첫 1년 동안의 회복기에 발생한 이익의 대부분은 소득 상위 1퍼센트가 가져갔다.[20] 2010년 소득 상위 1퍼센트는 미국 소득의 거의 24퍼센트를 가져갔다.[21] 그동안 하위 90퍼센트의 임금은 2009년에서 2011년이 될 때까지 계속해서 떨어졌다.[22]

이러한 소득 격차는 계급에 따라 가족의 모습이 달라지는 원인이 되었으며, 남녀가 배우자를 만나는 방식 또한 변화시켰다. 경제적 불평등이 심화되면서 고소득을 올리는 남성의 수가 늘어났다. 소득이 주로 남성이 포진해 있는 상위 집단에서 크게 증가했기 때문이다.[23] 1978년에서 2011년 사이 최고경영자의 보수는 72퍼센트 넘게 증가했으며, 1993~2007년에 특히 크게 증가했다. 이러한 증가세는 주식 시장의 성장 속도를 넘어서는 것이었으며, 같은 기간 동안 노동자들의 보수는 아주 느린 속도로 5.7퍼센트만 증가했을 뿐이었다.[24] 여성은 여전히 고위 경영진이 되기 힘들었고, 젊은 나이에 경영진이 된 여성은 독신으로 남을 가능성이 높았다. 2012년 《포춘 Fortune》지가 선정한 500대 기업의 임원 중 여성은 오직 14퍼센트에 불과했고, 여성 임원이 한 명도 없는 기업이 25퍼센트를 넘었다.[25] 여성이 일부나마 고위직을 차지하고 있어도 소득은 남성이 주도하는 경제 부문에서만 급격하게 증가했다. 이는 곧 전체적으로 여성이 설 자리를 잃었다는 뜻이다.

소득 불평등이 증가한 두 번째 원인은 금융 부문에서 찾을 수 있다. 1940년대에서 1980년대 중반까지 금융 부문의 연봉은 다른 산업과 비슷한 수준으로 증가했다. 그러나 1982년에서 2007년까지 금융 부문의 평균 연봉은 두 배로 뛰었으며, 주택 시장 거품이 꺼지기 전에는 매년 10만 달러 넘게 늘어났다.[26] 반면 다른 경제 부문의 연봉은 같은 기간 동안 대략 5만 달러에서 5만 8,666달러로 아주 더디게 증가했다.[27] 하지만 남녀 간 보수 격차가 가장 큰 여섯 개 직업군이 월스트리트에 밀집한 금융 부문에 속하며, 그곳에서 적어도 1만 명의 남성과 1만 명의 여성이 보험설계사, 관리자, 일반 직원, 증권판매사, 개인자문가와 그 외 전문가로 종사하고 있다.[28] 게다가 경영대 내의 여성 비율은 거의 50퍼센트까지 증가했음에도 불구하고 월스트리트에서 일하는 여성의 수는 2000년 이후 계속 줄었다. 또한 "2008년과 2009년 금융업에서 여성이 겪은 성희롱 횟수는 이전보다 더욱 많아졌다."[29]

여성이 보다 두드러지는 다른 직종에서도 보수는 상하 격차가 더욱 커져 남성이 압도적으로 많은 고위직에게 큰 보상을 안겨주었다. 여성 의사와 여성 변호사의 수가 크게 늘었고, 원래 연봉이 가장 높았던 직업의 소득이 더욱 증가했다. 그러나 남녀 간 연봉 격차는 더욱 커졌는데, 남녀 의사의 초봉 격차가 1999년 3,600달러에서 2008년 1만 6,819달러까지 벌어졌다.[30] 연구자들은 전공 선택이나 병원의 위치, 근무 시간 등의 특징으로는 이러한 격차를 설명할 수

결혼 시장

없다고 결론 내렸다. 법조계에서는 남녀 간 격차가 상대적으로 적지만, 로스쿨에 다니는 여성의 비율은 2001년 정점을 찍은 후 계속 줄어들었다. 졸업생 수가 줄어들었기 때문에 로펌에 입사하는 여성의 수도 지난 10년간 서서히 줄고 있다. 변호사가 로펌과 지분 파트너십을 맺으면 지분 비율에 따라 회사의 이익을 나누어 받게 되어 다른 직급에 비해 가장 수익성이 좋은데, 로펌과 지분 파트너십을 맺은 여성은 15퍼센트 정도로 이 비율은 지난 20년 동안 크게 바뀌지 않았다.[31] 게다가 로펌은 보상 체계를 더 세세하게 나누는 쪽으로 변하고 있는데, 여성은 새로운 보상 체계에서 보상 체계가 단일했던 과거만큼 성과를 내지 못하고 있다.

미국 전체에서 이러한 수치들을 한데 모아보면 남녀 간 임금 격차가 놀랄 만큼 변했다는 사실을 알 수 있다. 과거 남녀 간 임금 비율은 수십 년 동안 변하지 않았다. 그러나 1970년대와 1980년대에 전문직 여성의 소득이 높아지면서 정규직 남녀의 임금 격차는 크게 줄었다.[32] 1990년대 초반 경기 침체기에도 대졸 여성의 임금은 대졸 남성의 임금을 점점 따라잡았다.[33] 그러나 이러한 추세는 1990년대 말 소득 불평등이 심해지면서 역전되었다. 역전된 추세는 금융 시장에 거품이 끼어 경기가 호황이던 시기에 가속화되었고, 금융위기 이후 회복세를 보이던 시기에도 꾸준히 이어졌다.[34] 같은 시기 전체 남녀의 임금 격차는 블루칼라 남성의 소득이 줄어들면서 점점 좁아졌으나 교육 수준이 높은 남녀 간 임금 격차는 계속 커졌다.

도표 6.1을 보면, 1990년에는 남녀의 소득 격차가 여성의 교육 수준에 따라 큰 차이를 보이지 않았으며, 교육 수준이 높은 여성은

교육 수준이 낮은 여성에 비해 남성과의 소득 격차가 적었다. 그러나 2008년이 되자 교육 수준과 소득 격차 간의 관계가 뒤바뀌었다. 교육 수준이 가장 낮은 여성이 교육 수준이 가장 높은 여성보다 남성과의 소득 격차 훨씬 적었으며, 소득이 가장 높은 집단에서 남녀 간 소득 격차가 가장 크게 나타났다. 예를 들어 2012년 관리직, 전문직 등에 종사하는 중간 소득 정규직 여성의 주급은 남성의 72퍼센트도 채 되지 않았다(951달러 대 1,328달러).[35] 이 수치들이 전적으로 남녀 차별에서 비롯된 것은 아니다. 보수 차이는 교육 과정이나 노동 시간, 노동 시장 밖에서의 휴식기의 차이에서 비롯되었을 수도 있다.[36] 그럼에도 더욱 정밀한 연구들 역시 이러한 추세가 사실임을 확인해준다. 소득 백분위 90[*]에서 남녀의 소득 격차는 교육 수준이나 경력, 고용 형태로 설명할 수 없었다. 실제로 경력 15년차인 백

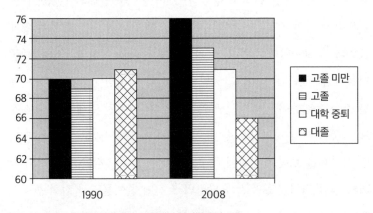

도표 6.1 교육 수준별 남성의 중간 소득 대비 여성의 중간 소득.
교육 수준에 따른 연간 중간 소득, 1990~2009, INFOPLEASE
http://www.infoplease.com/ipa/Ao883617.html#ixzz1JFxpOxL9

● 소득이 이보다 낮은 사람이 90퍼센트라는 뜻.

결혼 시장

인 대졸자만 보면 소득 백분위 90에서의 남녀 소득 격차가 훨씬 더 심각하며, 여성은 "견고한 기반을 잃고 있다."[37]

하지만 여성에게도 좋은 소식이 있다. 경제가 이렇게 변했다는 것은 곧 고소득 여성이 선택할 수 있는 고소득 남성의 폭이 넓어졌음을 의미한다. 물론 이와 관련된 수치를 알아보려면 싱글 남녀의 소득을 살펴봐야 하는데, 남녀 소득 격차는 젊고 아직 한 번도 결혼하지 않은 집단에서 가장 작다. 그렇기는 하지만 결혼 적령기의 젊은 대졸자 집단에서도 소득 상위권은 남성의 차지다.

여성은 남성보다 대학을 졸업할 확률이 높다. 하지만 도표 6.2를 보면 남성 대졸자의 평균 소득은 여성 대졸자의 평균 소득을 웃돌며, 소득 분포의 끝부분, 즉 가장 소득이 높은 집단에서 소득 격차가 특히 크다. 물론 누군가와 만나고 싶은 여성은 도표의 퍼센트 수치보다는 만날 수 있는 남성이 정확히 몇 명인지가 더 궁금할 것이다. 사람 수를 살펴보면 남성이 고용 시장의 가장 꼭대기를 장악하고 있다는 사실을 더욱 잘 알 수 있다. 적어도 백인 집단에서는 그렇다. 25~34세의 백인 대졸자 가운데 연소득이 10만 달러 이상인 정규직을 보면, 남성이 여성보다 최소 두 배 이상 많다. 연소득 6만 ~9만 9,000달러 구간에서는 백인 남성이 두 배에 약간 못 미치는 비율로 백인 여성보다 많다. 이보다 소득이 낮을 경우 여성의 수가 남성의 수를 넘어선다. 하지만 25~34세의 정규직 백인 대졸자 전체를 보면, 소득에 상관없이 남성이 여성보다 많다.[38]

이러한 수치는 소득이 적은 대졸 여성을 고려하면 더욱 기울어진다. "남자의 종말"이 올 것이라 예고했던 사람들은 대학 내에 여성이 남성보다 많아지면서 대졸 여성의 수가 증가하고 있다는 사실을 강조한다.[39] 그러나 대학 재학생들의 변화 추이를 광범위하게 살펴보면 성별과 계급이 뒤얽혀 있음을 알 수 있다. 소득이 높은 가정에서 부모의 재정적 지원을 받으며[40] 고등학교를 졸업하자마자 대학에 진학하는 자녀의 경우 남녀 비율이 비슷하다. 소득이 상위 4분의 1인 가정에서 대학에 진학하는 자녀 중 남성이 차지하는 비율은 51퍼센트이다. 똑같이 소득이 상위 4분의 1인 아프리카계 미국인 가정에서 대학에 진학하는 자녀 중 남성이 차지하는 비율은 1990년대 중반에 41퍼센트였다가 2003~2004년에는 54퍼센트로 올랐고, 2007~2008년에는 다시 48퍼센트로 떨어지는 등 변동을 거듭하고 있다. 백인 집단에서 대학에 진학하는 남성 비율은 소득이 하위 4분

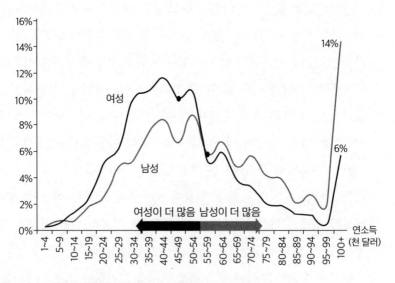

도표 6.2 2008년 정규직으로 근무한 25~30세 대졸자의 소득 분포.
Philip N. Cohen, *Young, educated, and gender-gapped*, Family Inequality Blog(2010. 7. 23)
http://familyinequality.wordpress.com/2010/07/23/young-educated-and-gapped

결혼 시장

의 1인 가정에서 가장 크게 하락했으며, 실제로 백인 전체에서 대학 진학생 중 남성이 차지하는 비율은 43퍼센트였다.[41] 타일러와 에이미가 속한 집단에서 대학에 입학하고 졸업하는 비율은 남녀 간 차이가 없다. 그러나 릴리와 칼이 속한 집단에서 여성은 대학 공부를 마칠 확률이 남성보다 높다.[42] 시간이 흐른 후 다시 학교로 돌아가서 학업을 계속할 확률 또한 릴리가 칼보다 높다.

2012년 연구에 따르면 이러한 차이가 결혼 시장을 더욱 기울어지게 만든다. 대졸자의 결혼율 및 자신과 교육 수준이 비슷한 사람과 결혼할 확률은 계급에 따라 다르게 나타난다. 사회적으로 더 성공한 대졸자일수록 결혼할 확률 및 다른 대졸자와 결혼할 확률이 더 높다.[43] 나이가 들어 대학에 다시 돌아오는 여성이 있다는 사실 또한 대학 내 성비를 불균형하게 만드는 큰 요인이다. 이들은 배우자를 찾으려고 하지는 않을 것이기 때문이다. 그러나 이에 대한 자료가 없기 때문에 재학생의 연령 및 문화의 차이가 대학 내 남녀 비율의 차이를 설명할 수 있는지는 알 수 없다.

반면 아프리카계 미국인이나 라틴계 집단에서는 남녀의 소득 차이가 줄었는데, 이는 고소득 남성 중에 소수 인종이 적기 때문이기도 하다. 아프리카계 미국인 중 연소득이 10만 달러가 넘는 집단을 보면 남성이 여성보다 아주 약간 많다. 또한 대졸 정규직 집단 전체에서 흑인 여성이 흑인 남성보다 훨씬 많으며 중간 소득은 흑인 여성이 흑인 남성보다 아주 살짝 적다.[44] 라틴계는 연소득이 10만 달러가 넘는 남성이 여성보다 두 배 정도 많으므로 백인과 아프리카계 미국인의 중간에 위치해 있다고 할 수 있다.[45] 성공한 대졸 여성이 성공한 대졸 남성보다 많다는 암울한 보도는 인종과 계급에 따른 차이가 상당하다는 사실을 가리고 있다. 그리고 이러한 차이는 저소득 가정 출신의 소수 인종 학생들 사이에서 더욱 크게 나타난다.[46]

결혼 시장의 변화 양상과 성별이 상호 작용하는 지점을 둘러싼 가장 큰 논란은 주요 대도시에서 젊은 싱글 여성이 남성보다 돈을 더 많이 번다는 통계가 발표되면서 터져 나왔다. 이는 곧 여성이 더 부유한 성이 되고 있다는 뜻인데, 실제 이야기는 이보다 훨씬 복잡하다. 뉴욕을 예로 들어보자. 21~30세 뉴욕 거주자의 중간 임금을 조사한 2005년 인구통계 자료에 따르면 실제로 여성은 남성 중간 임금의 117퍼센트를 번다.[47] 그러나 이 수치는 미국 전체의 추세를 대표하지 못한다. 전국적으로 보면 20대 여성은 남성 정규직 임금의 89퍼센트만을 벌어들인다. 주요 도시는 인종이 다양하고, 상당수의 대졸 여성이 거주하고 있으며, 소수 인종 건설노동자 남성이 더 많다는 점에서 다른 지역과 다르다. 예컨대 뉴욕의 소득 통계를 인종별로 나누어 보면 백인 여성의 소득은 백인 남성 소득의 89퍼센트로, 전국 통계인 87퍼센트와 거의 일치한다. 그러나 흑인 또는 라틴계 여성은 같은 인종의 남성보다 돈을 더 많이 벌며, 이러한 경향은 미국 전체에서보다 뉴욕에서 훨씬 심하다. 이는 뉴욕에 거주하는 여성이 뉴욕에 거주하는 남성보다 교육 수준이 높다는 사실과 어느 정도 관련이 있을 것이다. 뉴욕에서 일하는 20대 여성의 53퍼센트는 대졸자이며 남성의 경우 오직 38퍼센트만이 대학을 졸업했다. 그리고 이러한 학력 격차는 백인보다 흑인 및 라틴계 집단에서 더욱 크다.[48] 동시에 대도시로 유입되는 소수 인종 남성은 대도시에서 일하는 여성보다 교육 수준이 낮기 때문에 이러한 추세를 더욱 악화시킨다.[49] 또한 인종 차이는 여전히 결혼 시장에서 중요한 문제로 작용한다.[50] 게다가 뉴욕이나 샌프란시스코 같은 대도시에는 레즈비언보다 게이가 더 많기 때문에 데이트 시장이 더욱 불균형해진다. 뉴욕 같은 대도시에 거주하는 미혼 대졸 여성은 "무책임한 낙오자(숫자가 계속 늘고 있다)와 바람둥이(힘이 계속 커지고 있다)" 중 하나를 선택해야 한다는 사실에 좌절하는데, 실제로 이들은 다른 지역에 거주하는 비슷한 배경의 여성에 비해 더 열악한 결혼 시장을 마주하고 있는 것인지도 모른다.[51]

결혼 시장이 미치는 영향을 조사한 흥미로운 연구에 따르면, 남성의 소득 불평등이 심각한 도시일수록 30세 여성의 결혼율이 낮게 나타났는데, 이는 결혼 가능한 남성의 수라는 변수를 통제했을 때도 마찬가지였다.[52] 사실 당연한 이야기다. 클리블랜드 같은 러스트 벨트 도시에는 석사 학위를 갖고 있거나 전문직에 종사하는 젊은이가 너무 적어서 뚜렷한 시장을 형성할 수 없을 것이다. 대졸자 대부분은 석·박사 과정을 밟으려 하지 않을 것이고, 석·박사 학위를 받은 사람들은 곧 그들의 학력이 결혼에 도움이 되기는커녕 방해가 된다는 사실을 깨닫게 될 것이다. 배우자가 될 만한 사람의 수가 극히 적기 때문이다. 반면 워싱턴 시 같은 도시에는 석·박사 학위가 있는 젊은이들이 훨씬 많기 때문에 결과가 달라진다. 예를 들어 타일러는 좋은 대학을 졸업하고 석사 학위를 받았으며, 안정적인 일자리를 얻었고, 아직 미혼이다. 타일러가 로스쿨에 입학하고 30대 초반이 되면 사회적 지위가 높아지고 결혼 전망도 밝아질 것이다. 만약 타일러가 로스쿨에 입학하지 않았다든가 혹은 대학생일 때 에이미에게 청혼을 했더라면, 아마도 에이미는 타일러에게 그다지 매력을 느끼지 못했을 것이다. 그리고 만약 타일러가 30대 중후반까지 결혼을 조금 더 미룬다 하더라도 그가 여전히 회사에 다니고 있는 한 역시 어렵지 않게 결혼할 수 있을 것이다.

클리블랜드나 캔자스시티, 디트로이트, 그리고 비슷한 다른 도시에서는 대개 결혼을 일찍 한다. 실증적인 연구 자료에 따르면 이는 도시의 규모뿐 아니라 소득 불평등의 정도와도 관련이 있다. 워싱턴 시에서 타일러는 로스쿨에 가기로 결심했을 때 결혼 시장 내에서 비슷한 사람들이 모여 있는 곳으로 편입되었다. 하지만 클리블랜드에서는 얘기가 다르다. 이곳에서 석·박사 또는 전문 학위가 있는 사람들은 그 수가 너무 적기 때문에 결혼 시장에 영향을 미치지 못한다. 그러므로 뉴욕이나 샌프란시스코의 엘리트 결혼 시장에서 지위가 높은 남성이 지위가 높은 여성보다 많다는 것도 사실이고, 동시에 똑같이 뉴욕이나 샌프란시스코에 거주하더라도 연봉이 적고 높은 자리에 오를 가능성이 낮은 대졸 여성의 경우 결혼 시장에서 비슷한 수준의 남성보다 많다는 것 또한 사실이다.

소득에 따라 배우자를 선택할 수 있는 범위가 달라지는 만큼 소득은 그 의미가 더욱 커졌으며, 교육 수준과 더불어 남녀 모두에게 더 중요한 요소가 되고 있다. 진화심리학자인 데이비드 버스David Buss는 남녀가 상대의 어떤 부분에 매력을 느끼는지 연구했다. 수년간 비교문화를 연구한 결과, 대부분의 사회에서 비슷하게 남녀의 매력을 평가하는 것으로 나타났다. 버스와 그의 동료들은 이러한 선호도가 시간이 지남에 따라 어떻게 변하는지 조사했다. 21세기가 되자 미국인, 특히 남성은 상대의 경제적 능력을 점점 더 중요하게 여기기 시작했다. 동시에 상대가 집안일을 얼마나 잘하는지를 중요하게 여기는 남성의 수는 급격하게 줄었다. 그리고 남녀 모두 사랑과 신체적 매력을 더욱 중요하게 여기게 되었다.[53]

보다 최근의 연구에서 사회학자 크리스틴 슈워츠Christine Schwartz는 "여성의 노동 시장 참여율이 높아지면서, 여성이 고소득 남성과 경쟁해왔듯이 남성 또한 고소득 여성과 경쟁하지 않을 수 없게 되었다"고 말했다. 또한 슈워츠는 남녀가 모두 소득이 높은 배우자를 만나고 싶어 하기 때문에 소득 수준이 비슷한 사람끼리 결혼할 확률이 점점 더 높아질 것이라고 언급했다.[54] 더욱더 많은 남성이 결혼 생활에서 "자기 몫을 책임질 수 있는" 여성을 찾고 있다. 더 나아가 슈워츠는 가장 큰 변화는 상층에서 발생했다는 사실을 보여준다. 즉, 고소득 남성과 결혼한 여성 역시 전체 소득에서 상당 부분을 차지한다. 이는 고소득 남성이 점점 더 고소득 여성과 결혼하기 때문이기도 하고, 여성이 결혼 이후 노동 시장에서 낙오할 확률이 점점 줄고 있기 때문이기도 하다.[55]

브루킹스 연구소Brookings Institution가 해밀턴 프로젝트에서 수행한 연구를 보면 그림이 더욱 분명해진다. 연구에 따르면 결혼율은 거의 모든 집단에서 낮아지고 있으나 고소득을 올리는 여성 집단에서만은 그렇지 않다. 도표를 보면 그 변화가 놀라울 정도라는 것을 알 수 있다. 30~50세 남성에서 결혼율은 낮아지고 있다. 소득이 상당히 높아진 상층에서조차 남성 결혼율은 감소하고 있다(물론 이들은 소득이 낮은 남성보다는 결혼율이 높다). 그런데 다른 집단에서 하나같이 결혼율이 낮아지는 동안 소득 분포 상위 5퍼센트 여성은 30~50세의 결혼율이 10퍼센트 넘게 증가했다.[56] 과거 소득 수준이 높은(그러므로 권력을 가진) 여성은 인기가 없었다. 그러나 오늘날 이들은 결혼 시장에서 누구나 탐내는 대상이 되었다. 그리고 상층의 결혼 시장은 아주 작고 경쟁이 치열하기 때문에 소득 수준이 높은 여성은 "손가락에 반지를 낄" 가능성이 가장 높은 위치에 올랐다.

그 결과 새로운 엘리트 계층이 생겨났다. 이들은 결혼 시장을 통해서 우위를 더욱 강화한다. 지난 30년간 소득 불평등은 더욱 심해졌고, 여성보다는 남성이 영향을 더 많이 받았다. 소득 불평등 수준을 나타내는 지니계수는 30년간 여성 사이에서 19.8퍼센트 증가한 반면 남성 사이에서는 35퍼센트 증가했다.[57] 이번 장에서 계속 증명했듯이 소득 분포의 머리와 꼬리에서 남성의 수가 증가한 것이다. 같은 시기 중산층의 생활을 누리고자 하는 사람들에게 맞벌이는 점점 더 중요해졌다. 남성은 그 어느 때보다도 배우자의 경제력을 중요하게 보기 시작했다. 그러나 고소득 여성의 수가 상당히 늘어났음에도 고소득 남성의 수를 따라가지는 못했다. 그러므로 거튼테그와 세코드는 고소득 집단에서(오늘날의 경제 상황에서는 오로지 고소득 집단에서만) "좋은" 여성을 차지하려는 경쟁이 더욱 치열해질 것이라고 내다봤다. 이러한 현실이 가족 규범을 어떻게 바꿔놓는지 알아보기 전에 상층 이외의 집단에서는 어떤 변화가 생겼는지 알아보자.

성비와 결혼의 소멸

엘리트의 결혼 시장에는 남성이 여성보다 많지만, 모든 결혼 시장이 그런 것은 아니다. 결혼 가능한 남녀의 수가 불균형한 현상은 아프리카계 미국인 사회에서 특히 심한데, 성비 문제로 끊임없이 주목을 받아온 집단은 아프리카계 미국인 집단이 유일하다. 앞으로 살펴보겠지만, 이 집단의 성비 불균형은 엘리트, 즉 대학 교육을 받은 사람들 바깥에 위치한 결혼 시장에서 어떤 변화가 일어나고 있는지 통찰하게 해준다.

먼저 수치를 살펴보자. 거의 모든 연구자들이 성비 불균형을 초래한 요소가 아프리카계 미국인 여성의 결혼 전망에 특히 부정적인 영향을 끼쳤다고 결론 내렸다. 우선 종합적인 통계 수치가 성비 불균형을 보여주는데, 25~34세의 아프리카계 미국인 집단에서 남녀 비율은 여성 100명당 남성 89명으로 나타났다. 반면 백인 집단의 남녀 비율은 여성 100명당 남성 102명이다.[58] 이러한 차이는 본래 아프리카계 미국인 집단에서 남아가 여아보다 적게 태어나고, 흑인 남성의 사망률이 높기 때문에 발생한다. 다른 인종 간의 결혼 역시 성비 불균형을 심화시킨다. 2008년 흑인 여성의 오직 9퍼센트만이 다른 인종과 결혼한 반면 다른 인종과 결혼한 흑인 남성은 22퍼센트나 되었다.[59]

그러나 성비 자체만으로는 가족 구조의 차이를 온전히 설명할 수 없다. 학자들은 또 다른 요인 두 가지를 강조하는데, 바로 흑인 남성과 흑인 여성 간의 교육 및 일자리 격차와 대량 투옥의 영향이다.

이 요인들은 아프리카계 미국인 집단에 특히 큰 영향을 미쳤으며 다른 가난한 집단에도 점점 더 영향을 미치고 있다.

하버드 대학교 교수인 윌리엄 윌슨William J. Wilson은 25년이 넘는 기간 동안 흑인의 결혼율 변화에 주목했다. 그는 "결혼할 수 있는 흑인 남성 지표"를 만들었는데, 이 지표는 직업이 있는 흑인 남성만 이 "결혼할 만하다"고 보았다.[60] 윌슨은 저서 《혜택받지 못한 사람들The Truly Disadvantaged》에서 일자리가 있는 특정 연령대의 아프리카계 미국인 남성은 같은 연령대의 아프리카계 미국인 여성 100명당 50명뿐이라고 말했다. 이는 결혼 시장이라고 말하기엔 보잘것없는 수치이며, 아마 결혼율이 떨어지는 주요 원인일 것이다. 2007년 보도에 따르면 아프리카계 미국인 소녀 중 69퍼센트가 고등학교를 졸업한 반면 아프리카계 미국인 소년은 겨우 47퍼센트만 고등학교를 졸업했다.[61] 대졸자 비율은 이보다 차이가 더 큰데, 대학을 졸업한 아프리카계 미국인 여성은 같은 조건의 남성보다 갑절로 많다.[62] 대 침체기 이후 아프리카계 미국인 남성의 실업률은 백인 남성 실업률의 두 배가 되었으며, 아프리카계 미국인 여성의 실업률보다도 높아졌다.

이러한 문제는 특히 도시 지역에서 결혼 시장을 뒤틀어놓았다. 다수의 도심 지역에서는 절반이 넘는 흑인 남성이 고등학교를 졸업하지 못했다. 게다가 고등학교를 중퇴한 아프리카계 미국인 남성의 실업률은 (호황기였던) 2004년에 72퍼센트에 이르렀다. 반면 고등학교를 중퇴한 백인 남성의 실업률은 34퍼센트였다. 고등학교를 졸업한 흑인 남성의 실업률은 이보다 낮았지만, 상대적으로 그러했을 따름이다. 2004년 고졸 학력의 20대 흑인 남성 절반이 일자리가 없었고, 이 수치는 1990년대 이후 꾸준히 높아졌다.[63] 아이가 있는 미혼 여성 가족을 추적한 '취약 가족 프로젝트Fragile Families Project'*는 이러한 요인들을 고려하여 미국의 여러 도시에서 성비를 계산했다. 평균을 내보니 2000년에 직업이 있는 아프리카계 미국인 남성은 아프리카계 미국인 여성 100명당 46명뿐이었다. 반면 같은 지역에서 직업이 있는 라틴계 및 백인 남성은 여성 100명당 70~80명이었다.[64]

결혼 시장에 크나큰 영향을 미친 두 번째 요인은 바로 대량 투옥이다. 20~34세의 아프리카계 미국인 남성 아홉 명 중 한 명은 언제나 교도소에 수감되어 있다.[65] 게다가 흑인 남성의 4분의 1은 살면서 길든 짧든 한 번이라도 수감된 적이 있다.[66] 인류학자이자 법학교수인 도널드 브래먼Donald Braman은 정밀하게 통계를 낸 결과, 성비보다는 대량 투옥이 가난한 아프리카계 미국인 가족에서 아버지가 부재하는 이유를 더욱 잘 설명해준다고 주장한다. 또한 그에 따르면 대량 투옥은 교육 수준에 이어 아버지의 부재를 가장 잘 예측할 수 있는 요인이다. 더 나아가 브래먼은 교육 수준과 대량 투옥이라는 변수를 통제할 경우 가족 내 아버지가 없을 가능성은 인종 간 차이를 보이지 않는다고 강조한다.[67]

이 두 요인은 결혼과 관계의 안정성에 심각한 영향을 미친다. 과연 일자리만으로 "결혼 가능성"을 결정할 수 있는지 의문을 제기하

• 여기서 취약 가족이란 출산 당시 아이의 생물학적 부모가 결혼하지 않은 상태인 가족을 의미한다.

는 학자들도 있는 반면, 대량 투옥 같은 요인으로 인해 아이들이 학대와 가난에 노출될 가능성이 높아지고 성인이 되었을 때 배우자로서 매력도가 떨어질 수 있기 때문에 관계 안정성이 낮아질 수 있다고 주장하는 학자들도 있다.[68] 우리는 이 모든 요인이 사람들의 행동과 문화에 영향을 미치며, 그 결과 변화가 누적되어 결혼 가능한 남성의 수가 줄고 관계 안정성이 저하되었다고 본다. 그리고 오늘날 이러한 현상은 소득이 적은 아프리카계 미국인 사회뿐만 아니라 다른 가난한 사회 일반에서도 나타나고 있다.

미혼 부모들을 조사해온 '취약 가족 프로젝트'는 짝을 만날 수 있는 가능성이 결혼을 하는 것과 결혼 외 관계의 질에 어떤 영향을 미치는지 조사해왔는데, 그동안 결혼하지 않고 자녀를 키우는 인구의 대략 40퍼센트를 관찰했다. 미혼 상태에서 출산한 여성을 대상으로 하는 이 프로젝트는 출산 이후 아이 아빠와의 관계가 어떻게 변하는지를 추적한다. 1990년대에 이 프로젝트를 수행한 사회학자들은 전반적인 성비와 지역 경제의 침체(일자리가 있는 남성이 줄어든다) 중 어떤 요인이 더욱 큰 영향을 미치는지 알아보고자 했다. 그 결과 전체 성비보다는 일자리가 있는 남성의 수가 통계적으로 더 큰 영향을 미치는 것으로 나타났다.[69] 연구의 대상이 된 여성 대부분은 출산 당시 아이 아빠와 관계를 유지하고 있었으며, 많은 커플이 결혼하고 싶어 했다. 하지만 대부분은 결국 결혼하지 않고 헤어졌다. 2004년 사회학자 크리스틴 하크넷Kristen Harknett과 사라 맥라나한에 따르면 "연구 결과 가장 놀라운 사실"은 배우자로 선택할 만한 사람의 숫자가 "출산 이후 결혼할 것인지 말 것인지 결정하는 데 큰 영향을 미친다"는 것이었다. 게다가 아프리카계 미국인의 경우 다른 인종에 비해 결혼할 만한 남성의 수가 현저하게 적다는 사실에 비추어봤을 때 이러한 연구 결과는 인종에 따라 결혼율이 다르게 나타나는 이유 또한 어느 정도 설명해준다.[70]

하크넷은 이 주제에 대해 두 건의 추가 연구를 진행했다. 그중 하나는 성비가 관계의 질에 미치는 영향을 조사했는데, 결혼 시장에 남성이 여성보다 많으면 관계의 질 또한 높아지는 것으로 밝혀졌다.[71] 성비는 도시 전체의 실업률보다 관계의 질을 더욱 잘 예측해주는 지표였다. 두 번째 연구에서 하크넷은 사회학자 아리엘 쿠퍼버그Arielle Kuperberg와 함께 교육 수준을 기준으로 노동 시장을 구분하고 최종 학력 수준에 따라 고용 기회가 어떻게 달라지는지 분석했다. 그 결과 남성 노동 시장이 건강할 경우 학력에 상관없이 남성 전체의 결혼율이 증가했으며, 고용 기회라는 변수를 통제하자 학력이 다른 남성 간의 결혼율 차이가 상당히 소거되었다. 그러나 반대로 여성 노동 시장이 건강할 경우 학력이 상대적으로 낮으며 결혼하지 않고 아이를 낳은 여성은 결혼을 미뤘으나 학력이 높은 여성의 결혼율은 별다른 변화를 보이지 않았다.[72]

이 연구들을 종합적으로 판단해보면 고용이 어떤 영향을 미치는지 알 수 있을 뿐만 아니라 사회 규범이 어떻게 변하고 있는지 또한 알 수 있다. 학자들은 고용 패턴으로 결혼율이 변화하는 이유를 전부 설명해낼 수는 없다는 이유에서 윌슨의 논문을 비판한다. 실제로 일자리가 있는 남성과 없는 남성 모두 결혼율이 하락했다.[73] 이후 학자들은 경제가 회복되고 취업률이 상승하더라도 전국적으로 결혼율이 상승하지는 않을 것이라고 주장했다. 결국은 문화를 변화시켜야 한다는 것이다. 그러나 이러한 주장은 성비 이론의 기본 메커니즘을 제대로 고려하지 못했다. 성비가 변화하면 전체 시장의 근저에 있는 협상의 조건이 변한다. 즉, 여성이 결혼하고 싶어 하는 남성의 수가 줄어들고 있기 때문에 시장에서 인기가 많은 남성은 자신이 여러 여성을 만날 수 있다는 사실을 깨닫게 된다. 이 남성들은 여성과 성관계를 맺거나 아이를 갖기 위해 관계에 헌신할 필요가 없다. 예를 들어 사회학자 캐시 에딘Kathy Edin과 마리아 케팔라스Maria Kefalas는 도심 지역에 거주하는 가난한 여성들에게 가장 최근에 사귀었던 남자 친구와 헤어진 이유를 물었는데, 열에 넷은 상대방이 노골적으로 반복해서 부정을 저질렀기 때문이라고 대답했다.[74] 또한 여성은 관계의 조건을 정할 수 있는 힘이 적다. 에딘과 케팔라스에 따르면 관계를 끝낸 여성의 거의 절반이 결별의 원인으로 만성적인 가정 폭력을 들었다.[75] 여성들이 갖고 있는 이러한 불신을 고려해본다면, 여성은 미래를 위해 돈을 절약하는 남성보다는 처음 관계를 시작할 때부터 자신에게 돈을 쓸 수 있는 남자를 선호할 것이며, 이에 따라 남성은 당연히 수입이 적은 남성을 지지해줄 여성이 별로 없다고 느낄 것이다. 여성은 아이를 키울 때 아이 아빠보다는 친척에게 의지하거나 스스로 모든 일들을 해내게 된다.[76] 사회학자 빌 윌슨Bill Wilson은 "하루하루 살아남는 것도 힘든 상황에서 미혼모는 감정적인 짐을 줄이려고 할 것이며, 이용당하지 않도록 스스로를 방어할 것이다. 한정된 자원 내에서 동거를 하면 종종 상대방에게 이용당할 수 있기 때문이다"라고 말했다.[77]

결혼 시장

그러므로 만약 실업과 대량 투옥, 약물 남용이 증가해서 여성이 오래도록 함께할 만하다고 여기는 남성의 수가 줄어들 경우 관계의 시장에 남아 있는 남성은 더 큰 이득을 보게 되고, 여성은 일시적으로 불만족스러운 파트너와 만나게 될 가능성이 높아진다. 이런 순환은 전반적인 결혼율을 낮출뿐더러 남녀가 서로를 불신하고 서로에게 헌신하기를 꺼리며 관계가 불안정한 문화를 만들어낸다.[78] 한편 여성이 상대적으로 희소해지면 결혼율이 높아지는데, 이는 남성이 여성과 성적인 관계를 맺기 위해 더욱 책임감 있고 자상하게 행동한다는 데 일부 기인한다.

취약 가족 프로젝트는 결혼을 저해하는 요인들을 정리함으로써 이러한 가정에 실증적 증거를 더했다. 연구 결과, 남성의 수가 적다는 사실은 세 가지 측면에서 결혼 가능성에 영향을 미친다. 첫 번째로, 부모는 관계에 헌신하기를 포기하고 대신 여러 명의 상대와 아이를 가진다. 취약 가족 프로젝트에서 조사한 남녀의 절반 정도가 아이들이 다섯 살이 될 때쯤 적어도 한 명 이상의 다른 상대와 관계를 맺고 있었다.[79] 이처럼 여러 상대와 아이를 갖는 현상은 결혼을 방해할 수 있는데, 남성은 다른 남성의 자식에게 투자해야 할지도 모르는 관계에 헌신하려 하지 않기 때문이다. 여성 또한 여러 파트너를 만나면서 남편 없이도 충분히 혼자 아이를 키울 수 있다고 여기게 된다.[80] 두 번째로, 여성은 "질이 떨어지는" 남성의 아이를 갖게 될 경우 그 남자가 결혼할 의사가 있더라도 그와 결혼하려고 하지 않을 수 있다. 실제로 하크넷과 맥라나한의 연구 결과 결혼 시장이 여성에게 더 우호적일수록 엄마들은 자신의 파트너가 썩 괜찮으며 자신에게 기꺼이 양보한다고 말했으며, 가정 폭력을 겪고 있다고 보고할 가능성이 적었다.[81] 세 번째로, 자신에게 다른 관계를 맺을 기회가 충분하다고 믿는 남성은 자신의 아이를 낳은 여성에게 덜 헌신하려 할 것이고, 그 결과 관계 내에서 배신과 갈등이 늘어나게 된다.[82] 이러한 연구들에서 드러나듯이 변한 것은 결혼 생활에 대한 이상理想이 아니다. 남녀 모두 여전히 결혼을 소중한 누군가에게 최선을 다해서 헌신하는 것으로 여긴다. 변한 것은 사람들이 더는 그 이상을 실현할 수 있으리라 기대하지 않는다는 점이다.

실제로 우리 사회에서 결혼은 헌신적이고 진지한 관계를 상징한다. 다만 이 관계가 언제나 헌신할 가치가 있는 것은 아니다. 결혼이 투옥된 남성에게 어떤 영향을 미치는지를 분석한 연구에 따르면, 기혼 남성은 투옥된 후에도 가족과의 관계를 유지할 가능성이 컸다. 투옥된 남성의 아내 대부분은 만약 결혼하지 않았더라면 남편을 떠났을 것이라고 말했다.[83] 그러므로 결혼은 사람들이 관계에 헌신하도록 만드는 장치로 기능한다.[84] 하지만 결혼은 또한 여성이 그다지 만족스럽지 않은 관계에 머물도록 만들기도 한다. 에딘과 케팔라스는 어느 젊은 여성의 말을 인용했다. 이 백인 여성은 고등학교를 중퇴하고 10대에 아이를 낳았으며, 인터뷰 당시 아이 아빠는 재판을 기다리는 상태였다.

아이 아빠가 감옥에 가자 제 삶이 정말로 나아지기 시작했어요. 그 사람이 지금 뭘 하고 있는지, 어디 가서 바람을 피우고 있는 건 아닌지 같은 걱정을 할 필요가 없었거든요. 그때 깨달았어요. 나는 내 아들을 돌보기 위해

해야 할 일들을 해내야 한다는 것을요. … 남편이 집에 있을 때 제 삶은 온통 남편에게 매여 있었어요. 남편이 뭘 하고 있는지 너무 걱정하는 바람에 언제나 모든 것을 망쳐버렸죠.[85]

이러한 연구들은 가난한 도심 지역에 사는 남녀가 서로를 불신한다는 점과 투옥 및 실업이 관계의 시장에 미치는 영향을 생생하게 묘사해준다. 이 결과는 범죄를 저지른 사람과 그의 연인에게만 해당되지 않는다. 순환 작용이 생기는 것이다. 실업률과 수감률이 높은 사회에서는 만날 수 있는 남성의 수가 적다. 선택할 수 있는 남성의 수가 적어지면 여성은 어떤 남성이 감옥에 가게 될 만한 행동을 한다는 것을 알면서도 그와 관계를 맺게 되고, 대신 그에게 크게 헌신하지는 않는다. 그리고 안정적인 관계를 맺지 못하는 남성은 범죄를 저지를 가능성이 더 커진다. 결국 결혼할 만한 남성은 더욱 줄고, 남녀 간 불신은 더욱 커진다.[86] 고용 불안정과 투옥, 좋은 일자리와 "좋은 남자"의 부재가 남녀 간 불신으로 이어지는 순환은 주로 빈곤한 집단에서 발생해왔다. 그러나 이제는 미국 사회의 중간층에서도 비슷한 순환이 확대되고 있다.

불평등, 실직, 남자의 종말

고용 문제를 조사해온 학자들은 1990년대 일터에서 발생한 변화가 가족에게 발생한 변화와 정확하게 일치한다고 하나같이 강조한다. 일터와 가족 모두 상층의 상태는 호전되었고 하층의 상태는 악화되었다. 임금은 대졸 이상 학력에서는 꾸준히 올랐고, 그보다 낮은 학력에서는 정체되거나 심지어 낮아졌다. 그러나 낮아진 임금보다는 실직이 가족 안정성에 더 큰 영향을 미쳤다.[87] 블루칼라 남성이 노동 시장에 진입할 수 있는 통로는 막혀버렸고, 일자리는 수가 줄었을 뿐더러 안정성도 낮아졌다. 이는 결국 좋은 결혼 상대로 여겨지는 남성의 수에도 영향을 끼쳤다.

대압착 시기의 정점이던 1945년에서 1970년대 중반까지는 소득 수준이 비교적 평등했다. 당시 남성의 여가 시간은 계급에 따라 큰 차이를 보이지 않았다. 그러나 지금은 다르다.[88] 찰스 머리는 그가 백인 상류 계급 사회의 원형이라 여겼던 벨몬트와 백인 노동자 계급 사회의 원형이라 여겼던 피시타운에서 취업률이 어떻게 변화하는지를 1960년부터 상세히 기록했다. 20세기 중반에 주당 40시간 이하로 일하는 남성은 피시타운에서는 10퍼센트, 벨몬트에서는 8퍼센트로 매우 드물었다. 2010년에는 주당 40시간 이하로 일하는 남성 비율이 피시타운에서는 두 배가 되어 20퍼센트를 기록한 반면 벨몬트에서는 살짝 증가해서 12퍼센트를 기록했다.[89]

불완전 고용에 더해 취직을 아예 포기한 경우도 있었다. 1970년에는 고졸 이하 학력의 30~49세 남성 중 아예 일하지 않는 사람이 3퍼센트에 불과했고, 대졸자의 경우 이 비율은 2퍼센트로 떨어졌다. 2010에는 일하지 않는 남성 비율이 고졸 이하 학력의 남성에서는 12퍼센트가 넘었으나 대졸 남성에서는 3퍼센트에 머물렀다.[90] 이들이 취업을 포기한 이유는 실업 상태가 너무도 오랫동안 지속되었기 때문이다. 1970년 피시타운에 사는 30~49세 백인 남성의 실

업률은 전국 실업률의 약 80퍼센트 수준이었다. 그러나 2010년 피
시타운 남성의 실업률은 전국 실업률의 130퍼센트 수준으로 뛰었
다. 반면 벨몬트에서는 이 비율이 10퍼센트에서 20퍼센트로 증가했
을 뿐이다.[91]

이 수치들을 다 합산하면 "좋은 결혼 상대자"인 남성의 수는 급
격하게 줄어든다. 남성의 12퍼센트는 아예 노동 시장 밖에 있다. 여
기에다 대략 10퍼센트는 실업 상태이고, 20퍼센트는 일의 양이 부
족하다. 이 수치를 다 합치면 전체 남성의 42퍼센트에 달한다. 물론
상황이 다소 과장된 감이 없지 않다. 이러한 상황이 일시적일 수도
있고, 단지 일의 양이 적을 뿐인 사람들은 여전히 매력적인 배우자
일 수 있다. 그러나 한편으로 이러한 접근은 결혼 시장의 문제를 축
소하기도 하는데, 이 수치들은 나이가 많은 사람도 포함하고 있으
며, 30세 미만의 남성까지 포함하면 실업률은 더 높아지기 때문이
다. 그렇다 하더라도 한창 일할 시기의 남성 중 42퍼센트가 실업 상
태이거나 불완전 고용 상태라는 것은 놀랄 만한 수치다. 1960년대
와 1970년대에 이 수치는 20퍼센트를 밑돌았으며, 실업률이 낮은
시기에는 이보다도 훨씬 낮았다. 노동자 계급 집단에서 가계 소득
에 유의미한 기여를 하는 남성 비율을 조사해봤을 때 백인, 아시아
계, 라틴계 남성 중 그 누구도 도심에 거주하는 아프리카계 미국인
남성의 가혹할 만큼 낮은 수치를 따라잡지 못한다. 도심에 사는 아
프리카계 미국인 남성 중 풀타임으로 일하는 남성의 비율은 50퍼센
트가 채 안 된다.[92]

이 수치는 미국 대부분 지역에서 일자리가 꾸준히 사라져왔으며

금융위기 이후 상황이 더욱 심각해졌음을 증명해준다. 금융위기 이후 아프리카계 미국인 남성과 라틴계 남성은 같은 집단 내의 여성보다 더욱 빠른 속도로 노동 시장에서 내쫓겼다. 미국 노동부 통계에 따르면 2012년 전국 남성의 노동 시장 참여율은 1948년 연방 정부가 측정을 시작한 이래 최저점을 찍었다.[93]

그러나 취업률만으로는 경제 변화가 노동자 계급에 미친 영향을 포착해낼 수 없다. 앞에서 언급했듯이 고용 안정성은 모든 노동자에게서 낮아졌으나 대졸자보다는 노동자 계급에 더 큰 영향을 미쳤다.[94] 강제 해고와 장기 실업이 늘어났다. 현재의 경기 침체 이전에도 고용 불안은 점차 심해지고 있었다. 고학력 노동자는 적극적으로 직업을 바꿔가면서 이에 대응했으나 블루칼라 노동자는 강제 해고로 장기적인 실업을 겪거나 이전보다 임금을 적게 받을 수밖에 없었다.[95] 그 결과 사회의 안녕과 관계 안정성은 시간이 지날수록 더욱 손상되었다.

빼어난 저서인 《수평 측정기: 평등한 사회는 왜 더 건강한가The Spirit Level: Why Greater Equality Makes Societies Stronger》는 불평등이 상황을 악화시킨다고 말한다. 의학과 전염병학을 전공한 두 영국인 리처드 윌킨슨Richard Wilkinson과 케이트 피켓Kate Pickett은 이 책에서 소득 격차가 각종 사회 문제와 연관되어 있다는 사실을 보여준다. 두 저자는 비교문화 연구를 통해 여러 국가와 미국 내 여러 주에서 불평등이 미치는 영향을 조사했다. 2009년의 연구 결과, 불평등이 심해지면 믿음과 신뢰, 기대 수명, 아동의 교육 성취도, 계층 이동 가능성이 낮아지고, 정신질환(약물 남용 포함), 비만, 영아 사망률, 10대 출산, 살인이 발생할 가능성과 수감률은 높아졌다.[96] 이러한 요인들은 사회의 건강과 가족 안정성에 심각한 영향을 미친다. 실제로 소득 불평등은 빈곤율보다 사회에 더 큰 영향을 미친다. 두 저자는 미국이 다른 선진국보다 소득 불평등이 더 심하며, 불평등이 심할수록 앞서 나열한 것과 같은 사회 문제가 많이 발생한다고 말한다. 게다가 (정신질환이 아니더라도) 약물 남용과 높은 살인률, 높은 수감률은 여러 주에서 불평등 수치가 높게 측정되는 현상과 관련이 있는데, 이러한 사회 문제는 특히 남성에게서 많이 나타난다. 그 결과, 약물 과다 복용으로 남성 사망률이 높아지며, 약물을 남용하거나 교도소에 수감된 남성은 배우자로서의 매력도가 떨어진다. 이는 가난한 노동자 계급 집단에서 "결혼할 만한 남성"의 수가 결혼할 만한 여성에 비해 적어지는 결과를 낳는다.

사회학자들은 고용 구조의 변화를 '중간의 소멸'이라고 묘사한다. 좋은 일자리와 나쁜 일자리만 늘어난 결과, 대학 졸업장이나 고도의 전문 기술이 없는 남성은 심각한 피해를 입게 되었다.[97] 찰스 머리는 일자리가 사라지면 흑인 사회에서 범죄율과 수감률이 높아진다는 윌슨의 관찰에서 더 나아가 일자리의 양극화가 미국 백인 사회에 어떤 영향을 미치는지를 자세히 묘사했다. 피시타운에서 폭력 범죄와 재산 범죄는 1960년에서 1990년대 중반까지 꾸준히 증가했다.[98] 수감률은 이보다 더 증가해서 수감자 수는 1970년 피시타운 인구 10만 명당 200명이었으나 2005년에는 그 수가 1,000명으로 늘어났다. 반면 그 사이 부유한 벨몬트에서는 취업률이 증가했으며 체포 횟수나 수감률은 별달리 증가하지 않았다.[99]

이 모든 지표는 취업률과 수감률, 사회의 안녕에 변화가 생기면 노동자 계급 결혼 시장의 성비 역시 변하며, 그 과정에서 결혼 등의 관계에 대한 사람들의 전반적인 태도 역시 변한다는 것을 암시한다. 먼저, 결혼한 커플들이 자신들의 결혼 생활을 '매우 행복하다'고 여기는지에 대한 물음에서부터 논의를 시작해보자. 찰스 머리에 따르면 1970년 소득 수준이 높은 집단의 73퍼센트와 피시타운 거주 집단의 67퍼센트가 그렇다고 대답했다. 1970년에서 1980년대 중반까지는 성 역할이 변화하고 부부 간 힘겨루기가 늘어남에 따라 이 수치가 두 집단 모두에서 꾸준히 낮아졌다. 그러나 1990년이 되자 벨몬트에서는 결혼 생활 만족도가 다시 높아지기 시작해, 2010년에는 벨몬트에 거주하는 부부의 70퍼센트가 결혼 생활이 매우 행복하다고 답했다. 반면 피시타운에서는 만족도가 꾸준히 낮아져 50퍼센트가 약간 넘는 백인 노동자 계급 커플만이 결혼 생활이 '매우 행복하다'고 대답했다.[100]

결혼 생활에 대한 만족도는 (계급에 따라 다르게 나타나는 이혼율과 혼외출산율의 변화와 더불어) 관계에 대한 사람들의 태도에 또다시 영향을 미친다. '지인들의 결혼 생활이 삐걱대는 것처럼 보이는가'라고 물었을 때 대졸자는 오직 17퍼센트만이 그렇다고 대답한 반면 고졸자는 40퍼센트, 고등학교 중퇴자는 50퍼센트 이상이 그렇다고 대답했다.[101] 또한 1970년대에 '혼외정사가 옳지 않다고 생각하는가'라고 질문했을 때는 학력이 낮은 사람이 학력이 높은 사람보다 그렇다고 대답할 확률이 훨씬 높았다. 특히 백인은 계급에 따라 대답에 큰 차이를 보였는데, 피시타운에서는 백인의 80퍼센트가 그렇다고 대답

결혼 시장

한 반면 벨몬트에서는 오직 50퍼센트만이 그렇다고 대답했다. 하지만 2010년에는 이러한 차이가 많이 줄어들었는데, 이는 무엇보다도 벨몬트에 거주하는 백인 중 그렇다고 대답하는 사람이 부쩍 늘었기 때문이다.[102]

다른 연구들도 같은 결과를 보였다. 인종에 상관없이 '혼전 성관계는 언제나 옳지 않은가'라고 물었을 때 상층과 하층의 차이는 점점 줄어들었다. 1970년대에서 2000년대 사이, 학력이 아주 낮거나 중간 정도인 사람들은 그렇다고 대답할 확률이 크게 낮아졌다. 그러나 고학력 여성은 그렇다고 대답할 확률이 소폭 증가했다.[103] 사람들의 행동은 태도의 변화를 따라간다. 1995년 25~34세의 여성 중 일생 동안 세 명 이상의 섹스 파트너가 있었다고 대답한 비율은 학력 수준에 따라 차이를 보이지 않았다. 그러나 이후 이 비율은 고학력 여성에서 57퍼센트로 떨어졌고, 학력이 중간 수준인 여성에서는 70퍼센트로 증가했다.[104]

사람들은 이혼에 대해서도 비슷한 태도 변화를 보였다. 1970년대에는 교육 수준이 낮은 사람들의 절반가량이 이혼이 더욱 어려워져야 한다고 생각한 반면, 교육 수준이 높은 사람들은 36퍼센트만이 그렇게 생각했다. 지난 수년간 고학력 집단에서 이혼이 더욱 어려워져야 한다고 생각하는 비율은 더욱 늘어난 반면(거의 50퍼센트) 학력이 낮은 사람들 가운데 이혼을 제한하는 법적 장치가 필요하다고 생각하는 비율은 40퍼센트까지 떨어졌다.[105] 결혼 생활에 얼마나 충실한가는 이혼을 어떻게 생각하느냐에 따라 다르게 나타난다. '전미 결혼 프로젝트National Marriage Project'의 연구 결과에 따르면 혼외

정사를 경험한 적이 있다고 대답한 비율은 고학력 집단에서는 조금 떨어져 13퍼센트를 기록했고, 저학력 집단에서는 약간 증가해 21퍼센트를 기록했다. 학력이 중간 수준인 사람들은 변화가 없었다.[106]

1970년대에 대졸자들은 성관계와 결혼에 관해 훨씬 자유로운 태도를 취했다. 하지만 사회가 불안정하고 경쟁이 심한 오늘날에는 엘리트들이 점차 보수적인 태도를 보이며 결혼을 중심으로 행동하기 시작했다. 같은 기간 백인 노동자 계급은 아프리카계 미국인 노동자 계급이 1960~1970년대에 경험했던 변화를 경험했다. 결혼에 대해 더욱 회의적으로 변하고 남녀가 서로를 불신하게 된 것이다. 그리고 많은 사람들이 경제적 계산에 따라 결혼하지 않기로 결정한다. 경제적으로 미국 사회의 중간에 위치한 젊은 커플들은 미래에는 결혼할 수 있으리라 믿을 만큼 남성이 돈을 벌긴 하지만 지금 당장 결혼할 수 있을 만큼은 아닌 것 같을 때에는 동거하는 편이 낫다고 생각한다.[107]

사회학자 앤드루 셜린은 중간층에서 새로운 행동 패턴이 생겨났다고 말한다. 여기서 중간층은 고등학교는 졸업했으나 대학은 졸업하지 못했으며, 경제적으로 고군분투하고는 있지만 가난하지는 않은 집단을 의미한다. 이들은 여러 번 동거를 경험하며, 동거가 결혼으로 이어지기도 한다. 또한 이 집단에서는 이혼율이 높은데, 이혼 후에는 또 다른 관계를 시작한다. 셜린에 따르면, 일생 동안 여러 번의 동거를 경험할 가능성이 가장 높은 여성은 고등학교는 졸업했으나 대학은 졸업하지 않은 백인 여성이다. 이 여성들은 교육 수준이 비슷한 아프리카계 미국인 여성이나 라틴계 여성, 또는 인종과

결혼 시장

상관없이 대학을 졸업했거나 고등학교를 중퇴한 여성과 비교했을 때 (결혼을 했든 하지 않았든) 동거 경험이 더 많다. 이들은 여전히 결혼을 하고 싶어 하며, 실제로 다른 인종의 고졸 여성보다 더 많이 결혼한다. 하지만 모든 인종의 고졸 여성 집단에서 관계는 더욱 취약해지고 있으며 혼외 출산율도 계속해서 증가하고 있다.[108]

이 지점에서 사회학자들이 대답하지 못하는 의문이 발생한다. 이러한 패턴(동거, 결혼, 이혼, 새로운 동거, 결별, 새로운 관계)은 앞으로도 계속 중간층에서만 나타날 것인가? 아니면 이 패턴은 전체적으로 보다 안정적인 관계가 사라져가는 변화의 시작점인가?

세분화된 관계

이러한 현상은 관계의 시장이 더욱 세분화되었다는 사실을 보여준다. 각각의 시장은 저마다 다른 규범과 성별 전략에 기초하고 있다.[109] 백인 엘리트의 경우[110] 소득 불평등이 심화되자 고소득 남성의 수가 증가했으며, 이 남성들 사이에서 엘리트 여성을 얻기 위한 경쟁이 치열해졌고, 덕분에 성공한 여성은 배우자 선택의 폭이 넓어졌다. 그리고 그 결과 남녀는 결혼 시기를 점점 미루기 시작했다. 좋은 짝을 만나기 위해 필요한 자질을 갖추는 데 시간이 걸리기 때문이다. 오늘날 그 자질이란 남녀 모두 교육 및 미래의 소득에 투자하고, 너무 이른 출산이 미래의 가능성을 차단하지 않도록 끊임없이 주의하는 것을 의미한다.[111]

불평등이 심화되자 경제 변화의 희생자가 된 수많은 남성들은 졸지에 무가치해져버렸다. 불평등한 사회에서는 장기 실업만 발생하는 것이 아니다. 남성 사망률과 수감률 또한 증가하며 폭력, 마약 거래, 간통 등 사회적 지위를 추락시킬 수 있는 위험한 행동 또한 많이 발생한다.[112] 미국에서는 언제나 소득 분포의 중간층에 안정적이고 결혼을 지향하는 고졸자들이 있어왔다. 그러나 오늘날에는 이 중간층이 사라지고 있다. 이혼율과 혼외 출산율을 비교해봤을 때 고졸자들은 점점 더 고등학교 중퇴자와 비슷해지고 있다. 고졸자 집단은 다른 집단보다 유동적이다. 또한 이 집단은 매우 극심한 변화를 경험했는데, 중간층을 연구 대상으로 삼는 연구자들은 별로 없다.[113] 그러나 모든 지표가 고용 전망이 어두워질수록(낮은 임금과 고용 불안정) 불안정한 관계가 증가하고 매력적인 여성에 비해 매력적인 남성의 수가 줄어들 것이라고 암시하고 있다.

심지어 대졸자 집단에서도 상황은 그리 낙관적이지만은 않다. 예컨대 대학 교육을 받은 아프리카계 미국인 집단에서는 대학 교육을 받은 백인 집단만큼 이혼율이 낮아지지 않았다.[114] 그리고 그들의 혼외 출산율은 1982년에는 백인 대졸자 집단보다 약간 높은 정도였으나 그사이 점차 증가해서 이제는 3~4배가 되었다. 성공한 아프리카계 미국인 여성의 경우 결혼 전망이 너무나도 암울한 나머지 릭 뱅크스Rick Banks는 《결혼은 백인을 위한 것인가Is Marriage for White People?》(2011)라는 책을 썼다. 이 책은 남녀 간 성취도 격차를 고려할 때 성공한 흑인 여성은 흑인 남성과 결혼하기를 포기해야 하는지 묻는다. 좋은 소식은 아프리카계 미국인의 상위 3분의 1에서는 남녀 간 교육 격차가 점점 줄고 있다는 것이다. 나쁜 소식은 이 좋은 소식이 인종에 따른 남녀 격차가 가장 극심한 중간층(또는 하층)에는 별 도움이 안 된다는 것이다.[115]

백인의 경우 1990년대에 대졸 남성은 자신의 경제적 지위를 공고히 다졌다. 그러나 2000년부터 대졸자의 소득은 정체되었다. 실제로 석·박사 학위가 없는 25~34세 대졸자의 경우 1990년대에는 대학 교육을 받지 못한 노동자보다 소득이 훨씬 높았으나 2000년 이후에는 소득이 9.6퍼센트 하락했다.[116] 4년제 대학 졸업장은 더 이상 경제적 안정을 보장해주지 않는다.[117] 오직 상위 1~2퍼센트만이 이익을 본다. 그 상위 1~2퍼센트에는 거의 남자만 있을뿐더러 이 집단에 속한 사람의 수 자체가 매우 적다. 게다가 2007년 금융위기 이후 20대 대졸자 사이에서도 실업과 불완전 고용 문제가 대두되었다. 이러한 변화가 미칠 장기적인 영향을 예측하기엔 아직 이르지만, 이미 미국 전체의 결혼율과 출산율이 낮아지고 있다. 그 결과 소득이 상층에 더욱 집중되고, 고용 불안정이 더욱 악화되며, 미국 가족 대부분이 더욱 불안정해질 가능성이 매우 높다.

계급 장벽 다시 쌓기:
자녀와 성취도

우리가 대학에 지원할 때는 빡빡한 보충 수업을 듣거나 입시에서 좋은 성적을 내는 방법을 알려주는 책도 읽지 않고서 SAT 시험을 보러 갔다. 우리는 입시 상담을 거의 받지 않았고, 가고 싶은 대학의 목록을 직접 작성했다. 그런 다음 스스로 에세이를 작성해서 제출했고, 대입 상담 교사를 제외하고는 아무에게도 에세이를 보여주지 않았다. 30년이 지난 지금 우리의 다섯 자녀는 모두 여러 형태로 SAT 과외를 받고 있다. 우리는 아이들이 선택한 대학 목록을 검토하는 데 많은 시간을 쏟고, 아이들의 지원 서류를 검토하는 데는 그보다 더 많은 시간을 들인다. 심지어 나오미는 아이들이 이 과정을 잘 헤쳐나갈 수 있도록 입시 전문 과외 교사를 고용했다. 준은 자녀를 막 대학에 보낸 대학 교수 친구에게 이것저것 물어보았다. 우리 둘은 아이의 입시를 준비하면서 완전히 지쳐버렸다.

2012년 말 《뉴욕타임스》의 저널리스트 제이슨 파를Jason Parle은 텍사스에서 같은 고등학교를 다닌 세 여성이 졸업 이후 어떤 삶을 살게 되었는지 자세히 기록했다. 텍사스 교육청은 매년 학생들을 상대로 시험을 쳐서 결과에 따라 학교를 4개 등급으로 나누는데, 이들이 졸업한 학교는 "학업 수준이 매우 낮음", 즉 가장 낮은 등급을 받았다. 안젤리카의 엄마는 멕시코에서 불법 이민을 온 후 미국 시민이 되었다. 그녀는 안젤리카가 거의 혼자 큰 것이나 다름없다는 사실을 인정한다. 안젤리카는 에모리 대학교에 입학했다. 두 번째 여성은 텍사스 주립 대학교의 신입생이 되었고, 세 번째 여성은 커뮤니티칼리지에서 공부를 시작했다. 그러나 4년 뒤 그 누구도 "4년제 대학을 졸업하지 못했다. 현재 공부에만 전념할 수 있는 사람은 한 명뿐이고, 두 명은 엄청난 빚을 떠안게 되었다. 안젤리카는 6만 달러라는 빚을 안고 에모리 대학교를 그만뒀는데, 현재는 갤버스턴 가구점에서 최저임금을 겨우 넘는 돈을 받고 일하고 있다."[1]

반면 우리 친구들의 자녀는 대부분 대학을 졸업했다. 이들도 안젤리카처럼 대학에서 성적이 낮아서 고생하거나, 한 학기를 재활원에서 보내거나, 고향을 떠나고 고등학교 때 애인과 헤어지는 데 어려움을 겪었지만, 부모가 전공 변경을 정해주는 등 부모로부터 엄청난 관리를 받은 끝에 대학을 졸업할 수 있었던 것이다. 새롭게 등장한 "헬리콥터 부모"는 우리 부모 세대와는 다르게 아이가 대학에 진학한 후에도 아이를 가만 내버려두지 않는다. 오히려 우리 자녀 중 한 명은 우리가 다른 부모들처럼 매일 전화하지 않는다고 불평했으며, 다른 한 아이는 우리가 공항에서 학교까지 갈 때 50달러를 내고 택시를 타는 대신 다른 방법을 찾아보면 어떻겠느냐고 했을 때 배신감을 느꼈다고 했다.

가족이 변한다는 것은 가족의 형태가 변하는 것만을 의미하지 않는다. 자녀가 이용할 수 있는 자원의 양과 질 또한 변하며, 이는 가족의 소득과 관련이 있다. 그 결과 자녀의 인지 발달 수준과 자녀가 받아들이는 자극의 양, 주변의 성인과 갖는 애착 관계 및 그들로부터 받을 수 있는 지원, 보호받는다는 혹은 고립되었다는 느낌, 학업 성취도와 사회 참여 수준 또한 영향을 받는다. 50년 전에는 아프리카계 미국인이나 시골과 도시의 가난한 사람들, 그 외 소외 집단 등 소수만이 사회에서 밀려났다. 그러나 오늘날에는 공동체가 붕괴되고 가족 간 유대 관계가 무너지면서 더 많은 집단이 사회에서 밀려나게 되었고, 상층과 중간층, 중간층과 하층 사이의 격차가 더욱 커졌다. 그 결과 태어난 지 얼마 안 된 아기에게 어떤 지원을 해줄 수 있느냐에 따라 계급이 재생산되고 있다.

수치를 살펴보자. 가난한 집안의 자녀는 집이나 학교에서 얻을 수 있는 자원의 양이 적은데, 이는 아이의 삶에 영향을 미친다. 1960년에는 저마다 다른 계급의 백인 아이들이 독해 및 수학 시험에서 비교적 성적 차이가 적었다. 반면 흑인 아이들과 백인 아이들의 성적 차이는 어마어마했다. 오늘날은 다르다. 스탠퍼드 대학교의 숀 리어든Sean Reardon은 이를 "소득에 따른 성취도 격차"라고 기술한다.[2] 리어든은 소득 분포 백분위 90(상위 10퍼센트) 가정의 아이와 백분위 10(하위 10퍼센트) 가정 아이의 성적을 비교해서 차이를 측정했다. 계급에 따른 성적 격차는 1970년대 후반부터 꾸준히 커지기 시작해 계속 증가했다. 계급에 따라 자녀의 성적이 다른 것은 아프리카계 미국인이나 라틴계도 마찬가지였으나 백인만큼은 아니었다. 소득 사다리의 맨 꼭대기에서 훨씬 많은 부를 가진 사람들이 주로 백인이기 때문이다. 반면 인종 간 차이는 1950년과 1980년대 초반 사이에 크게 줄었다. 오늘날 소득에 따른 성취도 격차는 흑인과 백인 간 성취도 격차의 거의 두 배로, 25년 전보다 30~40퍼센트 더 벌어졌다.[3] 물론 여전히 인종 간 격차가 존재하기는 하지만 계급이야말로 점점 아이의 학업 성취도를 결정하는 중요한 요소가 되고 있다.

지난 10년간의 연구를 통해 연구자들은 이러한 차이가 어디에서 비롯되는지 알아낼 수 있었다. 2013년 발표된 연구에 따르면, 사회경제적 수준과 관련된 아이의 인지 능력 차이는 이미 생후 18개월부터 나타나며, 생후 2년 즈음에는 단어 학습 능력과 언어 처리 능력에서 6개월의 격차가 발생했다.[4] 연구자들은 아이들이 사용하는 단어가 계급에 따라 다르다는 사실을 알고 있었다. 예를 들어 사회경제적 지위가 높은 집에서 태어난 세 살 아이는 사회경제적 지위가 낮은 집에서 태어난 또래 아이보다 단어를 두 배 더 많이 알고 있었다.[5] 최신 연구들은 단어의 개수뿐만 아니라 처리 속도, 즉 아이가 익숙한 단어를 인식하는 데 걸리는 시간을 측정하는데, 이후의 언어 습득 속도를 예측하게 해주는 아이의 단어 처리 속도 역시 부모의 사회경제적 지위와 유의미한 상관관계가 있는 것으로 나타났다. 두 요인은 아이에게 장기적인 영향을 미쳐서 아이가 어른이 된 후에 갖게 될 능력에도 영향을 준다.[6]

이러한 차이는 아이들이 어렸을 때 접하는 언어 환경의 질이 다르기 때문에 발생한다. 부유하고 학력이 높은 부모는 아동 지향어를 훨씬 많이 사용하는데, 그럼으로써 아이와 더욱 잘 소통할 수 있고 아이의 인지 능력을 자극할 수 있다. 물론 적절한 영양 공급과 참고할 수 있는 선례의 유무, 부모의 양육 스트레스 같은 다른 요인들도 일조할 것이다.[7] 아이가 나쁜 학교에 진학하면 언어 능력이 덜 발달할 수 있으나 좋은 학교에 진학한다고 해서 이미 발생한 차이가 줄어들지는 않는다. 즉, 아이의 유년기 경험만이 아이의 언어 발달에 영향을 미친다. 엘리트 자녀가 유럽 여행을 다녀오거나 SAT 과외를 받으면 대학 입시에는 도움이 될지 모르나 그로써 아이의 인지 능력이 더 발달하지는 않는다. 헤드스타트Head Start 프로그램• 역시 유년기 교육에 주력하는데, 이 시기에 학습 성취도에서 큰 차이가 나타나기 시작하며 이 차이가 인생 전반에 걸쳐 영향을 미치기 때문이다.

리어든은 더 나아가 부모의 교육 수준 역시 아이의 학습 능력에 영향을 미친다고 주장했다. 그러나 부모의 교육 수준으로는 지난 50년간 발생한 차이를 설명할 수 없다. 1960년에도 2000년에도 부모의 교육 수준을 보면 아이가 독해 및 수학 시험에서 어떤 결과를 낼지 예측할 수 있었다. 엔지니어의 자녀가 목수의 자녀보다 성적

• 미국의 교육 지원 제도로, 저소득층 자녀가 충분히 교육을 받지 못해 빈곤이 대물림되는 현상을 막기 위해 만들어졌다.

　　　　　　　　　　　　　　　　결혼 시장

이 좋다는 사실은 몇 십 년간 변하지 않았다. 변한 것은 소득이 미치는 영향이다. 1960년에는 1년에 8만 달러를 버는 대졸 간부의 자녀가 1년에 2만 달러를 버는 대졸 교사의 자녀보다 크게 뛰어나지 않았다. 그러나 오늘날 1년에 20만 달러를 버는 간부의 자녀는 1년에 5만 달러를 버는 교사의 자녀보다 성적이 훨씬 좋으며, 이 격차는 점점 커지고 있다.

그러나 이러한 학업 성취도 격차는 상층과 하층 사이의 소득 불평등이 증가했다는 추상적인 개념만으로는 설명할 수 없다. 같은 기간 동안 중층과 하층 사이의 소득 차이 역시 증가했으나 이 차이는 아이의 시험 성적에 큰 영향을 미치지 않았기 때문이다. 큰 차이는 상위 50퍼센트 내의 소득 불평등이 증가했다는 데서 비롯되었다. 소득 분포 백분위 90(상위 10퍼센트)과 백분위 50(상위 50퍼센트) 간 격차가 크게 증가한 것이다. 초고소득을 올리는 부모는 무언가 다른 점을 통해 아이의 성취도에 영향을 미친다. 예일대 로스쿨 교수인 에이미 추아Amy Chua•는 사회적 지위가 높은 부모 중에서도 특히 뛰어나다고 인정받았는데, 그녀같이 엄격한 엄마들은 자녀가 남들보다 뛰어난 성적을 거두게 만드는 비법을 알고 있다. 리어든은 고소득을 올리는 부모 역시 초고소득을 올리는 부모처럼 자녀의 인지 발달에 투자하는 방법을 바꿔야 할 것이라고 말했다.[8]

리어든이 묘사한 상황은 우리가 이 책에서 묘사하는 바와도 일치한다. 새롭게 등장한 중산층 모델에서 자녀에게 투자하는 양은 어

• 중국계 미국인 2세로 하버드 대학교에서 박사 학위를 받았다. 아이에게 해야 할 일을 정해 줘야 아이가 남들보다 뛰어날 수 있다는 내용의 책《타이거 마더》(민음사, 2011)를 썼다.

마어마하다. 그리고 바로 이 투자가 계급 정체성을 재형성한다. 중산층 부모는 엄마 아빠가 함께 자녀를 키울 가능성이 높고, 이전 세대보다 더 많은 시간을 자녀와 함께 보낸다. 부유한 부모는 집을 청소해줄 사람을 고용하고, 고효율 세탁기와 건조기를 구입하는 데 어마어마한 돈을 쓰며, 자녀에게 시간을 점점 더 많이 쏟을 뿐만 아니라 능력 좋은 보모, 유치원 교사, 가정교사, 운동 코치, 캠프 지도교사를 고용해 아이의 인지 능력을 자극해줄 환경을 마련한다. 부유한 가족은 부모의 자원을 활용하는 방법 자체를 바꾸었다. 이 부모들은 그 어느 때보다도 자녀에게 많이 투자하며, 이를 위해 맞벌이를 마다하지 않는다.

"발달 시간", 즉 부모가 자녀와 상호 작용하며 보내는 시간을 측정한 연구를 살펴보자. 이 연구는 부모가 책을 읽어주고, 놀아주고, 운동 교실이나 도서관 또는 발레 학원에 데려다주는 데 쓰는 시간이 하루에 몇 분인지 측정한 후 이 시간이 어떻게 변하고 있는지 조사했다. 1960~1970년대에는 이 시간이 계급별로 큰 차이를 보이지 않았다. 고졸 엄마는 아이의 발달에 도움이 되는 활동을 대졸 엄마보다 하루에 4분 더 많이 했다. 대신 대졸 아빠가 고졸 아빠보다 아이들과 조금 더 시간을 많이 보냈기 때문에 엄마들 사이의 차이는 소거되었다. 1980년대가 되자 고졸 부모와 대졸 부모 모두 아이들과 시간을 훨씬 더 많이 보내기 시작했다. 하지만 증가폭은 대졸 부모 쪽이 훨씬 컸다. 2010년이 되자 차이는 하루에 단 몇 분에서 한 시간으로 늘어났다. 부모의 교육 수준에 따른 양육 시간 차이는 자녀가 어릴수록 더 컸다. 대졸 부모는 막 걷기 시작한 아이와 쎄쎄

쎄 놀이를 해줄 확률이 고졸 부모보다 훨씬 높았다.[9] 아마 이러한
차이가 반영되었기 때문에 2013년 연구에서 대졸 부모가 대학에 다
녀본 적이 없는 부모에 비해 훨씬 자신감을 갖고 아이를 양육한다
는 결과가 나왔을 것이다.[10]

　도표 7.1에서 나타나듯이 자녀에게 지출하는 금액 또한 차이가
난다. 돈이 많은 부모는 아이의 외국어 능력을 향상시켜줄 캠프와
야구 기술을 가르쳐줄 개인 코치를 찾아다니고, 바하마에서부터 히
말라야까지 아이와 휴가를 떠나려 한다. 1970년대에는 소득이 상위
4분의 1인 부모는 자녀에게 다양한 활동을 시키기 위해 소득이 하
위 4분의 1인 부모보다 세 배 더 많은 돈을 들였다. 그러나 오늘날
이 차이는 아홉 배로 뛰었다. 우리가 어렸을 때는 노동자 계급 아이
와 중산층 아이 모두 캠프와 방과 후 활동에 참여했다. 중산층 아이

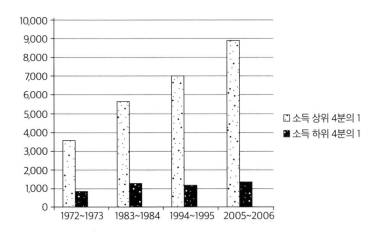

도표 7.1 자녀의 활동에 투자하는 비용 격차, 1972~2006년.
Greg J. Duncan and Richard Murnane, eds., *Whither Opportunity? Rising Inequality, Schools, and Children's Life Chances* (2011).

가 가는 캠프는 등록비가 조금 더 비싸고 더 좋은 버스를 운행하며 더 고급스러운 티셔츠를 주었지만, 내용 면에서는 노동자 계급 아이가 가는 캠프와 큰 차이가 없었다. 그러나 오늘날에는 유아기에서부터 시작되는 유리한 조건이 시간이 지날수록 점점 늘어날 따름이다. 이 책을 준비하는 동안 우리는 투자 전문가로 일하고 있는 친구와 이야기를 나눈 적이 있다. 그 친구는 자신이 가정교사, 방과 후 활동, 네팔로 떠나는 가족여행, 대학 지원서 작성을 도와줄 전문가, 8월 말까지 모든 교사들의 추천서를 확실하게 제출하겠다고 약속한 사립학교에 수천 달러를 썼다고 했다. 반면 우리 아이들 중 몇 명이 입학한 공립학교에는 입시 지도 교사가 딱 한 명뿐이어서 과로를 하며 학생 수백 명의 대학 입시를 지도한다. 이 지도 교사는 자신이 돕는 학생 대부분을 만나본 적도 없다.

이러한 차이는 상위 중산층이 자신의 노동력을 통해 가족 자산을 늘리고, 이를 이용해 더 적극적으로 아이를 양육하기 때문에 발생한다. 1970년에는 어린아이를 둔 엄마들 중 고학력자의 18퍼센트와 저학력자의 12퍼센트만이 바깥에서 일을 했다. 이 수치는 당시 고졸자 엄마가 하루에 아이와 보내는 시간이 대졸자 엄마보다 수 분 더 많았다는 사실을 잘 설명해준다. 2000년이 되자 학력이 높은 엄마의 65퍼센트가 바깥에서 일을 한 반면, 학력이 낮은 엄마는 오직 30퍼센트만이 노동 시장에 참여했다. 그럼에도 학력이 높은 엄마가 아이에게 쏟는 시간은 더 늘어났다. 이는 학력이 높은 엄마들이 더 이상 저녁을 하거나 바닥을 닦거나 빨래를 하지 않아도 되기 때문이기도 했고, 더 나이가 많고 성숙하기 때문이기도 했다.[11] 프린스

결혼 시장

턴 대학교의 사라 맥라나한 교수는 다음과 같이 말한다.

> 부유한 엄마 밑에서 태어난 자녀는 어마어마한 양의 자원을 얻게 된다. 40년 전과 비교했을 때 이 엄마들은 인격적으로 성숙하고 돈을 많이 버는 직업에 종사할 가능성이 더욱 높다. 이들의 자녀는 안정적인 가정에서 태어나며, 다른 아이들보다 아빠와 시간을 더 많이 보낸다. 반면 가난한 엄마에게서 태어난 자녀는 적은 양의 자원만을 얻을 수 있으며, 경우에 따라서는 부모에게서 그 어떤 자원도 받지 못한다. 가난한 엄마는 돈을 적게 버는 직업에 종사한다. 부모 간 관계는 불안정하고, 많은 경우 생물학적 아버지는 최소한의 도움만 줄 뿐이다.[12]

결국 순환 작용이 발생한다. 대졸 여성의 자녀는 자신이 자녀에게 상당한 시간과 돈, 관심을 줄 수 있을 정도로 자원을 모을 때까지 출산을 미룬다. 이런 엄마들은 나이가 더 많고 성숙하다. 또한 이 엄마들은 일과 가정 사이에서 균형을 잡을 수 있는 직업에 종사할 가능성이 높다. 이들이 꾸리는 가족은 성숙하고 매우 안정적이다. 반면 노동자 계급 여성은 부모의 관리를 많이 받지 못하고 자랐으며 성공 기회도 적다. 이들은 10대 후반이나 20대 초반에 임신할 가능성이 높고, 결혼 후 출산할 가능성이 낮으며, 예기치 않게 임신했을 때 낙태할 가능성도 낮다.[13] 결국 이 엄마들은 아이가 태어난 뒤 스트레스를 더욱 많이 받게 된다.

나아가 사회학자들은 경기 하강기에 발생하는 사회적 스트레스 및 소득 격차가 자녀의 성적에도 영향을 미친다는 사실을 발견했다. 예를 들어, 가난한 집단에서 자란 아이들 상당수는 성적이 낮을 뿐만 아니라 집중력도 낮은 것으로 나타났다.[14] 또한 이 아이들은 문제 행동을 일으킬 가능성이 높기 때문에 학습 분위기를 망쳐서 같은 반 친구들에게도 좋지 않은 영향을 미칠 수 있다. 또 다른 연구에서는 공장이 문을 닫는다든가 지역 경제가 침체된다든가 하는 사회적 사건이 아이들의 시험 성적을 떨어뜨리는 것으로 나타났다. 그뿐만 아니라 사회 문제가 발생한 지역의 공립학교에서는 아이들이 징계를 받을 만한 문제를 일으킬 확률 또한 높아졌다. 그리고 사회경제적 지위가 낮은 가정의 아이들은 조금 더 넉넉한 이웃 아이들보다 이러한 문제를 더 빨리 경험했다.[15] 지역 문제가 악화되면 아직 직업이 있는 부모의 자녀들까지 영향을 받는다. 경기 하강기에는 지역 공립학교의 가용 자원 또한 줄어들며, 그 결과 교사가 자주 바뀌게 된다. 그러나 연구자들에 따르면 학교의 예산 삭감 같은 개별 요인은 학생들의 성적에 비교적 영향을 덜 미친다. 대신 연구자들은 "지역 내 일자리가 줄어들면 가족 내 스트레스가 커지는데, 이러한 메커니즘이야말로 아이들의 독해 및 수학 성적에 가장 큰 영향을 미치는 요인"이라고 말한다.[16]

그리하여 아이들의 성적에 차이가 생길 뿐만 아니라 계급 상승의 가능성도 차단된다. 이러한 변화는 아이들이 사회에 참여하는 정도에도 영향을 미친다. 우리의 대학 동기는 공립 고등학교에서의 "근육형" 남자아이들과 "학자형" 남자아이들의 구분에 대해 이야기하곤 했다. 근육형은 노동자 계급 거주 지역에 사는 경우가 많았으며 학자형은 주로 교외에 살았다. 근육형 아이들은 운동 동아리를 휩

쓸었고, 학자형 아이들은 토론 동아리를 이끌었다. 그러나 1992년에서 2004년 사이, 소득 수준이 하위 4분의 1인 가정의 고3 학생은 운동 동아리에서 활약할 확률이 상당히 낮아졌으며, 리더 역할을 할 가능성은 그보다 더 낮아졌다. 같은 기간 소득이 상위 4분의 1인 가정의 학생들은 각종 활동에 참여할 가능성이 더 높아졌으며 운동 동아리의 주장 역할도 대부분 이들이 맡았다. 방과 후 음악·춤·예술 수업도 부유한 집안의 고3 학생들이 훨씬 더 많이 참여했다. 소득 하위 4분의 1 가정의 학생들은 더 이상 방과 후 활동에 참여하지 않게 되었다. 심지어 교회를 다니는 비율에서도 점점 계급 간 차이가 커지고 있다. 1970년대와 1980년대에 교회 출석률은 모든 아이들 사이에서 비슷한 비율로 하락했다. 그러나 1990년대 초반, 교육 수준이 상위 3분의 1인 부부의 자녀는 다시 교회에 나가기 시작했다. 이후 10년 동안 이 집단의 교회 출석률은 안정된 상태를 유지했다. 반면 교육 수준이 하위 3분의 1인 부부의 자녀는 점점 더 빠른 속도로 교회를 그만 다니기 시작했다. 경제적 불평등이 심화되자 상층은 형편이 더 나아진 반면, 중간층에 위치한 부모는 자원을 상당히 잃게 되었고, 그 파급 효과로 다음 세대의 복리와 사회 참여도까지 영향을 받게 되었다.

이러한 계급 차이는 올바른 자녀 양육법에 대해 오랜 시간 동안 문화적 차이가 있어왔다는 사실을 반영하기도 한다. 《불평등한 유년기Unequal Childhoods》와 후속 연구에서 사회학자 아네트 라루Annette Lareau는 한 달 동안 열두 가족을 조사하고 부모의 교육 습관을 분석했다.[17] 흑인 가족이든 백인 가족이든 경제적 여유가 있는 가족은 라루가 "집중 양육"이라고 이름 붙인 방식으로 자녀를 양육했다. 이러한 가정의 아이들은 축구 연습, 피아노 레슨, 개인 교습과 기타 여러 활동을 하면서 바쁘게 움직인다. 반면 노동자 계급 가족 및 가난한 가족은 "자연스러운 성장을 통한 성취"를 장려하는 전략에 의존한다. 즉, 이들은 아이의 발달이 자연스럽게, 알아서 이뤄질 것이라고 생각한다. 부모는 다른 부모가 꼼꼼히 준비한 생일 파티나 운동 시합에 아이를 태워다주지 않는다. 또래의 자녀를 둔 엄마들과 만나서 수다를 떨며 아이들끼리 놀게 하지도 않는다. 대신 아이들은 스스로 어떤 활동을 할지 결정해야 한다. 빡빡한 스케줄에 시달리는 중산층 자녀는 스트레스를 더 많이 받는다. 이 아이들은 부모의 기대에 부응하지 못할까 봐 두려워한다. 노동자 계급 아이들은 더 독립적이고 자유롭다. 그러나 이 아이들에게는 복잡한 제도들 사이에서 방향을 제시해줄 조력자가 없다. 노동자 계급의 10대는 경찰관과 싸울 경우 전환 프로그램* 대신 유죄 선고를 받을 확률이 높다. 변호사의 도움을 받는다면 초범은 전과 기록을 삭제할 수도 있지만, 도와줄 변호사가 없는 청소년은 이 제도에 대해 들어보지도 못할 가능성이 높다.

학교 출석 및 졸업에 관해서도 마찬가지다. 학교를 너무 많이 빼먹으면 노동자 계급 학생은 고등학교를 졸업하지 못할 수도 있지만, 중상층 부모는 직접 교장과 만나서 대신 보충 과제를 하기로 협상한다.[18] 오늘날 중상층 부모는 아이가 어려움 없이 대학을 선택하

---

* 청소년이 비행을 저질렀을 때 낙인을 찍지 않기 위해 형사법적으로 제재하는 대신 지역 사회의 보호 및 관찰을 받게 하는 프로그램.

고, 지원서를 작성하고, 대학에 입학할 수 있도록 입시 상담 교사를 고용할 수 있다. 상담 교사는 SAT 과외를 소개해주고, 일에 치인 고등학교 교사들이 추천서를 작성하도록 비법을 알려주고, 아이가 작성한 에세이를 보기 좋게 매만져준다. 노동자 계급 학생은 이 모든 것들을 대부분 혼자서 해결한다. 지난 40년간 대학 입학률은 소득에 상관없이 모든 집단에서 증가했지만, 고소득 집단과 저소득 집단 간의 입학률 격차는 줄어들지 않고 있다.[19] 놀랄 것도 없이 사회 경제적 지위는 대학 입학뿐 아니라 대학 선택과도 관련 있다. 노동자 계급 학생은 상위권 대학에 입학할 수 있는 자격이 되어도 더 낮은 수준의 4년제 또는 2년제 대학에 등록하거나 아예 대학에 가지 않을 가능성이 중상층 학생에 비해서 높다.[20] 부모의 도움 없이 대학 지원서를 작성하거나 학비를 마련하는 일은 갈수록 어려워지고 있다. 또한 주립 대학의 등록금은 최근 주 정부가 예산을 삭감하면서 국민 대다수가 감당할 수 없는 액수로 빠르게 오르고 있다.[21]

그 결과 계급 격차는 더욱 커진다. 소득 상위 4분의 1 가정의 학생은 고등학교를 졸업할 확률이 소득 하위 4분의 1 가정의 학생보다 23퍼센트 높다. 학생들은 인종이나 계급에 상관없이 대부분 대학에 가고 싶어 하지만, 입학률과 졸업률은 인종과 계급에 따라 다르게 나타난다.[22] 소득 분포에서 상위 4분의 1 내에 들며 부모 중 적어도 한 명이 대학을 졸업한 가족은 자녀의 3분의 2가 대학을 졸업한다. 반면, 소득이 하위 4분의 1인 가족의 자녀는 오직 9퍼센트만이 대학을 졸업하며, 그 9퍼센트 내에 든 학생은 가족 중 최초로 대학을 졸업한 사람일 가능성이 크다.[23]

계급에 따른 문화 차이는 두 세대 전에도 존재했다. 하지만 차이 자체가 크지 않았고, 차이가 있었다 해도 미국이 세계에서 가장 교육 수준 높고 부유한 나라가 되는 데 방해가 될 정도는 아니었다. 그러나 오늘날에는 이러한 문화적 차이가 가족 및 경제 변화와 상호 작용하면서 아이들이 부모 세대보다 더 불평등하게 자원을 배분받게 되었고, 다음 세대가 갖게 될 인적 자본의 총량 또한 줄어들게 되었다. 미국, 아니 더 나아가 민주 국가의 힘은 오랫동안 중산층의 힘에서 비롯되었다. 최근 가족 구조가 계급에 따라 달라지고 있다는 사실은 자녀에게 자원을 전달할 다른 방도가 없다는 사실과 맞물려 미국 중산층을 위협하고 있으며, 대학 교육 및 고임금 전문직이 가져다주는 이득을 챙길 수 있는 사람과 고등학교, 커뮤니티칼리지, 또는 기술 교육 프로그램을 마쳤으나 생활수준이 계속 나빠지는 것을 지켜봐야만 하는 사람 사이에 메울 수 없을 정도로 큰 격차를 만들어내고 있다.

이러한 분석은 악순환의 고리를 보여준다. 불평등이 심화되면 계급에 따라 가족이 다른 특성을 보이게 되고, 그 결과 다음 세대의 인지 능력도 계급에 따라 차이를 보이게 되며, 이는 곧 소득 격차로 이어진다. 결과적으로 장래 미국인이 얻게 될 인적 자본의 총량(상대량이 아니다)이 줄어든다. 사회가 안정되면 시너지 효과가 발생하여 긍정적인 결과를 낳는다. 하지만 불평등이 심해지고 일자리가 사라지는 지금, 우리는 사회와 그 사회 안에 살고 있는 사람들이 무너지는 모습을 지켜보고 있다. 이대로라면 다음 세대는 그들의 부모 세대처럼 살 수 없을 것이다.

계급 재형성

이제는 가족이라는 대본이 다시 쓰이고 있다는 사실을 인정해야 할 때다. 이 대본은 성별, 계급, 문화에 따라서 달라지고 있다. 소득과 학력이 높은 남녀만이 문제없이 결혼에 골인하며, 이들은 이혼하지 않고 계속 함께 살 확률이 높다. 하지만 소득과 학력이 낮은 남녀 사이에서 결혼은 점점 찾아볼 수 없게 되었으며, 이들은 결혼을 하더라도 이혼으로 끝맺을 확률이 높다. "결혼의 탈제도화"를 개탄할 때 사회학자들을 사실 두 가지 작용에 대해 말하고 있는 것인데, 그 둘은 장기적인 영향을 미치며 사람들이 '누구나 실현할 수 있는 이상'이었던 결혼에서 더 이상 이득을 얻지 못하게 만든다. 첫째는 남성이 정치·경제·사회를 지배하던 시대가 끝났다는 사실이다. 이로써 여성은 불리한 조건에서 가족 관계를 유지할 필요가 없게 되었다. 둘째는 에이미처럼 교육을 잘 받은 여성은 타일러처럼 결혼할 만한 남자를 쉽게 만날 수 있지만, 릴리 같은 여성은 결혼 생활에 헌신하려고 하는 남자를 만나기가 점점 더 어려워지고 있다는 사실이다. 각각의 결혼 '시장'에 이러한 변화가 생기자 사람들은 친밀한 관계에 대해 이전과는 다른 기대를 품게 되었다. 남녀 중 누구의 경제력에 투자할지에 대한 결정도 달라졌고, 사람들이 새로운 관계를 시작할 때 필요로 하는 신뢰의 수준 또한 바뀌었다. 이러한 변화는 우리가 3부에서 설명할 가족법의 변화와 상호 작용하여 사회에 새로운 대본을 내놓았다. 이 대본은 결혼의 의미를 완전히 바꾸었고, 사람들은 계급에 따라 다른 방법으로 이에 대응했다.

그러므로 에이미와 타일러, 릴리와 칼이 단순하게 다른 선택을 했다고 볼 수는 없다. 이들은 서로 다른 대본에 맞춰 살아가는 것이다. 에이미와 릴리는 이제 결혼을 하지 않고도 섹스를 하고 일자리를 갖고 아이를 낳을 수 있다. 물론 이것들을 다 해내는 것은 여전히 어렵지만 말이다. 에이미와 릴리는 그동안 친밀감을 나눌 수 있는 젊은 남성을 찾아왔으며, 실제로 둘 다 그런 남성을 찾을 수 있었다. 에이미는 자신을 사랑해주고, 변함없이 결혼 생활에 충실히 임하고, 앞으로 낳게 될 아이에게 자신만큼 헌신하리라 기대되며, 다른 도시로 이사 가는 일이나 여러 도시에서 인턴으로 일하는 것, 일과 학업을 위해 시간을 아끼고 가사를 분담하는 것 등에 관해 협상할 수 있는 젊은 남성을 찾았기에 결혼하려고 한다. 타일러 역시 에이미를 사랑할 뿐만 아니라 에이미가 훌륭한 결혼 상대자라고 판단한다. 타일러는 에이미와 결혼하면 혼자 살 때보다 소득도 늘어나고 사회적 지위도 높아질 것이다. 또한 타일러는 그 '대가'로 그동안 맺어왔던 관계들과 차원이 다르게 결혼 생활에 헌신해야 한다는 사실을 알고 있다. 그리고 타일러는 기꺼이 헌신할 준비가 되어 있다.

릴리는 타일러 같은 남자, 즉 그녀가 신뢰할 수 있는 남자를 찾는 것을 포기했다. 그녀도 사랑에 빠져본 적이 있지만, 결국 그 관계는 남자 친구가 바람을 피우는 바람에 끝이 났다. 칼은 릴리가 알기로는 (적어도 이번 달에는) 아직 그 누구와도 바람을 피우지 않았지만, 자기 몫을 해내지도 못한다. 칼은 릴리가 초음파 검사를 받으러 갈 때 같이 가기로 했지만 병원에 나타나지 않았다. 또한 차를 고쳐야 한다면서 릴리에게 돈을 빌리고는 갚지 않았다. 릴리는 칼이 아이를 보살필 수 있을 거라고 확신하지 못한다. 또한 릴리는 자신이 의지할 곳이 필요할 때 칼이 도움을 줄 수 있을 거라고 생각하지도 않는다(심지어 칼은 지금도 도움이 안 된다). 릴리에게 가장 중요한 것은 아이를 돌보는 일이다. 그런 의미에서 칼과 결혼하는 것은 자산이라기보다는 오히려 위협이다.

사회학자들은 새로운 결혼 모델을 고집스럽게 "소울메이트 결혼"이라고 부르려 한다. 이들은 소울메이트 결혼을 "커플이 중심이 되어 개인의 성장, 친밀감, 소비 생활 공유를 추구하는 수단이며 이를 통해 커플이 모두 행복을 얻을 경우에만 지속되는 것"으로 정의한다.[1] 솔직히 좀 어리둥절하다. 우리가 보고 있는 것은, 에이미는 얻을 수 있지만 릴리는 얻을 수 없는 결혼 모델이기 때문이다. 이 모델은 단순히 "개인의 성장, 친밀감, 소비 생활 공유"를 위한 기회가 아니다. 이 모델은 후기 산업사회에서 자녀에게 더욱 많이 투자할 수 있도록 고안된 수단이다. 사회적 관습이 바뀌면서 에이미와 타일러는 서로의 만남에 더욱 감사하고, 서로가 융통성과 신뢰에 바탕을 둔 상호 의존을 통해 관계를 유지하고 싶어 한다는 사실에 더욱 기뻐하게 되었다. 그러나 이러한 사회적 관습하에서 릴리는 자신이 의지할 수 없는 남자와는 결혼하지 말아야 한다고 확신하게 되었다. 어쨌든 릴리는 아이를 낳았으며, 이는 릴리의 종교적 신념 때문이기도 하지만 릴리 스스로 더 좋은 남자를 찾지 못할 것이라고 생각했기 때문이기도 하다. 릴리는 자신의 수입과 가족의 도움, 칼이 드문드문 주는 돈에 의지해서 딸을 키울 것이다. 그 과정에서 릴리 역시 타일러와 에이미만큼 진지하게 헌신의 문제에 대해 고민할 것이다. 다만 릴리는 오직 그녀의 아이에게만 헌신할 가치가 있다고 생각할 뿐이다.

대등한 커플과 결혼의 의미

과거 결혼 제도의 핵심은 여성이 남성에게 전적으로 복종하는 것이었다. 그러나 결혼이라는 대본이 새롭게 쓰이면서 이러한 체제는 완전히 흔들리고 있다. 1991년 보수파 정치평론가인 윌리엄 크리스톨William Kristol은 결혼이 남성의 힘에 달려 있다고 보았다. 크리스톨은 여성 스스로 이 사실을 인정하지는 않을 것이기 때문에 여성에게 "다음과 같은 세 가지 요점을 가르쳐야 한다"고 주장했다. 바로

결혼 시장

"결혼의 필요성과 도덕관념의 중요성, 결혼 내 불평등의 필요성"이다.[2] 페미니스트인 에이드리엔 리치Adrienne Rich는 이보다 10년 전에 정확히 같은 이유로 이성 간 결혼을 비판했다.[3] 리치는 결혼을 폭력의 산물로 보았다. 결혼이 여성을 무조건 제도 안으로 밀어넣기 때문이다. 이는 관계가 얼마나 여성을 억압하고 불행하게 만드는지와는 다른 문제다. 리치는 여성이 "경제적인 이유로 생존하기 위해서, 아이들이 가난으로 고생하거나 사회에서 배척당하지 않도록 하기 위해서, 남들에게 부끄럽지 않기 위해서, 사회가 여성에게 기대하는 바를 수행하기 위해서 결혼한다"고 말했다.[4]

하버드 대학교의 제임스 윌슨 교수는 그의 저서 《결혼 문제The Marriage Problem》에서 결혼의 보편성은 어느 정도는 여성의 복종에 달려 있다고 지적했다. 여성은 재산을 소유하고, 직업을 갖고, 스스로 아이를 키울 능력을 제한받았다.[5] 실제로 윌슨은 이렇게 강조했다. "사람들이 결혼에 의문을 품는 바탕에는 단 하나의 아주 핵심적인 사건이 있다. 바로 더딘 여성 해방이다."[6]

반면 사람들은 여성을 사회화함으로써 자연의 질서에 따라 결혼 생활 안팎에서 남성에게 복종하게끔 해야 가족이 안정된다고 믿어 왔다.[7] 여성에게는 남성의 보호 없이 자신의 성생활을 스스로 결정할 능력이 거의 없다시피 했다. 케네디John F. Kennedy 대통령 시절 백악관 인턴으로 근무했던 미미 앨퍼드Mimi Alford는 당시 케네디 대통령과 불륜 관계를 맺었고, 50년이 지난 후에야 회고록을 통해 이 사실을 공개했다. 이 사건은 당시 여성이 얼마나 무력했는지를 잘 보여준다. 2012년 책이 출간되자 다음과 같은 기사가 보도되었다.

1950년대에 성년을 맞이한 소녀 앨퍼드는 여자는 요구를 받으면 그게 무엇이든 간에 반드시 부응해야 한다고 배웠다. "가장 큰 가르침은 '조용히 있어. 문제를 일으키지 마'였어요." 이제 68세가 된 앨퍼드는 《뉴스위크Newsweek》와의 인터뷰에서 이렇게 말했다. "사람들은 제가 착하게 굴고, 사랑받고, 튀지 않기를 바랐어요. 다른 사람의 신경을 건드리지 말아야 했지요. 제게 주어진 일이라면 하기 싫어도 해야 했어요." 앨퍼드는 후회하는 낯빛으로 고개를 가로저었다. 분명 보좌관이었던 데이비드 파워즈David Powers에게 오럴 섹스를 해주는 것도 '주어진 일' 중 하나였을 것이다.[8]

재키 케네디Jackie Kennedy는 남편이 사망했을 당시 인터뷰에서 "여성은 남편을 통해서 삶의 목적을 찾아야만" 하며, 결혼은 옛날 방식이 "가장 좋다"고 말했다.[9] 재키의 발언은 오늘날 매우 충격적으로 들린다. 물론 남침례회연맹**은 아직도 "하나님은 남편에게 가족을 부양하고 보호하고 이끌 책임"을 주셨으며 "남편이 섬기는 마음으로 가족을 이끌면 여성은 기쁜 마음으로 복종해야 한다"고 주장해 논란을 불러일으키고 있긴 하다.[10] 하지만 그들을 제외한 거의 모든 사람들에게 오늘날의 결혼은 다른 대본을 따른다.

비평가들은 성별화된 결혼 방식이 해체되었기 때문에 한때 보편적이었던 결혼이 사라지고 있으며, 결혼이야말로 엄마와 아빠가 자녀를 위해 노력할 수 있도록 고안된 제도라고 본다. 하지만 이렇게

- 앨퍼드는 인터뷰에서 케네디 대통령의 지시로 데이비드 파워즈에게 오럴 섹스를 해준 적이 있다고 고백했다.
- ** 미국의 초보수적 개신교 연맹.

결혼시장

주장하는 사람들은 오직 두 가지 가능성만을 고려하고 있는 듯하다. 하나는 전통적인 모델로, 이 모델은 성별화된 규칙을 따르며 여성을 의존적으로 만듦으로써 보편성을 획득한다. 다른 하나는 느슨한 유대로, 이 경우 관계에 참여하는 개인은 각자 자신에게 유용하다고 판단하는 한에서 관계를 지속한다.

우리는 세 번째 모델이 있다고 믿는다. 이 모델은 가장 한 명과 가정주부로 이루어진 전통적 모델을 시대착오적이라고 보고, 부부가 재정을 공유하고 집안일을 함께 하는 것이 후기 산업사회에서 결혼의 토대라고 본다. 이 모델은 새로운 사회의 대본을 따르는데, 새 대본에서 남편에 대한 여성의 의존은 부부 간의 상호 의존으로 바뀌었다. 둘은 서로 비슷한 수준으로 결혼 생활에 기여해야 하며, 바깥일과 집안일을 구분하지 않는다. 오로지 성별에 따라서 정해진 상호 배타적 역할은 사라져도 남녀가 결혼 생활에 정확히 같은 형태로 같은 시간 동안 기여해야 한다고 보지는 않는다. 그중에서도 가장 중요한 것은, 이 모델이 연대 책임을 요구한다는 것이다. 남녀는 가계 및 앞으로 태어날 자녀에 대해 똑같은 책임을 진다. 이 모델에서 비로소 여성은 완전히 자율적인 성인이 된다. 에이미와 릴리 모두 간통 현장을 목격하고도 못 본 척해야 한다고 배우지 않았으며, 둘에게는 폭력적인 관계를 떠날 힘이 있다.[11] 또한 둘은 남자에게 이러한 새 대본을 따를 능력이 없다면 그와 결혼할 가치가 없다는 데 동의한다.

에이미와 릴리의 자율성은 노동 시장에 참여할 수 있는 능력이 더욱 커진 데서 비롯된다. 그렇기 때문에 부부의 역할은 더욱 유연해져야만 한다. 평등한 관계를 유지하기 위해서는 유연성과 대화가 꼭 필요한데, 아이러니하게도 이러한 특성은 사회학자들이 결혼의 "탈제도화", 즉 삶의 중심이자 평생 지속되는 관계로서의 결혼에서 이탈하는 것과 결부시킨 특성과 일치한다. 앤드루 셜린이 "소울메이트" 모델의 특성으로 꼽은 자질들을 보자. ① 자기 투자: 배우자는 상대방을 위해 희생하는 대신 각자 독립적이고 스스로 만족을 얻을 수 있는 사람이 되기 위해 노력한다. ② 유연한 역할: 결혼 생활 내의 역할은 유연하고 협상 가능해야 한다. ③ 진실된 관계: 문제가 생겼을 때 반드시 솔직하게 대화해야 한다.[12]

이러한 특성은 엄격하고 권위적이었던 기존의 성역할이 사라지고 여성이 현대의 시장경제에 편입된 현실을 나타낸다. 평등을 추구하는 커플에게 "자기 투자"는 맞벌이를 할 때 매우 중요한 요소다. 과거에는 여성이 청혼을 받아내기에 유리한 수준 이상으로 교육을 받을 경우 성공적으로 가정을 꾸릴 가능성이 그만큼 낮아졌다. 그러나 새로운 제도에서는 여성이 교육을 많이 받으면 그만큼 사회적 지위가 높은 짝을 만날 수 있으며 결혼 생활도 안정적으로 유지할 수 있다. 게다가 먼 곳으로 이사하고, 학교로 돌아가서 공부를 더 하고, 휴식을 취하고, 다시 경력을 쌓을 수 있는 능력은 에이미와 타일러처럼 성공한 커플이 전에 없이 경쟁이 심한 시장에서 살아남는 데 도움이 된다.

비슷한 맥락에서, 결혼 생활에서 협상을 통해 유연하게 역할을 정하는 것이 반드시 필요하다. 가족 구성원 그 누구도 힘없이 집에서 집안일만 도맡아하길 바라지 않는 쪽으로 변하고 있기 때문이다. "솔직한 대화"를 중요시하면 매일매일 해야 할 일들을 협상할 때도 도움이 된다. 갑자기 야근을 해도 되는 사람과 그사이 보육원에서 아이를 데려오고 차 수리를 맡길 사람을 정하려면 협상이 필요하다. 폴 아마토Paul Amato에 따르면, 일자리를 얻을 기회가 점점 많아져 결혼 내에서의 역할이 바뀌고 있음에도 불구하고 역할을 협상하지 못하면, 근대 시기에 성별이 아닌 기준에 따라서 역할을 정하자고 주장했던 것만큼이나 이혼의 원인이 된다.[13] 결국 릴리가 칼과 결혼하지 않기로 한 것은 칼이 든든하게 돈을 벌어오지 못하기 때문이기도 하지만 가사를 공평하게 분담하지 않았기 때문이기도 하다.

그러므로 우리는 결혼을 "탈제도화"하는 특성이 사실은 결혼을 "재再제도화"한다고 본다. 물론 남성이 여성만큼 새로운 결혼 모델에 동의하고 이를 따를 수 있는 한에서만 그렇다. 새로운 모델은 오늘날 여성이 그 어느 때보다도 활발하게 경제 활동을 하고 있으며, 이들이 벌어오는 돈으로 가족들이 먹고산다는 사실을 받아들이고 이 상황에 대응하려 한다. 그러므로 새로운 모델에는 자기 계발을 위한 수단, 유동적이고 협상 가능한 역할, 솔직하고 효과적인 대화가 반드시 필요하다. 우리는 이 새로운 대본을 따르는 "대등한 커플"이 "토털 축구total football"를 구사하던 1970년대 네덜란드 축구팀과 비슷하다고 생각한다. 네덜란드는 새로운 전술을 무기 삼아 1974년 월드컵 경기에서 결승전에 진출했고, 전 세계가 이 작은 나라에 주목했다. 네덜란드 축구팀은 선수의 역할을 수비수, 미드필더, 공격수로 고정하는 대신 선수에게 유동적인 역할을 부여해 축구장 전체를 누비게 했다. 이 새로운 전술에 따르려면 선수들은 준비도 더 많이 하고 체력도 더 키워야 했으며 대화를 더욱 많이 나눠야 했을 뿐만 아니라 축구장 전체에 익숙해져야 했다. 모든 선수가 이 새로운 모델에 적응할 수 있었던 것은 아니다. 하지만 이 모델을 "소울메이트 축구"라고 부르는 사람은 아무도 없었다.

사람들의 지지와 새로운 대본

타일러와 에이미는 1970년대 네덜란드 축구팀과 다르지 않다. 둘은 관계의 조건만 수정한 것이 아니다. 둘은 결혼의 정의가 바뀌었다는 사실도 받아들인다. 새로운 결혼의 정의는 다른 모든 이들의 관계의 조건 또한 변화시켰다. 새로운 결혼 대본에는 두 가지 중요한 요소가 있다. 둘 다 경제적으로 독립할 수 있는 능력을 유지하고 필요에 따라 가계에 이바지해야 하며, 둘 다 책임감을 갖고 함께 자녀를 양육해야 한다. 살아가는 동안 부부는 직업이나 노동 시간, 사는 곳을 바꿔야 할 수도 있다. 하지만 둘의 관계는 상호 보완적이며 관계가 깊어질수록 더욱 밀접하게 엮여야 한다.

새로운 결혼 대본 중 모두가 찬성하는 것이 있다면 아마 결혼한 아이 엄마도 계속 돈을 벌어야 한다는 기대일 것이다. 하지만 아내는 여전히 집안일을 남편보다 훨씬 많이 하기 때문에 남편은 집안일을 덜 해도 될뿐더러 아내의 소득 덕에 빚을 지지 않을 수도 있다. 전부는 아니겠지만 대부분 부부는 실제로 집 밖에서 일을 한다. 예컨대 2004~2005년에는 결혼한 엄마의 3분의 2가 그러했고,

2010년에는 18세 미만의 자녀를 둔 엄마의 71퍼센트가 경제 활동을 했다.[14] 2012년 여론 조사에 따르면, 남편이 가족을 부양할 수 있을 경우 결혼한 여성은 일을 하면 안 된다고 대답한 사람은 오직 2퍼센트에 불과했다.[15] 사회학자들 역시 남편들이 점점 더 아내의 경제 활동을 지지하고 있으며 "미국에서는 20세기 후반 들어 많아지기 시작한 아내들의 경제 활동 참여가 이제는 거의 전 세계적인 현상이 되었다"는 사실을 발견했다.[16] 실제로 젊은 여성은 이러한 변화에 매우 잘 적응하여 2011년에는 고소득 일자리나 전문직 일자리를 갖는 것이 삶에서 가장 중요하다고 대답한 18~34세 여성이 66퍼센트나 되었다. 이 비율은 남성(59퍼센트)보다 높아 1997년 조사 결과와 큰 차이를 보였다.[17]

이러한 변화는 집과 시장의 관계가 완전히 달라졌다는 사실을 보여준다. 이제는 19세기처럼 가정을 소중히 보호하지 않아도 되고 여성 역시 집안의 여주인 역할만 할 필요가 없다. 압도적인 수의 가정이 맞벌이에 의존하고 있으며, 여성이 스스로를 부양할 수 있게 되자 남녀 간 관계도 변했다. 그 결과 당연히 여성의 자율성이 커졌고, 여성에게 관계를 떠날 수 있는 능력이 생기자 관계의 조건을 협상할 때 여성이 이전보다 더 큰 힘을 갖게 되었다. 그러나 이처럼 여성의 자율성이 커졌다고 해서 남녀가 평등해졌거나 (결혼의 새로운 정의와는 달리) 가족 내 성별화된 역할이 완전히 해체되었다고 볼 수는 없다. 실제로 엄마가 풀타임으로 일하는 것이 아이에게 더 좋다고 생각하는 남녀는 16퍼센트에 불과하다.[18] 반면 남성에 대해서는 이 비율이 70퍼센트까지 치솟는다. 하루 종일 일하면서 자녀까지 돌보는 것은 쉬운 일이 아니다. 또한 우수한 서비스를 제공하는 보육 시설에 아이를 맡길 여유가 없을 경우 아이가 제대로 성장하지 못할 위험도 있다. 미디어에서 너도나도 대졸 여성의 "옵트 아웃opt-out 혁명"●을 보도하고, 소득 분포의 양 끝단에 있는 여성들은 별로 일을 하지 않는다는 사실에도 불구하고[19] 아이 엄마가 직업을 유지할 확률은 교육 수준과 밀접한 관련이 있다. 미국 통계국 자료에 따르면, 대졸 엄마는 26퍼센트만이 집에 머무는 반면 고등학교를 졸업하지 못한 엄마는 40퍼센트 이상이 일을 하지 않는다. 대졸 여성은 다른 여성에 비해 일과 가정의 균형을 잘 맞추는데, 이는 대졸 여성이 보육 시설이나 다른 지원에 돈을 충분히 지불할 수 있기 때문이기도 하고, 근무 조건을 비교적 자유롭게 조절할 수 있기 때문이기도 하다.[20] 노동 환경이 자녀를 키우기에 적절하지 않고 보육 시설 비용이 매우 비쌈에도 불구하고 풀타임으로 일하는 여성의 비율은 꾸준히 증가해왔으며 심지어 2007년 금융위기 이후에는 더욱 증가했다.[21]

새로운 결혼 대본의 두 번째 요소인 공동 양육 역시 점점 늘어나고 있다(물론 '늘어나고' 있을 뿐 모두가 그렇다는 것은 아니다). 래드클리프 공공정책센터Radcliffe Public Policy Center가 2000년 진행한 연구에 따르면 질문에 응답한 남녀의 96퍼센트가 엄마와 아빠가 공평하게 자녀를 키워야 한다고 말했다.[22] 1990년대 《USA 투데이》 여론 조사에서는 이 비율이 88퍼센트였고, 학계 연구에서는 83퍼센트였다.[23] 양육

● 직장 여성들이 아이를 키우기 위해 다시 전업 주부로 돌아가는 현상.

결혼시장

시간을 조사한 연구를 보면 실제로 아빠들은 아이를 키우는 데 점점 더 많은 시간을 쏟고 있다. 하지만 아빠들은 아직 (어쩌면 평생) 엄마만큼 아이와 함께 시간을 보내지 않는다.[24] 실제로 여성은 남성보다 무보수 노동을 더 많이 한다.[25] 2000년에서 2012년 사이에 집에 있는 아빠의 수가 두 배로 뛰긴 했으나 전체 가정에서 집에 머무는 아빠의 비율이 0.4퍼센트에서 0.8퍼센트로 늘었을 뿐이다. 하지만 같은 기간 집에 있는 엄마의 수는 0.4퍼센트보다 많이 증가해서 전체 가정의 약 20퍼센트에서 약 23퍼센트로 뛰었다.[26] 이처럼 엄마와 아빠가 집에 있는 비율이 늘어났다는 사실은 대침체기 이후 악화된 노동 시장의 현실을 보여주기도 하지만, 여성이 남성보다 집안일을 더 많이 해야 한다는 고정관념이 여전히 존재한다는 사실을 보여주기도 한다.

여성의 경제 활동과 공동 양육이 점점 보편화되는 것과 마찬가지로, 남녀가 가계를 함께 꾸리는 것 역시 결혼의 당연한 속성으로 자리매김하고 있다. 사람들이 이러한 태도를 갖게 되면서 정확히 성별에 따라 결혼 내 역할을 구분하는 현상은 점점 사라지고 있지만 성공한 남자라면 아내보다 돈을 더 벌어야 하며 집안을 관리하는 책임은 주로 여성에게 있다는 관념이 완전히 사라진 것은 아니다. 남성과 여성은 사회의 상반되는 기대에 혼란스러워하고 있다.

1980년에서 2000년 사이에 남편과 아내 모두 가계를 평등하게 꾸려야 한다는 쪽으로 시각이 바뀌었다.[27] 남편에게서 보이는 가장 큰 변화는 "남편이 집안을 먹여 살려야 한다"고 생각하는 사람이 54퍼센트에서 30퍼센트로, "남편은 아내보다 돈을 더 많이 벌어야

한다"고 생각하는 사람이 42퍼센트에서 24퍼센트로 크게 줄었다
는 점이다.[28] 같은 기간 동안 남편이 가사에 참여하는 비율도 증가
했다. 그러나 본인이 집안일을 한다고 대답한 남편의 비율은 29퍼
센트에서 39퍼센트로 증가한 반면, 남편이 집안일을 한다고 대답한
아내의 비율은 24퍼센트에서 30퍼센트로 증가해 남편의 대답과 조
금 차이를 보였다.[29] 그럼에도 아내의 3분의 1가량은 남편이 집안일
을 절반 이상 담당한다고 대답했으며, 남편이 집안일을 전혀 하지
않는다고 대답한 비율은 29퍼센트에서 16퍼센트로 낮아졌다.[30] 더
욱이 2000년에는 커플의 거의 3분의 2가 평등하게 의사 결정을 한
다고 대답했는데, 이는 1980년에 비해 크게 증가한 수치다. 가장 눈
에 띄는 차이는 1980년에는 평등하게 의사 결정을 한다고 대답하는
남성이 그렇다고 대답하는 여성보다 더 많았으나 2000년에는 이러
한 남녀 간 인식 차이가 거의 사라졌다는 점이다. 실제로 남편과 아
내가 거의 비슷한 비율로 "그 누구도 가족 문제에 전적인 결정권을
갖고 있지 않다"고 대답했다.[31]

　이러한 기대의 변화는 자신들의 관계에 대한 타일러와 에이미의
태도를 설명해준다. 둘은 자신들이 진정한 동반자를 찾아냈다고 믿
는다. 이때 진정한 동반자란 침대에서만이 아니라 직업, 자녀, 경제
라는 측면에서 서로 도움이 되는 관계를 의미한다. 둘 다 직장 생활
을 계속한다면 (물론 타일러가 돈을 더 많이 벌 확률이 높지만) 아마 둘은 일
생 동안 여러 번 일자리를 바꾸게 될 것이다. 타일러와 에이미는 자
신들이 둘 다 돈을 상당히 많이 벌리라는 것을 알기 때문에 더욱 안
정을 느낄 것이며, 위험을 감수하고 공부를 더 하거나 불확실하지

만 새로운 일자리에 도전할 수도 있을 것이다. 반면 릴리는 칼이 그와 비슷한 결정을 내릴 수 있으리라고, 또는 자신이 그렇게 하기로 결정했을 때 칼이 따라주리라고 확신하지 못한다. 릴리와 칼에게 헌신이란 그저 손실을 함께 나누는 것이다. 게다가 이들은 에이미와 타일러처럼 대비책을 갖고 있지도 않다. 릴리와 에이미는 결혼에 대해서 같은 생각을 갖고 있다. 하지만 아이를 낳고, 또 자신이 갖고 있는 자원을 이용해서 아이를 키울 때 둘은 서로 다른 대본을 따를 것이다. 그리고 바로 이러한 차이가 계급 격차를 더욱 공고히 한다.

남녀 불평등의 새로운 의미

릴리와 칼처럼 오늘날의 노동자 계급 커플은 주로 성적이고 상대적으로 짧은 관계의 결과로 아이를 갖게 된다. 하버드에서 빈곤을 연구한 캐시 에딘Kathy Edin과 티머시 넬슨Timothy Nelson은 광범위한 현장 조사를 통해 결혼하지 않고 아이를 낳은 커플들을 연구했다. 그 둘이 이들의 관계가 굉장히 불안정한 이유 중 하나로 꼽은 것은 "임신하기 전까지 이들이 나누는 시간이 믿을 수 없을 정도로 짧다"는 것이었다. "젊고 가난한 커플은 분만실에서 느낀 기쁨을 그리 오래 누리지 못할 것이다. 믿기 어려울 만큼 자신들이 공유하는 바가 없다는 사실을 곧 깨닫게 될 것이기 때문이다."[32] 물론 1960년대에도 마찬가지였다. 그러나 1960년대의 커플들은 분만실에 들어가기 전에 결혼을 했고, 이혼이 몹시 어려운 가족 제도에 편입되었다. 게다가 관계에서 성별 구분이 매우 엄격했기 때문에 성별에 따라 역할을 나누는 것은 물론이고 이러한 역할에 따라 권력을 차등 부여하기까지 했다. 그 시절, 남편은 일자리를 얻을 수 있었으며 아내가 스스로 벌 수 있는 것보다 훨씬 많은 돈을 받았다. 아내는 남편에게 경제적으로 의존해야 했기 때문에 남편의 권위에 따라야 했다. 그 권위는 남편이 돈을 벌어오기 때문에, 또 남자이기 때문에 가질 수 있는 것이었다. 그렇다면 여성이 남성보다 더욱 안정적으로 일자리를 얻을 수 있는 오늘날의 경제에서 이러한 커플들이 어떤 상황에 직면해 있는지 살펴보자.

계급과 맞벌이 모델: 남성의 입장

남녀가 결혼 생활에서 새롭게 바뀐 역할을 수행할 때 여성이 경제활동을 한다는 사실은 큰 문제를 일으키지 않는다. 오히려 문제는 남성이 경제적으로 성공해야만 자존감을 지킬 수 있으며, 그러기엔 남성에게 일자리가 부족하다는 데서 발생한다. 일과 가정을 모두 챙기기가 힘들다는 것은 모든 맞벌이 가족의 특징이다. 하지만 남편이 자신의 역할을 해내지 못하면 관계가 깨져버린다. 1993년 로버트 그리스울드Robert Griswold는 "돈을 버는 것은 아버지들의 삶에서 공통적으로 발견되는 중요 요소다. 가족을 부양하는 의무는 아버지의 자의식과 어른다움, 남성성을 구성한다"고 말했는데,[33] 이는 오늘날에도 마찬가지다. 보다 최근의 연구에서도 남녀가 남성의 경제력을 남성의 지위와 안녕에 매우 중요한 요소로 간주한다는 결과가 나왔다.[34] "마초" 남성은 아내가 자신보다 돈을 더 많이 번다는 사실을 받아들이지 못한다. 이들은 아내보다 돈을 잘 버는 남성보다도 집안일을 안 하곤 한다.[35] 가족을 부양하는 것은 이들의 정체성에 반드시 필요한 요소로, 일을 구하는 데 애를 먹거나 경제력이 비교적 떨어지는 남성은 결혼할 가능성이 낮다.[36] 젊은 여성은 변변한 월급도 없고 꾸준히 일도 못 하는 남성과 같이 살 수는 있지만, 아마 그와 결혼하지는 않을 것이다.[37] 젊은 커플을 대상으로 한 2010년 조사에서 남성은 "성 혁명이 많은 것을 변화시켰을지라도 남성에게는 돈을 벌어서 가족을 부양하는 것이 그 무엇보다 중요하기 때문에 가정을 돌보는 일은 다른 사람에게 미뤄야 한다"는 데 동의했다.[38] 남성이 가정을 돌보는 일에 점점 더 많이 참여하고 있기는 하지만, 사회적 지위가 낮아졌다는 이유로 집안일에 전념하는 남성은 비교적 그 수가 적다. 집안일을 도맡는 것까지는 아니어도 자신과 아내가 동등하다고 생각하는 남성 대부분이 아내가 가장 역할을 하는 것은 잘 받아들이지 못한다. 여성이 다시 노동 시장에 편입되면서 가족 내 역할에 혁명이 발생한 것은 맞지만, 성별에 따라 가정 내 책임을 구분하는 현실이 완전히 해체된 것은 아니다.

남녀 모두 남성이 가족을 부양해야 한다고 생각하는 반면, 남성의 소득과 경제 활동 참여율은 점점 더 계급에 따라 갈리고 있다. 1960년에는 남성의 노동 시장 참여율에 계급 간 차이가 거의 없었다. 하지만 2011년에는 대졸 남성의 90퍼센트가 고용 상태였던 반면 고졸 남성은 76퍼센트, 고등학교를 중퇴한 남성은 67퍼센트만이 고용 상태였다.[39] 아내가 남편보다 돈을 더 많이 벌 확률 역시 계급에 따라 다르다. 맞벌이 가정 중 아내가 남편보다 돈을 더 많이 버는 비율은 소득 하위 20퍼센트 가족에서는 70퍼센트로 나타난 반면, 상위 20퍼센트 가족에서는 34퍼센트로 나타났다.[40]

남성은 보통 이러한 상황을 몹시 못마땅하게 여긴다. 그렉 맥패든은 39세의 배우로, 일이 없을 때는 여섯 살 난 아이와 함께 집에 머문다. 맥패든의 아내인 38세의 섀넌 험멜은 교사이자 브루클린 댄스 컴퍼니의 예술 감독으로 일하고 있다. 맥패든은 다음과 같이 말했다. "저는 성 역할에 대해 그다지 깊게 생각하지 않아요. 하지만 이 상황에 대해 분노와 무력감을 느낍니다. 제가 경제적으로 가족을 부양하지 못하기 때문이지요. 이제는 관련 기사나 아빠들이 운영하는 블로그를 보는 게 정말 지긋지긋해요. 그 사람들은 '능력 있는' 남자야말로 가정을 돌봐야 한다고 말해요. 한번 그 사람들한테 물어보세요. 돈을 못 벌어오는 기분이 정말 괜찮냐고요."[41]

어떤 여성들은 아이 아빠가 결혼할 의사가 있어도 결혼하지 않고 혼자 힘으로 살아간다. 이들은 굳세게 또 유능하게 자기 삶을 스스로 책임진다.[42] 하지만 이 여성들의 이야기는 곧 실패한 남성의 이야기이기도 하다. 이들은 앞으로 절대 "쉐보레를 타고 달리거나 식탁에서 마땅히 차지해야 할 상석에 앉지" 못할 것이다.[43] 그러나 이 둘이 만난다고 해서 반드시 가족 내 역할을 더 유연하게 조정하는 것은 아니다. 연구에 따르면 여성이 남성보다 돈을 더 많이 벌 경우 집안일을 덜 하는 것은 맞지만, 이는 여성이 가족 소득에 기여하는 비율이 51퍼센트 이내일 경우에만 해당된다. 여성이 그 이상 돈을 벌면 남편의 허약한 자존감을 채워주기 위해서 집안일을 더 많이 하기 시작한다. 평등이라는 이념과 성 역할 사이의 갈등을 보여주는 좋은 예라고 할 수 있다.[44] 통계학자들에 따르면, 남편이 고소득 일자리를 잃었을 때 집안을 돌보던 아내가 남편 대신 경제 활동을 시작하게 되면 이혼할 가능성이 높아진다.[45] 우리는 전에도 이런 이야기를 본 적이 있다. 모이니핸 리포트와 찰스 머리의 저서에서도 보았고, 대공황 때도 보았다. 그리고 이 이야기는 결국 관계의 조건을 바꾸지 못하고 남녀 간 불신이 커지는 쪽으로 흘러간다.[46]

맞벌이 부부: 여성의 딜레마

남녀 모두 여성의 경제 활동을 받아들이긴 했지만, 2012년 여론 조사 결과 여성의 3분의 1가량이 바깥에서 일하기보다는 집안을 돌보고 싶다고 대답했다.[47] 또 다른 조사에서는 계급에 따라 반응이 뚜렷하게 나뉘었다. 찰스 머리에 따르면 "남성은 집 바깥에서 성공하고 여성은 집과 가족을 돌보는 것이 모두에게 훨씬 좋은가"라는 질문에 1980년에는 소득이 적은 백인의 70퍼센트 이상이 그렇다고 대답했다. 반면 부유한 백인 중 그렇다고 대답한 사람은 50퍼센트 정도였다. 1980년에서 2010년 사이 두 집단 모두 전통적 모델을 지지하는 비율이 낮아졌다. 소득이 적은 백인은 35퍼센트, 부유한 백인은 20퍼센트 미만이 여전히 전통적인 결혼 생활을 지지했다. 하지만 지난 10년 동안 놀라운 일이 벌어졌다. 소득이 적은 백인 집단에서 성별화된 모델을 지지하는 비율이 증가한 것이다. 반면 고소득 커플 사이에서 이 비율은 꾸준히 낮아졌다.[48]

폴 아마토와 그의 동료들은 여성이 어떤 역할을 맡아야 하는가에 대해 계급별로 생각이 다르다고 설명한다. 1980년에서 2000년 사이 집 밖에서 일하는 아내의 비율은 58퍼센트에서 75퍼센트로 증가했다.[49] 그러나 같은 기간 동안 "아예 일을 하지 않고 싶다"고 대답한 아내의 비율 역시 25퍼센트에서 34퍼센트로 증가했다.[50] 1980년과 2000년의 설문 조사 모두에서 여성의 거의 50퍼센트가 시간제 일자리를 갖고 싶다고 대답했다. 미국의 여론 조사 기관인 퓨 리서치 센터Pew Research Center의 2012년 조사에 따르면, 풀타임으로 일하고 싶다고 대답한 여성의 비율은 다시 37퍼센트로 높아졌다. 금융 위기 이후 힘든 시간을 보내고 있을 때였다. 그러나 50퍼센트는 여전히 시간제 일자리를 선호한다고 대답했다.[51]

아마토는 노동자 계급 아내들이 취업을 하면 심리적 긴장이 엄청나게 커진다고 설명했다. 교육 수준이 높은 사람은 경력을 쌓고 싶어 하며, 직장 생활을 통해 만족감을 얻는다. 반면 노동자 계급 아내들은 일 자체를 즐겨서라기보다는 가족에게 돈이 필요하기 때문에 취업을 한다. 게다가 일을 하더라도 여전히 집안일을 하고 자녀를 돌봐야 하는 여성들도 있다. 교육 수준이 높은 엄마들은 보통 자신의 능력에 먼저 투자하고 스스로 고용주에게 필요한 인력이 되었다고 판단한 후에 자식을 낳으며, 아이를 낳은 뒤에도 어렵지 않게 직장 생활을 한다. 자녀 양육에 적극적인 엄마는 가족을 돌보기 위해서 기회가 찾아왔을 때(예를 들어 막강한 권력과 지위, 소득이 보장되는 자리를 제안받았을 때) 이를 포기하기도 하지만[52] 교육 수준이 높은 여성은 상대적으로 쉬운 일을 하는 여성에 비하면 아이를 낳은 후에도

결혼 시장

전문직 일자리에 남아 있기가 쉽다. 미국 통계국에 따르면 대졸 학력 이상의 여성 중 3분의 2 가까이가 유급 출산 휴가를 받는 반면 고등학교를 졸업하지 못한 여성의 경우 유급 출산 휴가를 받는 비율이 5분의 1에도 못 미쳤다. 게다가 고등학교를 졸업하지 못한 여성은 임신 중이나 첫 아이를 출산한 뒤 12주 안에 해고당할 가능성이 대졸 여성보다 네 배 더 높았다.[53]

노동자 계급 여성은 매우 힘든 상황에 처해 있다. 이들은 자유도 미래도 없이 일하게 될 가능성이 높다. 부부 모두 고소득을 올릴 경우 여윳돈으로 도와줄 사람을 고용할 수 있지만, 저소득 가족은 아내가 벌어오는 수입으로 집세를 내고 식료품을 구매하고 아이들 생일 선물을 마련한다. 사회학자들은 교육 수준이 낮은 여성의 경우 일과 가정생활이 충돌하기가 더 쉽다고 말한다. 이들은 "맞벌이 때문에 발생하는 부담을 덜기 위해 아이를 잘 돌봐줄 보모, 집을 청소해줄 도우미, 질 좋은 음식을 구입할 여유"가 없다.[54] 결국 자기만족을 위해서가 아니라 돈을 벌기 위해 일하는 아내들은 결혼 생활에서 갈등을 겪을 수밖에 없다.[55] 학자들은 부부 중 그 누구도 화장실을 청소할 필요가 없을 때 결혼 생활의 만족도가 높아진다는 사실을 발견했다.[56]

남편이 아예 일자리를 잃으면 상황은 더욱 나빠진다. 《뉴스위크》는 미국 노동통계청의 '시간 사용 조사' 결과를 인용해 다음과 같이 보도했다. "해고된 남성은 집안일을 더 적게('더 많이'가 아니다) 하는 경향이 있다. 그들은 간식을 먹고, 자고, 텔레비전 채널을 돌리면서 남는 시간을 보낸다(그렇기 때문에 경기 침체기에 애니메이션 채널인 카툰 네트워크의 시청률이 10퍼센트 증가한 것이다. 현재 카툰 네트워크는 냉장고 수리 기술을 가르치는 학원 광고를 이전보다 많이 내보내고 있다.)"[57] 문화를 강조하는 사람들은 취업률이나 임금만으로 미국 가족이 변하는 이유를 설명할 수 없다고 주장한다. 맞는 말이다. 경제 변화가 가족의 변화로 이어지는 이유는 그 과정에서 사람들의 행동이 변하기 때문이다. 어떤 남성이 원래는 시간당 40달러를 벌었으나 해고된 후 시급이 15달러인 일자리밖에 찾을 수 없다면, 그 사람은 보통 일을 덜 하고 남는 시간을 빈둥거리며 보낸다. 결코 집안일을 더 하지는 않는다. 실제로 연구자들에 따르면 해고당하지 않은 사람도 자신 역시 해고될 수 있다는 불안감과 스트레스 때문에 술을 더 많이 마시고 우울해진다. 결국 건강이 나빠지고, 산업재해를 겪을 확률 또한 높아진다.[58] 인원 삭감에서 살아남은 남성이라 해도 좋은 배우자는 아닌 것이다. 실직한 남성은 아내나 애인을 폭행할 확률이 알코올 중독자와 마약 중독자 다음으로 높다.[59]

고용 불안은 저임금과 더불어 가족 갈등을 증가시키며, 종종 헤어짐의 원인이 된다. 밑바닥 일을 전전하는 남성 대부분은 아예 일하기를 포기하기도 한다. 동시에 경제적 불평등이 심해지면 만성 실업률과 수감률, 이혼율이 증가하며[60] 그 결과 여성의 눈에 배우자로 부적합한 남성이 증가한다. 일반적으로 이러한 집단에서 여성은 남성을 더욱 경계하게 되며, 결국 남녀 간 불신이 커지고 짧은 조건적 만남이 자연스러운 문화가 된다.

다음 장에서도 살펴보겠지만 이러한 상황은 상호 의존적인 새로운 결혼 모델과 충돌한다. 노동자 계급 여성은 돈도 벌면서 집안일과 자녀 양육까지 도맡아야 하는 현실에 분노하며 실직한 남편, 열심히 일하지 않는 남편을 더 이상 참지 못한다. 결국 일을 충분히 하지 못하는 남성은 결혼 시장에서 퇴장한다. 스스로 가족을 부양하지 못할 것이라고 생각하기 때문이다. 또한 사람들은 보통 사회적 지위를 잃으면 형편없이 행동하게 되는데, 주변 여성들이 이러한 행동을 보고 이 남자와 결혼하지 않는 것이 좋겠다고 생각하게 되기 때문이기도 하다.

버지니아 비치에 사는 젊은 여성인 베서니는 아이 아빠와 결혼할 마음이 없다. 그녀는 그 이유를 다음과 같이 설명했다. "캘빈이 있으면 저와 제 아이가 그래놀라 바 하나를 덜 먹게 될 뿐이에요."[61]

* * *

성비는 이 모든 요인을 더욱 악화시킨다. 타일러는 전도유망한 청년이다. 그는 로스쿨에 가는 것이 인생에 도움이 되리라 생각한다. 또한 에이미는 그동안 만났던 다른 여자 친구들과 계급부터 다르다는 사실을 알고 있다. 에이미는 타일러를 신뢰하고 그가 자신을 존중한다는 것을 알기 때문에 타일러를 결혼 상대로 선택했다. 반면 칼은 결혼에 확신이 없다. 릴리를 좋아하긴 하지만 그녀의 기대에 부응할 자신은 없다. 릴리는 임신을 하자 칼에게 점점 더 많은 것을 요구했다. 릴리는 칼이 돈을 벌어오고 아이 돌보는 것을 도와주기를 바랐다. 칼은 자신이 괜찮은 일자리를 얻어서 릴리를 자랑스럽게 해줄 가능성이 별로 없다고 본다. 그렇다고 릴리가 시키는 심부름을 하면서 하루를 보낼 마음도 없다. 릴리는 달리 더 나은 선택지가 없었기 때문에 칼과 잠자리를 갖긴 했지만, 칼이 나아질 기미를 보이지 않는 한 그와 미래를 약속할 생각은 전혀 없다. 릴리는 자신의 기대에 부응해줄 남자를 찾지는 못하지만, 칼이 아이에게 접근하지 못하게 통제할 수는 있다. 칼은 자신이 언제든 다른 여자를 만날 수 있다는 걸 알고 있다. 새로 만나는 (아이가 없는) 여자들은 칼에게 바라는 바가 훨씬 적을 것이다. 이 여자들은 그저 즐거운 시간을 보내기를 바라고, 칼도 마찬가지다. 칼이 부응할 수 있는 기대치는 딱 그만큼이다.

3부 불평등의 합법화

계급에 따라 다른 가족법의 의미

보통 가족이 변하면 법이 따라 변함으로써 사람들이 변화를 받아들일 수 있게 돕는다. 때때로 법은 이 역할을 굉장히 빨리 수행한다. 법이 변해버리면 부부들은 이 법에 따라야만 한다. 하지만 때로는 법이 변하지 않고 그대로 남아 있는 대신 사회 규범이 변함으로써 법 규범의 의미를 바꾸어놓는다. 그리고 어떤 때는 법과 사회 규범이 서로 힘을 주고받으면서 동시에 변하기도 한다. 대중문화는 종종 이러한 변화를 포착하기 위해 극적인 재판 장면을 이용한다. 실제로 우리가 어린 시절에 보았던 영화를 통해서 이혼과 성 역할의 변화에 어떤 관계가 있는지 파악할 수 있다. 1979년에 나왔던 《크레이머 대 크레이머Kramer v. Kramer》란 영화를 기억하는가? 이 영화에서 남편 테드 크레이머(더스틴 호프먼Dustin Hoffman)는 아내 조애나(메릴 스트리프Meryl Streep)가 떠난 뒤 고군분투하며 홀로 아들을 키운다. 우리는 테드를 통해 일하면서 아이를 키우는 게 어떤 의미인지 알 수 있으며, 아빠도 '엄마'가 될 수 있다는 것, 양육권이 주로 엄마에게 가기 때문에 아빠들이 이를 매우 염려한다는 것도 알 수 있다. 메릴 스트리프가 많이 등장하지는 않지만, 분명 영화의 배경에는 여성의 역할이 달라지고 있는 현실이 담겨 있다. 작가 헤더 헤이브릴리스키Heather Havrilesky는 자신의 부모님이 막 이혼했을 때 《크레이머 대 크레이머》가 개봉했다고 회상했다.[1] 헤더는 "엄마가 (메릴 스트리프가 맡았던 역할처럼) 진정한 자기를 찾겠다기보다는 일자리를 구하기 위해 집을 나갔다. 아빠가 테드 크레이머처럼 엄마에게 절대 일을 하지 못하게 했기 때문이다"라고 말했다. 헤더는 당시 자신이 아홉 살이었기 때문에 "영화의 배경이 되는 시대 상황을 이해하지 못했고, 조애나가 자식을 떠난 이유가 결국 자살하지 않고 살기 위해서였다는 사실도 이해하지 못했다"고 썼다.[2] 그러나 훗날 헤더는 이 영화가 이혼과 양육권 재판, 부모 역할의 변화를 중요하게 다루었다는 점을 이해하게 되면서 영화의 내용이 자신의 삶과 꼭 닮았음을 깨달았다.

당시는 사회 규범이 변하여 여성이 경제 활동에 참여할 수 있게 되었고, 남성은 자녀의 삶에서 더 큰 역할을 담당하게 된 시기였다. 그리고 그 시기에 현실의 판사들은 그러한 변화가 가져오는 어두운 측면을 해결하고자 애썼다. 사람들은 여러 법정 싸움과 재판 결과를 보면서 점점 사회 변화를 받아들일 수 있었다. 법원은 여러 재판을 통해 얻은 통찰을 바탕으로 엄마와 아빠가 공동으로 양육권을 갖도록 이끄는 새로운 기준을 마련했다. 법원은 이혼 후에도 엄마와 아빠가 함께 아이를 키우는 것이 아이에게도 좋을 것이라고 판단했으며, 사람들은 법원의 이러한 판결을 통해 우리가 현재 처해 있는 상황을 이해하게 되었으며 새로운 가족 규범을 세웠다.

이 책에서 묘사하는 이러한 변화의 문제점은 미국 대부분 지역에서 사람들이 변화에 공동 대응하기보다는 서로 정반대 방향으로 나아가고 있다는 데 있다. 1970년대에 이혼율은 모든 집단에서 증가했다. 몇몇(그 시대에 20대였던 대학생)은 성 역할의 변화를 적극적으로 수용했다. 몇몇은 변화에 저항했다(이는 도덕적 다수파*와 기독교 정치 운동이 발생하는 원인이 되었다).[3] 어떤 집단은 변화를 더 일찍 체험했다. 백인 노동자 계급의 가족 규범은 1980~90년대에 변한 반면 아프리카계 미국인의 가족 규범은 1950~60년대에 변했다. 그러나 시간이 지나면서 여성이 경제 활동을 하고 남성이 자녀 양육에 참여하는 비율은 거의 모든 집단에서 증가했다. 테드는《크레이머 대 크레이머》에서 마음이 따뜻한 사람으로 그려지지만, 만약 오늘날 누군가가 아내가 일하지 못하게 한다면 그는 아마도 괴물 취급을 당할 것이다. 그리고 현재였다면 조애나도 일에서 만족을 얻기 위해 아이를 떠날 필요가 없었을 것이다. 게다가 이제는 남편과 아내가 둘 다 화이트칼라 간부인 부부뿐만 아니라 남편이 블루칼라 기계공이고 아내가 가정주부인 부부도 이혼할 경우 공동으로 양육권을 갖게 된다. 법은 1970년대의 변화를 반영해서 변화에 힘을 실어주었다.⁴

그러나 오늘날에는 법이 이러한 역할을 하지 못하고 있다. 우리의 두 커플, 타일러와 에이미 그리고 칼과 릴리가 정반대 방향으로 움직이고 있기 때문이다. 그 이유는 두 커플이 서로 다른 삶을 살고 있어서도 아니고(실제로 그렇긴 하지만), 두 커플이 관계에 대해 서로 다른 기대를 품고 있어서도 아니다(실제로 그렇긴 하다). 문제는 두 커플에게 적용되는 새로운 규범과 삶의 대본이 점점 달라지고 있다는 것이다. 법은 타일러와 에이미의 경험을 반영한다. 결국 이 둘은 자녀를 낳기 전에 결혼할 것이다. 만약 타일러와 에이미가 결혼해서 아이를 낳은 후 이혼할 경우 둘이 어떤 법적 절차를 밟게 될지는 충분히 예측할 수 있다. 타일러는 현재 에이미의 남편이기 때문에 자동적으로 아이의 아빠가 된다. 또한 둘은 공동 자산을 나누어 갖게 된다. 이혼 수당을 지급하라는 명령은 드물게 발생하는데, 결혼한 지 10년이 안 되었다면 특히 그렇다. 판사는 둘에게 결혼 생활 동안 또는 법원이 이혼을 승인하게 전에 낳은 아이의 목록을 작성하라고 요구할 것이고, 부모 둘 다 자녀의 삶에 지

• 낙태와 동성애를 반대하는 기독교 보수단체.

속적으로 관여해야 한다는 명령을 내릴 것이다. 심지어 약물 남용이나 불륜 때문에 이혼하게 되었을지라도 한 부모가 자녀의 삶에 개입하는 것을 다른 부모가 막으면 법의 명령을 어기는 것이 된다. 타일러가 에이미에게 프러포즈를 하고 에이미가 타일러의 프러포즈를 승낙한 것은 서로가 자녀의 삶에 죽을 때까지 관여하리라고 믿었기 때문이다. 타일러와 에이미가 헤어져도 법은 둘이 과거에 했던 약속을 앞으로도 쭉 지속될 의무로 이해한다. 타일러와 에이미의 삶, 그들의 관계, 심지어 그들의 다툼까지도 새로운 결혼 대본을 따른다. 그리고 가족법 또한 이 새로운 결혼 대본에 따라 판결을 내린다.

하지만 릴리와 칼은 다르다. 분명 릴리와 칼에게 적용되는 법과 에이미와 타일러에게 적용되는 법은 같다. 하지만 칼이 아버지임이 인정되고 칼 스스로 법원에 나타나는 한에서만 그렇다. 자신의 독립심을 자랑스럽게 여기는 릴리로서는 칼이 아이의 생물학적 아버지라는 사실을 인정할 필요도, 아이의 출생증명서에 칼의 이름을 올릴 필요도 없다. 아이가 태어난 후 칼이 아이를 보고 싶어 해도 법원의 명령이 없으면 릴리에게는 칼에게 아이를 보여줄 의무가 없다. 하지만 아이러니하게도 화가 난 릴리가 칼에게 법적으로 양육비 지원을 요구한다면, 법원은 릴리에게 명령을 내려서 칼이 아이를 볼 수 있도록 할 가능성이 높다. 그렇게 되면 릴리는 칼이 아버지임을 증명하는 데 협조해야 하고, 칼은 아이를 보게 해달라고 더욱 손쉽게 요구할 수 있다. 물론 칼에게 돈이 좀 있다고 생각하는 것이 아니라면(양육비를 받아내는 것보다 소득 공제를 받는 편이 훨씬 쉽다) 또한 칼이 자신과 아이의 삶에서 완전히 사라져주기를 진정으로 바란다면 릴리는 법적으로 양육비 지원을 요구하지는 않을 것이다.

그 전까지 칼은 릴리를 행복하게 해주는 한에서만 아이와 만남을 이어갈 수 있을 것이다. 이때 행복하게 해준다는 것은 곧 경제적으로 기여하고 아이 양육을 도우며 그 밖의 부분에서는 릴리의 삶에 관여하지 않는 것을 의미한다. 릴리는 이미 칼을 불신하고 있으며, 다른 남자를 만나기 시작한다면 칼을 지금보다도 더 탐탁지 않게 여길 것이다. 만약 법원이 이들 관계에 관여하게 된다면, 칼의 믿음직스럽지 못한 태도와 칼이 아이의 삶에 관여하지 못하게 막는 릴리의 행동 모두 용납하지 않을 것이다. 하지만 릴리와 칼은 이를 시정하라는 법원의 명령에 따르기 어려울 것이고, 본인들의 가정생활 경험을 반영하지 않는 판결을 존중할 필요도 못 느낄 것이다. 에이미와 타일러는 헌신적인 부모가 자녀를 함께 양육해야 한다는 요구를 내면화했으며, 이러한 요구에 맞춰 삶을 계획한다. 그리고 법원 역시 같은 요구에 따라 명령을 내린다. 그러나 릴리와 칼의 경우 부모가 자녀를 함께 양육하는 것을 이상적으로 생각한다 하더라도 도저히 그럴 도리가 없다. 또한 둘은 서로 헌신하기로 약속한 타일러·에이미의 관계와 자신들의 관계가 같지 않다는 것을 잘 안다.

3부에서는 법의 변화와 여전히 진행 중인 젠더 전쟁이 어떻게 가족을 계급에 따라 나누는 데 일조하는지 알아본다. 가족법의 새로운 엘리트 모델은 타일러와 에이미가 자신들의 관계를 이해하는 방식을 반영하는데, 이 모델은 릴리와 칼이 훨씬 더 결혼하고 싶지 않도록 만든다. 릴리와 칼은 각자 자립 수단을 마련했고, 법에서 멀리 떨어져 있기로 결정했으며, 이에 따라 자신들의 관계를 이해한다. 릴리 입장에서 칼이 가까이 못 오게 하는 가장 쉬운 방법은 그녀의 가족이 법적 개입에 얽힐 일이 없도록 최대한 노력하는 것이다. 칼과 가족법이 릴리의 양육 현실을 파악해주기만 한다면 릴리는 칼과의 관계 유지에 더욱 마음이 내킬 것이다. 릴리는 칼보다 돈을 더 많이 벌고, 거의 혼자서 아이를 양육하며, 모든 일을 스스로 결정한다. 누군가가 릴리의 삶에 관여하는 것이 위협이 아니라 도움이 되려면 그 관계는 릴리가 원하는 조건에 맞아야 한다. 그러나 법은 부모를 동등하게 취급한다. 법이 릴리의 현실을 인식 못 하는 한 릴리는 칼과의 관계에서 법의 역할을 최소한으로 축소하려 할 것이다.

만약 에이미와 타일러, 릴리와 칼이 결국 이혼을 원해 법정에 서게 된다면, 법정 싸움의 이면에서 법원은 성별 권력을 재조정하려고 노력할 것이다. 현 시대에서 여성은 관계를 시작하고 끝낼 수 있는 권력이 상당히 크지만, 자신이 원하는 조건에 따라 관계를 만들어나갈 수 있는 것은 아니다. 에이미와 타일러의 경우 법은 부권父權 운동의 영향을 반영한다. 결혼 생활 동안 에이미가 아이를 훨씬 많이 돌봤다 할지라도 타일러는 에이미와 동등한 양육권을 갖는다. 그리고 타일러가 에이미보다 훨씬 돈을 많이 번다 하더라도 타일러가 에이미에게 돈을 지급하게 될 가능성은 적다. 이러한 결과를 고려하면 에이미는 타일러에게 헌신해도 될지 조금 우려스러울 것이다(좋은 일자리를 포기하기는 더욱 꺼려질 것이다). 하지만 에이미는 한번 미래를 약속하면 먼저 이혼하자고 주장하지는 않을 것이다. 반면 릴리와 칼은 이혼할 때 법적 판결을 기다리기보다는 법원에서 멀리 떨어져 있는 쪽을 선택할 가능성이 높다. 여기서 릴리의 독립심을 재확인할 수 있다(그 어떤 경우에도 릴리가 칼에게 지원을 받을 가능성은 낮다). 하지만 칼 입장에서 이는 곧 릴리가 자신과 아이의 만남을 통제한다는 것을 의미한다. 릴리와 칼, 에이미와 타일러 사이에 위치한 커플들, 결혼하고 이혼하고 다시 결혼하고 동거할 가능성이 매우 높은 커플들은 법원 판결에서 도움을 얻을 가능성이 별로 없으며, 이 집단의 남녀는 팽팽하게 권력 싸움을 이어갈 것이다.

우리는 가족법에서 가장 의견이 분분한 문제를 논하면서 3부를 마칠 것이다. 이 문제는 가족의 핵심에 있는 팽팽한 긴장의 한가운데에 있다. 바로 섹스, 출산, 양육의 관계에 대한 문제다. 한 여성이 한 남성과 자고 나서 임신했을 때 여성은 남성에게 아이 아빠가 될 자격을 부여한 것인가? 에이미와 타일러는 아이를 갖기 전에 함께 아이를 키우자고 약속하고 결혼했다. 릴리는 딸의 삶에 칼이 관여하지 못하도록 막고 싶어 하며, 실제로 그렇게 할 가능성이 높다.

가장 논란이 되는 사건은 여러 명의 남성이 '아빠' 자리를 놓고 경쟁하고, 또 저마다 가진 자원이 충분해서 자기 목소리를 낼 수 있을 때다. 이들이 여성의 선택을 존중하든 거부하든 이 사건이 어떻게 해결되느냐에 따라 가족의 조건이 달라질 것이며, 이는 점점 더 불안정해지고 있는 미국의 중간층 가족에 영향을 미칠 것이다. 그러나 부모가 누구인지 결정할 때 무엇을 기준으로 판단해야 하는지 합의하기 전에는 협상을 시작할 수 없다. 생물학적으로(성관계를 누구와 가졌는가에 따라) 판단해야 하는가, 아니면 기능적으로(부모 역할을 누가 잘할 수 있는가에 따라) 판단해야 하는가? 그러나 이 문제는 여전히 계급 및 이념 분열의 한가운데에 있다.

3부에서 우리는 계급에 따라 문화가 달라지는 이 시대에 법이 어떠한 역할을 하는지 알아볼 것이다. 먼저, 가족법이 대학 교육을 받은 상위 3분의 1 계층을 위해 어떻게 규범을 재정립해왔는지 설명할 것이다. 그 결과 타일러와 에이미 같은 커플은 결혼을 더욱 매력적으로 느끼게 되었다. 두 번째로, 사회복지에 의존하는 사람들을 낙인찍는 데 법이 기여한다는 사실을 알아볼 것이다. 세 번째로, 릴리는 법에서 완전히 멀어져야만 더 큰 자율성을 누릴 수 있음을 확인하고, 어떻게 법 제도 또한 이를 모른 척하는지 살펴볼 것이다. 마지막으로는 여전히 해결되지 않고 남아 있는 남녀 간 갈등에 대해 알아볼 것인데, 이러한 갈등은 중간층에 가장 많은 영향을 미친다. 만약 릴리가 새 남자 친구인 앤디와 결혼한 후 앤디가 아이 아빠가 되기를 바란다면, 칼은 어떻게 될까?

가족법, 결혼 대본을
다시 쓰다

가족법과 변화하는 사회 규범은 상호 작용한다. 규범이 안정적이고 논란의 여지가 없을 때 우리는 그 배경에 깔린 법에 대해 깊이 생각하지 않는다. 예를 들어 100년 전에는 결혼의 정의가 남녀 간의 관계라는 데 이의를 제기하는 사람이 별로 없었다. 그러나 규범이 변하면 사람들이 '옳다'고 생각하는 행동이 변해서 기존의 법과 충돌한다. 갈등을 겪고, 법적 판단의 근거를 마련하고, 입법부와 유권자 앞에서 대안을 논의하는 과정이 지나면 법이 바뀔 뿐만 아니라 사람들 또한 새로운 문화 규범을 널리 받아들이게 된다.

오늘날의 세계에서는 타일러와 에이미, 칼과 릴리 모두에게 적용되는 가족 문화 규범이 생기리라 기대하기 어렵다. 이념 차이도 문제의 일부다. 우리는 이전 책《빨간 가족 vs 파란 가족》에서 왜 가족이 그토록 극심한 문화적 차이의 장이 되었는지 설명했다. 대도시이고 기술이 발달했으며 해안가에 있는 "파란" 세계는 새로운 가족 모델을 적극적으로 받아들였다. 파란 세계의 사람들은 남녀 모두에게 투자하고, 가족은 성숙한 어른이 자신의 결정에 따라 구성하는 것이라고 생각하며, 아이를 갖기로 결정할 때 신중을 기한다. 내륙 지방의 시골 마을이나 남부에 있는 "빨간" 세계는 그보다 전통적이고 종교적이다. 빨간 세계의 사람들은 결혼을 매우 중요하게 생각하고, 어린 나이에 가족을 꾸리는 것이 좋다고 보며, 사람들이 혼전 성관계를 아무렇지 않게 여기는 것을 매우 불쾌하게 여긴다.

아이러니한 점은, 두 세계 모두 타일러와 에이미에게는 아무 감정이 없다는 것이다. 타일러와 에이미가 루이지애나의 주도인 배턴루지에서 로스쿨 대학원에 입학한다면 둘은 결혼을 몇 년 일찍 하고, 함께 교회에 다니고, 아이를 좀 더 많이 낳을 것이다. 타일러와 에이미는 그다지 어렵지 않게 이 일들을 해낼 수 있을 것이기 때문이다. 만약 둘이 대학을 졸업한 후 뉴욕으로 간다면 근무 시간이 길어지고, 더 먼 곳으로 회사를 다니고, 함께 보낼 수 있는 시간이 줄 것이기에 아이 갖기를 미루게 될 것이다. 그러나 배턴루지에서든 뉴욕에서든 둘은 결혼하고 함께 열심히 자녀를 키우는 삶을 살 것이다. 달라지는 점이라고 해봐야 응원하는 스포츠팀의 연고지와 추구하는 가치 정도일 것이다. 문제는 바로 여기에 있다. 대졸자는 빨간 세계에서의 삶과 파란 세계에서의 삶이 그리 다르지 않지만, 두 세계가 칼과 릴리에게 요구하는 바는 극명하게 다르다. 그리고 이러한 차이 때문에 합의를 통해 새로운 법이나 널리 공유할 수 있는 규범을 만들기가 힘들어진다.

파란 세계는 에이미와 릴리 모두 자신이 선택한 조건에 따라 관계를 맺어야 한다고 말한다. 에이미는 임신을 미뤘고, 타일러와 만난 후 아이를 갖기로 결정했다. 에이미에게 더 큰 힘이 있는 것이다. 릴리 역시 더욱 힘을 키워서 에이미처럼 책임감 있는 선택을 할 수 있도록 장려해야 한다. 고등학교 때부터 종합적인 성교육을 실시해야 하고, 피임과 낙태를 자유롭게 허용해야 한다. 릴리가 아이를 갖기로 결정한다면 릴리가 학교나 직장을 그만두지 않아도 되도록 지원해야 한다. 릴리가 아이의 삶에 칼(또는 다른 남성)이 관여하길 바란다면, 그와 아이가 관계를 안정적이고 지속적으로 유지할 수 있게끔 릴리를 도와야 한다. 무엇보다 국가와 지역 사회, 가족이 힘을 합쳐 아이를 양육하기에 적합한 환경을 만들어야 한다. 이 모든 것이 가능하다면 릴리의 자녀와 에이미의 자녀는 비슷한 미래를 맞이할 수 있을 것이다.

빨간 세계는 에이미를 적극 지지하고 릴리의 행동을 비난한다. 빨간 세계는 릴리가 자신의 삶을 개선할 수 있도록 내면의 힘을 키울 것을 장려한다. 빨간 세계는 릴리가 옳지 못한 결정을 내렸기 때문에 경제적으로 고군분투하는 것이 응당하다고 본다. 릴리에게 도움이 필요하면 칼이 지원해야 한다. 빨간 세계의 관점에서 릴리와 칼을 보호하기 위해 지원을 너무 많이 해주는 것은 더욱 무책임한 행동을 낳을 뿐이다. 릴리와 칼의 자녀가 고생하는 것은 더 나은 세계를 위해 반드시 필요한 전제조건이다.

사람들 대부분이 비슷비슷한 가정을 꾸리는 곳에서는 빨간 세계와 파란 세계의 이념 차이 때문에 합의를 도출하는 데 어려움을 겪지는 않을 것이다. 타일러가 중서부에서 동부 해안으로 이사를 가면 만족스러운 경력을 쌓고 넉넉한 소득을 올리기 위해 필요한 것들이 달라지겠지만, 그가 결혼하고 싶어 하는 여성상이나 행복한 가족을 꾸리기 위해 필요하다고 생각하는 요소 등 신념 자체는 변하지 않을 것이다. 만약 이념 차이가 아예 존재하지 않는다면, 법원은 릴리가 더욱 독립적일 수 있도록 장려하든 아니면 칼이 권위와 책임감을 가질 수 있게 장려하든 릴리와 칼, 타일러와 에이미의 견해를 조화시킬 방법을 찾아낼 것이다. 그러나 이념 차이와 계급 차이가 둘 다 존재할 경우 법원은 벅찬 업무에 직면하게 된다. 빨간 세계의 법원과 파란 세계의 법원 모두 결혼 및 여타 관계에 대해 엘리트적 시각을 가지고 있다. 그러므로 두 법원 모두 칼과 릴리의 결정을 지지하지도, 또 그에 동의하지도 않는다. 그러나 두 법원은 어떻게 하면 사람들이 더 나은 삶을 살 수 있는가에 대해서 근본적으로 전혀 다른 생각을 가지고 있다. 이렇게 이념 및 계급 차이가 지속되는 와중에 법은 좋은 일자리를 갖거나 자녀에게 안정적인 미래를 제공할 능력이 없는 사람들에게 그럴듯한 도움이나 조언을 제공하지 못하고 있다.

가족법 제도

보통 이혼을 하려고 법원에 가면 소송 당사자 대부분은 알아서 합의를 본다. 법학 교수인 로버트 누킨Robert Mnookin과 루이스 콘하우저Lewis Kornhauser가 이제는 고전이 된 1979년 논문에서 설명했듯이 보통 가족법은 명령을 부과하는 대신 당사자들이 협상하는 데 도움이 되도록 틀을 제공한다.[5] 두 교수는 이를 "법의 그림자 아래에서 협상하기"라고 부른다. 부부는 법원이 최종 판결에서 어떤 명령을 내릴지 의식하면서 소송을 할지, 합의를 할지, 아니면 아예 법원에서 멀리 떨어져 있는 게 나을지 결정한다. 예를 들어 에이미와 타일러가 이혼하기로 결정했다면 법원에 가지 않더라도 법원이 결혼 생활 동안 축적한 재산을 공평하게 나누고 공동으로 양육권을 가지라고 명령할 것이라는 사실에 입각하여 합의를 볼 것이다. 실제로 부부가 법적 판결을 어떻게 추정하느냐에 따라 부부의 협상 능력과 결혼 생활 동안의 행동이 달라진다. 결국 부모님의 치열했던 이혼 과정을 겪어낸 타일러로서는 에이미가 원하든 원치 않든 자녀의 삶에 계속 관여하기로 결심할 것이다.

그러나 누킨과 콘하우저의 논문만큼 고전으로 평가받는 논문에서 야코부스 텐브로익Jacobus tenBroek이 1960년대 초반에 관찰한 바에 따르면, 법은 언제나 개인이 알아서 합의를 보게 만드는 식으로 작용하지는 않는다. 그 대신 법은 "이중 가족법 제도"에 따라 작용한다.[6] 결혼이 가족 패턴을 결정하던 시절, 법은 가족을 두 유형으로 나누어 인식했다. 첫 번째 유형은 부부와 이 부부에게서 태어난 자녀로 이루어진 가족이고, 두 번째 유형은 죽음, 이혼, "불법" 출생(사생아) 때문에 생겨난 얼마 안 되는 한부모 가족이었다.[7] 텐브로익이 관찰한 바에 따르면, 첫 번째 유형의 경우 법은 보통 부부가 이혼하면서 개인적으로 소송을 걸 때 작용하며, 이때 개인 소송은 앞에서 누킨과 콘하우저가 설명한 양상을 보인다. 양측은 재판을 시작하고 소송 과정에서 조건을 정한 후 자신들이 정한 조건에 따라 합의를 본다. 반면 한부모 가정의 수가 비교적 적고 이들 대부분이 가난하던 시기에 법은 결혼 제도의 바깥에 위치한 이들이 공적 제도를 통해 복지 혜택을 받을 수 있도록 지시했다.

이와 같은 이중 제도는 오늘날에도 존재한다. 하지만 중간층(그동안 이들이 기대하는 삶은 엘리트의 삶과 비슷했다)은 그 사이에 끼어 있다. 지난 25년간 사회가 변하면서 친밀한 관계의 협상 조건이 달라졌다. 우선 여성이 더욱 독립적으로 노동 시장에 참여하게 되었고 남성 간 소득 불평등이 심해지면서 친밀한 관계에서 사람들이 기대하는 조건이 바뀌었다.

결혼과 출산 같은 관습은 사회 계급과 상관없이 여전히 기본적인 의미를 지니고 있는 반면, 결혼으로 이어지는 디딤돌에 발을 디딜 능력은 개인별로 달라지기 시작했고, 가족을 꾸리는 올바른 방법에 대해서도 계급마다 다른 생각을 갖게 되었다. 결국 법원은 가족의 구성과 해체, 이혼 시의 재산 분할, 양육비 지원과 양육권 결정 문제를 관리 감독할 때 각 관계에 내재된 개별 조건을 따르지도 않게 되었고, 모두가 가족 갈등을 해결하는 좋은 방법이라고 동의하는 해결책을 따르지도 않게 되었다. 대신 법원의 판결은 상위 3분의

1의 생각을 반영하고, 결혼을 아예 포기한 소외 집단의 조건적 합의를 거부했으며, 중간층에서 끊임없이 발생하는 사례들을 제도 안으로 끌어들이는 데 실패했다.

상층과 하층의 차이, 즉 개인 소송 당사자들과 국가 주도로 친자확인 소송을 하는 사람들의 차이는 이중 가족법 제도가 아직 힘을 잃지 않았기 때문에 충분히 반영될 수 있다. 달라진 점은 미국 중간층에서 새로운 가족 구조가 생겨나고 있다는 것이다. 중간층은 주변화하거나 낙인찍기엔 규모가 너무 크고, 법원에 자신들의 상황을 이해해달라고 요구하기엔 힘이 너무 없다. 이 집단은 여전히 가난한 집단보다 결혼을 더 많이 한다. 그리고 이혼도 재혼도 더 많이 한다.[8] 이 중간 집단은 소외 집단과는 달리 이혼할 때 소송을 한다. 이 집단은 이혼하고 양육권을 지정하고 경제적 지원을 요청할 때 개인 소송을 할 능력은 있지만, 가족 관계를 안정적으로 유지하는 새로운 엘리트 체제를 공유하지는 못한다. 법원은 새로 발생한 규범을 명확히 하여 중간층이 가족을 잘 이해하도록 이끌기보다는 저마다 다른 기준으로 사건을 해결한다. 미국 중간층에서 관계의 양상이 변하는 핵심 원인이 남녀 간 권력 관계의 변화에 있기 때문이다. 여성은 남성이 선호하는 현실에 기꺼이 응하지도 않지만 그렇다고 자신들이 직접 정한 조건에 따라 협상을 벌일 능력은 갖고 있지 않다.

미국 가족의 새로운 중간층에 놓인 커플들은 서로를 포기하지는 않았지만 관계를 유지할 가능성이 점점 줄고 있다. 이들을 위해 가족법을 개혁하려면 다음과 같이 의견 대립이 극심한 문제를 해결해야 한다. 여성이 남성과 섹스를 하고, 임신하고, 아이를 낳으면 무조건 그 남성에게 부모로서의 동등한 지위를 부여해야 하는가? 남성이 여성의 요구에 부응하지 못하거나 자녀의 복리에 동등하게 기여하지 못하더라도 그렇게 해야 한다는 말인가?

새로운 결혼 대본의 전개

새로운 결혼 및 이혼 모델은 가장 한 명과 전업주부로 이루어진 전통적인 모델을 시대착오적이라고 보며, 후기 산업사회에서는 부부가 함께 돈을 벌고 함께 가사를 돌보는 것이 결혼의 기본이라고 본다. 새로운 모델은 전적으로 새로운 사회적 대본을 따르는데, 그 대본이란 (남편에 대한 아내의 의존처럼) 결혼 내에서의 역할을 철저하게 나누는 대신 부부가 서로 의존하는 것을 의미한다. 새로운 대본은 부부가 비슷한 수준으로 결혼 생활에 기여해야 한다고 보지만, 경제적 기여와 집안일을 구분하지 않는다. 새로운 대본은 오로지 성별에 따라서만 정해진 상호배타적 역할을 거부하지만, 남녀가 결혼 생활에 정확히 같은 형태로 같은 시간 동안 기여해야 한다고 보지는 않는다. 그런데 가장 중요한 것은 이 대본이 연대 책임을 요구한다는 것이다. 부부는 가족 경제 및 자녀의 삶에 똑같은 책임을 진다. 이 대본에서 여성은 비로소 온전히 자율적인 성인이 된다. 어떤 면에서 이 대본은 평등을 추구하던 지난 세대의 꿈 그 자체라고 할 수 있다.

그러나 문제는, 가족법이 이렇게 평등을 추구하면 비교적 관계에 동등하게 기여하는 커플에게만 도움이 된다는 것이다. 현 가족법은 하층 여성을 무책임한 남성과 엮어버리기 때문에 하층 여성에게는 가족법이 그리 달갑지 않을 수 있다. 또한 가족법은 중간층에게 더 도움이 되는 대안이 등장하는 데 방해가 될 수도 있다. 새로운 모델은 결혼을 비교적 동등한 인간 간의 결합이라고 본다. 이들은 안정적인 소득이 있거나 가계의 부침에 융통성 있게 대처하며 서로를 신뢰한다. 해나 로진은 이 새로운 관계를 "시소" 결혼이라 칭한다. 시소 결혼에서 남편과 아내는 각자 기회를 놓치지 않고 붙잡을 수 있도록 가장 역할과 가사를 번갈아가며 맡는다.[9] 이 모델은 보통 소득 상위 3분의 1에 속하고 대학 교육을 받은 남녀의 결합에서 나타나는데, 이들은 정서적으로 성숙하고 경제적으로 독립을 이룰 때까지 결혼을 미룬다. 특히 이들은 경력을 충분히 쌓지 못했을 경우 서로 역할을 맞바꾸면서 여러 도시로 이사를 다니고, 서로 다른 시간에 일을 하고, 추가 학위를 딴다. 또한 이 모델은 새롭게 등장하고 있는 게이 및 레즈비언의 관계에서도 나타난다. 이들에게는 고정된 성 역할이 없기 때문에 책임을 공평하게 나누어서 맡는다. 그러나 이 모델은 노동자 계급 커플에게는 그리 걸맞지 않은데, 노동자 계급 커플 역시 결혼 생활에서 어느 정도의 경제적 안정이 반드시 필요하다고 보지만 실제로는 경제적 안정을 전혀 못 이루기 때문이다. 노동자 계급 여성에게 결혼은 점점 더 끌리지 않는 선택이 되고 있지만, 가족법은 양육권과 양육비 지원이라는 이름으로 엄마들에게 아이 아빠를 떠맡기고 있다. 새로 바뀐 가족법은 하층 노동자 계급의 관계에 내포된 조건을 이해하는 데도, 또 이들을 위해 새로운 조건을 만드는 데도 실패했다.

가장/전업주부 결혼의 해체

전통적인 가족 구조를 해체한 법 개혁은 여성 지위 변화에서 시작되었다.[10] 중산층 가족 모델은 후기 산업사회의 요구에 따라 1970년대에 재형성되었다. 후기 산업사회는 가정과 시장을 통합했고, 섹스를 할 때 언제나 따라붙던 임신의 위협과 여성의 시장 진입을 가로막던 장벽을 없앰으로써 여성에게 독립성을 부여했다. 여성의 지위가 높아지자 가족법을 개혁해서 새로운 결혼 생활 모델을 명시할 수 있는 바탕이 마련되었다.

먼저, 성 혁명의 필요성을 귀가 따갑도록 광고한 결과 여성이 스스로 출산을 결정할 권리가 법적으로 보장되었다. 대법원 판결로 낙태뿐만 아니라 피임까지 합법화한 것이다. 코네티컷을 비롯한 몇몇 주는 1965년이 될 때까지도 피임을 금지했다. 심지어 결혼한 여성이 집 안에서 피임하는 것도 불법이었다. 그로부터 7년이 지나서야 대법원은 독신 여성이 피임을 할 수 있도록 허용했다.[11] 1970년 국회는 타이틀 엑스Title X라는 이름의 법을 제정해 연방 정부가 가족계획 기금을 마련하도록 했다. 이 법은 상원에서 만장일치로 통과되었으며, 하원에서 이 법에 반대한 사람은 32명뿐이었다. 공화당 소속이었던 리처드 닉슨Richard Nixon 대통령 또한 법안을 승인했다.[12] 1970년대 말 대법원은 기혼자만 성생활을 할 수 있도록 제한하기 위해 여성이 출산의 위협에 시달리게 만드는 것은 "비합리적"

이라고 주장하면서 미성년자에게도 피임할 권리를 주었다.[13] 〈결혼 시장의 재발견〉에서 논의했듯이 낙태와 피임이 가능해지고 몇 년 지나지 않아 출산율이 곤두박질쳤고, 최고치를 찍었던 입양률이 절 반으로 떨어졌으며, 23세 이전에 결혼한 대졸 여성의 비율이 약 50 퍼센트에서 30퍼센트로 낮아졌다. 혼전 임신을 방지하기 위해 일찍 결혼할 필요가 크게 줄었고, 결혼을 늦게 하는 것은 새로운 중산층 모델이 태어나는 데 경제적으로 매우 중요한 역할을 했다.[14]

두 번째로, 여성 해방 운동을 통해 법적으로 교육 평등 및 일자 리 평등을 보장할 것을 촉구했다.[15] 남녀 간 임금 격차가 (특히 상층에 서) 아직 존재하긴 하지만, 차별금지법의 제정과 더불어 전통적으로 여성이 몸담아온 서비스 분야의 일자리가 늘어나면서 여성이 교육 을 받고 일자리를 갖는 것이 비교적 수월해졌다. 앞서 언급했듯이 지난 50년간 여성 소득은 꾸준히 증가해온 반면 대졸 남성을 제외 한 남성 전체에서 소득 전망은 점차 어두워지고 있다.[16] 그 결과 젊 은 커플이 결혼을 하고 결혼 생활을 유지하도록 강제하던 조건들이 사라졌다. 여성은 스스로 인생을 헤쳐나갈 수 있는 힘을 얻었을 뿐 만 아니라 아이가 있더라도 불행한 결혼 생활을 끝낼 수 있게 되었 다.[17]

세 번째로, 여성의 지위 변화는 가족법을 전반적으로 개혁하는 데 밑거름이 되었다. 이혼법을 개혁해야 한다는 압력은 최소한 반 세기 동안 점점 더 커졌다. 간통이나 학대 등 한쪽의 잘못을 증명해 야 이혼이 가능하던 때에 사람들은 엄격한 법을 비웃으면서 이혼을 쉽게 처리해주는 재판장으로 몰려갔다. 증거를 조작하거나(뉴욕에서는 간통의 증거를 만들려고 배우 지망생 여성을 고용해 불행한 남편 옆에서 포즈를 잡게 하기도 했다) 네바다처럼 법을 엄격하게 지키지 않는 주에 비밀리에 다녀오는 식이었다.[18] 사실상 부부는 법정에서 거짓말을 하거나 다른 지역으로 감으로써 이혼을 할 수 있었다. 결국 가족법과 이혼 법정은 불명예를 안게 되었다.

마침내 개혁이 시작되자 가족법은 미국 전역에서 현대화되었다. 1965년과 1985년 사이 모든 주에서 이혼 사유를 완화했으며(1969년 캘리포니아에서 로널드 레이건이 처음으로 무과실 이혼법에 서명했다) 재산을 더욱 공평하게 분배할 수 있는 토대를 마련했다(결혼 생활 동안 모은 재산은 누구 이름으로 되어 있든 정부 마음대로 분배 가능하다). 이처럼 법이 개혁되자 결혼 생활에서 여성의 역할도 바뀌었다. 법적으로도 실제로도 남편은 더 이상 가족을 하나부터 열까지 통제할 수 없게 되었다(나오미의 시어머니는 남편이 일터에서 돌아오면 "주인님 오셨어요?"라는 말로 남편을 맞이하곤 했다).[19]

새로운 결혼 모델은 오랫동안 가정주부로 살아온 여성을 극도로 불리하게 만들었다. 이들은 다른 여성보다 남편에게 더욱 의존했고, 이혼을 막거나 자신에게 유리한 쪽으로 합의를 이끌어낼 능력이 부족했다. 결국 이혼율이 높아지면서 여성이 평생 가정주부로 살 것을 강조했던 전통적 모델이 해체되기 시작했다.[20] 그러나 법의 변화와 함께 여성의 경제 활동 참여율이 높아지자 젊은 여성은 폭력적이고 이기적이며 미련한 남편을 훨씬 쉽게 떠날 수 있게 되었다. 오늘날 이혼을 먼저 제기하는 사람의 3분의 2가량이 여성이며 이들은 보통 어린 자녀가 딸린 엄마다.[21]

사람들이 새로운 법에 적응하자 이혼율은 일방적인 이혼도 허용하는 주와 비교적 엄격한 조건을 요구하는 주 사이에서 큰 차이를 보이지 않게 되었다.[22] 이혼 사유가 완화되자 사람들은 콩깍지가 씐 채로 결혼하기보다는 적절한 배우자를 찾는 데 더 긴 시간을 (그리고 더 진지하게) 보내기 시작했다. 실제로 일방적인 이혼을 허용하는 주는 이혼 사유를 엄격하게 요구하는 주보다 결혼 시기가 늦다.[23] 게다가 경제학자 벳시 스티븐슨Betsey Stephenson과 저스틴 울퍼스Justin Wolfers는 이혼법이 완화되자 가정 폭력이 30퍼센트 줄고 여성 자살률이 상당히 낮아졌다고 보고했다.[24] 또한 스티븐슨에 따르면 무과실 이혼을 허용하는 주에서는 배우자에게 학비를 대주는 비율이 낮았으며 여성이 결혼 후에도 직장 생활을 하는 비율이 높았다.[25] 이러한 결과들을 봤을 때 가족의 변화는 결혼 생활에 내포된 협상 조건을 바꾸어놓았으며, 적어도 초기에는 여성의 협상 능력에 힘을 실어주었다.

종합해보면 이 모든 변화는 돈 벌어 오는 사람과 가정주부로 구성된 결혼의 토대를 흔들었다. 과실 없이도 이혼할 수 있게 되자 남편에게 의존하는 아내들은 더욱 입지가 좁아졌고, 따라서 이들도 점점 자기 자신의 경제력에 투자하게 되었다. 동시에 여성은 관계를 끝낼 수 있는 능력 덕분에 결혼 생활에서 더욱 큰 힘을 갖게 되었고, 폭력으로부터 스스로를 보호할 수 있게 되었다. 그리고 남편들은 아내가 자신을 떠날 수 있다는 것을 알게 되자 더 이상 아내를 학대하고도 아무 일 없이 지나갈 수 있으리라 생각하지 않게 되었다. 사람들이 점점 "개인적 성취"를 추구하고 있다는 앤드루 셜린

결혼시장

의 설명[26]은 곧 여성이 가정 폭력과 배우자의 부정, 또는 좀 더 평범한 형태의 불행을 거부할 수 있는 능력을 갖게 되었다는 뜻이기도 하다.

맞벌이 결혼: 새로운 합법적 대본

양성 평등이 확산되자 여성이 본래 의존적이라고 보았던 기존 가족법 법규를 개혁해야 한다는 목소리가 커졌다. 결혼에 대한 새로운 이상의 핵심에는 상호 의존이 있다. 이제 결혼 제도는 두 당사자가 재산을 합치고, 책임을 공유하고, 함께 의사 결정을 하고, 똘똘 뭉쳐서 살기를 장려한다. 그러나 이와 동시에 부부는 헤어진 후에도 각자 경제적으로 독립할 수 있어야 한다. 가족법은 이제 부부가 이혼할 경우 재산을 공평하게 나누고, 오랫동안 가정주부로 살아온 여성을 크게 지원하지 않고, 아이를 공동으로 양육할 것을 지시하는데, 사람들은 이러한 변화를 지지했다. 또한 이러한 변화는 새로운 결혼 대본 중에서도 가장 분명하고 확실한 부분인 부부의 맞벌이에 부합한다. 새로운 대본에서 맞벌이는 이제 기본이나 마찬가지다. 이제 전업주부는 경제적으로 넉넉하고 부부 관계도 안정적인 소수의 사람들에게서나 가능하다.

이 새로운 체제는 19세기 기혼여성재산법Married Women's Property Acts과 함께 시작되었다. 이 법이 생기기 전까지 남편은 결혼 생활 동안 아내의 개인 재산을 포함해서 말 그대로 모든 것을 소유했다.[27] 이혼할 경우 여성은 자신의 재산을 돌려받긴 했지만, 남편은 자신의 이름으로 된 재산 전부를 그대로 가졌다. 그리고 당시에는 보통 남편 혼자 돈을 벌었기 때문에 집과 은행 계좌, 결혼 생활 중에 얻은 모든 것이 남편 이름으로 되어 있었다.[28] 하지만 기혼여성 재산법이 제정된 뒤 여성은 자신의 재산을 직접 관리할 수 있게 되었고 법원은 부부가 이혼할 경우 결혼 생활 동안 함께 축적한 재산을 분배하라고 지시할 수 있게 되었다.[29] 이혼 시 결혼 생활 동안 축적한 재산을 부부가 나누어 갖는 경향은 20세기 후반 무과실 이혼이 가능해지면서 더욱 심해졌다. 1993년이 되자 부부의 개별 재산을 인정하는 주는 전부 이와 비슷한 체제를 갖추었다. 법전에 명시된 것은 아니지만, 실제로 이러한 체제에서는 이혼 시 부부의 재산을 50 대 50으로 나누도록 지시한다.[30] 법원은 당사자들이 결혼에 각각 얼마만큼 기여했는지 판단할 재량을 갖고 있지만, 대부분은 사건별로 판결을 달리 내리지 않는다. 법원은 결혼한 부부를 "평등한 법적 공동체"라고 보고, 단순하게 부부가 똑같은 수준으로 기여했으리라 추정한다.[31]

법원은 공동 축적한 재산을 공평하게 배분하는 쪽으로 바뀐 동시에 이혼 후 장기간 수당을 지급하라는 명령을 덜 내리게 되었다. 역사적으로 법원은 '지원'을 결혼 생활의 의무로 보고 한쪽이 이혼 수당을 지급하도록 명령했다. 즉, 남성은 결혼할 때 자신에게 아내를 부양할 책임이 있다고 인식했다. 옛 영국법에 따르면, 부부는 이혼할 수는 없지만 법적으로 별거할 수는 있었다. 이때 남편은 보통 아내를 부양할 의무를 졌으나 여전히 아내와 자신의 재산을 전부 관리했다. 마침내 법이 이혼을 인정하고 부부가 다른 이와 재혼할 수 있게 허용했을 때 법원은 한쪽이 이혼 수당을 지급하라고 명령할 권한을 갖게 되었다. 이때 이혼 수당을 지급하는 것은 남녀 상호 간의 의무가 아니라 남성의 의무였다. 그리고 법원은 파경의 원인이 누구에게 있는지를 고려해서 지불해야 할 금액을 결정했다.[32]

무과실 이혼이 허용되자 "무고한" 아내를 경제적으로 계속 부양해야 한다는 이혼 수당의 의미는 시대착오적인 것이 되어버렸다. 여성이 점점 더 경제적으로 독립할 수 있게 되면서 여성만 이혼 수당을 요구할 근거가 약해진 것이다. 그러나 미국 대법원은 1979년이 되어서야 오직 여성만 이혼 수당을 받을 수 있도록 허용했던 앨라배마 주 법을 폐지했다. 이혼법 개혁에 앞장선 사람들은 이혼을 더 쉽게 만들려고 노력했을 뿐만 아니라 "두 배우자 사이의 개인적·경제적 관계를 가능한 한 끝내려고" 했으며 "두 배우자가 동등하고 독립적인 사회경제적 행위자가 되기를" 장려하고자 했다.[33]

오늘날 법규는 젠더 중립적이다. 그리고 많은 주에서 누가 잘못을 했느냐는 중요치 않다. 몇몇 법원은 아내가 가정주부로 살아왔을 경우 그만큼 경력을 쌓을 기회를 잃었다고 보고 남편이 이혼 수당을 지급할 것을 명령한다. 또 다른 법원은 이혼 후 과도기 동안 당사자 둘 다 이혼 전의 생활수준을 누릴 수 있어야 한다는 전제하에 이혼 수당을 명령한다. 그럼에도 불구하고 대다수 논평가는 이혼 수당이 가족법에서 가장 비합리적인 부분이라는 데 동의한다.[34] 실제 이러한 이유로 이혼 수당은 예측이 불가능하고, 논란을 불러일으키며, 점점 더 드물어지고 있다.[35]

따라서 결혼은 부부가 상호 의존할 것을 상정하지만, 원치 않는 결혼 생활을 끝낼 수 있으려면 경제적으로 독립할 능력을 잃지 말아야 한다. 예를 들어, 미시간 주에 거주하는 크리스틴과 데릭 토머스 버거는 데릭의 외도로 10년간의 결혼 생활을 끝내고 이혼했다. 2008년 이혼할 당시 데릭은 1년에 12만 달러를 벌었고, 크리스틴은 아르바이트로 1년에 2만 2,000달러를 벌었다. 그리고 크리스틴은 간호학 및 무용 학위를 갖고 있었다. 법원은 과도기 동안 크리스틴을 지원하기 위해 데릭이 크리스틴에게 1년 동안 이혼 수당을 지급할 것을 명령했다. 분명 법원은 이혼 수당과 양육비 문제를 결정할 때 크리스틴이 현재 아르바이트를 해서 버는 돈보다 훨씬 많이 벌수 있다는 사실을 고려했을 것이다. 법원은 "이와 같은 상황에서 아이를 양육할 경제적 책임을 거의 100퍼센트 피고에게 지우는 것은 비합리적이고 비양심적"이라고 판결했다. 법원은 이혼을 선택한 사람이 크리스틴이라는 것과 크리스틴이 아이의 양육권을 갖길 원한다는 사실을 강조했다. 또한 판사는 "크리스틴은 교육 수준이 높으며 충분히 아이를 경제적으로 지원할 수 있다. 단지 크리스틴이 현재 전업주부가 되길 원한다는 이유로 크리스틴을 피고와 다르게 대우해서는 안 된다"고 덧붙였다.[36]

법원은 가족을 돌본다고 해서 풀타임으로 일할 수 없는 것은 아니며, 두 당사자 모두 자녀(그리고 그들 자신)의 경제적 요구에 기여해야 한다는 것을 분명하게 표현했다. (과거였다면 외도를 저지른 남편에게 이혼의 책임이 있다고 보았을 것이다. 현 이혼 제도가 과거의 이혼 제도와 정확하게 다른 점은 법원이 외도를 저지른 남편을 벌하는 대신 이혼을 원했다는 이유로 아내를 벌한다는 것이다.) 아이가 딸린 젊은 여성은 남편에게 의존할 때

위험을 감수할 수밖에 없다. 대부분의 경우 이들이 먼저 이혼을 요구하기 때문이다.[37]

이혼하는 부부는 보통 가진 재산이 별로 없다. 그리고 부부가 몇 년간의 결혼 생활을 끝내고 이혼할 때 법원이 오랫동안 이혼 수당을 지급하라고 명령하는 경우는 매우 드물다. 오늘날 어린 자녀를 둔 엄마들은 이혼할 때 경제적으로 독립할 것을 요구받는다. 이들이 이미 경제적으로 독립한 상태가 아니라면, 능력을 갖출 때까지 비교적 짧은 시간 동안 "재활" 이혼 수당을 받는다.[38] 몇몇 법원은 결혼 기간이 긴 경우 이혼 수당을 지급하라고 명령하기도 하지만 이를 미리 예측하기는 어렵다.[39] 전업주부로 사는 즐거움을 칭송하던 칼럼니스트 테리 마틴 헤커Terry Martin Hekker는 특히 가슴 아픈 사례의 주인공이 되었다. 그녀는 결혼 생활 40년째인 2006년에 이혼 서류를 건네받았던 경험을 묘사하며 다음과 같이 말했다.

판사는 내가 그동안 사용해왔던 생활비보다 더 적은 금액을 이혼 수당으로 지급하라고 명령했다. 이제 나는 그 돈으로 그동안 본 적도 없는 주택 담보 대출금, 세금, 보험료, 자동차 할부금을 내야 한다. 그나마 그 푼돈을 받을 수 있는 것도 4년뿐이다. 판사는 내 나이 예순일곱에 직업 교육을 받을 것을 제안했다. 나는 이혼 자체에도 준비되지 않았지만, 그 잔인한 여파에 대처할 능력은 더더군다나 없었다.[40]

헤커는 전 남편과 결혼하고 아이를 낳은 것에 후회는 없지만, 시간을 되돌릴 수 있다면 막내가 학교에 들어간 후에는 다시 교육을 받고 직장 생활을 시작했을 것이라고 말했다. 오늘날 성년을 맞이한 세대는 이 상황을 정확히 이해하고 있다. 헤커는 최근 그녀의 조카가 "테리 고모처럼 되고 싶지는 않다"면서 결혼 후에도 계속 직장을 다닐 것이라 말했다고 전했다.

공동 양육

그러나 가족법에서 가장 극적인 변화는, 아이가 어릴 때는 당연히 엄마가 양육권을 가져가야 한다고 보던 것에서 점점 공동 양육권을 명령하는 추세로 변하고 있다는 것이다.[41] 결혼이라는 약속이 더 이상 영구불변하지 않게 된 반면(더 이상 남편이 아내를 책임져야 한다고 보지 않기 때문이다) 부모로서 아이를 지키겠다는 약속은 부부가 죽을 때까지 공유하게 되었다. 많은 사람이 아빠가 자녀의 삶에 더욱 관여하기를 원한다. 실제로 매사추세츠 주에서 공동 양육권에 대해 무기명 찬반 투표를 실시한 결과 53만 2,716명이 찬성하고 10만 6,521명이 반대했다.[42] 또한 배심원 예정자를 대상으로 한 연구에서 양육권을 놓고 다투는 아빠와 엄마의 사례를 보여줬을 때 부모가 정확히 같은 시간 동안 아이를 양육하는 것이 좋다는 의견이 다른 의견보다 훨씬 많았다.[43]

이에 따라 이제는 이혼할 때 양육 수당이 재산 분할에서 가장 중요한 요소가 되었다. 이혼하는 부부는 보통 재산은 별로 없지만 자녀가 있을 가능성은 높다. 그리고 양육 수당은 이혼 수당보다 지급기간이 훨씬 길다. 과거 성별화된 체제에서는 판에 박힌 듯이 "자녀

결혼 시장

가 어릴 때"에는 엄마가 양육권을 갖는다고 판결을 내렸고, 이때 양육 수당은 액수가 매우 적었다. 양육 수당은 이혼 수당에 따라붙는 개념이었고, 때로는 지급 명령을 뒤늦게 내리기도 했다. 즉, 현실적으로 젊은 여성은 외도를 저질렀든 괴물 같은 남편을 떠나기로 결심했든, 이혼 사유가 무엇이든 간에 현실적으로 넉넉한 금액을 지원받을 수 없었다. 그러나 무과실 이혼이 가능해지자 법원은 양육 수당 지급 명령을 더욱 자주, 더욱 한결같이, 더욱 후하게 내리게 되었다. 만약 여전히 엄마가 양육권을 가져갈 수 있었더라면, 젊은 여성은 아이를 데리고 남편을 떠날 수 있을 뿐만 아니라 아이가 성인이 될 때까지 양육 수당을 받을 수도 있었을 것이다.[44] 이러한 힘겨루기를 통해 양육권 다툼은 "젠더 전쟁에서 가장 피 튀기는 현장"이 되었다.[45]

전 남편이 양육 수당 액수를 줄이는 가장 쉬운 방법은 아이와 시간을 더 많이 보내는 것이었다. 이혼 제도는 점점 더 양성 평등을 추구하는 쪽으로 변하면서 부부 관계의 "완전한 단절"을 옹호하게 되었을 뿐만 아니라 공동 양육을 더욱 강조하게 되었다. 젊은 아내는 충격에 휩싸인 남편을 떠날 수는 있지만, 더 이상 양육권과 양육 수당을 동시에 기대할 수는 없게 되었다.[46]

법학 교수인 마사 파인만Martha Fineman은 여러 책에서 이러한 변화를 설명했는데, 그녀에 따르면 법이 변화하면서 이혼할 때 여성의 입지가 더욱 좁아졌으며, 이는 기존에 엄마가 양육권을 가져가던 관습이 공동 양육을 추구하는 쪽으로 바뀌면서 더욱 심해졌다.[47] 실제로 법학 교수 마거릿 브리닉Margaret Brinig은 실증 연구를 통해 여성이 남성보다 이혼을 제기할 확률이 더 높지만, 양육권을 가져오리라는 확신이 없으면 이혼 소송을 덜 제기한다는 사실을 밝혀냈다.[48]

그러므로 공동 양육권은 여성이 이혼을 제기하지 못하게 막는 역할을 한다. 그리고 대부분의 주에서 이혼 후에도 부모가 자녀를 함께 양육할 것을 명령한다. 새로운 법 원칙에 따라 아빠들은 아이들과 시간을 더 많이 보내기 위해 투쟁해왔다. 이는 자녀와의 관계를 끊고 싶지 않아서이기도 하고, 일반적인 양육 수당 명령을 따를 때 고소득 부모가 양육 수당 액수를 줄이는 가장 쉬운 방법이 아이들과 더 많은 시간을 보내는 것이기 때문이기도 하다.[49] 이혼 수당을 오래도록 지급하라는 명령이 사라지자 맞벌이의 중요성이 더욱 커진 것처럼 법원이 점점 더 공동 양육을 강조하자 자녀 양육에 참여하는 남성이 더욱 늘어나게 되었다.

엘리트가 결혼에서 기대하는 것

이러한 법의 변화는 본래 법원이 실제 이혼 소송을 감독하는 과정에서 도움이 되도록 고안되었으나 이혼하지 않은 부부에게도 영향을 미쳤다. 법원이 재산 분할, 양육권, 이혼 수당 및 양육 수당과 관련해서 이전과는 다르게 판결을 내리자 전업주부 역할의 기반이 무너졌다. 결혼은 아내가 남편에게 의존하던 관계에서 남녀가 각각 독립성을 잃지 않고 개인의 성장을 추구하면서 동시에 상호 의존의 원칙에 입각하여 가족의 요구에 함께 부응하는 관계로 변하고 있다. 더 나아가 현 법 체제는 부모 역할을 엄마와 아빠가 함께 맡는 책임이자 부모 간 관계가 끝나더라도 평생 지속되는 의무로 보는데, 이때 부부에게는 자녀를 함께 책임질 의무뿐만 아니라 서로가 아이의 삶에 개입하도록 이끌 의무도 있다.

새로운 모델이 결혼의 이상향만을 제시하는 것은 아니다. 이 모델은 결혼 생활에서 남녀 간 힘의 균형을 다시 맞추기도 한다. 돈이 많은 남성은 이혼할 때 자신의 재산을 요구할지도 모를 여성에게 헌신하기를 꺼리며, 자녀와의 관계가 끊어질까 봐 두려워한다.[50] 변화된 법은 이들 남성을 결혼에서 더 많이 보호해준다. 법은 남성에게서 가족을 부양해야 하는 책임을 덜고, 남성에게 자녀에 대한 더 큰 통제권을 준다. 그 결과 여성은 결혼을 훨씬 덜 매력적으로 느끼게 되지만, 엘리트 여성의 경우 결혼 시장이 자신에게 매우 호의적이기 때문에 그만큼 깐깐하게 상대를 고를 수 있다.

법이 변하면서 여성이 먼저 이혼을 제기하기가 어려워지고 성비가 변하면서 엘리트 여성이 결혼 상대자를 찾기가 쉬워지자 엘리트 체제가 강화되었다. 이 체제에서 재산이 많은 남성과 자녀가 있는 여성은 현 배우자와 결혼 생활을 유지하려고 한다. 갈등을 빚으면서 결혼 생활을 유지하거나 고통스럽게 이혼 과정을 겪어내는 것이 아이에게 좋지 않으리라는 것은 분명하다.[51] 그래서 타일러와 에이미, 칼과 릴리는 결혼이 대수롭지 않게 진입할 만한 법 제도가 아니라고 더욱 확신하게 된다. 남녀가 이처럼 비교적 평등한 규범 위에서 벌이는 새로운 젠더 협상은 노동자 계급의 현실을 반영하지는 않는다. 하지만 결혼을 상호 의존과 공유의 차원에서 파악할 때 놓치는 것은 노동자 계급 관계에 내포된 조건뿐만이 아니다. 이러한 접근은 두 사람이 관계에 (언제나 평등하게는 아닐지라도) 비슷한 수준으로 기여해야 한다고 본다. 곧 관계에 비슷한 수준으로 기여할 수도, 서로를 전폭적으로 믿을 수도 없는 사람들은 결혼을 불가능한 협상이라고 생각하게 된다.

불평등한 관계에 평등을 강요하다

그는 이렇게 말해요. "나 일 안 해. 걔네는 내 자식이 아냐." 만약에 내가 이 사람과 결혼한 게 아니라면 "네 자식이 아니라고? 그럼 꺼져버려!"라고 말할 수 있죠. 하지만 이 사람과 결혼한 상태라면 "잠시 나가줄래요?"라고 말해야 해요. 나는 점점 잔소리를 하게 되고, 남자들은 이렇게 말하죠. "난 아무 데도 안 갈 거야." … 다른 사람들과 마찬가지로 우리도 꼼짝 못 하고 결혼에 얽매이는 거예요. 제 생각에 결혼은 안 하는 게 제일 좋아요. 남자가 나를 소중히 챙겨줄 거라고 확신할 수 없다면 말이에요.[52]

네 아이를 둔 시카고의 이혼 여성, 1987

27세의 앰버 스트래더는 시어스*에서 일하는 점원과 만났다 헤어졌다 하는 와중에 임신을 했다. 원래 간호학을 공부하던 학생이었으나 현재는 술집에서 일하고 있는 스트래더는 당시 남자 친구가 담뱃값을 빌려달라고 할 정도로 자신에게 경제적으로 의존하고 있었다고 말했다. 그녀는 그와 결혼할

---

* Sears. 미국의 백화점.

결혼 시장

생각을 한 번도 해보지 않았다. 그녀는 이렇게 말했다. "애를 한 명 더 키우는 거나 다름없죠."[53]

오하이오 주 로렌에 사는 싱글맘, 2013

이봐요, 결혼하면 법적으로 책임질 게 엄청 많이 생긴다고요. 마이클 조던을 봐요. 재산의 거의 절반을 뜯겼잖아요. 미친 짓이죠.[54]

이렇게 생각하지 않았더라면 아마도 종교적인 이유로 결혼했을
뉴욕의 22세 남성 드마커스, 2010

남성은 오랫동안 재산 균등 분할 원칙을 불신해왔다. 농구 스타 마이클 조던은 첫 번째 아내와 이혼할 때 위자료로 1억 6,800만 달러를 지급한 것으로 알려졌으며[55] 페이스북 창업자인 마크 주커버그Mark Zuckerberg가 오랫동안 사귀어온 여자 친구와 결혼하자(여자 친구는 의대를 졸업했다) 전문가들은 그가 그동안 쌓아온 재산을 다 잃어가면서 이혼할 정도로 바보는 아니기 때문에 분명 혼전계약서를 작성했을 것이라고 보았다.

그런데 최근 들어서는 결혼을 통해 법적으로 엉키는 것을 불신하는 여성 또한 늘고 있다. 25년 전, 위의 시카고 이혼 여성처럼 결혼을 경계하는 여성은 소외된 사람들, 즉 전형적인 아프리카계 미국인 최하층 계급 밖에서는 찾을 수 없었다. 그러나 오늘날에는 릴리나 앰버 같은 백인 싱글맘이 이 감정을 고대로 느낀다. 이제 결혼에 대한 불신은 상위 3분의 1에 들지 못한 미국인 남녀의 전형적인 특징이 되고 있다.[56] 이들은 여전히 결혼하길 원하지만 누군가 자신을

이용해먹으려고 들까 봐 걱정한다. 게다가 법적 규제 때문에 일이 더 복잡해진다. 재산과 자녀, 삶을 공유하라는 명령은 불안정하고 감당하기 힘든 삶을 사는 사람들에게 위협이 될 수 있다.

새로운 결혼 대본은 상위 3분의 1의 관계와 이 관계를 대변하는 법적 판결을 반영한다. 그러므로 이 대본이 나머지 집단에게 먹히지 않는 것은 당연하다. 대학 교육을 받은 상위 3분의 1은 맞벌이를 해야 한다고 생각하는 동시에 현대적인 결혼에 수반되는 상호 의존 개념을 받아들인다. 그들은 남녀의 역할에 대해서 더 유연한 태도를 보이며, 고소득 여성과 그보다 돈을 더 많이 버는 남성이 짝을 맺을 가능성이 높다. 노동자 계급은 좀 더 전통적이고 성별화된 역할을 선호해왔지만, 이들이 전통적이고 성별화된 역할을 해낼 가능성은 갈수록 줄고 있다.

사회학자 캐슬린 거슨Kathleen Gerson은 젊은 남녀가 평등주의적 이상을 완전히 받아들였음에도 불구하고 남녀 모두 불안을 느끼고 있다는 사실을 발견했다. 여성은 불행한 결혼에 얽매이거나 남편이 바람을 피워서 버려질 것을 두려워한다. 따라서 여성은 바깥일을 "살아남기 위해 반드시 필요한 것"으로 본다. 반면 남성은 자신이 직장에서 요구하는 만큼 일을 해낼 수 없을까 봐 걱정한다. 남성에게 사회적 성공은 여전히 자존감을 유지하기 위해 가장 중요한 요소다. 남성은 자신이 평등주의적 이상에 걸맞게 시간을 내지 못할 경우 아내가 집안일을 도맡아 해주길 바란다. 게다가 가난한 남성도 부유한 남성과 마찬가지로, 집안일은 물론 경제적으로도 자기 몫을 다하고 자신의 "소울메이트"이기도 한 여성과 결혼하고 싶어 한다.[57] 남녀 모두 가족을 돌보는 역할을 맡는 것이 불리하다고 생각하며, 배우자가 자신에게 그러한 역할을 요구할까 봐 염려한다.[58]

젊은 세대 전체가 맞벌이 모델을 받아들이긴 했지만, 대비책은 각자 다르다. 아프리카계 미국인 여성은 맞벌이를 할 수 없을 경우 차선책으로 자신의 소득에 의존해야 한다고 대답한 비율이 가장 높았다. 가장/전업주부로 역할을 나누는 대신 자립을 택한 비율이 아프리카계 미국인 여성 집단에서는 거의 100퍼센트에 가까운 반면 다른 인종의 가난한 노동자 계급 여성 집단에서는 80퍼센트, 백인 여성 집단에서는 58퍼센트였다(42퍼센트는 신전통주의적 가족 구조•를 선택했다).[59] 거슨은 안젤라라는 젊은 여성의 말을 인용했는데, 그녀는 자신이 결혼 생활을 안정적으로 유지할 수 있을 거라고 믿으며, 자신이 회사를 다니느냐 아니냐는 그다지 중요한 문제가 아니라고 말했다. 그러나 안젤라는 앞으로 무슨 일이 일어날지는 아무도 모른다는 것을 강조하면서 다음과 같이 말했다. "남편이 떠날 것을 대비해서 언제나 준비를 하고 있어야 한다는 느낌이 들어요."[60]

이처럼 독립성이 중요해지면 결혼 생활의 상호 의존적 특성은 위협이 된다. 결혼은 배우자를 지지하고 돌보겠다는 헌신이자 약속이다. 그러나 상위 계층 여성조차도 나 혼자 벌어 저축하면서 자녀와 실직한 남편을 돌봐야 할 수도 있다는 사실 때문에 결혼을 기피하거나 이혼 법정에 가기를 꺼린다. 이혼 정보를 올리는 한 블로거는 "당신이 생각하는 것 이상으로 자주 일어나는 일"이라는 제목으로

• 여성이 일자리를 가질 수는 있으나 아이를 출산하면 회사를 그만두고 집안일에 전념해야 한다는 관점.

다음과 같은 글을 올렸다. "변호사는 자신이 변호를 맡은 여성 고객이 과거에 결혼할 때 앞으로 어떤 일이 벌어질지 전혀 알지 못한 채 의무감과 호의만으로 남편을 경제적·정서적으로 지지하겠다고 결정했다는 사실을 알게 된다. 그들은 이혼한 후에도 남편을 계속 부양하게 될 줄은 전혀 몰랐다."[61] 소득이 적은 여성은 자신이 이혼 수당을 지급해야 할까 봐 걱정하지는 않겠지만, 결혼을 하면 얼마 안 되는 자신의 소득으로 남편을 부양해야 할 수도 있으며 이혼할 경우 "부부의" 자산을 "똑같이" 나눠야 할 수도 있다는 사실을 잘 알고 있다.

이와 같이 계급에 따라서 남녀가 맡는 역할이 달라지면 가족 안정성이 낮아질뿐더러 이혼 결과가 공정하지 않다는 인식이 생긴다. 법학 교수인 캐시 베이커Kathy Baker는 가족의 모습이 점점 다양해지고 학자들 또한 개별 가족의 상황을 고려하여 의무를 부과해야 한다고 주장하는데도 법원은 완전히 다른 방향으로 움직이고 있다고 말한다. 가족법은 가족 붕괴의 이면에 깔려 있는 도덕 논쟁에 그 어떤 지침도 제공하지 않으며, 법원은 갈수록 "정형화되고, 획일적이고, 지위가 높을수록 유리한" 판결을 내린다.[62] 젊은 부부는 법 제도를 따라야 하는 상황을 경계해야 한다. 법 제도는 그들의 삶에 어울리는 핵심 규범에 동의하지도 않으며, 정형화된 해결책으로는 갈수록 벌어지는 계급 격차를 해소하지 못한다는 사실도 인식하지 못하고 있다.

버지니아 비치에서 아이를 키우고 있는 젊은 커플 베서니와 캘빈이 만약 결혼 후 이혼한다면 어떤 일이 벌어질지 생각해보자. 둘을

결혼 시장

관찰한 해나 로진은 캘빈이 그동안 가졌던, 그리고 잃었던 일자리에 대해 어떻게 이야기하는지, 또한 그가 얻으려고 노력하고 있는 일자리에 대해 어떻게 이야기하는지 묘사했다. 베서니는 자신이 전통적인 결혼 모델을 원한다고 말했으나 로진은 다음과 같은 사실을 깨달았다.

> 캘빈은 쉐보레를 타고 달리지도 못할 것이고, 식탁에서 그가 마땅히 차지해야 할 상석에 앉지도 못할 것이다. 아이 엄마인 베서니가 이미 그 자리를 차지했기 때문이다. 매달 주택 담보 대출금을 갚는 일은 물론이고 부엌 개조도 베서니가 했으며, 차도 베서니가 직접 몰았다. 베서니는 일을 너무 많이 했지만 그만큼 능력이 있었고, 자유를 누렸다. 무엇 때문에 베서니가 이 모든 것들을 포기해야 하는가?[63]

만약 베서니와 캘빈이 인터뷰 당시와 똑같이 살아간다면 지금 베서니는 집안의 가장이자 전업주부 역할을 하고 있을 것이다. 그리고 캘빈은 언제나 믿음직한 남편은 아닐지라도 딸에게 필요한 도움을 제공하거나 돈을 벌어다줄 수 있을 것이다. 그러나 캘빈이 "집안의 우두머리" 역할을 해내지 못한다고 해서 그가 베서니에게 종속된 채로 살아갈 확률이 높은 것도 아니다. 베서니와 캘빈이 결혼했다가 갈라질 경우 베서니는 법원이 결혼 생활 동안 마련한 집과 차, 은행 계좌를 똑같이 나누라고 명령하리라는 것을 충분히 예측할 수 있을 것이다. 그동안 베서니 혼자 매달 집값을 내고, 직접 번 돈으로 차를 사고, 아이의 교육비를 마련했을지라도 말이다. 베서니가 번 돈으로 마련한 재산은 "부부의 것"이 되고, 법원은 부부가 결혼 생활에 기여한 점을 항목별로 정리하는 대신 결혼 생활 동안 획득한 것은 무엇이든 간에 전부 공동 소유로 여길 것이다.

게다가 시대가 변함에 따라 캘빈이 공동 양육권을 요구할 수도 있고, 베서니가 앞으로도 캘빈보다 돈을 더 많이 벌 경우 베서니에게 이혼 수당이나 양육 수당을 요구할 수도 있다. 사실 베서니와 캘빈 같은 어린 커플은 이혼 수당을 지급할 필요가 거의 없다. 이들은 둘이 나눠 갖고 남은 돈으로 아이를 돌볼 수 있을 만큼 소득이 충분하지 않기 때문이다. 그러나 캘빈이 법원의 명령에 따라 아이와 상당한 시간을 함께 보낼 수 있게 되면 아마 베서니는 캘빈에게 양육 수당을 지급해야 할 것이다. 실제로 만약 베서니가 캘빈과 결혼하고 10년 뒤 베서니는 간호사로 일하고 있는데 캘빈은 일자리가 없다면, 캘빈은 주 양육권을 갖고 상당한 액수의 양육 수당을 지원받을 수 있다. 베서니는 이러한 결과를 예측하는 것만으로도 결혼하지 말아야겠다고 결심할 수 있다. 따라서 베서니가 경제적으로 자기 앞가림도 못 하고 아이 아빠 역할도 못 하는 남자에게 로맨틱한 프러포즈를 기대하지 않는다는 사실은 딱히 놀라울 게 없다.

2013년 연구 결과에 따르면, 잃을 것이 더 많은 사람이 미래를 약속하는 데 회의적인 현상은 성별뿐 아니라 계급에 따라서도 다르게 나타난다. 대학을 졸업한 사람들 중에서 현 파트너와 결혼하리라고 예상하는 비율은 여성이 68퍼센트, 남성이 46퍼센트였다. 이 연령대의 남성은 한창 성장가도를 달리고 있기 때문에 현재의 파트너를 자산으로 보지는 않는다. 반면, 고등학교를 졸업하지 못한

18~29세 남녀의 경우 현 파트너와 결혼하리라 예상하는 비율은 남성이 67퍼센트, 여성이 47퍼센트였다. 이 집단에서 미래를 약속하는 것을 우려하는 쪽은 여성이다. 이 여성들은 미래 계획이 자신과 다른 남성에게 헌신하기를 꺼린다. 두 집단 모두에서 상대방에게 헌신하기 꺼리는 현상은 경제력 격차가 크게 벌어지면서 더욱 증가했다.[64] 이러한 결과는 성비로도 설명할 수 있다. 사회적으로 성공한 남성의 경우 자신과 사회적 지위가 비슷한 여성의 수가 적으며, 이 몇 안 되는 여성을 놓고 서로 경쟁한다. 이들은 자신의 야심을 뒷받침해주지 않는 여성을 만나는 것을 꺼린다. "수준 높은" 남성을 만날 기회가 없는 여성은 자신이 만날 수 있는 남성, 즉 소득이 충분하지도 않고 믿을 만하게 행동하지도 않는 남성에게 헌신하기를 꺼린다. 이처럼 엘리트 남성과 엘리트가 아닌 여성이 상대에게 헌신하기를 주저하는 이유는, 결혼은 곧 자신의 자녀와 재산을 상대방과 나누기로 약속하는 것이라고 생각하기 때문이다. 그 결과 이들은 오직 이 약속을 할 만한 것으로 만들어줄 상대를 만났을 때에만 결혼을 해야겠다고 결심한다.[65]

* * *

상호 의존을 추구하는 모델은 법적으로 부부가 결혼 생활 동안 모은 재산을 공동으로 소유하고, 이혼 후에도 양육권을 공유하고, 직장에 다니는 사람이 집안일을 도맡아 하던 사람을 지원하는 것이 옳다고 본다. 그러나 이러한 법 조항은 캘빈과 베서니가 자신들의 관계에 내포되어 있다고 여기는 조건에는 부합하지 않는다. 캘빈과 베서니의 삶은 새로운 결혼 모델에 들어맞지 않으며, 법은 둘 사이의 거래를 더 정확하게 설명해주는 조건을 인지하지 못하고 있다. 관계의 앞날이 불확실한 사람들에게는 동거(또는 법으로 엮일 일이 별로 없는 조건적 관계)가 더 나은 선택일 수 있다.

캐시 에딘은 필라델피아에 거주하고 있는 여성들을 관찰하면서 이들이 관계에 어떻게 임하는지를 기록했다. 결혼이 거의 사라진 사회에서도 커플들은 여전히 결혼 제도의 존엄성을 믿는다. 한 여성은 다음과 같이 말했다. "저는 이혼이 옳다고 생각하지 않아요. 그렇기 때문에 우리 가족 중 결혼한 사람이 한 명도 없는 거고요."[66] 몇몇 여성은 사람들이 인정할 만한 이상적인 삶을 살 수 있을 때에만, 매달 내야 할 돈을 낼 수 있을 때에만 결혼할 것이라고 말했다. 남성 또한 인생의 동반자가 자신과 동등한 관계를 맺을 수 있는 사람이기를 바랐다.[67] 남녀가 결혼하지 않는 이유는 결혼을 하기 싫어서가 아니었다. 부부가 서로 동등하고, 상호 의존적이며, 아이를 함께 키워야 한다고 보는 새로운 결혼 모델을 받아들였기 때문이었다. 에딘이 아이의 엄마와 아빠에게 결혼하지 않고 아이를 가진 이유가 무엇이냐고 묻자 그들은 아이가 삶에 의미를 부여하기 때문이라고 대답했다. 이들에게는 자신이 실현할 수도 없는 이상을 기다릴 이유가 없는 것이다.

미혼 여성이 아이를 양육할 때는 거래에 집중한다. 여기서 거래란 임신, 집세 분담, 시내에서의 저녁 데이트 같은 것이다. 이 거래에서 장기적인 헌신은 필요하지 않다. 상호 의존 또한 이 관계에서는 전혀 필요치 않다. 어떤 커플들은 이보다 더 깊은 관계를 유지한다. 이들은 동거하고 미래를 함께 계획하며 심지어 결혼에 대해서도 이야기를 나눈다. 하지만 관계는 여전히 불확실한 상태로 남아 있다. 에딘이 묘사한 한 여성은 남자 친구가 바람을 피우는 바람에 크게 데인 후 새 남자 친구를 만나서 함께 살고 있다. 하지만 이 여성은 자신 명의의 소득과 재산을 마련하기 전까지는 남자 친구와 결혼할 생각이 없다. 먼저 자신의 삶이 안정되기를 바라는 것이다. 그녀가 독립성을 확보한다는 것은 남자 친구가 믿을 수 없는 사람이라는 사실이 드러났을 때에도 그녀가 스스로를 지켜낼 수 있다는 것을 의미한다. 그녀가 자신의 삶과 재산, 자녀의 미래를 다른 사람과 공유하려면 그녀가 신뢰하지 않는 거래를 해야 한다. 남자 친구의 약속은 의미가 없다. 그의 소득과 행동도 믿을 수 없다. 그녀는 "앞으로 무슨 일이 일어날지" 알 수 없기 때문에 지금은 결혼하지 않을 것이라고 말했다.[68] 에딘과 티머시 넬슨의 후속 연구에 따르면, 남성은 여자 친구가 임신을 하고 아이를 낳으면 아이를 위해 더욱 열심히 일하려고 한다. 하지만 대부분의 경우 곧 열의를 잃는데, 일자리가 불안정하고 아이 엄마가 아빠 역할을 원치 않기 때문이다.[69]

정서적으로 성숙하고 자신의 미래에 자신감이 있는 사람만이 상대에게 헌신할 수 있다.[70] 이러한 자신감이 없으면, 친밀한 관계에 대한 지배적인 법적·문화적 모델은 작동하지 못한다.

공동 양육:
평등주의인가 가부장주의인가
아니면 둘 다인가

여성은 그동안 독립의 수단을 마련해왔다. 상호 의존적 관계에 대한 우려가 커져감에 따라 이제는 남녀 모두가 혼자 힘으로 살아갈 수 있게 되었다. 남녀는 혼자 살 수도 있고, 의무감 없이 애인을 만날 수도 있고, 룸메이트와 함께 살 수도 있고, 부모님과 함께 살 수도 있다. 결혼은 옵션이다. 그러나 아이 양육에 있어서 사람들은 결혼만큼 자율성을 갖지 못한다. 싱글맘에 대한 사회적 낙인은 많이 사라졌지만, 그동안 법은 부모에게 자녀를 함께 양육할 책임을 지움으로써 자녀의 이익을 보호해왔다. 그러나 문제는 과연 부모가 누구냐는 데 있다. 즉, 법은 누구를 부모로 인식하는가? 성인은 선택권을 갖고 자신의 파트너에게 부모 지위를 부여할 수 있는가?

결혼 시장

평범한 커플의 경우 이 질문에 대한 대답은 그동안 크게 바뀌지 않았을 것이다. 이들은 결혼을 하고, 아이를 갖고, 안정적인 관계 내에서 함께 아이를 키울 책임을 갖는다. 최근의 변화는 가족 형태보다는 부모가 될 때까지의 과정과 관련이 있다. 동성애자든 이성애자든, 혼자 아이를 키우든 파트너와 함께 아이를 키우든, 결혼을 했든 하지 않았든, 돈이 충분하고 출산 계획을 미리 세우는 사람들은 부모 자식 관계를 법적으로 확실히 해두려 한다. 일단 이렇게 해두면 법과 현대의 사회 규범은 법으로 지정된 부모에게 양육권을 공유하고 양육 수당을 지급할 것을 요구한다.

반면 가난한 사람들은 거의 결혼을 포기한다. 고등학교를 중퇴한 아프리카계 미국인의 96퍼센트가 결혼하지 않고 아이를 출산한다. 그리고 가난한 사람들은 인종에 상관없이 그 어느 때보다도 불안정한 관계를 맺고 있으며, 여러 파트너와 아이를 낳는다.[1] 이러한 상황에서 획일적인 두 부모 모델은 의미가 없다. 성인은 동반자 관계를 맺었다가 헤어지고 또다시 맺으며, 이 과정에서 부모 역할을 맡기 위해 관계를 장기적으로 유지할 필요가 없다. 남녀 간의 불신을 연구하고 있는 사회학자들은 거의 대부분의 저소득층 여성이 남성을 경계한다는 사실을 발견했다.[2] 한 연구는 앤지라는 이름의 여성을 인터뷰했는데, 그녀는 결혼할 생각이 전혀 없지만 집을 사고 아이를 키우고 아픈 부모를 돌보는 일을 도와줄 파트너를 원했다.

"나는 사랑 따위 필요 없어요." 앤지는 단언했다. "나는 잠시 동안 나를 도와줄 수 있는 남자가 필요해요. 그다음에는 집에서 내보낼 거예요. 우리는 합의를 봤어요. 나는 내가 원하는 것을 얻고, 그 사람은 자기가 필요한 걸 얻죠. 그걸로 된 거예요. 나는 그 사람이 무슨 일을 하는지(즉, 돈을 어떻게 벌어오는지) 전혀 관심 없어요. 자세한 정보는 알고 싶지도 않아요. 나는 내 삶을 잘 관리하고 있어요. 지긋지긋하지만 지금 이 자리에서 잘해나가고 있다고요.[3]

반면, 관계를 오랫동안 유지하는 사람들은 "통합된 신뢰"를 발전시킨다. 이 경우 여성은 "시간을 들여 여러 측면에서 파트너가 믿을 만한 사람이라는 증거를 찾으려 하며 천천히 관계를 시작한다." 그러나 앤지나 통합된 신뢰를 형성한 사람들이나 조건적 관계에서 자녀를 양육하는 것은 마찬가지다. 하버드 대학교의 캐시 에딘과 티머시 넬슨은 남성 역시 아이 엄마를 불신한다는 사실을 발견했다.[4] 이러한 관계는 자녀 양육을 짧은 기간 동안 업무상 거래처럼 하기 때문에 발생하며, 이들은 앞으로 함께 자녀를 키울 수도 있고 아닐 수도 있다. 커플은 서로 미래를 약속하지 않으며, 서로 관계를 성공적으로 조율해나가는 한에서만 아이를 함께 키운다. 법이 이 관계에 끼어들게 될 경우 실질적인 양육 규범과는 별 상관이 없는 생물학적 기준에 따라 부모 역할을 부여할 가능성이 높다.

그리고 그 사이에는 과도기를 겪고 있는 노동자 계급이 있다. 노동자 계급이 임신하는 패턴은 옛날과 크게 다르지 않다. 이들은 "성적이고 짧은" 연애를 한다.[5] 이 커플들은 아이를 낳을 때조차 서로에 대해 잘 모른다. 다른 시대였다면 이들은 결혼을 했을 것이고 아이 아빠가 집에 월급을 가져다주는 한 엄마는 아빠에게 의존하며 집에 머물렀을 것이다. 아이 아빠가 여전히 친구들과 몰려다니며 놀거나 아이 엄마가 남편보다 친척에게 더 의지하면서 아이를 키울 수도 있었을 테지만, 아이 아빠와 가족을 묶는 끈은 아빠와 엄마의 관계가 얼마나 끈끈하냐에 달려 있었을 것이다.[6] 아이 아빠가 아이 엄마와 결혼하기를 거부하거나 둘이 이혼을 하면 보통 아이 아빠와 아이의 관계는 끝이 났다. 오늘날에도 일부 지역에서는 이러한 커플들이 여전히 결혼을 하지만, 이들은 이혼하고 다른 이와 재혼할 확률이 높다. 한편 다른 지역에서는 커플들이 결혼 대신 동거를 하며, 경제적 안정을 이룰 수 있는 수단과 직업이 보장되어야지만 결혼을 한다.[7]

이처럼 노동자 계급이 과도기에 있기 때문에 법은 이들의 사건을 다룰 때 분열되고 만다. 법원은 이 가족들에게 어떤 법 규범을 적용해야 하는지에 대해 합의하지 못하고 있다. 가족은 법 규범에 따라서 어떻게 행동할 것인지, 타인과 어떻게 관계를 형성할 것인지를 결정하지만, 법원이 적용하는 규범은 이들에게서 이해와 공감을 이끌어내지 못하고 있다. 예를 들어 상위 3분의 1과 중간 3분의 1은 예상치 못한 임신 가능성, 낙태 가능성, 함께 살지 않는 아버지가 아이의 삶에서 차지하는 비중에 대한 인식 등에서 차이를 보인다.[8] 중간 3분의 1 집단에서 결혼은(만약 한다면) 아이의 생물학적 부모끼리 하는 것일 수도 있고 아닐 수도 있다. 그리고 여러 주들은 오로지 결혼을 근거로 남편을 아이의 법적 부모로 인정할 것인가 하는 문제에 대해 다른 대답을 내놓는다. 결혼하고 이혼하고 재혼하는 커플들의 경우 아이와 부모 자식 관계를 갖는 사람이 여러 명일 수 있다. 그리고 이 중 누구를 부모로 보고 누구를 부모로 보지 않을지에 대해서는 어른들(또는 주) 사이에서 합의된 바가 없다. '양부모'라는 단어가 지칭하는 사회적 범주는 점점 더 중요해지고 있다. 그러나 같은 사법권 내에서도 법원은 양부모로 지정된 사람이 아이에게 얼마만큼의 법적 권한과 책임감을 가져야 하는지에 대해 저마다 다른 의견을 내놓고 있다.[9] 그리고 이러한 변화에 대처하는 과정에서 계급 차이는 이념 차이와 뒤섞여 모두가 동의할 만한 해결책을 내놓는 데 방해가 되고 있다. "빨간" 사법권은 여성의 성 생활을 감독해야 한다는 원칙을 고수하는 반면 "파란" 사법권은 가족의 기능에 더욱 초점을 맞춘다. 상위 3분의 1 집단에서는 빨간 쪽과 파란 쪽 모두 상호 의존과 공동 양육을 강조하는 새로운 결혼 규칙이라는 결론을 내린다. 하지만 중간 3분의 1 집단은 문화와 계급을 둘러싼 논쟁에 휩싸여 있다. 따라서 이 장에서 부모 자격을 논하려면, 먼저 결혼 생활에서 부부가 책임을 공유하도록 만든 법에 대해 알아봐야 한다. 그런 다음 상위 3분의 1 집단 밖에서 발생하는 보다 조건적인 관계에 대해 알아볼 것이다. 조건적 관계를 맺는 사람들은 '누가 부모 지위를 얻는가' 하는 문제로 치열한 공방을 벌이고 있으며, 남녀 간 권력 균형을 다시 맞추는 과정에서 나아갈 방향을 찾지 못하고 있다.

법, 부모 간의 협상, 공동 양육권

공동 양육권이 점점 더 강조되는 현상은 법이 상위 3분의 1의 신념을 강화하는 역할을 한다는 사실을 잘 보여준다. 〈계급 재형성〉에서 언급했듯이 공동 양육은 상위 3분의 1이 따르는 새로운 결혼 대본의 필수 요소다. 이 대본은 남성이 자녀의 삶에 더 깊이 관여할 것을 요구한다. 여성은 더욱 자유롭게 불행한 관계를 떠날 수 있게 되었으나 그 과정에서 더 이상 아이에게 접근하는 사람들을 통제할 수 없게 되었다. 예컨대 버몬트 주의 르노Renaud 부부 사건을 떠올려보자.[10] 르노 부부는 아이를 함께 양육했다. 엄마는 금요일마다 아이와 함께하려고 일정을 조정했고, 아빠는 아이를 보육 시설에 데려다주고 집에 데려오는 역할을 맡았으며, 낮에 아이를 보러 보육 시설에 방문하기도 했다. 이들의 결혼 생활은 아이가 두 살이 되던 해 끝났다. 아이 아빠가 회사 동료와 사랑에 빠져서 이혼을 원한 것이다. 옛날 같았으면 엄마는 양육권을 온전히 가져갔을 것이고, 법원은 엄마가 아이를 잘 돌볼 수 있는 능력을 갖고 있기 때문에 아이가 엄마와 함께하는 것이 좋다고 판단했을 것이다. 그러나 오늘날 엄마가 양육권을 가져갈 수 있느냐 없느냐는 아이 아빠가 자녀의 삶에 관여하는 것을 아이 엄마가 얼마만큼 지지해주느냐에 달려있다. 이 사건의 경우 아이 엄마는 아이 아빠가 아이를 잘 돌볼 거라고 확신하지 못했다. 아이가 아빠와 함께 있다 돌아오면 햇볕에 화상을 입었고 기저귀 발진이 심해졌으며 아빠가 아이를 성적으로 학대하는 것은 아닌지 의심이 들었기 때문이다. 그러나 수사관들은 학대 혐의를 입증할 수 없다는 결론을 내렸고, 법원은 한 달 동안 아이를 만나지 못한 아빠에게 방문권을 주어서 아이의 시간의 50퍼센트를 함께할 수 있도록 했다. 양육권은 여전히 엄마에게 있었으

나 엄마가 아이와 아빠의 관계 회복에 협력해야 한다는 조건이 붙었다.[11]

이 사건은 새로운 법 체제의 성격을 보여주는 대표적 사례다. 법원은 아이 아빠의 외도가 판결과 무관하다고 보았고, 엄마가 아빠의 행동을 의심했다는 사실은 곧 엄마가 아빠의 양육권을 지지하지 않는다는 증거가 되었다. 엄마는 아이가 실질적인 피해를 입었다는 증거 없이 의심만으로 아이 아빠가 아이의 삶에 관여하지 못하게 하려고 했으며, 그 결과 엄마와 아이의 관계가 훨씬 돈독함에도 불구하고 엄마는 양육권을 잃을 뻔했다. 엄마가 아이의 안전을 염려하는 것이 정당한가의 문제를 떠나서, 부모가 아이를 함께 양육해야 한다는 법원의 판결에는 남녀 간 권력의 균형을 다시 맞추려는 의도가 있다. 구체제에서 아이 엄마는 양육권을 잃을 위험을 각오하지 않고서는 결혼 생활을 끝낼 수 없었다. 하지만 아이 아빠가 외도를 저질렀다는 사실 자체는 아빠가 아이를 양육하는 것이 적절한지에 대해 의문을 제기할 수 있는 법적 근거가 되었다. 새로운 체제하에서 양측은 모두 법원의 판결 없이 결혼 생활을 끝낼 수 있으며, 공동 양육권 조항은 실질적으로 '자녀가 엄마와 아빠 중 누구와 더 가까운가' 혹은 '부모 중 자녀의 필요를 더 잘 채워줄 사람은 누구인가'에 관심을 갖기보다는 부모가 함께 지속적으로 자녀의 삶에 관여할 것을 강조한다. 이러한 변화는 아빠가 자녀에게 투자할 것을 장려할 뿐만 아니라 훗날 이 투자를 보호해주며, 여성이 결혼 생활을 끝내고 아이를 데려가지 못하게 함으로써 여성의 자율성을 억제한다. 또한 여성이 그런대로 괜찮은 파트너를 고를 수 있는 사회에서는 신중하게 배우자를 고르고, 관계가 오래 지속되도록 헌신하고, 두 부모가 지속적으로 자녀에게 투자할 것을 장려한다.[12]

처음에는 많은 법원이 공동 양육권에 적의를 가졌지만, 거의 모든 주에서 점차 공동 양육권을 받아들였으며 많은 지역에서 "우호적인 부모" 조항을 채택했다. "우호적인 부모" 조항이란 다른 한쪽이 앞으로도 자녀와의 관계를 유지할 수 있도록 잘 협력할 수 있는 쪽에게 양육권을 준다는 내용이다. 실제로 부권 운동을 벌이는 사람들은 이혼 시 부모가 아이와 함께 보낼 수 있는 시간을 무조건 절반으로 나눌 것을 요구한다.[13] 일반 시민들 역시 대부분 공동 양육권을 지지한다.[14] 2011년에 발표한 획기적인 연구 결과에 따르면 연구 참여자들은 결혼 기간 동안 각 부모가 아이의 삶에 얼마나 관여했는지, 이혼 과정에서 부모 간에 갈등이 있었는지와 상관없이 부모가 공동으로 양육권을 갖는 쪽을 크게 선호했다. 참여자들이 공동 양육권을 주지 말아야 한다고 대답한 경우는 부모 중 한 명이 갈등을 조장하고 부추겼을 때뿐이었다.[15]

그러나 공동 양육권을 얻을 수 있는 능력은 남성 개개인의 소득 및 권력과 비례한다. 공동 양육권 판결은 부모가 둘 다 고소득을 올리고, 둘의 소득이 비슷하며, 아빠가 법정 대리인이 있을 경우에 더 많이 내려진다.[16] 위스콘신 대학교가 2006~2007년에 있었던 양육권 소송을 연구한 결과에 따르면, 공동 양육권 판결은 크게 늘어서 위스콘신 주에서 있었던 양육권 판결의 절반가량을 차지했지만, 연소득이 2만 5,000달러 미만인 가족에서는 약 10퍼센트 미만, 연소득이 15만 달러 이상인 가족에서는 약 60퍼센트 이상으로 소득에 따라 그 비율이 다르게 나타났다.[17] 이 연구는 오직 법원이 제공한 자료만 참고했기 때문에 소송 당사자의 선호도나 고소득 부모가 아이와 시간을 더 많이 보냄으로써 얻을 수 있는 이익, 부유한 아버지일수록 법적 대리인을 둘 가능성이 높다는 사실 등이 결과에 영향을 미쳤는지는 알 수 없다. 남녀가 결혼하지 않고 아이를 낳았으나 남성이 아이 아빠라고 판결 받은 경우 공동 양육권을 갖는 사례는 아직 드물다. 하지만 이러한 경우 엄마가 단독 양육권을 갖는 비율은 1997년에서 2007년 사이에 97.9퍼센트에서 90.9퍼센트로 낮아졌고,[18] 아이 아빠가 주에서 요구하는 절차를 거쳐 자발적으로 법적인 아버지 지위를 얻었을 때에는 91.9퍼센트에서 80.9퍼센트로 낮아졌다.[19] 상위 3분의 1 집단에서는 부모가 공동으로 양육권을 갖는 것이 점점 더 일반적인 현상이 되고 있으며, 이처럼 양육권 판결의 기준이 달라지자 적절한 배우자를 찾는 일은 더욱 중요해졌다. 이제 배우자는 서로 상의하며 맞벌이 생활을 잘 헤쳐나갈 수 있어야 할 뿐만 아니라 자녀에 대한 책임까지 공유해야 한다.

아빠 선택하기: 자원해서 아빠 되기와 미혼 커플

대졸자는 계획하에 아이를 낳고 부부가 함께 아이를 키우며, 보통 결혼한 뒤에 아이를 낳는다. 그러므로 아이 아빠가 누구냐를 두고 싸우는 일이 별로 없다. 결혼한 부모는 둘이 함께 아이를 책임져야 한다고 생각한다. 그러나 결혼하지 않은 부모의 경우 양육권 문제뿐만 아니라 누가 부모 지위를 얻는가 하는 문제는 야코부스 텐브로익이 말한 공공복지 체제에 따라 결정된다.

이 체제는 모든 아이가 부모의 보호를 받을 수 있도록 보장하려 하지만, 그렇다고 아이의 부모가 반드시 결혼이나 동거를 할 필요는 없다. 연방법은 각 주에서 부권 인정 절차를 간소화할 것을 독려한다.[20] 이를 위해 고안한 방법이 "친부인정서Voluntary Acknowledgment of Paternity(VAP)" 제출이다. 남녀가 아이를 낳은 병원에서 이 신청서에 서명을 하면 남성은 법적으로 아이의 아빠가 된다. 그러나 이 과정에서 친부 확인 검사를 요구하지는 않기 때문에 아이 엄마가 거짓말을 할 수도 있으며, 남성이 아이의 친부가 아니더라도 아이 엄마와 입을 맞추면 법적으로 아이의 아빠가 될 수 있다.[21]

엄마와 아빠가 이 과정을 통제할 수만 있다면 친부인정서는 미혼 부모가 법적 지위를 인정받을 수 있는 효과적인 방법이다.[22] 과거 법원에서 부모 지위를 부여하던 것과 달리 친부인정서를 제출할 때는 엄마와 아이의 아빠로 추정되는 남성이 서로 협조해야 한다. 보통 아이의 엄마와 아빠는 아이를 낳은 병원에서 바로, 또는 아이를 낳고 얼마 지나지 않아 신청서에 서명을 한다. 둘 사이의 친밀감이 가장 높을 때다. 아이 아빠는 아이가 태어날 즈음 아이 엄마와 함께 살고 있을 확률이 높다. 이들 대부분은 엄청 의욕적이지는 않더라도 아이와의 관계를 기꺼이 인정한다. 취약 가족 프로젝트 및 다른 연구에 따르면, 출산 전 아이 부모의 관계가 친밀했을수록 아이가 태어나고 한 달 내에 친부인정서에 서명할 확률이 높았다.[23] 아이가 태어날 당시 아이 아빠들은 아이의 삶에 기여하려는 마음을 갖고 있으며, 친부인정서에 서명해서 법적으로 아버지 지위를 획득한 사람들은 아이 엄마와 헤어진 후에도 양육비를 부담하거나 자녀와의 관계를 유지할 가능성이 높다. 그러므로 미혼 남성이 법적으로 아버지 지위를 인정받는다는 것은 앞으로도 아이 엄마와 관계를 유지하려는 마음이 있다는 의미다.

커플들은 친부인정서를 통해 세상에 다음과 같이 공표할 수 있다. '우리가 함께 아이를 낳았어요!' 하지만 앞으로의 관계에 대해 심사숙고한 사람들만이 법적으로 아버지 지위를 획득하는 것은 아니다. 친부인정서에 서명하는 커플 대다수가 출산 당시 함께 살고 있기는 하지만 여전히 결혼한 사이는 아니다. 대다수가 그렇듯 둘이 헤어진다 해도 아이 엄마가 국가 지원을 신청하거나 아이 아빠에게 양육비를 청구하지 않는다면 둘의 관계에 법적인 변화가 생기지는 않는다. 물론 엄마가 이러한 조치를 취한다면 아이 아빠가 양육권을 요구할 수 있게 되며, 법원의 명령이 떨어지기 전까지 아이와 아빠 사이에 교류가 별로 없었더라도 대다수의 주에서 아이 아빠에게 공동 양육권이나 상당한 시간의 방문권을 부여한다.[24] 실제로 위스콘신 대학교의 연구에서 드러났듯이 아이 아빠가 양육권이나 방문권을 요구할 가능성은 아이 아빠의 소득 수준과 밀접한 관련이 있다.

아빠 역할 부과하기: 양육비 지급 명령과 법원의 개인 협상 거부

텐브로익이 "이중 가족법 제도"를 이야기할 당시에 복지 혜택을 받던 사람들은 1960년대 미국에서 복지 제도가 확대되면서 생겨난 지원을 필요로 하는 싱글 여성이었다. 이 제도의 핵심에는 딜레마가 있었다. 혼자 힘으로 아이를 키우는 여성은 의심할 필요 없이 지원을 필요로 하지만, 한부모 가정이 존재한다는 사실 자체는 명백히 결혼 제도에 반하는 것인데, 결혼 제도야말로 자녀 양육에 필요한 도움과 지원을 처리하기 위해 고안되었다는 것이다.[25] 그러므로 복지 제도는 복지 혜택을 받는 사람들에게 낙인을 찍었으며, 아이 아빠가 법적으로 아버지 지위를 인정받고 양육비를 지원할 수 있도록 아이 엄마가 주 정부에 협조해야 한다는 조건을 달았다. 당시 여성을 유혹하고 임신시켰으나 아이 엄마와 결혼하지도 않고 자녀를 양육하지도 않는 남성은 아무짝에도 쓸모없는 놈에서 더 나아가 거의 범죄자 취급을 받았다.[26] 미연방은 비용을 최소화하기 위해 법적으로 친부를 확정하고 친부에게 양육비를 부과하는 과정을 전국적으로 표준화했는데, 그 정도가 가족법의 어떤 다른 분야보다도 훨씬 컸다. 이 책의 저자인 준은 미국 보건복지부가 조지아 주의 친자법에 이의를 제기했을 때 보건복지부를 옹호했는데, 1980년 조지아 주에서 미혼 남성을 법적 친부로 만드는 유일한 방법은 아이 엄마가 간통이나 혼외 출산으로 아이 아빠를 형사 고발하는 것뿐이었다. 연방 정부는 조지아 입법부에 민사적으로 친부 지위를 획득할 수 있는 제도를 마련할 것을 촉구하기 위해 주 정부의 복지 예산을 삭감하려고 했다. 조지아 주는 결혼하지 않고 성관계를 갖는 사람들을 처벌하고 싶어 했지만, 연방 정부의 자금을 많이 받고자 하는 바람이 더 컸다.[27]

1960년대부터 한부모 가정을 향한 비난은 점점 줄기 시작했지만, 한부모 가정에게 복지 혜택을 주어야 한다는 주장은 여전히 인기가 없다. 클린턴 행정부는 복지 제도를 개혁하면서 현금 지급을 줄이는 대신 가난한 아이들에게 의료 혜택을 제공하고 보육 시설에 정부 보조금을 지원했는데, 이는 아이 엄마들이 직장 생활을 유지하는 데 매우 도움이 되었다.[28] 그러나 클린턴 행정부는 복지 제도 개혁을 통해 아이 엄마와 아빠의 관계를 개선하지는 못했다. 여성의 역할은 현대적인 관점에서 이해했으나 남성을 바라보는 시선은 낡고 전통적인 성별화된 가족 관계 모델에서 벗어나지 못했다는데 일부 원인이 있다. 의회 내에서 복지 제도 개혁을 이끈 사람들은 복지 제도 개혁을 "혼외 출산"이 과도해져서 발생한 "위기"를 해결하기 위한 수단으로 보았다. 그리고 1996년의 복지 제도 개혁에서 입법부는 다음의 세 가지 결론을 도출했다. "① 결혼은 사회 번영을 위한 토대다. ② 결혼은 성공적인 사회에서 반드시 필요한 제도이며 아이들의 행복을 촉진한다. ③ 엄마와 아빠가 책임감을 갖도록 장려하는 것은 성공적인 자녀 양육과 자녀의 복리에 필수적이다."[29] 그러나 복지 제도 개혁에서 결혼율을 높이기 위한 조치는 별로 없었고, 오히려 기존의 부모 자식 관계가 상당히 악화되는 결과가 발생했다.

결혼하지 않은 아빠와 자녀의 관계는 아빠와 엄마가 서로 협상하며 만들어나가는 조건적 관계 위에 놓여 있다. 연구 결과들도 하나같이 아이 아빠와 자녀의 관계는 아빠가 엄마와의 관계를 얼마나 잘 유지해나가느냐에 달려 있음을 보여준다. 과거에는 결혼하지 않은 엄마들(특히 백인 여성)은 보통 아이 아빠와의 관계를 계속 유지하지 않았지만, 최근 연구에 따르면 자녀가 태어날 당시 결혼하지 않은 부모의 80퍼센트가 로맨틱한 관계를 유지하고 있으며, 50퍼센트가 동거를 한다.[30] 실제로 아이 엄마와 더 이상 관계를 유지하지 않는 아빠들도 얼마간은 자녀와 연락을 끊지 않는다. 5년이 지나면 자녀의 40퍼센트는 지난 1~2년간 아빠와 연락한 적이 없고, 40퍼센트는 주기적으로 아빠를 만나며, 20퍼센트는 그 중간 정도에 위치한다. 라틴계가 아닌 흑인 남성은 자녀와 연락을 유지하거나 지난한 달 내 자녀를 만난 적이 있거나 자녀와 자주 만날 확률이 더 높았다.[31]

보통 엄마들은 아이 아빠가 아이에게 필요한 용품을 구매해주고, 자신에게 협조하고, 도움이 필요할 때 지원해줄 경우에만 자녀를 만날 수 있게 한다.[32] 그러나 모린 월러Maureen Waller 및 다른 사회학자들의 연구 결과에 따르면 아이 엄마는 아이 아빠의 기여를 현금 가치로만 파악하지 않고, 아빠로서 아이에게 모범을 보이는 행동등의 비경제적인 요소도 가치 있게 여긴다.[33] 한편 공식적인 양육권 제도의 바깥에서 남성은 아이 엄마를 '아이와의 만남을 통제하는 사람'으로 본다. 캐시 에딘과 티머시 넬슨 역시 다음과 같이 말했다. "결혼하지 않고 자녀를 낳으면 아빠가 아닌 엄마에게 모든 권력이 돌아간다. 아이 아빠들의 말에 따르면 '아이 엄마 맘대로 하거나 떠나거나'인 것이다."[34] 실제로 여성은 아이 아빠가 경제적으로든 다른 방면으로든 아이에게 기여할 경우 아이의 삶에 더 많이 관여할 것을 독려하고, 그렇지 않을 경우에는 보통 다른 사람과 새로운 관계를 맺는다.[35]

남성에게 양육비를 부과하는 현 제도는 엄마와 아빠가 지속적으로 협상하는 것을 방해한다.[36] 취약 가족 프로젝트의 연구 결과, 아이와 함께 살지 않는 아빠의 24퍼센트가 공식적으로 현금을 지원하며, 35퍼센트는 비공식적으로 현금을 지원하고, 44퍼센트는 현물을 지원한다. 게다가 비공식적인 지원의 현금 가치는 공식적 지원보다 크다. 그러나 공식적·비공식적 지원을 모두 하는 아빠는 거의 없다(6퍼센트). 따라서 아이 엄마들은 훨씬 가치가 크고, 아이가 바로 받을 수 있으며, 아빠가 가능한 시기에 가능한 형태로 융통할 수 있는 비공식적 지원을 선호한다.[37] 이와 같은 아빠의 비공식적 기여는 결별한 지 얼마 안 된 커플 사이에서 더 흔하며, 시간이 갈수록 점점 줄어든다.[38] 반면 아이 아빠에게 공식적으로 양육비를 부과하는 것은 아이 아빠와 엄마 사이를 더욱 소원하게 만든다. 양육비를 청구받은 아빠들은 아이 엄마에게 분노하게 된다. 그리고 아이 엄마를 만나거나 비공식적으로 자녀에게 도움을 줄 가능성도 시간이 갈수록 줄어든다.[39]

보이지 않는 중간층

중간층 부모는 결혼을 통해서 관계를 공식화하지 않는다는 점에서 상위 3분의 1과 다르며, 주 정부의 복지 혜택을 받을 가능성이 낮다는 점에서 하위 3분의 1과도 다르다. 정부의 복지 혜택을 받지 않는다면 양육권을 가진 부모는 상대방에게 양육비 지원을 요청할 필요가 없다. 취약 가족 프로젝트에서 드러나듯이 아이와 함께 살지 않는 부모 중 많은 이들이 비공식적으로 자녀를 돌보며, 아이가 태어난 직후나 부부가 갈라진 직후에는 특히 그렇다. 그러나 중간층에 속한 사람들 대부분은 다른 종류의 협상을 선택한다. 양육권을 가진 부모는 상대에게 양육비 지원을 요청하지 않는다. 그리고 아이와 함께 살지 않는 부모는 아이와 만나지 않는다. 법원은 부모가 설사 엘리트라 할지라도, 이러한 형태의 협상을 허용하지 않을 것이다.[40] 예를 들어 마이클 잭슨은 그의 전 부인인 데비 로우Debbie Rowe의 부모 자격을 박탈하는 대신 그녀에게 자녀 양육의 책임을 묻지 않기로 합의를 보았으나 법원은 이를 인정하지 않았다.[41] 노동자 계급 커플은 비공식적으로 이러한 협상을 벌일 확률이 높다. 아무도 양육비 지원을 요구하지 않고, 상대방은 자녀의 삶에서 완전히 사라진다.

이러한 협상은 부모가 그동안 한 번도 결혼한 적이 없거나 친밀한 관계를 가져본 적이 없을 때 가장 흔하게 발생한다. 또한 다수의 부모가 얽히고설켜서 자녀를 키우는 경우가 점점 더 늘어나고 있기 때문에 이러한 협상이 발생할 가능성 또한 커지고 있다. 예를 들어 1980년대의 연구에서는 아이 엄마가 아이 아빠에게 양육비 지원을 요구할 경우 아이의 엄마 아빠가 관계를 더욱 길게 유지한다는 결과가 나왔다.[42] 2009년 인구통계 자료는 양육권을 가진 부모가 양육비 지원을 요구하지 않는 이유를 더욱 자세하게 보여준다.

- 상대방이 이미 자기 형편에 맞게 기여하고 있기 때문에(34.4%)
- 법적인 조치를 취할 필요를 못 느끼기 때문에(32.1%)

- 상대방이 양육비를 지급할 능력이 없기 때문에(29.2%)
- 상대방이 양육비를 지급하는 것을 바라지 않기 때문에(21.2%)
- 자녀가 때때로 상대방의 집에서 머물기 때문에(17.7%)
- 상대방이 어디에 있는지 모르기 때문에(16.8%)
- 상대방과 연락하고 싶지 않기 때문에(16.7%)[43]

이 자료를 보면 관계의 종류가 매우 다양하다는 것을 알 수 있다. "상대방이 이미 자기 형편에 맞게 기여하고 있기 때문에" "법적인 조치를 취할 필요를 못 느끼기 때문에" "자녀가 때때로 상대방의 집에서 머물기 때문에"라고 대답한 경우 아이의 부모는 어떤 형태로든 지속적인 관계를 맺고 있을 것이며 서로의 협조하에 아이를 양육해왔을 것이다. 반면 상대방과 연락하고 싶지 않다거나 상대방이 어디에 있는지 모른다고 대답한 경우에는 아이 부모의 관계는 완전히 깨졌을 것이며 앞으로 더 이상 서로 엮이지 말자고 합의했을 것이다.

예컨대 브리스톨 페일린의 관계가 어떻게 끝날지 한번 상상해보자. 페일린은 열일곱 살에 임신을 했고, 고등학생 때 만난 그녀의 남자 친구 레비 존스턴은 블로그를 통해 자신들이 벌이고 있는 다툼을 생중계하고 있다. 유명 인사인 브리스톨의 엄마, 세라 페일린은 2008년 부통령 후보이자 알래스카의 주지사로서 가족을 엘리트 계급에 안착시켰으나 고등학교를 중퇴한 레비 존스턴과 브리스톨 페일린 커플은 고군분투하는 미국 중간층의 전형에 가깝다. 아들 트립Tripp이 태어난 지 얼마 안 되어 레비와 헤어졌을 때 브리스톨은 혼자 힘으로 일하면서 아들을 부양했고(《댄싱 위드 더 스타》*에 출연하기 전이었다) 레비에게 소송을 걸어 양육비를 청구했다.[44] 그리고 레비는 양육권 소송으로 맞받아쳤다.[45] 둘이 법원에서뿐 아니라 언론을 통해 서로를 비난하고 상대방의 가족까지 공격하면서 소송은 더욱 격해졌다. 레비는 브리스톨과 화해한 후 아들과 더 많이 만날 수 있게 되었다. 그러나 레비가 다른 여성과 아이를 낳았다는 사실이 알려지면서 둘 사이의 갈등은 재점화되었다. 인터넷 뉴스는 레비가 양육비를 지급하지 않았으며 수만 달러의 빚을 지고 있다고 보도했다(브리스톨의 변호사가 확인해준 사실이다).[46] 법원이 레비에게 공동 양육권을 주었음에도 불구하고 레비는 아들을 거의 만나지 않는다. 이러한 싸움은 종종 아이 엄마가 다시는 아이 아빠를 상대하지 않아도 되는 조건하에 양육비를 포기하고, 아이 아빠가 이러한 협상 조건을 수용하는 것으로 일단락된다. 이 집단에서 자율성이란 곧 법원에서 멀리 떨어져 있는 것을 의미한다.

친생자 추정과 젠더 전쟁: 가족법의 실패

이 장에서 우리는 법이 주로 결혼 제도와 부모 지위에 대한 사람들의 관념을 설정하거나 강화하는 방법으로 가족의 변화에 영향을 미친다는 사실을 알아보았다. 그다음으로, 사람들이 똑같은 결혼의 정의를 받아들였음에도 불구하고 상위 3분의 1 집단은 더욱 결혼을

* 각계 명사들이 국가 대표 댄스스포츠 선수들과 팀을 이뤄 춤을 추고 매주 한 팀씩 탈락하는 서바이벌 프로그램으로 브리스톨 페일린도 출연했다.

많이 하게 된 반면 하위 3분의 1 집단은 자신이 결혼 제도가 요구하는 조건을 충족시키지 못하리라고 여기게 된 원인을 살펴보았다.

커플 간의 협상이 잘 이루어져야 커플이 결혼에 골인하고 결혼 생활을 유지할 수 있는데, 중간층은 상위 3분의 1 집단에 비해 협상 능력이 부족하다. 또한 중간층은 결혼 제도를 완전히 포기하지는 않았다는 점에서 하층과도 다르다. 그러므로 중간층은 다른 두 집단에 비해 결혼하고 이혼하고 동거하고 재혼하고 여러 관계를 전전하면서 아이를 키울 가능성이 더 크다. 그러나 이러한 관계의 한가운데에는 '누가 결정권을 갖는가' '어떤 조건에 따라 결정하는가' 하는 문제가 놓여 있다. 상위 3분의 1 집단에서는 배우자를 선택하는 것은 곧 아이를 함께 키울 사람을 선택하는 것과 같다. 반면 하위 3분의 1에 속하는 여성은 종종 아이 아빠가 아이의 안녕을 위협한다고 보며, 아이를 낳는 행위가 곧 아이 아빠가 아이의 삶에 들어와도 된다는 것을 의미하지는 않는다. 중간층의 경우 이 문제는 다툼의 원인이 된다. 중간층 여성 역시 상층이나 하층 여성과 마찬가지로 의사 결정 권한이 커졌다. 중간층 남성은 자신이 원하는 조건대로 관계를 맺을 능력이 하층 남성보다는 크지만 상층 남성만큼 여성이 선뜻 동의할 만한 조건을 내걸지는 못한다. 그러므로 중간층에서 발생하는 혼란은 남녀 간 힘겨루기의 문제이며, 서로 다른 문화 사이의 전쟁이다. 복지 혜택 없이 아이를 키우는 남녀가 서로 완전히 헤어질 수 있는 것은 보이지 않는 힘이 관계의 균형을 다시 맞추고 있기 때문이다. 양육권을 가진 부모와 아이는 상대 부모에게서 완전히 해방되며, 그 대신 모든 지원을 포기한다.

그러나 수면 위로 드러나는 전쟁도 있다. 바로 양육권을 갖지 않은 부모가 자녀의 삶에 관여하고자 하며, 이를 위해 기꺼이 싸우려고 하는 경우다. 양육권과 관련해서 법은 언제나 동일하다. 공동 양육권은 요청에 따라 얻을 수 있으며, 보통 양육권이 없는 부모가 양육권을 얻고자 하는 의지가 있을 때 이를 반영하여 공동 양육권을 지정한다. 그러나 아이 아빠가 누군지 의심스러울 경우 누구를 법적인 부모로 지정할 것인가는 권력의 문제이자 성 규범의 변화와 관련된 문제가 된다. 아이 아빠를 결정하는 데 큰 영향을 미치는 두 가지 요소는 바로 계급과 남녀의 권력 차이다.

친생자 추정 원칙

과거 친생자 추정 원칙*은 사람들이 암묵적인 협상을 벌이게 만들었다. 여성은 자신의 아이를 잘 키워줄 남성을 필요로 했고, 결혼을 통해 한 여성에게 헌신하기로 약속한 남성은 부모 자격을 얻을 수 있는 유일한 사람이 되었다. 결혼과 부모 자격 사이에는 보이지 않는 협상이 있었다. 남성은 아이 아빠로 인정받고 싶으면 아이 엄마와 결혼해야 했다. 만약 결혼하기를 거부하면 그 남성은 부모로서의 권리를 모두 박탈당했다. 한편, 임신한 여성과 결혼하거나 아내가 '배신'했다는 사실을 알면서도 이혼하지 않는 남성은 보상을 받았다. 법은 남편이 아내가 낳은 아이의 아빠가 된다고 못 박았고 남

• 혼인관계에 있는 아내가 임신한 경우 혼인 중에 임신한 아이를 남편의 자식으로 추정하는 원칙.

편에게 부모로서의 지위와 가장의 권한을 주었다. 그러나 중간층 커플은 결혼하고 이혼하고 누군가와 아이를 낳고 재혼하면서 혼란을 겪고 있으며, 누구를 부모로 결정할 것인가를 두고 극심한 갈등을 빚고 있다.

오늘날에는 아이의 친아버지가 누구인지 확실하게 알아낼 수 있다. 따라서 친생자 추정 원칙이 더 이상 아내의 정절에 대한 파괴적인 (그리고 쉽게 조작할 수 있는) 심문을 막아주지는 못한다. 또한 부부 관계나 부모 자식 관계가 옛날처럼 쭉 지속되지 않을 수도 있다. 대신 여전히 인정되고 있는 친생자 추정 원칙은 아이의 엄마가 아이의 아빠를 정할 수 있도록 해준다. 아이 엄마가 남편과의 결혼 생활을 계속 유지할 경우 친생자 추정 원칙은 남편이 아이 아빠의 지위를 가질 수 있도록 보호하면서 마무리된다. 반면 아이 엄마가 남편과 헤어지고 아이가 아빠 없는 가정에서 태어날 경우 생물학적 아버지가 부모 자격을 얻게 될 확률이 높다. 친생자 추정 원칙이 생겼을 당시 임신한 여성은 이 문제와 관련해서 선택권이 별로 없었다. 여성은 문제없이 아이를 키워내기 위해서 아빠를 필요로 했다. 따라서 아이 아빠와의 약혼을 받아들이거나 또는 자신의 외도를 용서해주는 남편에게 고마운 마음을 가져야 했다. 여성은 한번 결혼하면 이혼이 거의 불가능했고, 남편이 아이의 친아빠가 아니라는 사실이 밝혀졌을 때 잃을 것이 너무 많았다.

검사를 통해 정확하게 친자 확인을 할 수 있고 사회가 여성의 성 생활에 낙인을 덜 찍게 되면서 친생자 추정 원칙은 다른 의미를 갖게 되었다. 이제 여성은 임신했다는 이유만으로 결혼하거나 결혼 생활을 유지할 필요가 없다. 그리고 여성의 독립성이 커지자 아버지 지위는 더 이상 결혼하고자 하는 남성의 의지에 따라 결정되지 않게 되었다. 대신 친생자 추정 원칙은 이제 남녀 간 권력 균형의 문제가 되었고, 이 문제에 대해 법원은 단지 국가 차원의 지침 정도만 제공하고 있다.

대법원, 문제 해결의 기회를 잃다

수십 년간 가족법을 공부해온 사람으로서 미국 대법원이 가족법을 현대식으로 개혁할 때를 떠올리면 향수에 젖어들게 된다. 당시 대법원은 노동자 계급 커플들의 사건을 반영하여 가족법을 현대화했다. 결혼과 아버지 지위의 상관관계를 뒤흔든 첫 번째 사건은 1972년에 있었던 스탠리 대 일리노이 사건이다.[47] 피터 스탠리Peter Stanley는 조앤과 18년 동안 같이 살다 헤어지다를 반복했으며, 조앤과의 관계에서 세 아이를 낳았다. 조앤이 사망하자 결혼이 갖는 특권이 너무나도 절대적이었던 나머지 일리노이 주는 스탠리의 아이들에게 더 이상 부모가 없는 것으로 간주했다. 스탠리는 조앤과 결혼하지 않았기 때문에 아이들의 아버지로 인정할 수 없다는 것이었다. 아이들은 위탁 가정으로 보내졌다. 그러나 대법원은 스탠리에게 이의를 제기할 수 있는 자격을 주었다(아이들을 키우면서 받을 수 있는 복지 혜택 또한 요구할 수 있게 되었다).[48] 법원은 결혼하지 않은 아빠라도 아이들과 함께 살았고 아이들을 부양해왔다면 아버지 지위를 인정받을 수 있는 적법한 권리를 갖는다고 보았다. 일리노이 주는 더 이상 아버지 지위를 결혼(또는 성별) 하나에 근거하여 판단할 수 없게 되었다. 이어진 사건들[49](퀼로인 대 월코트Quilloin v. Walcott,[50] 카반 대 모하메드Caban v. Mohammed,[51] 레 대 로버트슨Lehr v. Robertson[52])에서 점점 발전한 법원의 판례를 보면, 법원이 자녀 양육의 책임을 지기로 결정한 아빠들을 헌법에 준거해 보호했음을 알 수 있다. 당시 법원은 아이 아빠가 결혼 제도의 안팎에서 자녀와 맺은 관계를 보호하기 위해 부모의 기능적 정의를 새로 가다듬고 있었다. 하지만 여전히 풀리지 않는 문제가 있었는데, 바로 '아이 엄마가 의무적으로 아이의 생물학적 아버지(또는 다른 남성)에게 아이를 책임질 기회를 주어야 하는가'였다.[53]

1989년 마이클 H. 대 제럴드 D. 사건이 발생하자 대법원은 새로운 가족 개념을 만들던 것을 사실상 그만뒀다. 이 사건은 아이의 엄마와 그녀의 남편이 친생자 추정 원칙을 이용해서 아이의 삶에 깊이 관여하던 아이의 친부를 차단하는 것이 과연 합법적인가 하는 의문을 제기했다. 캐럴은 세계적인 모델로, 프랑스 정유 회사의 간부인 제럴드와 결혼해서 딸 빅토리아를 낳았다. 그러나 피검사 결과 마이클이 빅토리아의 친부일 확률이 98퍼센트로 나타났고, 실제로 빅토리아는 마이클을 "아빠"라고 불렀다. 캐럴과 빅토리아는 마이클과 함께 세인트토머스 섬에서 3개월, 로스앤젤레스에서 8개월을 살았다.[54] 빅토리아가 세 살이 되던 해, 캐럴은 빅토리아와 마이클의 관계를 끊어버렸다.[55] 이 사건이 대법원에 올라갈 때까지 제럴드와 캐럴은 뉴욕에서 함께 살았고 자식을 두 명 더 낳았다. 빅토리아는 5년 동안 마이클을 만나지 못했다.[56]

대법원은 스탠리 사건에서부터 이어진 아버지 문제에 대해 새로운 기준을 완성할 기회를 맞았다. 대법관 중 아버지 지위를 부여할 때 오로지 핏줄만이 합헌적인 판단 근거가 된다고 본 사람은 한 명도 없었다.[57] 대신 여덟 명의 대법관은 현재의 가족 관계를 보호하는 것이 중요하다고 보았다. 그러나 이들 중 몇몇은 결혼 제도를 더욱 중요하게 여겼고, 몇몇은 기능적인 부모 관계를 인정해야 한다고 보았다. 또한 이들은 주 정부가 제럴드와 캐럴, 빅토리아를 가족으로 인정하는 것을 막을 수 있을 만큼 마이클과 캐럴, 빅토리아가 충분히 "단일한 가족"[58]을 이루었는지에 대해서도 의견 차이를 보였다.[59] 브레넌Brennan 대법관은 반대 의견에서 마이클이 캐럴, 빅토리아와 함께 살면서 이들을 부양했고, 빅토리아가 자신의 딸이라는 것을 인정했으며, 빅토리아와의 관계를 지속하고자 한다는 사실을 강조했다. 마이클에게 없는 것은 오직 결혼했다는 사실뿐이었다.[60]

반면 스칼리아Scalia 대법관은 법을 통해 새로운 사회 규범을 만드는 것보다 18세기 헌법의 의미를 그대로 유지하는 것이 더 중요하다고 보았다. 스칼리아 대법관은 브레넌 대법관을 비웃듯이 다음과 같이 말했다. "헌법의 의의에 부합하는 전통적이고 단일한 가족은 그 의미를 아무리 확장시켜도 기혼 여성과 그녀의 애인, 그 사이에서 낳은 아이가 세인트토머스에서 3개월, 우연히 로스앤젤레스에서 8개월 동안 함께 지내며 맺은 관계까지 포함할 수는 없다."[61]

이러한 논쟁(그리고 사람들이 같은 사실을 서로 상충되게 바라보는 현상)이 바로 '현대 가족을 어떻게 정의해야 하는가'라는 질문과 남녀 간 힘겨루기 문제의 핵심이다. 캐럴은 마이클과 함께 아이를 갖기로 결정했고 마이클이 빅토리아와 부녀 관계를 발전시키는 것을 허용했다. 마이클과의 관계가 힘을 잃자 캐럴은 제럴드와의 결혼 생활을 다시 이어나갔고 제럴드의 아이를 몇 명 더 낳았다. 이 사건은 '단일한 가족을 이루는 데 무엇이 필요한가' 그리고 '여러 명이 부모 역할을 하는 것이 아이에게 좋은가'라는 쟁점을 불러일으켰다. 그러나 대다수가 스칼리아 대법관의 의견에 찬성하면서 이 문제는 부차적인 것으로 밀려나버렸다.

대신 스칼리아 대법관은 캐럴의 성생활을 탐탁지 않게 여기는 동시에 마이클이 아닌 제럴드를 빅토리아의 아빠로 결정한 캐럴의 선택을 인정했다. 대법관들 사이에서 의견이 나뉘었지만, 결국 대법원은 캘리포니아 주의 친생자 추정 원칙이 헌법의 취지에 부합한다고 결론지었다. 이 원칙 아래에서 일단 캐럴과 제럴드가 함께 살기로 결정한 이상 마이클은 캘리포니아 주의 법 안에서 빅토리아와 부녀 관계를 유지할 방법이 없다. 그 결과 법원은 더 이상 가족의 본질이 변화하고 있다는 사실을 고려하지 않게 되었고, 대법관들 사이에서 벌어졌던 격렬한 논쟁은 그대로 끝이 났다.

여성 통제

대법원 내에서 의견이 갈린 것처럼 미국의 여러 주들도 결혼의 역할과 핏줄, 가족의 기능 사이에서 의견 차이를 보인다. 그러나 이들이 논쟁을 벌이는 원인은 스칼리아 대법관이 파악하지 못했던 문제에 있다. 바로 취약 가족의 경우 가족 구조를 결정할 힘을 여성이 갖는다는 것이다. 이 논쟁의 핵심에는 문화의 차이가 있다. 실제로 몇몇 주는 여성이 남성과 성관계를 맺는다는 것은 곧 이 남성이 이로 인해 태어날 수도 있는 아이의 양육권을 갖는다는 데 동의하는 것과 같다고 주장한다. 어떤 주는 아이 엄마에게 친부 외의 남성이 아이 아빠 노릇을 하는 것을 장려하거나 막을 수 있는 권한을 주지만, 이로 인해 발생한 가족 관계는 이후 아이 엄마가 마음을 바꾼다 하더라도 보호받는다. 또 다른 주는 여전히 결혼의 중요성을 강조하지만, 성별이 권력 분배에 영향을 미친다는 사실을 인정하지 않은 채 결혼의 의미를 설명하느라 애를 먹고 있다.

오늘날에는 3분의 2 정도의 주가 친생자 추정 원칙을 거부한다. 하지만 그 결정이 남녀 사이의 협상에 영향을 미친다는 사실은 알지 못한다.[62] 주 법원의 이러한 태도가 가장 분명하고 흥미롭게 드러난 사건은 텍사스에서 일어났다. 1993년 판결에서 텍사스 주 최고 법원은 친생자 추정 원칙을 따를 경우 "아이에게 가장 좋은 선택이 무엇이며 누구를 가족으로 볼 것인지 결정할 권한이 전부 아이의 친모에게 돌아간다"는 데 문제가 있다고 보았다.[63] 주 법원은 아이 엄마가 아이 아빠 노릇을 할 수 있도록 허용한 남성에게 친부 지위를 주기를 거부하고, 아이 엄마의 결정이나 새 남편이 아이를 보살핀다는 사실과 상관없이 오직 남성의 유전자로만 아버지 지위를 확립할 수 있다고 판단했다.[64]

다른 주의 법원 또한 친생자 추정 원칙이 자격 없는 여성에게 너무나 큰 힘을 준다고 보고 친생자 추정 원칙을 폐기했다. 예를 들어 켄터키 주 최고 법원은 2008년에 "아버지 지위는 결혼이라는 법적 상태에 따라 결정된다. 켄터키 주의 결혼 제도는 심각하게 훼손되었으나 어떤 여성이 결혼한 상태에서 임신하고 아이를 낳았다면 원치 않는 타인이 이 아이의 아버지 지위를 요구할 때 이로부터 당사자를 확실하게 보호해야 한다"라는 의견을 밝혔다.[65] 하지만 법원은 고작 3년 뒤에 말을 바꾸어[66] 아이의 친부가 아버지 지위를 요구할 수 있도록 허용했다. 켄터키 주 법원의 마음을 바꾼 사건은 베서니와 트레버, 앤드루 사건으로, 트레버는 베서니의 전 남편이고 앤드루는 베서니가 낳은 아이의 친부였다. 베서니는 아이를 낳기 딱 하루 전에 트레버와 재혼함으로써 친생자 추정 원칙에 따라 앤드루가 아이의 삶에 절대로 관여하지 못하게 만들었다. 결혼 제도를 옹호하던 켄터키 주의 재판관들조차 이러한 상황은 옳지 않다고 보았다. 결국 켄터키 주 대법원은 친생자 추정 원칙을 굳세게 주장했던 최근의 판결을 뒤엎고, 결혼 제도는 더 이상 아이의 친부에게 아버지 지위를 빼앗을 만큼 의미가 있지 않다고 결론지었다.[67]

헌법에 근거하든 일반 법률에 근거하든 핏줄 중심으로 판결을 내리면 친자 확인 검사를 통과한 남성은 아이 엄마와 아이 엄마의 남편이 반대하더라도 부모 자식 관계를 지킬 수 있는 권리를 갖게 된다.[68] 핏줄에 따라 판결을 내리는 주에서는 남성도 동등한 권리를 가져야 한다는 명목으로 여성의 의사 결정 권한을 제한한다. 결혼 (그리고 또 다른 부모 자식 관계가 단절된다는 사실)은 이 상황에서 거의 고려되지 않는다.[69] 이러한 논쟁 상황에서 법은 아이의 친모가 아이 아빠를 선택하는 것을 허용하지도 않고, 무엇이 아버지 지위를 결정하는지에 대해 사회적 합의를 이끌어내지도 못하고 있다. 대부분의 주에서 법원은 핏줄에 근거하여 판결을 내리지만, 여성이 남성과 성관계를 맺을 때 여성은 그 남성에게 이 관계로 인해 태어날 아이의 합법적 아버지가 될 기회를 주는 것이라고 직접적으로 이야기하지는 않는다. 결국 2008년 켄터키 주 대법원은 재판관들이 너무나도 대립되는 의견을 내놓은 탓에 친생자 추정 원칙을 옹호할 합리적인 근거를 찾지 못했고, 3년 후 법원의 마음을 돌린 사건에도 분명하게 대처하지 못했다. 이 두 사건은 트레버 같은 남편들에게도, 또 앤드루처럼 퇴짜 맞은 애인들에게도 아버지 지위를 얻고자 할 때 법원에 찾아가서 자신의 유전적 혈통을 증명하는 것 외에 무엇을 할 수 있는지에 관해 그 어떤 지침도 제공해주지 못한다.[70]

여성의 권한

여기 또 다른 길이 있다. 캘리포니아 주는 최소한 부분적으로라도 여성이 아이 아빠를 결정할 수 있도록 허용하며, 여러 주들이 캘리포니아 주를 뒤따르고 있다. 캘리포니아 주 대법원은 아이마다 두 명의 법적 부모를 가질 수 있도록 보장하려 하지만, 결혼이나 핏줄보다는 누가 부모 역할을 하느냐에 더 큰 비중을 둔다.[71] 그 결과 여성의 권한이 상당히 커졌다. 아이 엄마의 파트너는 아이 엄마가 협조해야만 부모 역할을 맡을 수 있다. 하지만 일단 상대방이 아이와 부모 자식 관계를 확립하면, 아이 엄마는 더 이상 그 관계를 끊어버릴 권한이 없다. 대신 여러 명이 법률로 지정한 부모의 기준에 부합할 경우 캘리포니아 주는 가장 지속적으로 아버지 역할을 해낼

수 있는 사람을 아버지로 인정한다.[72]

이 같은 결정 과정에서 캘리포니아 주는 여전히 친생자 추정 원칙을 인정하지만, 이에 덧붙여 자신의 가정에 아이를 기꺼이 받아들이고 아이를 자기 자식으로 인정하는 남성을 아버지로 추정할 수 있다는 원칙 또한 견지한다.[73] 부모로 추정할 수 있는 사람이 여럿이라면 법원은 "정책과 타당성을 더욱 심도 있게 고려하여" 그중 한 명을 선택한다.[74]

수에디는 임신했을 때 고작 열다섯 살이었다. 수에디는 두 명의 남자와 잠자리를 가졌는데, 한 명은 스물아홉 살인 앤서니였고 다른 한 명은 스물한 살의 가브리엘이었다. 수에디는 두 명 모두에게 당신의 아이를 가졌다고 말했지만, 가브리엘은 수에디에게 헌신하고 싶어 하지 않았다. 수에디와 함께 살고, 출산 수업에 동행하고, 그녀가 임신했을 때 곁에서 도와준 사람은 앤서니였다. 수에디는 가브리엘과 연락을 끊고 결국 앤서니와 결혼했다. 그러나 아이가 10개월이 되었을 때 DNA 검사 결과 아이 아빠가 앤서니가 아닌 가브리엘이라는 사실이 드러났다.[75] 법적으로 수에디가 낳은 아이의 아버지로 인정받을 수 있는 사람은 가브리엘인가, 앤서니인가?

앤서니와 가브리엘 사이의 다툼은 곧 부모의 기준을 새로 마련하기 위한 다툼이라 할 수 있다. 아이 아빠로 인정받고 싶어 하는 남성이 두 명인 상황에서 수에디는 그동안 자기 곁에 있어준 사람이 아이의 아버지가 되기를 원했다. 수에디는 친부가 누구인지 밝혀지기 전에 스스로 아버지 역할을 맡고자 했던 사람을 원했다. 요컨대 수에디는 여성들이 항상 그래왔던 대로 아이 아빠를 결정했다. 그녀는 자신에게 헌신한 앤서니와 책임을 회피한 가브리엘을 비교했고, 아이 아빠로 앤서니를 선택했다. 그리고 가브리엘은 수에디가 낳은 아이를 '자신'의 아이로 만들기 위해 싸웠다. 친권을 얻으려는 가브리엘의 방식은 수에디에게 출산을 더욱 위험한 일로 만든다. 자신에게 별로 해주는 것이 없는 남자에게 얽매일 수 있기 때문이다. 반대로 자신에게 헌신하는 남자에게 '아버지'라는 자격을 줄 수 있는 권한이 수에디에게 있다면, 이번에는 가브리엘에게 섹스가 위험한 행위가 된다. 자신의 아이를 양육할 권리를 사실상 다른 사람에게 넘겨야 하기 때문이다. 캘리포니아 주 법원은 수에디에게 핏줄이 아닌 가족의 안정을 선택할 권리가 있다고 판단했다.[76]

지금까지 각 주에서 중간층에게 어떤 법을 적용하는지 알아보았다. 처음 켄터키 주가 친생자 추정 원칙이 타당하다고 결론지었을 때 주 법원 판사들은 그 결과로 결혼의 신성함이 증진되기보다는 오히려 여성이 아이 아빠를 선택할 수 있는 힘만 커진다며 항의했다. 중간 항소 법원은 아이가 태어나기 하루 전에 전 남편 트레버와 결혼한 베서니 사건을 맡고는 거의 즉각적으로 친생자 추정 원칙에서 한 발짝 물러섰으며, 3년 후 켄터키 주 대법원은 앞서의 판결을 뒤엎었다. 그 와중에 캘리포니아 같은 주들은 부모의 정의에서 기능을 더욱 강조했고, 이러한 결정은 앤서니 같은 남편뿐만 아니라 결혼하지 않은 파트너에게도 적용되었다. 다른 주들은 그 중간에 위치해 있다. 이러한 결정의 핵심에는 자율성과 의사 결정 권한의 문제가 있다. 남성과 성관계를 맺고 그의 아이를 가진 여성은 반드시 그 남성에게 아이의 법적 부모가 될 기회를 주어야 하는가?

아니면 그 남성은 부모 역할을 맡을 의지와 능력이 있어야만 부모로 인정받을 수 있는가?

이 질문의 답은 문화 및 가족이 속한 계급에 따라 첨예하게 갈린다. 실제로 아이를 출산하는 사람이 여성이라는 사실 때문에 여성은 자녀의 삶에 관여할 남성을 결정하는 권한을 갖는다. 아버지 지위를 현 남편에게 주든 부모 역할을 잘해내는 사람에게 주든 여성에게는 아이 아버지를 결정할 수 있는 막강한 권한이 있다. 반면 핏줄로 아버지를 정할 경우 여성은 아이의 친부에게 종속된 채 아이를 키우게 되며, 이때 아이 아버지에게 성실하게 부모 역할을 해낼 의사가 있는지는 중요치 않다.

캘리포니아 주 법원은 텍사스 주 법원이 거절한 것, 즉 친생자 추정 원칙에 따라 "아이 엄마와 그녀의 남편은 아이의 친부가 친권을 갖지 못하도록 막을 수 있다"는 사실을 받아들였다.[77] 캘리포니아 주에서는 오직 핏줄이나 결혼했다는 사실만으로 법의 보호를 받을 수 없다. 중요한 것은 아이와의 관계다. 이러한 관점에서 볼 때 아이가 태어난 후 아이 엄마와 함께 부모 역할을 한 사람은 누구라도 보호받을 수 있다.[78] 이렇게 하면 당사자의 결정을 인정할 수 있고, 아이의 친부를 부정하지 않고도 부자/부녀 관계를 보호할 수 있으며, 아이 엄마가 나중에 마음을 바꾸더라도 아이(그리고 아이와 부자/부녀 관계를 맺은 남성)의 안전을 지킬 수 있다.[79]

친생자 추정 원칙이 되살아나다

텍사스 주와 캘리포니아 주 사이에는 다른 여러 결론들이 있다. 예를 들어 유타 주는 캘리포니아 주처럼 친생자 추정 원칙을 고수한다. 하지만 켄터키 주와는 다르게 남성의 책임감 문제를 고려한다. 유타 주에서는 아이의 친부가 아버지 역할을 거절하고 아이 엄마의 새 남편이 아버지 역할을 할 경우 새 남편이 아이의 법적인 아버지가 된다. 이들의 결혼이 깨지고, 아이가 15개월이 되었을 때 아이 엄마가 다시 아이의 친부와 결혼하고, 이 가족이 계속 유지된다고 할지라도 문제 될 것은 없다. 전 남편이 유일한 아이의 법적 아버지로 남아 있게 된다.

친생자 추정 원칙은 매우 복잡한 문제다. 여러 문제가 엮여 있기 때문이다. 첫째, 법원은 남성을 판단해야 하는가? 유타 주와 캘리포니아 주는 누가 아버지 역할을 기꺼이 맡았고 누가 그렇지 않았는지를 고려하며, 이때 결혼 여부를 고려하기도 하고(유타 주) 고려하지 않기도 한다(캘리포니아 주). 텍사스 주 같은 주들은 단순히 핏줄에 근거하여 아버지 자격을 부여한다.

둘째, 주 법원은 여성의 성생활을 판단하는가? 스칼리아 대법관처럼 켄터키 주는 책임감 있는 남성과 무책임한 남성을 파악하려고 하기보다는 아이 엄마의 행동을 비난한다.

셋째, 누가 결정을 내리는가? 상위 3분의 1 집단에서는 서로가 함께 헌신적으로 아이를 양육할 수 있는 상황을 마련한 후에 아이를 낳는다. 어떤 경우에는 적절한 배우자를 찾는 것을 포기하고 정자를 기증받는데, 이때 정자 제공자가 친권을 요구하지 못하도록 미리 조치를 취한다. 두 경우 모두 혈통에는 의심할 여지가 없다. 하위 3분의 1 집단에서는 한부모 가정이 늘어나고 있다. 아이 엄마가 결혼하지 않았을 경우 법은 수에디나 베서니 같은 상황에 놓여 있는 여성들에게 아이의 친부를 아이 아빠로 받아들이라고 강요할 수도 있지만, 실제로는 아이 엄마가 아이에 대한 접근을 통제한다.

그러나 중간층에서는 다툼이 계속되고 있다. 아이의 친부 중 법원에 소송을 제기할 자원이 있는 사람은 아이 엄마의 결정을 거부하고 친권을 요구한다. 이들은 르노 사건에서처럼 아이 엄마와의 관계와 상관없이 아버지 역할을 요구할 수 있다고 생각한다. 그러나 누구보다도 큰 책임감을 갖고 아이를 키우는 엄마들은 아이 아빠를 직접 고르고 싶어 한다. 아이 엄마는 수에디처럼 미래를 약속하지 않는 남성보다는 의지할 수 있는 남성을 아이 아빠로 선택할 확률이 크다. 하지만 아이 엄마는 아이가 친부를 좋아하는지 아닌지는 고려하지 않고 자신에게 더 잘해주는 남성을 아이 아빠로 선택할 수도 있다. 문제는 모든 관계, 즉 아이 엄마와 새 남편의 결혼 생활 및 아이와 친부의 관계가 점점 짧아지고 있다는 것이다. 판사들은 종종 제 역할을 다하지 않는 어른들을 비난한다. 하지만 이들이 제대로 행동할 수 있도록 새로운 사회 규범을 만드는 데는 별다른 노력을 기울이지 않는다. 릴리와 칼은 대부분 스스로의 결정에 따른다. 그리고 현실적으로 릴리는 칼이 앞으로도 계속 아이를 만날 수 있게 할 것인지 아닌지를 직접 결정할 것이고, 칼이나 지역 사회에서 큰 도움을 받지 않고 아이를 키울 것이다.

4부 사회 재건하기

불평등과 계급 그리고 가족

과거를 회상해보면 우리가 어렸을 때와 갓 성인이 되었을 때가 참 좋은 시절이었다는 생각이 든다. 1950년대 중반에서 1970년대까지는 대압착 시기였다. 우리 부모님들은 우리를 대학에 보내기로 결정했다. 이는 대공황 때나 제2차 세계 대전 때에는 불가능했던 것이었다. 우리는 한때 닫혀 있던 문이 우리를 향해 열려 있는 것을 보았다. 학위를 따고, 여성에게 허용되지 않았거나 이민자들이 시도할 수 없었던 직업을 얻고, 일을 하면서 아이도 키울 수 있었다. 그리고 우리는 그때(지금 돌아보면 더욱더) 우리네 부모님이 물심양면으로 지원해준 덕분에 우리가 그러한 기회를 붙잡을 수 있었다는 것을 느꼈다. 우리의 부모 세대는 조부모 세대로부터 그러한 지원을 받지 못했고, 오늘날 노동자 계급 부모가 자녀를 그만큼 지원해주려면 매우 고군분투하지 않으면 안 된다.

학자로서 그 시기를 되돌아보면, 1980년까지 한 시대를 형성했던 두 가지 큰 변화를 볼 수 있다. 첫째, 고용 기회가 더욱 많아졌고 그 결과 경제 안정성이 더욱 커졌으며, 교육이나 지역, 직업에 따른 임금 격차가 줄었다는 점이다. 전후 미국은 반세기 전에 유입된 이민자들을 적극 받아들였고, 민권 운동과 여성 운동이 발생할 수 있는 기반을 마련했다.[1] 둘째, 튼튼해 보였던 1950~1960년대의 가족들은 대다수 인구가 산업화 시기 중산층 모델에 도달할 수 있었던 한시적 기회의 상징이었다는 점이다. 튼튼해 보였던 가족도(1970~1980년대의 이혼율을 높이는 데 한몫했다) 중산층 모델 자체도 오래가지 못했다. 그러나 아직 가족이 튼

결혼 시장

튼했던 때에 미국 가족의 어머니들 대부분은 다가올 세상에 맞춰 자녀를 준비시킬 수 있다고, 또 그래야 한다고 믿었다. 자녀 양육에서의 계급 격차는 점점 줄어들었다.[2] 사회 전체가 평등을 이루기 위해 헌신했고, 그 결과 소수 인종이나 그동안 혜택을 받지 못했던 시골의 가난한 사람들도 사회의 번영을 맛볼 수 있을 거라는 희망이 생겼다. 하지만 이후 발생한 경제 변화 때문에 불평등이 다시 퍼지기 시작했고, 자녀에게 투자할 수 있는 능력은 다시 상위 계급의 상징이 되어버렸다.

미래의 도전은 새롭고 더욱 평등한 사회를 만드는 일이 될 텐데 그 과정에서 경제가 만들어내는 역동적인 변화를 고려해야 한다. 그동안 경제는 경쟁과 위계질서를 강조하고, 산업화 시대에 있었던 안정적인 일자리를 없애고, 남녀가 경제에 참여하는 방식을 바꾸어왔다. 이러한 변화는 가족 구조에 어마어마한 영향을 미쳤다. 이제 여성은 더 이상 남성에게 의존할 필요가 없다(여성이 노동 시장에 참여하자 정보화 사회에서의 서비스 분야가 발달했다). 또한 여성은 헌신의 대가로 이전보다 더 많은 것을 요구할 수 있게 되었고, 실제로 그렇게 하고 있다. 동시에 경제 불평등이 심화되자 관계의 시장이 계급에 따라 분화되었다. 상층 여성은 자신이 원하는 조건에 맞는 남성을 찾을 수 있지만, 다른 여성들은 그럴 수 없다. 이 문제를 해결하려면 새로운 시대에 무엇이 노동자와 가족의 안전을 보장해줄 수 있는지 생각해보아야 한다. 우리는 일자리가 점점 더 불안정해지고 있는 정보화 시대에서 고용 안정을 확대하기 위한 사회적 노력을 다해야 하며, 관계를 불안정하게 맺었다 끊었다 하는 부모의 자녀들을 사회적으로 보호해야 한다. 4부에서 우리는 어떻게 하면 이 두 가지가 서로를 보완하고 강화시킬 수 있는지 설명할 것이다.

다음의 질문으로 시작해보자. 무엇이 타일러와 에이미, 칼과 릴리, 그리고 이들의 자녀가 맞이할 미래를 바꿀 수 있는가? 답은 간단하다. 바로 더 큰 평등이다. 사회가 평등하면 경제적 기회를 붙잡거나 아이들을 위해 안정적인 가족을 꾸리기가 더욱 쉬워진다. 이들이 생활 임금을 제공하는 일자리를 안정적으로 확보하고, 재교육을 받은 후 이직할 수 있고, 어려움 없이 의료보험과 퇴직 수당 및 각종 보험 급여를 받을 수 있다면 서로 간의 관계도 더 나아지고 아이에게도 더 많이 투자할 수 있을 것이다. 아이들에게 가장 필요한 것은 주위의 어른들과 관계를 맺을 때 언제나 일정 수준의 안전을 담보받는 것이다. 어른들은 일과 양육을 함께 해내면서 아이의 교육과 건강에 신경 써야 하고, 아이가 사회에서 가치 있는 존재로 인정받고 보살핌을 받는다고 느끼도록 해줘야 한다.

그러나 경제나 개인의 안전 문제를 해결하는 것은 쉽지 않다. 먼저 경제 불평등의 원인에 직접 맞서야 할 필요가 있다. 기술 변화와 세계화는 혁신과 전문 기술, 유연성에 엄청난 가치를 부여했다. 이와 동시에 경영자가 성과를 독차지하는 기업 문화가 생기자 사람들이 단기 수익에만 집중하게 되었고, 정치 엘리트가 대다수의 문제를 외면하게 되었다. 그 결과 공공 및 민간 부문에서 노동자에게 덜 투자하게 되었고, 제도와 지역 사회를 희생하면서까지 능력이 뛰어난 소수에게 이득을 몰아주게 되었다. 따라서 우리는 가족을 재건하려면 위에서부터 변화를 이끌어내야 한다고 믿는다. 또한 새로운 정책을 통해서 불평등을 가시화해 과연 그것이 도덕적으로 옳은지 의심해보고, 공공-민간 파트너십을 재검토하여 고용 기회를 창출하고, 여러 사회보험을 제공해 고용 자체를 더욱 유연하게 만들고, 어떻게 공공 부문을 통해서 일자리를 늘

릴 수 있을지 재고해봐야 한다.[3]

〈아래로부터의 변화: 자녀에게 필요한 것 제공하기〉에서는 아래로부터의 변화를 검토한다. 특히 임신했을 때부터 자녀가 성인기에 이르를 때까지 자녀에 대한 지원을 더욱 강화해야 한다는 데 초점을 맞출 것이다. 가족이 안정되려면 사회적 불평등의 수준이 전반적으로 낮아져야 할 뿐만 아니라 아이들의 필요를 채워줄 수 있는 가정과 시장이 통합된 구체적인 기반 시설이 있어야 한다. 긴 시간에 걸쳐 여성이 경제에 참여하는 양상이 바뀌면서 한 세대가 가진 자원을 다음 세대로 넘겨줄 때 가족이 맡는 역할도 변했다. 19세기의 이상적인 가족은 가정과 시장을 구분했으며, 여성의 무보수 노동에 의존해서 자녀를 양육하고, 노인을 돌보고, 남편의 정서적 욕구를 충족시키는 방식으로 산업화 시대의 요구에 응했다. 현대에 이르러 여성이 임금 노동을 하고 시장 경제에 의존해 집안일을 해결하게 되면서 가정과 시장이 다시 통합되었고, 그 결과 19세기에 있었던 계급 격차가 다시 발생했다. 우리는 산모의 건강, 조기 교육, 일과 가정의 통합을 지원함으로써 중간층에 발생한 문제를 체계적으로 해결할 것을 제안한다. 미국이 산업 강국으로 거듭난 것은 공교육을 무상으로 제공하고 교육 성과를 내는 데 필요한 여성 권리를 신장시킴으로써 아이들에게 많이 투자할 수 있었기 때문이었다.[4] 후기 산업사회에서 미국의 미래는 사회 기반을 다시 닦아서 유아기에서부터 초기 성인기에 이르기까지 아이들에게 투자할 수 있느냐에 달려 있다. 다음 세대의 안녕은 국가적 관심사로 관리해야 한다.

〈섹스, 권력, 가부장제 그리고 부모의 의무〉에서는 섹스와 자녀 사이의 관계를 다룬다. 모든 사회는 자녀를 양육하기 전에 미리 준비를 갖출 것을 요구한다. 10대의 섹스에 관해 그러하듯이 빨간 엘리트와 파란 엘리트가 동의하는 지점에서는 문제 해결이 가능한데, 실제로 지난 15년간 10대 출산율은 상당히 낮아졌다. 그러나 10대 후반과 20대 초반의 섹스에 대한 문제에서처럼 빨간 엘리트와 파란 엘리트가 생각을 달리하는 지점에서는 문제 해결 가능성이 덜하다. 그러다 보니 이 연령대에서는 계획하지 않은 임신의 발생 빈도가 계급에 따라 더욱 큰 차이를 보인다.[5] 이 장에서 우리는 섹스 및 결혼에 대해 모두가 동의할 수 있는 답을 내놓는 것이 매우 어렵다고 보고, 초점을 자녀 양육에 대한 사전 준비로 돌릴 것이다. 이렇게 초점을 돌리면 남녀가 둘 다 취업을 하고, 성생활이나 결혼과는 별개로 의료 시스템을 통해 사춘기에서부터 폐경에 이르기까지 여성의 생식력을 관리하고, 계획을 세워서 적절한 파트너를 만나고 아이를 낳는 것이 매우 중요해진다. 산업화가 시작되면서 가족 구조가 바뀐 것처럼 정보화 시대에 이르러 자녀 양육에 필요한 것들 또한 바뀌고 있다.

마지막 〈가족법의 죽음과 재탄생 가능성〉에서는 가족법의 토대를 재검토한다. 성인 간의 관계는 점점 더 선택의 문제가 되고 있지만, 부모 자식 관계는 여전히 사회 문제로 남아 있다. 새로운 시대에는 결혼 제도의 안팎에서 법적 부모를 규정하는 일이 점점 더 중요해질 것이다. 따라서 우리는 특별히 주의를 기울여서 생물학적 부모를 밝히고, 아이의 삶에서 부모 역할을 하는 사람이 여러 명일 수도 있다는 사실을 받아들이고, 결혼이나 핏줄과 상관없이 지속적이고 제 역할을 다하는 관계라면 이를 인정하고 아이의 이해관계를 보호해줄 것을 제안한다. 새로운 시대에는 아이들 역시 자신의 안전을 보장해줄 대책이 필요하다.

위로부터의 변화:
가족, 불평등, 고용

가족 연구자는 난관에 봉착하기 마련이다. 가족 패턴을 형성하는 힘, 친밀한 관계에 바탕한 사회 규범, 돌봄 노동을 맡은 성인 간 관계의 조건 등은 가족이라는 요소 하나만을 검토해서는 제대로 이해할 수 없기 때문이다. 가족 문제는 중산층의 중요성을 이야기하는 방대한 문헌을 통해서 들여다봐야 한다. 토머스 제퍼슨Thomas Jefferson 이후 미국의 역사와 경제 발달에 대한 거의 모든 문헌은 중산층이 든든하게 지탱해줄 때 발생하는 상승효과를 강조한다.[6] 이집단—영국과 브라질의 상점 주인, 제퍼슨 대통령 시절의 소작농, 오늘날 프랑스와 버몬트의 치즈 장인, 20세기 중반 미국의 중간관리자, 오늘날의 간호사, 엔지니어, 약사, 사무장—은 강력한 공공 및 민간 제도와 관련되어 있으며, 엘리트에게 맞서는 역할을 담당해서 엘리트가 책임감을 갖게 한다. 또한 이 집단은 다음 세대에 투자함으로써 기업이 갈수록 더 필요로 하는 고급 인력을 제공한다.[7]

오늘날 사회에 존재하는 불평등은 중산층 가족을 강화시키던 제도들을 허물고, 빈곤층의 삶을 더욱 힘들게 만든다. 우리는 앞에서 고용 구조의 변화를 설명하면서 상층에 있는 소수가 사회적 부를 점점 더 독식하고, 중산층을 위한 안정적인 일자리는 점점 사라진다는 사실을 알아보았다. 실제로 지난 10년간 대졸자의 임금은 1980~1990년대 블루칼라의 임금이 그랬던 것처럼 정체되었다. 대침체기 이후로는 언제나 안정적이었던 정부 제공 일자리도 점점 흔들리고 있다.[8]

따라서 가족을 튼튼하게 만들려면 중산층의 토대를 다시 다져야 한다. 그러기 위해서는 불평등을 키우는 원인을 없애고, 생활 임금을 제공하는 안정적인 일자리를 더 많이 만들도록 전략을 짜고, 소외된 사람들을 지원하는 정책을 만들어서 불가피하게 발생하는 고용 격차를 메워야 한다. 미국 사회가 완전히 통합된다면 관계에서의 협상을 방해하는 남녀 격차는 대부분 사라질 것이다.

불평등과 지위 다툼

"자신이 가진 다양한 매력으로 암컷을 기쁘게 만들거나 흥분시키는 능력이 뛰어난 수컷은 보통 암컷의 선택을 받는다. 이러한 사실을 인정한다면 어떻게 수컷 새들이 서서히 장식적인 특성을 획득해왔는지 이해하는 것은 그리 어렵지 않다." 다윈은 어째서 수컷 공작(암컷 공작이 아니다)이 그토록 길고 화려한 꼬리를 갖도록 진화했는지 설명했다. 이러한 이유가 아니라면 수컷 공작의 긴 꼬리는 움직이거나 천적에게서 몸을 숨기는 데 그저 방해만 되었을 것이다.[9]

변화하고 있는 미국 경제(그리고 고용과 가족의 상관관계)의 바탕에는 세계화와 기술 변화로 인해 경제가 제조업 중심에서 서비스 중심으로 바뀌었다는 사실이 있다.[10] 기술 변화는 노동 집약적인 타자기를 사용이 간편한 개인용 컴퓨터로 대체하고, 작물 수확을 기계화하고, 공장 생산 방식을 간소화하는 등 여러 공정을 자동화했다. 또한 생산 시설을 해외로 이전할 수 있게 되면서 국내 제조업 일자리가 줄어들었다.[11] 이 두 가지 요소 때문에 임금이 낮아졌으며(서비스 부문 일자리는 제조업 부문 일자리보다 임금이 적다)[12] 노동자의 협상력이 약해졌다. 오늘날 경제학자들은 노동자들이 받는 임금이 1950년대부터 줄어들기 시작했으며, 이처럼 여러 요소가 맞물려 경제가 허약해지는 초기 단계가 모이니핸의 도심 흑인 사회 분석에서 잘 드러난다고 말한다.[13]

1990년대에는 고학력자의 소득이 늘어난 반면 저학력자의 임금은 정체되었다. 세계화와 기술 변화로 1990년대에 있었던 변화의 '일부'를 설명할 수 있는 것은 맞다. 그러나 세계화와 기술 변화만으로는 상위 1퍼센트가 믿기 어려운 양의 수익을 가져가고 금융 부문을 장악한다는 사실과 대졸자 사이에서 남녀의 임금 격차가 점점 커진다는 사실을 설명할 수 없다고 말하는 자료들이 점점 늘고 있다.[14] 또한 이로써는 고용과 복지의 불안정성이 증대되었다는 사실과 지난 20년간 생산성이 엄청나게 증가했음에도 노동자들이 그 결실을 골고루 나누어 갖지 못했다는 사실 역시 설명할 수 없다.

경제학자 로버트 프랭크Robert Frank는 불평등을 연구하는 데 평생을 바쳤다. 프랭크는 2011년에 출간한 저서 《경쟁의 종말: 승자독식사회 그 후, 미래의 경제 질서를 말한다The Darwin Economy: Liberty, Economy and the Common Good》(웅진지식하우스, 2012)에서 단순하고도 도발적인 주장을 제기한다. 바로 찰스 다윈이 애덤 스미스보다 훌륭한 경제학자였다는 것이다. 오늘날 경제적 불평등이 심화되는 것이 진보의 대가라고 보는 사람들은 애덤 스미스처럼 시장의 '보이지 않는 손'이 경쟁을 통해 더 큰 이익을 가져다준다고 믿는다. 반면 찰스 다윈은 수컷 공작을 연구하면서 경쟁이 승자에게는 상당한 보상을 가져다주지만 집단 전체에는 이득을 전혀 제공하지 않는다는 사실을 이해하고 있었다. 프랭크는 다윈의 통찰이 스미스의 주장보다 오늘날의 경제를 훨씬 잘 설명해준다고 주장한다. 또한 우리는 다윈의 이론이 미국 경제의 상층과 하층에서 발생하고 있는 현상의 관계에 대해 중요한 통찰을 제공해준다고 생각한다.

프랭크는 수컷 공작보다는 코끼리바다물범의 사례를 들어 자신의 이론을 설명한다. 코끼리바다물범은 남극과 캘리포니아 연안을 따라 집단생활을 하며 번식하는 거대한 동물이다. 수컷은 암컷보다 다섯 배 정도 크다.[15] 수컷들은 우두머리가 되기 위해 서로 경쟁하며, 승자는 40~50마리의 암컷을 거느리게 되지만 패자는 집단의 가장자리에 숨어 살며 거의 번식하지 못한다.[16] 수컷의 크기가 생

결혼 시장

존과 번식을 결정하는 사회에서는 몸집이 큰 것이 굉장한 장점으로 작용한다. 다른 수컷과 경쟁해야 하는 개별 수컷 입장에서는 그렇다는 얘기다. 하지만 몸집이 크다는 사실이 집단 전체에 이익을 가져다주지는 않는다. 프랭크는 코끼리바다물범을 잡아먹는 범고래와 상어가 더 크고 뚱뚱하고 느린 코끼리바다물범을 선호한다는 사실을 지적한다. 때때로 크기가 큰 수컷 코끼리바다물범들은 짝짓기를 하려다가 새끼를 깔아뭉개기도 한다. 장기적으로 봤을 때 개체의 몸집이 점점 커지는 것은 종 전체의 건강과 생존에 도움이 되지 않을 수도 있다.

프랭크가 코끼리바다물범의 경쟁을 통해 주장하려고 하는 바는 아주 단순하다. 경쟁이 언제나 전체 집단에 이득을 가져다주지는 않는다는 것이다. 어떤 경쟁은 경쟁을 통해서 얻는 이득과 손실의 총합이 제로가 되거나(제로섬 게임) 오히려 손실이 더 크기도 하다(네거티브섬 게임). 운동 경기는 전형적인 제로섬 경쟁이다. 한 팀이 이기면 다른 팀은 반드시 진다. 이때 순이익은 경쟁의 기쁨이나 관객의 구경에서만 발생한다. 운동 경기는 네거티브섬 경쟁이 될 수도 있다. 아무런 규제가 없을 경우 결국 사업 자체를 파괴할 수도 있는 것이다. 예를 들어 한 팀이 뛰어난 운동선수를 영입하기 위해 돈을 더 쓰면, 다른 팀들 또한 경쟁력을 갖추기 위해 돈을 더 쓸 것이다. 그러나 한 팀이 너무나도 강력한 나머지 다른 팀들이 경쟁할 엄두도 내지 못하게 되면 아마 경쟁 자체를 포기할 것이고, 그 팀을 응원하던 팬들은 흥미를 잃게 될 것이다. 여러 리그에서 각 팀에 연봉 상한제를 두는 것도 이러한 이유 때문이다. 제한 없는 경쟁은 파괴적인 행위를 야기할 수 있으며(예를 들어 운동선수가 스테로이드를 복용하는 것) 이 경우 해로운 경쟁을 제한하는 것이 경쟁에 참여하는 이들에게 더 나을 수 있다.

현대 사회에서 경쟁은 엘리트조차 불안정하게 만들고, 부유한 사람들이 서로 경쟁하는 데 더 많은 에너지를 쓰게 만들며, 경쟁에서 뒤처진 이들을 돌보지 않게 만든다. 경쟁이 더욱 심해진 새 체제에서 꼭대기에 올라선 사람들은 훨씬 더 끼리끼리 모이게 된다.[17] 이러한 상황은 관리자와 노동자 사이의 거리를 더욱 벌려놓는다. 몇몇 학자들은 미국 노동자의 재산이 줄어드는 현상이 미국 경제의 시장 상황이 변한 것과도 관련이 있지만, 관리자들이 서로서로 경쟁하게 된 상황과도 상당히 관련이 있다고 본다.[18]

실제로 불평등을 유발하는 주요인 하나가 관리자들이 받는 보상 체계라는 것은 거의 확실하다. 소득 불평등을 연구한 자료에 따르면, 최상층(상위 1퍼센트 이내)에서의 소득 증가는 전체 소득 분포를 상당히 왜곡시키는데, 최상층의 소득 증가는 주로 경영진이나 금융 전문가들이 가져가는 이익이 커졌기 때문이다. 1979년부터 2005년까지 경영진과 금융 전문가들은 상위 1퍼센트에서 발생한 소득 증가분의 58퍼센트, 상위 0.1퍼센트에서 발생한 소득 증가분의 67퍼센트를 가져갔다.[19] 대침체기가 시작된 이후 상황은 더욱 악화되었다. 상위 1퍼센트는 2009~2012년에 발생한 수익의 95퍼센트를 차지해 금융위기의 여파에서 사실상 완전히 회복되었으나 나머지 99퍼센트는 그 시기가 거의 끝날 쯤에야 겨우 회복되기 시작했다.[20]

연구자들은 경영진의 소득 증가가 마이클 조던이나 페이튼 매닝

Peyton Manning 같은 슈퍼스타, 또는 엔지니어 같은 전문직 종사자의 소득 증가처럼 시장이나 생산성에 따라 결정되는 것이 아니라고 강조했다. 2012년 연구 결과에 따르면 "최고경영자는 보상심의위원회와 이사회 설립을 통해서 자신이 가져갈 보상액을 직접 결정할 수 있는, 아주 독특한 능력을 갖는다."[21] 이 연구는 경영진의 임금 상승을 부추기는 요인 중 하나가 전염성이라고 설명했다. 실제로 한 회사에서 임금 인상을 경험한 사외 이사는 원래 재직하던 회사로 돌아온 뒤 임금 인상을 요구하곤 했다.

이러한 보상 체계의 변화가 경영진의 임금 인상만을 낳은 것은 아니다. 기업 문화 또한 상당히 달라져서 결과적으로 노동자에 대한 투자가 줄어들었다. 법학 교수 린 댈러스Lynne Dallas는 이러한 현상을 "단기실적주의short-termism"라고 부른다.[22] 관리자가 받는 보너스는 회사의 연수입(또는 분기별 수입)이나 손익계산서에 따라 결정된다. 이때 단기 이익의 증가가 장기적으로 봤을 때도 이익을 가져다주는지는 고려하지 않는다. 미국 증권거래위원회SEC의 위원장이었던 메리 샤피로Mary Schapiro는 금융위기의 원인을 다음과 같이 설명했다. "많은 주요 금융 기관이 급여와 복리후생을 포함한 보상 체계를 불균형하게 만들어서 단기 실적을 내는 직원에게 거액을 지불했다. 단기 실적을 위해 내린 결정이 장기적으로는 상당한 손실을 내거나 투자자 및 납세자에게 손해를 끼치더라도 상관없었다."[23]

회사의 수입을 늘려서 보너스를 타든 주가를 올려서 스톡옵션의 가치를 키우든 간에 경영진이 단기 실적에 집중하면 노동자와 서로 다른 이해관계를 갖게 된다. 예를 들어 비용을 줄이기 위해 인원을 감축한 회사는 단기 이익이 증가할 것이며, 주가 또한 곧 높아질 것이다.[24] 그 후 회사가 능력 있는 직원이 부족하다는 사실을 깨닫는다 해도 인원 감축을 결정한 경영진은 이미 회사를 떠났기 때문에 결과에 책임을 지지 않으며, 기존 직원을 해고하고 새로운 직원을 고용하면서 발생한 혼란에도 신경 쓰지 않는다. 게다가 혜택이 금전적 보상에 집중될 경우 오직 이것만이 개인을 움직이는 동기가 될 수 있으며, 개인이 더욱 냉혹한 결정을 내리게 만들 수도 있다. 실제로 회사 기록서를 검토한 연구와 실험 결과에 따르면, 회사에서 경영진의 보수가 노동자의 보수보다 더 많을수록 경영진이 노동자의 이익을 무시할 가능성이 높아졌다. 이 실험에서 피험자들은 관리자 역할을 맡았는데, 자신이 피고용인보다 임금을 더 많이 받을 거라고 들은 피험자는 자신의 부하직원과 비슷한 수준의 임금을 받을 거라고 들은 피험자보다 부하직원을 더 많이 해고했다.[25] 이러한 보상 구조가 해고 대상인 노동자 개개인에게만 영향을 끼치는 것은 아니다. 경기가 좋을 때 경기를 더욱 자극하는 경기 순응적pro-cyclical 정책이 더 많이 생기면서 경제 변동이 더욱 심해지기도 한다.[26]

'개인의 이익'에만 초점을 맞춘 이러한 체제에서 기업과 직원들은 관리직이든 노동자든 상관없이 상호에게 이익이 생기는 한에서만 함께 일한다. 충성심은 사라진다. 회사는 직원에게 투자하지 않고, 직원은 더 좋은 조건을 제안받으면 거리낌 없이 회사를 옮긴다. 그 과정에서 회사는 필요한 물품과 서비스를 점점 더 자영업자, 이제 막 소규모 사업을 시작한 사람들에게 구매하게 된다. 만약 회사

결혼 시장

가 잘나간다면 자영업자도 이익을 보지만, 경기 순환에 따른 성쇠나 질병, 위급한 가족 문제, 예기치 못한 상황 등에서 비롯되는 부침으로부터 자영업자를 보호할 수 있는 조치는 거의 없다.[27]

그 결과 악순환이 발생한다. 단기 실적이 중요하고 자본이 외국 시장으로 쉽게 빠져나갈 수 있는 상황에서 경영진은 노동자로부터 기업 자산을 빼돌려 자사주를 매입하는 방식으로 배당금을 높이고 기업을 투자회사가 소유한 자산쯤으로 여긴다.[28] 장기적인 관점에서의 기업 건전성, 즉 기업이 생산한 상품의 질이나 기업의 운영 안정성보다 기업이 제공하는 보너스, 주가, 배당금이 더 중요해지며 기업의 근본 가치는 무시된다. 그 결과 기업은 물론 개인의 소득까지 널뛰기를 하게 되고, 불안정이 심화되면 사람들은 더욱더 단기 실적을 올리는 데 급급하게 된다. 내년에 이 회사와 함께 일하지 않는다면 이번 연도의 보너스만이 중요해지고, 기업의 장기적인 건전성은 중요성을 잃는다.[29] 경영진이 가져가는 보수가 커지면, 생산성 증대로 발생한 이익 중 노동자가 가져가는 몫은 줄어든다. 보스턴 컨설팅 그룹의 2012년 보고서는 많은 제조업체가 인력을 필요로 하지만 자리를 메우지 못하고 있으며, 이는 업체 측이 다른 회사만큼 임금을 지불하려고 하지 않기 때문이라고 결론지었다.[30] 애덤 데이비슨Adam Davidson 기자가 취재한 바에 따르면, 공장 관리자들은 빈자리(시간당 10달러짜리 일자리)를 채우는 데 상당히 애를 먹고 있었다. 데이비슨이 경제학자들에게 이에 대한 논평을 부탁하자 경제학자들은 이렇게 답했다. "웃음을 터트리지 않을 수가 없네요."[31] 왜냐하면 경쟁 시장에서 '부족'은 지원자가 모자랄 때 가격을 올리지 않앉을 경우에만 발생한다는 사실을 경제학자 모두 알고 있기 때문이다. 공장 관리자들의 말은 기업 관행이 상당히 변했다는 것을 보여준다. 즉, 기업은 경영진의 보수는 올려도 노동자의 월급은 올리지 않기로 결정한 것이다.

정치학자 제이컵 해커Jacob Hacker와 폴 피어슨Paul Pierson이 《부자들은 왜 우리를 힘들게 하는가? 승자 독식의 정치학Winner-Take-All Politics》(21세기북스, 2012)에서 설명한 것처럼 이러한 결과는 자본주의의 불가피한 산물이 아니다. 그저 하나의 정치 체제가 이러한 변화를 만들어왔을 뿐이다. 해커와 피어슨은 공화당이 1978년부터 막상막하의 선거에서 기이할 정도의 비율로 계속 승리를 거두어왔는데, 이는 미국 상공회의소와 보수적인 기금 모금 활동 전문가들이 보수적 기업의 이익을 증진하기 위한 정치 헌금을 목표로 삼았기 때문이라고 말한다.[32] 또한 둘은 그 결과 부유한 사람들이 세금을 적게 내고, 규제가 완화되고, 법 집행이 줄어들고, 노동자가 보호받지 못하고, 최저임금이 약화되었다고 주장한다. 이 모든 변화는 노동자의 단체 조직력을 약화시키고, 경영진이 대주주나 규제 정책의 통제를 더욱 쉽게 피할 수 있게 만든다.

소득 불평등을 연구한 자료를 보면, 이러한 정치적 변화가 계급과 성별에 미친 영향을 알 수 있다. 첫째, 최저임금이 약화되자 여성 소득 백분위 50과 백분위 10 사이가 벌어지면서 경제 사다리의 맨 아래에 위치한 여성 노동자가 큰 타격을 받았다.[33] 둘째, 노동조합에 적대적인 법률 때문에 노동조합의 힘이 약해지자 1973년과 2001년 사이에 남성 임금의 분산값이 14퍼센트 커졌다.[34] 이러한 변

결혼 시장

화 때문에 임금이 낮아지고, 노동 조건이 악화되고, 고용 안정성이 줄었을 뿐만 아니라 경제 활동 인구가 크게 줄었다.[35] 고용 기간이 짧아지고, 임금을 통해서건 세금과 공공복지를 통해서건 기업 이익에서 노동자가 가져가는 몫이 줄었다는 사실이 바로 미국 가족에게 일어난 변화의 핵심이다.

해결책: 고용을 통한 중산층 재건과 가족의 강화

그러므로 가족을 재건하려면 우선 미국 경제의 상층에 있는 사람들, 즉 다른 사람의 고용 조건(또는 고용되지 않을 조건)을 결정할 수 있는 사람들, 다른 사람이 결혼 시장에 들어가서 협상할 수 있도록 기반을 닦을 수 있는 사람들이 행동에 나서야 한다. 우리는 반드시 개혁해야 하는 사안을 몇 가지 제안할 것이다. 이렇게 하면 초점을 '이익의 극대화'에서 '사회 및 가족 건강의 극대화'로 옮길 수 있다. 첫째, 단기 실적이 아닌 장기적인 기업의 건전성에 초점을 맞추도록 기업의 보상 체계를 바꿔야 한다. 둘째, 고용 문제를 해결하고 안정적인 일자리를 만들어내야 한다. 셋째, 사회 안전망을 강화함으로써 노동자가 새로운 시장의 요구에 부응할 수 있도록 훈련시키고, 고용 여부와 상관없이 건강보험, 연금, 장애 보상 및 다른 형태의 사회보험의 혜택을 받을 수 있도록 해야 한다. 이 해결책들은 상호배타적이지 않고 서로 큰 영향을 주고받지만, 개념적·정치적으로는 각각 분리되어 있다.

기업 문화와 보상 체계를 개혁해 불평등 줄이기

불평등을 줄이는 가장 쉬운 방법은 부자들의 소득을 줄이는 것이다. 그러려면 부자에게 세금을 더 많이 걷고, 관리자가 가져가는 보수에 상한선을 두며, 금융 부문을 더 강하게 규제해야 한다.[36]

경영진이 장기적인 기업 건전성에 관심을 갖도록 보상 체계를 개혁하는 일이 가장 중요하다. 기업 투명성을 높이고, 경영진이 회사를 떠난 후 일정 기간 동안 스톡옵션을 처분하지 못하게 규제하고, 환수 조항을 마련해서 경영진이 회사를 떠날 때는 드러나지 않았던 위험이나 폐단에도 책임을 지도록 만들어야 한다.[37] 이러한 최소한의 개혁만으로도 기업 구조를 근본적으로 바꿀 필요 없이 기업의 가장 극심한 폐단들을 억제할 수 있다.

여기서 더 나아가 경영진 보상 체계에 깔려 있는 전제에 의문을 제기할 수도 있다. 경영진이 받는 보상이 대부분 스톡옵션의 형태로 지급된다는 것에는 경영진에게 보상을 주는 목적이 주주 이익을 극대화하는 데 있다는 전제가 깔려 있다. 그리고 주주의 이익은 주가에 의해 결정된다. 연방준비제도이사회 전 의장 폴 볼커Paul Volcker는 이에 대해 다음과 같이 대답한 바 있다. "틀렸습니다. 저는 경제학자입니다. 기업의 목적은 사회가 필요로 하는 상품과 서비스를 생산하는 것입니다. 이것이야말로 당신이 사람들에게 돈을 지급하는 이유여야 합니다."[38] 볼커의 주장대로라면 기업은 주주뿐 아니라 사회의 다양한 구성원에 대해서도 책임을 다해야 한다. 여기서 사회 구성원이란 고용인, 소비자, 그리고 사회를 의미한다.[39]

사람들의 동기를 연구하는 기업 컨설턴트와 사회과학자는 외적 동기부여와 내적 동기부여를 구분한다. 심리학자들은 단기 실적에 따른 보너스 등의 외적 동기부여가 행동에 즉시 돌입하게 만들 수는 있지만, 추구하는 가치나 장기적인 행동을 바꾸지는 못한다는 것을 발견했다. 아이들이 설거지를 할 때 용돈을 준다고 해보자. 분명 아이들은 설거지를 더 많이 하게 될 것이다. 하지만 그렇다고 해서 아이들이 보상 없이도 기꺼이 남을 돕는 어른으로 성장하게 되리라는 보장은 없다. 다른 사람을 돕는 것을 중요하게 여기도록 배운 아이, 가족을 도울 때 스스로 기쁨을 느끼는 아이야말로 누군가의 요청 없이도 남을 도울 수 있다. 기업 및 군사 행동에 대한 연구 역시 비슷한 결과를 도출했다(하지만 경제학자들은 심리학자만큼 이 연구 결과를 고려하지는 않는다).[40] 성과에 기반을 둔 보상 체계, 특히 단기 실적만 평가하는 보상 체계는 종종 직원들을 분열시키고 이들의 의욕을 꺾는다. 비교적 평등하게 월급을 지급하면서 집단의 화합을 이끌어내거나 성과를 낸 경우는 따로 인정하는 것이 생산성과 단결력에 더 도움이 되며, 특히 업무가 복잡하거나 평가가 주관적일 수밖에 없을 때에는 더욱 그렇다.[41] 기업 내에서 업무 능력이 좋은 관리자는 당연히 금전적 보상을 받겠지만, 경영진과 주요 직원의 소득 비율이 20 대 1을 넘어설 정도의 과도한 보상이 최상의 성과를 내는 데 반드시 필요하다는 증거는 별로 없다.

고용 창출에 주력하기

일자리 창출은 그 자체로 중요하다. 교육을 늘리면 사람들이 좋은 일자리를 구하는 데 도움이 되겠지만, 이로써 고용 창출을 대체할 수는 없다. 오늘날에는 시장에서 대졸자의 월급이 계속 정체되어 있으며, 심지어 숙련 노동자들도 정리 해고에서 자유롭지 못하다. 과거에 정리 해고는 미숙련 노동자만의 문제였다.[42]

좋은 일자리가 부족하다는 사실은 정치적으로 해결해야 할 문제지만 그동안 정치적 문제로 고려되지 않았다. 이는 적어도 최근까지 일자리를 잃은 사람들이 상대적으로 힘없는 사람들이었기 때문이기도 하고, 정부가 이 문제를 해결할 수 없거나 또는 해결하지 말아야 한다는 잘못된 믿음 때문이기도 하다. 2012년 대선에서 공화당 대통령 후보로 나선 밋 롬니Mitt Romney는 당시 토론에서 결국 "정부는 일자리를 만들 수 없다"고 주장했다. 따라서 정계가 더 나은 일자리를 창출하는 데 책임감을 느끼게 하려면 먼저 더 나은 자료가 필요하다. 기존의 자료들은 일자리의 질이 아닌 개수에만 초점을 맞췄고, 전반적인 고용 및 노동 참여 상황, 실업만 추적했다. 하지만 생산 증가분 중 노동자가 가져가는 비율이나 '좋은 일자리'의 수 등에 더 주의를 기울여야 한다. 이것들이야말로 안정성과 각종 혜택, 유연성을 늘리고 경제를 활성화할 수 있는 요소기 때문이다. 또한 고용을 창출하려면 성장을 지향하는 경제 정책을 강조해야 한다. 경제를 자극하고 투자를 촉진하려면 개인 소비가 늘어야 한다는 것이 경제학계의 통념이다. 예컨대 경제학자 거의 대부분(92퍼센

결혼 시장

트)이 오바마의 경기부양책이 고용을 창출할 것이라고 보았다.[43] 또한 연구 자료에 따르면 미국 경제가 더디게 회복되는 주요 원인은 각 주 및 지역 일자리가 줄어들었기 때문인데, 이는 경기 침체 초기에 연방 정부가 주 정부와 세금 수입을 공유하고 주 정부에 보조금을 지급하는 방식으로 경기를 회복했음에도 불구하고 현재는 의회가 이러한 정책을 거부하고 있기 때문이다.[44] 유럽의 긴축 정책은 경기 침체를 더욱 심화시켰을 뿐 해결하지는 못했다. 완전 고용 경제로의 회복은 중요한 정책 목표가 되어야 한다.[45]

노동이 제값을 받을 수 있도록 최저임금 개정

최저임금을 올리면 당연히 경제 스펙트럼의 제일 끝에 위치한 노동자가 돈을 더 벌게 된다. 경제학자들은 최저임금을 고용주 의무조항으로 지정하는 것보다는 보조금을 지급하는 편이 훨씬 효과적일 거라고 입을 모으지만, 최저임금 의무조항은 전국에 최저임금을 적용하고 임금이 갈수록 낮아지는 것을 방지하는 중요한 조항이다. 그동안 연방 최저임금의 가치가 떨어지자 소득 백분위 10~50 사이에서 불평등이 점차 증가했다. 경제학자들은 최저임금을 인상하면 기계화와 전반적인 고용 감소가 가속화되는지 아닌지를 놓고 논쟁을 벌인다. 각종 연구들은 상반된 결과를 내놓고 있지만, 경제학자들이 놀랄 만하게도 대부분 연구가 (만약 상관관계가 있다면) 최저임금 인상이 고용에 미치는 영향은 미미하다고 본다. 게다가 최저임금을 인상해서 일자리가 약간 줄어든다고 해도 최저임금이 오르면 고용

주는 직원을 여러 명 두고 빠르게 순환 근무를 시키는 대신 능력 있는 직원에게 더 많이 투자하게 될 것이다.[46] 일자리가 안정적이면 생산성은 물론 가족 안정성도 증가한다.[47]

보조금 지급을 통한 일자리 창출과 공공 부문 고용 확대

고용은 기업이 자사의 노동력과 제품 개발, 자본재에 얼마나 투자하느냐에 달려 있다.[48] 노동자가 평생 한 회사에서 일하던 시절, 기업은 지금보다 직원에게 더 많이 투자했고 직원은 자신과 회사를 동일시하면서 자신의 정체성을 찾았다. 평생 포드 자동차에서 도장공으로 일한 내 친척은 1960년대 내내 포드가 아닌 자동차는 살 생각도 하지 않았다고 했다.

직원 교육에 투자하면 단기 실적이 떨어진다. 때문에 직원 교육은 경제 전반에 걸쳐 점점 줄어들었으며, 오늘날 로펌과 최저임금으로 노동자를 고용하는 회사들에서 특히 줄었다.[49] 동시에 교육 부문에서 공공 지출이 줄어들자 자비로는 교육받지 못하는 유망한 직원들이 교육받을 기회를 잃었다. 또한 기술의 진보로 미숙련 노동자나 구식 기술을 보유한 노동자가 덜 필요하게 되었다. 이러한 변화들이 더해져 직업을 구하는 데 어려움을 겪거나 어렵게 구한 직업을 유지하지 못하는 사람들이 그 어느 때보다도 많아졌다.[50]

이 문제를 해결할 수 있는 방법 중 하나는 미숙련 노동자가 받는 임금에 보조금을 지급하는 것이다. 정부는 기업이 새 직원을 고용하고 교육시키는 데 필요한 비용을 지급해줄 수 있으며, 해고 없

결혼 시장

이 직원들을 오래 유지하는 기업에 보상을 줄 수도 있다.[51] 사기업이 직원을 교육시킬 수 있도록 보조금을 지급하는 것 이외의 주요한 대안(또는 중요한 보완책)으로는 최후의 수단으로 정부가 고용 주체가 되는 것이 있다.[52] 전과나 장애, 약물 남용 및 정신 질환 전력이 있거나 교육 수준이 낮고 기술이 부족한 사람들은 경제가 회복된 후에도 일자리를 얻지 못할 가능성이 크다. 1960년대에 모이니핸은 일자리를 늘리기 위해 정부가 노력해야만 가장 소외된 계층이 일자리를 구할 수 있다고 보았다. 하지만 안정적인 정부 일자리와 민간 일자리는 그동안 전부 사라졌다. 브루킹스 연구소의 2012년 발표에 따르면, 대침체기 이후 정부 제공 일자리는 계속 줄었으며 이는 미국의 실업률을 높이는 주요 원인으로 작용했다.[53]

유연안정성 증대와 사회 안전망 재구축

가족과 사회를 재건하려면 매달 월급이 꼬박꼬박 나오는 일자리를 만들어야 할 뿐만 아니라 고용을 인적 자본에 투자하는 것을 장려하고 또 이를 보상하며, 나이가 들거나 질병 및 장애가 발생했을 때 안전을 보장해주는 네트워크의 일부로 만들어야 한다. 한때 미국은 고용과 관련된 여러 제도를 통해서 고용 안정성을 보장하고 직원 교육 및 직무 능력 향상 기회를 제공했다. 과거에는 화이트칼라뿐만 아니라 블루칼라도 '좋은 일자리'를 얻을 수 있었으며, 이 좋은 일자리는 고용 안정과 건강보험, 퇴직연금 등의 여러 혜택뿐만 아니라 승진과 연봉 인상의 기회도 제공했다.[54]

고용을 통해서 해결할 수 없는 가족 내 욕구는 가정주부인 아내가 책임졌다. 아내는 안정적으로 돌봄 노동을 수행함으로써 남편의 고용 안정성을 보완해주었다. 고용주가 제공하는 보험과 더불어 가정과 시장의 노동 분리는 마사 파인만이 "취약"하다고 본 사람들, 즉 노약자와 질병에 걸린 사람들을 보호해주었다.[55] 가정주부인 아내는 아픈 자녀와 노쇠한 부모를 돌보고 남편의 수입이 부족할 때에는 임시로 돈을 벌기도 하면서 사회 안전망의 역할을 담당했다.

이처럼 '좋은' 일자리와 성별화된 역할이 결합된 체제는 거의 사라졌다. 많은 사람들이 이에 대해 "속이 다 시원하다"고 말하지만, 새로운 체제는 경제적 안정도 돌봄 노동도 제공해주지 못한다는 사실을 인식해야 한다.[56] 맞벌이를 하거나 한부모 가정이거나 친척과 멀리 떨어져 사는 가족은 질병이나 재앙이 없더라도 아마도 몹시 악전고투 중일 것이다.[57] 따라서 가족 구성원이 해고당했을 때 이를 더 잘 극복할 수 있도록 가족의 회복력을 높일 수 있는 방안을 마련해야 한다.[58] 갈수록 고용이 창업, 소기업, 임시직, 개인 간 계약에서 발생하는 시대에는 개인에게 교육 및 보험을 제공하는 네트워크를 재구축해야 한다. 그러려면 먼저 일과 가족의 관계 및 그 사이의 빈틈을 메우는 사회 안전망에 대해 다시 생각해봐야 한다.

우선 가족에게 안정성을 제공해줄 사회 기반을 복구해야 한다. 사람들은 안정적인 일자리를 원하지만, 오늘날 대부분의 일자리는 혁신 기업과 신사업, 임시직에서 나온다. 임시직이나 계약직으로 일하는 사람들이 일반 직원보다 3~4배 많으며, 이러한 상황은 앞으로 더욱 심해질 것으로 전망된다.[59] 임시직이나 계약직 직원을 고용하는 것은 회사와 개인 모두에게 유연성을 제공한다. 하지만 더 유연한 노동 환경을 만드는 동시에 가족을 안정적으로 지원하려면 사회 안전망을 만들어서 고용과 건강보험을 분리해야 하고, 직업이 없을 때 힘을 보태줄 실업보험을 제공해야 하며, 교육을 마친 후에도 다시 기술을 배울 수 있도록 교육 시스템을 마련해야 한다.

유연한 노동 환경을 만들기 위한 첫 단계는 산업적 수요와 교육의 관계 재건이다. 미국이나 영국처럼 시장을 규제하지 않는 유형과 유럽처럼 정부가 노동 시장을 규제하는 유형 사이에서 "제3의 길"을 찾고 있는 몇몇 유럽 국가들은 "유연안정성flexicurity"이라 불리는 방식을 개척했다. 이 시스템은 그동안 유럽 국가가 허용해온 것보다 더 높은 수준의 고용 유연성이 필요하다고 보고 있다. 그러면서도 노동자에게 자유 시장에서보다 더 큰 안정성을 제공하고자 한다. 새로운 시스템의 주목적은 일시 해고된 노동자를 재교육시켜 새롭게 발생하는 수요를 충족시키는 것이다. 예를 들어 덴마크에서는 육류 가공 공장이 문을 닫아서 500명의 직원이 해고되자 유연안정성 시스템을 통해 그중 300명을 재교육시킨 후 10개월 안에 다른 일자리를 찾아주었다. 그 외 80명은 다른 육류 가공 업체에서 같은 일을 하게 되었고, 오직 60명만이 실업급여를 계속 받았다.[60]

유연안정성을 목표로 삼으면 다음과 같은 계획을 통해서 고용 상태를 유지하거나 실업자를 노동 시장에 재진입시킬 수 있다.

- 노동자가 다시 학교로 돌아가서 교육을 받거나 학위를 제공하는 프로그램에 등록할 경우 금액을 조금 줄이더라도 더 오랫동

안 실업급여를 받을 수 있도록 한다.

- 보조금으로 직업 훈련을 제공할 때는 산업적 수요를 파악해서 이를 충족할 수 있도록 한다.
- 다른 지역에 새로운 일자리가 있는지 알아보고 인력을 그곳에 재배치한다.

두 번째 해결책은 건강보험과 연금 제도, 재해 및 질병 보험을 보편적이고 이전 가능하도록 만드는 것이다.[61] 미국에서는 제2차 세계 대전 당시 물가 안정 정책의 영향을 피하기 위해서 고용주가 건강보험을 제공하기 시작했다. 오늘날의 고용 상황에서 이는 최고 한계세율*을 통해 노동자에게 보조금을 지급하며, 보험 혜택을 모두 제공하는 저임금 일자리의 창출을 막는다. 또한 미국인 고용주가 건강보험과 고용이 분리된 다른 나라의 노동력을 이용하게끔 유인하기도 한다. 이로 인해 발생하는 불평등을 오바마케어가 어느 정도 해결하긴 하지만[62] 고용과 건강보험을 아예 분리하면 고용주에게는 더 큰 유연성을, 노동자에게는 더 안정적인 건강보험을 제공할 수 있을 것이다.

사회보험에서의 정부 역할과 정부 지출 재고

가장 훌륭한 정부 정책은 직업 훈련 같은 민간 부문의 역할을 대신

---

* 소득 증가분 중 조세 증가분이 차지하는 비율.

맡는 정책이 아니라 위험을 재분배하고 자원을 이전하는 정책이다. 사회 보장 제도는 사적 연금 제도보다 훨씬 효과적으로 노인의 복리를 보장해왔으며, 신뢰도와 혜택의 보편성 측면에서도 더 뛰어나다. 이보다 더 뚜렷한 혜택은 아니지만 근로소득 세액 공제 제도 또한 경제와 가족의 안정에 보탬이 된다. 이 제도는 노동을 장려하며 가족의 요구에 따라 혜택을 달리 제공한다. 또한 그동안 '복지'라고 인식되었던 것을 초당적이고 폭넓은 지원으로 대체하기도 한다. 부자들에게 혜택을 제공하는 세금 제도와 마찬가지로 이 제도 또한 정치적인 구호로 환원하기엔 매우 복잡한 문제이기 때문에 이 책에서 충분히 다루기는 어렵다.

근로소득 세액 공제 제도는 가족을 고려하는 정책의 모범이라고 할 수 있다. 첫째, 이 제도는 노동에 대가를 지불한다. 즉, 노동하는 사람에게 혜택을 제공하기 때문에 복지 혜택처럼 사회적 낙인을 찍지 않으며, 수령자는 돈을 '벌었다'는 느낌을 받을 수 있다. 게다가 다른 종류의 세금 환급 제도처럼 혜택이 일괄 공제되기 때문에 저축하거나 미래 계획을 세우는 데 도움이 되며, 결과적으로 지위 상승에도 도움이 된다. 둘째, 이 제도는 가족의 필요를 파악하고 자녀를 지원한다.[63] 따라서 일과 가족의 의무를 동시에 해내기가 어려운 사람들에게 효과적으로 혜택을 제공할 수 있다.

이 정책의 가장 큰 한계는 일자리가 없는 사람들에게 혜택을 제공하지 않으며 노동을 방해하는 긴급 상황에 대처하지 못한다는 점이다. 이러한 한계는 '세액 공제'를 통해 해결할 수 있다. 세액 공제는 연간 세금 납부액에 따라 공제를 제공한다. 세액 공제는 노동을 방해하는 일시적인 문제, 예상치 않은 긴급 상황으로 발생하는 부채 및 이로 인한 가족의 위기 등에 더욱 폭넓게 대응한다. 예를 들어, 법학 교수인 세라 그린Sara Greene은 이 제도를 활용하여 사람들이 예상치 못한 긴급 상황에 대처하기 위한 계좌를 개설하는 프로그램에 자동 가입되도록 하자고 제안한다. 이렇게 만들어진 계좌는 개인퇴직계좌IRA처럼 인출을 제한하며, 위기로부터 가족을 보호해야 할 때 사용 가능하다. 그린 교수가 관찰한 바에 따르면, 오늘날 많은 가족이 이러한 용도로 신용카드를 사용한다. 가족들은 매우 긴급한 경우에만 신용카드로 비용을 결제하는데, 이 경우 금리가 상당히 높다. 그린 교수는 이러한 전략을 모방하되 가족이 예상치 못했던 필요에 더욱 잘 대처할 수 있도록 세액 공제 제도를 바꿀 것을 제안한다. 또한 이러한 아이디어는 개인보다는 집단 차원에서 흡수하기 쉬운 충격을 완화하기 위해 고안된 사회보험의 한 형태인 실업급여에도 적용할 수 있다.

경제적 안정은 안정적인 가족의 필수 요소다. 문제는 어떻게 하면 고용 유연성을 유지하는 동시에 가족의 필요를 계속 충족할 수 있는가이다. 가장 먼저 해야 할 일은 노동 시장 정책을 재검토하여 노동자를 지금보다 더욱 보호하는 것이다. 노동 시장만 개선해도 거의 모든 사람들이 훨씬 안정적으로 관계를 유지할 수 있을 것이다.[64] 그다음으로는 자녀를 희생시키지 않고도 가족들이 새로운 기회를 활용할 수 있도록 돕는 것이다. 이에 대해서는 다음 장에서 살펴보자.

결혼 시장

아래로부터의 변화:
자녀에게 필요한 것 제공하기

제시카 샤이어는 연수입 2만 5,000달러로 겨우겨우 살아나가는 싱글맘이다. 그녀는 자신의 자녀와 상사의 자녀를 비교하며 다음과 같이 말했다. "그 아이들은 수영도 하고 가라테도 하고 야구도 하고 보이스카우트 활동도 해요. 아이들을 데려다주는 사람은 언제나 제 상사 아니면 그녀의 남편인 것 같아요. 저도 제 아이들에게 그렇게 해주고 싶죠. 하지만 그런 활동들은 돈이 너무 많이 들어요. 그리고 저는 시간이 없어요."[1]

  자녀 양육에서의 계급 격차는 그동안 상당히 벌어졌다. 우선, 소득 격차만 해도 상당히 늘어났다. 오늘날 엘리트 가족은 과거 엘리트 가족보다도 자녀에게 훨씬 더 많은 돈을 지출한다. 게다가 소득 상위 3분의 1에 속한 가족은 맞벌이를 하고 있을 가능성이 크며, 이때 엄마와 아빠의 소득은 아마도 제시카 샤이어 같은 싱글맘보다 훨씬 많을 것이다.[2] 둘째로, 돈을 많이 버는 사람은 유급 가족 휴가를 갈 수 있을 확률이 더 높고, 더 유연하게 시간을 활용할 수 있기 때문에 자녀를 어린이 야구 수업에 데려다주거나 자녀의 스카우트 활동을 참관할 수 있다. 반면 샤이어는 아이를 학교 현장학습에 데리고 갈 때 일급을 포기해야만 했다. 셋째로, 주로 여성의 무급 노동에 의존하던 대가족 및 사회 공동체가 약화되었다. 샤이어가 보이스카우트 회비를 못 내거나 아이를 가라테 수업에 데려다주지 못한다면 이 일을 대신 해줄 사람은 아무도 없다. 그 결과 아이의 인지 능력과 사회 참여, 스포츠 활동, 아이가 느끼는 소외감과 고독감 측면에서 계급 격차가 벌어지고 있다.[3]

계급에 상관없이 모든 아이들에 대한 인적 자본 투자를 늘리려면 보통의 부모가 할 수 있는 것 이상으로 아이들 모두를 정성껏 돌봐야 한다. 그렇지만 사회가 (샤이어 같은 부모의) 아이들에게 무엇을 해주어야 하는가에 대한 논의는 심각하게 양극화되어 있다. 샤이어는 풀타임으로 일하지만 푸드스탬프*나 여타의 정부 지원을 받을 자격이 된다. 보수주의자들은 언제나 이런 복지 혜택을 공격해왔으며 이는 2013년 의회 예산안 협상이 결렬되어 연방 정부가 셧다운 됐을 때도 마찬가지였다. 미주리 주의 한 의원은 아이들의 20퍼센트가 굶주림에 시달리고 있는데도 식량 원조를 줄일 것을 요구했다. 이 의원은 배고픔이 "긍정적인 동기 부여"가 되어 아이들이 직업을 갖게 만들 것이라고 보았다.[4] 2012년 대선에서 공화당은 푸드스탬프 혜택을 매년 가구당 2,000달러씩 줄이고, 샤이어 가족 같은 저소득층 가족을 위한 메디케이드Medicaid** 혜택도 큰 폭으로 축소할 것이며, 고소득자의 세금은 대폭 줄여주고 가난한 노동자에게는 세금

---

* 미국 정부가 저소득자에게 제공하는 식료품 할인 구매권.
** 저소득층을 위한 미국 연방 정부와 주 정부의 의료비 지원 제도.

을 올리겠다고 주장했다.[5] 많은 사람들은 결혼 제도가 이러한 문제를 상당 부분 해결할 수 있을 것이라고 주장하면서 혜택 감축을 정당화한다. 그러나 샤이어가 아이 아빠와 헤어진 이유는 아이 아빠가 가족에게 조금도 보탬도 되지 않았기 때문이다.

성공에 이르는 길이 대대적으로 개편되면 우리가 아이들을 지원하는 방식에 급격한 영향을 준다. 재구축된 지원 방식은 보육 시설을 충분히 확보하고, 일터를 가족 친화적으로 바꾸고, 아이가 아플 때 지원책을 제공하고, 방과 후에 부모가 아이를 돌보고 아이를 여러 활동에 참여시킬 수 있도록 환경을 조성하고, 5세 이전과 18세 이후의 저소득층 자녀에게 교육 기회를 더 많이 제공함으로써 아이가 태어날 때부터 노동 시장에 참여할 때까지 계속 지원을 받을 수 있도록 하는 것이어야 한다. 과거에는 이러한 문제들을 여성의 무급 노동에 의존해 해결했지만, 현대 사회는 다른 사람을 고용해서 아이를 돌보고 아이를 "능력 강화" 활동에 참여시키기에 충분한 돈을 버는 맞벌이 가족에 의존해 해결하려고 한다. 이때 자녀에게 양질의 돌봄을 제공할 수 있을 만큼 충분히 돈을 벌지 못하는 사람들은 중산층의 삶으로 가는 길에서 점점 멀어지게 된다. 샤이어는 어린이집에서 일하지만, 아이러니하게도 그녀의 일자리는 자기 자식에게 시간을 더 많이 투자할 수 있을 정도로 유연하지 못하다.

아이를 돌볼 때는 안전하면서도 활기를 주는 환경을 제공하고, 학교 숙제를 감독하고, 아이가 학교에서 겪는 갈등 및 긴장을 조절해주고, 영양가 높은 음식을 제공해서 아이가 잘 먹을 수 있도록 하고, 유대감을 형성해서 아이 스스로 가치 있고 사랑받는다고 느끼게 만들어줘야 한다. 교육 수준이 높은 부모는 자녀에게 경제적·정서적 자원을 더 많이 투자한다. 저소득층 가족에서는 자녀를 키우는 일이 훨씬 더 고생스럽다. 이러한 상황을 가장 효과적으로 해결하려면 초기에 집중적으로 조치를 취해야 한다. 먼저, 아이 엄마가 임신했을 때부터 지원을 시작해 도움이 되는 지역 사회—예컨대 모든 아이들이 축구나 야구 연습을 할 수 있는 지역 사회—에 가족이 안착할 수 있도록 힘써야 한다.

여성을 다시 노동 인구에 편입시키려면 유아를 위한 사회 기반 시설을 재건해야 한다. 설사 심화된 불평등이 문제가 안 된다 하더라도 한 세기 전처럼 모든 아이들이 유치원에 갈 수 있으려면 사회적 차원에서 노력해야 하며, 모든 아이들이 초등학교와 중학교에 다닐 수 있으려면 공공 부문, 민간 부문 할 것 없이 힘을 합쳐야 한다. 불평등이 심화되면서 여러 지역 사회에서 부작용이 발생하고 있다. 가족이 더욱 불안정해지고, 가난한 가족이 늘어나며, 이웃과 일가친척으로부터 가족이 고립되고 있는 것이다.[6] 이럴수록 사회 기반을 재건하는 일은 더욱 중요해진다.

자녀 지원책의 재구축

계급 재형성을 아래에서부터 다룬다는 것은 곧 우리가 자녀에게 어떤 경로로 자원을 전달하는지 생각해보는 것을 의미한다. 엄마와 아빠 모두 일터에 있을 가능성이 높은 사회에서는 임신한 순간부터 아이의 복리를 증진하고 일과 가족 사이의 간극과 긴장을 해소해주는 네트워크를 재구축해야 할 필요가 있다. 아래의 정책들은 아이가 결혼한 부모 사이에서 태어나든 동거 중인 커플 사이에서 태어나든 아니면 한부모 가정에서 태어나든 아이가 어른이 될 때까지 계속 지원받을 수 있는 길을 마련하는 데 매우 중요하다.

임산부의 건강과 신생아 지원

최신 연구에 따르면, 임신 중 영양이 부족할 경우 아이가 어른이 되었을 때 고혈압이나 관상동맥질환, 당뇨병을 앓게 될 확률이 높아진다.[7] 게다가 출산 직후 산모의 건강은 갓 태어난 아기가 갖는 유대감, 인지, 자극, 영양, 신체적·정서적 건강에 상당한 영향을 미친다.[8] 어린 시절에 가난했다는 사실은 어른이 되어 건강 문제를 겪을 것인지 아닌지를 가장 잘 예측할 수 있는 변수 중 하나다. 부모와의 유대, 충분한 영양, 언제든 건강관리를 받을 수 있는 환경 등은 아이에게 평생 긍정적인 영향을 미치는 반면, 영양 결핍, 빈곤, 인지 자극을 받기 힘든 환경 등 어린 시절의 위험 요인들은 아이의 인생 전반에 부정적인 영향을 미친다. 한부모 가정에서는 이러한 위험 요인을 제거하기가 더욱 힘들며, 고립과 지원 부족, 우울증을 겪을 확률이 더 높다.[9] 오바마케어의 시행으로 보장 범위가 확대된 메디케이드는 이제 임산부에게 비타민 보충과 산전 검사, 분만과 60일간의 산후 조리 같은 출산 서비스를 제공한다. 그러나 상담이나 모유 수유 교육 등의 혜택에 대해서는 주마다 보장 정도가 상당히 다르다.[10]

이를 해결하기 위해 우리는 임산부에게 제공하는 혜택을 개선할 것을 제안한다. 임신부의 건강을 관리하고, 상담 서비스 및 영양 계획 자료를 제공하면 부적절한 영양 공급이나 임신 합병증과 같은 위험 요소를 미리 파악하여 필요한 조치를 취할 수 있다. 예를 들어 임신한 엄마들에게 보충 식품을 제공하는 프로그램을 평가한 자료를 보면, 이 프로그램은 (모두에게 동일한 효과를 낸 것은 아니지만) 일반적으로 영양 결핍의 위험이 있던 가족에게 도움이 되었다. 아이가 태어난 후 의사가 주기적으로 방문하여 산모를 진찰하면 경험이 없는 부모들에게 지침을 제공하고, 건강 문제를 파악하고, 병을 조기에 치료하는 데 도움이 된다. 발달 지체와 자폐 범주성 장애, 알레르기나 여타 질병으로 인한 문제들은 아이의 신경과 다른 기관이 아직 성장 중일 때 집중적으로 치료하면 더 좋은 성과를 볼 수 있다.

출산 후 산모를 방문하는 프로그램은 초보 엄마들을 지원하고 교육하며, 영양 정보 및 교육 정보를 제공할 수 있다. 예컨대 뉴욕 주에서는 전문 교육을 받은 인력이 위험한 상황에 있는 가족을 방문해서 긍정 육아법을 알려주고, 아이와 엄마의 상호 작용을 촉진하고, 아동 학대나 방임을 예방하고, 산전 건강관리를 장려하고, 아기의 건강과 발달을 북돋고, 부모가 만족감을 얻을 수 있도록 도왔다. 이 프로그램은 임산부에게 어떻게 행동해야 하는지를 가르쳐주었다는 점에서 좋은 결과를 냈는데, 프로그램 평가자들에 따르면 가장 중요한 요소는 교육의 내용이나 방문자의 수가 아닌 방문 횟수였다. 이러한 방문 프로그램의 목적은 과거 대가족이 그랬던 것처럼 아이를 갓 낳은 산모를 지속적으로 지원하는 것이다.[11]

결혼 시장

유아기

유아기 때 받은 보살핌의 질은 아이의 인지적·사회적·정신적 발달에 지속적으로 영향을 미친다.[12] 종단연구들에 따르면, 유아기 때 보살핌을 잘 받은 자녀는 학력과 소득 면에서 오랜 기간 우위를 보였다.[13] 반면 유아기 때 교육을 받지 못한 위험 환경 속에 있던 아이들은 10대에 출산할 가능성이 높았고(40퍼센트) 폭력 범죄로 체포될 가능성 또한 높았다(70퍼센트).[14]

아이들이 유아기에 양질의 교육을 받으면 사회에도 유익하다. 경제학자들은 유아기 교육 덕분에 범죄가 줄고 생산성이 높아져 발생하는 수익률이 16퍼센트라고 추정했다.[15] 믿을 만하고 비용이 적당한 보육 시설이 생기면 자녀 양육을 주로 책임지는 여성 역시 어마어마한 혜택을 얻게 된다.

노벨상을 수상한 경제학자 제임스 헤크먼James Heckman은 그동안 제대로 보살핌을 받지 못한 아기도 초기(3~5세)에 집중해서 교육하면 효과를 볼 수 있지만, 그 이후에는 아무리 교육에 투자하고 유아기 때의 결핍을 만회하려고 노력해도 효과가 적다는 사실을 증명했다.[16] 헤크먼은 생물학과 신경과학이 "능력이 능력을 낳고, 성공이 성공을 낳으며, 결핍은 아이에게 체화되어 건강과 성격, 지능 면에서 발달을 지체시킨다는 것"을 증명한다고 보았다.[17] 이러한 이유로, 아주 어렸을 때부터 가난했던 사람들은 고용 상황이 전반적으로 개선되어도 혜택을 보지 못할 수 있다. 유아기에 잘못된 길로 들어선 사람들은 기회를 붙잡을 때 필요한 요소, 즉 능력과 좋은 습

관, 희망을 덜 갖고 있는 경우가 많다.[18]

따라서 우리는 양질의 유아 교육 프로그램을 만들어서 보조금을 지급할 것을 제안한다. 프로그램의 효과를 극대화하려면 잘 훈련받은 돌보미들이 있어야 하고, 돌보미 한 명이 맡는 아이의 수가 적어야 한다. 이 프로그램은 아이의 인지 능력을 자극하고 아이의 정서적 욕구와 능력 개발에 주의를 기울이는 것을 강조한다.[19] 무엇보다 극빈 가정의 아이들도 이 프로그램을 이용할 수 있도록 하기 위해서는 보조금이 필수적이다.

아이가 보다 정규적인 교육을 받기 시작하면 프로그램은 아이뿐만 아니라 아이의 부모까지 관리해야 한다. 헤드스타트 프로그램에 따르면, 아이가 세 살이 되어 부모와 함께 교육을 받을 때 교육 효과가 가장 크다. 이때 교육은 프로그램 센터와 집을 오가며 진행되고, 보통 엄마가 임신했을 때부터 시작된다. 이 프로그램은 아이에게 직접 도움을 주는 동시에 부모에게 올바른 양육법과 자신의 욕구에 적절하게 대처하는 법을 가르쳐준다.[20] 유아 교육 프로그램은 가장 힘든 환경에 처해 있는 아이들에게 가장 큰 혜택을 가져다주는데, 이 아이들의 부모는 이러한 프로그램을 자비로 신청할 수 없기 때문이다. 이 프로그램을 통해 그동안 집에서 인지 능력을 자극받지 못했던 아이들은 부족한 부분을 보충할 수 있고, 아이를 충분히 돌보지 못했던 부모는 적절한 양육법을 배울 수 있다.[21]

이 프로그램에 반대하는 사람들은 프로그램이 초기에는 학업 성취도를 크게 끌어올릴 수 있지만 지속적으로 효과를 거두지는 못할 수도 있다는 연구 결과를 내세운다.[22] 두 번째 반대 이유는 비용이다. 주 정부가 지원하는 미취학 아동 교육 프로그램은 아이 한 명당 약 5,000달러가 든다.[23] 그러나 제대로 된 연구는 시험 성적 외에도 여러 가지 기준을 통해 결과를 평가하고, 잘 교육받은 직원이 잘 준비해서 만든 프로그램과 그렇지 않은 프로그램을 구분하며, 아이들의 사회 및 인지 능력 발달에 미친 영향이 비용을 충분히 상쇄한다고 본다. 이 밖에도 모범적인 프로그램은 개인 소득을 늘리고 형사 사법제도에 들어가는 비용을 줄인다.[24] 양질의 미취학 아동 교육 프로그램에 대한 분석들은 프로그램을 통해 얻는 이득이 비용을 넘어선다고 지적하는데, 특히 가정에서 가장 혜택을 받지 못했던 아이일수록 더 그러하다.[25] 또한 부모들은 이러한 프로그램 덕분에 직장에 나갈 수 있다.[26] 이밖에도 많은 프로그램이 부모의 참여를 장려하기 때문에 부모에게도 도움이 되며, 아이의 일정이 확실하기 때문에 업무 일정 또한 수월하게 짤 수 있다.

학교 제도

아이들은 다섯 살에 성장이 멈추는 것이 아니며, 부모는 여전히 자녀가 계속 보살핌을 받을 수 있도록 해야 한다(그리고 그러기를 바란다). 특히 많은 저소득층 여성이 믿을 만한 방과 전후 프로그램을 찾지 못해서 일자리를 잃는데, 아이들이 학교에 가는 시간과 근무 시간을 조율할 수 없기 때문이다. 현재 학교의 수업 시간은 엄마가 집에서 아이들이 돌아오기를 기다리던 과거와 크게 다르지 않다. 실제로 학교 일정은 어른(주로 여성)이 오후 시간에 아이들을 돌볼 수 있으며 학령기 아이들을 관리할 수 있으리라고 가정한다.

공립학교는 아이들의 미래 가능성을 극대화할 수 있도록 기회를 제공하고 아이들에게 가치를 심어주며 이후 갖게 될 직업과 가족에 대한 기대를 키워나가도록 한다. 초등학교에서 한 반에 적은 수의 아이들을 배치하거나 고등학교에서 대입 준비반을 운영하는 것이 어느 정도 도움이 되는 것으로 보인다.[27] 저소득 집단에서 가장 성적이 우수한 학생들은 고소득 집단의 학생들과 다르게 행동하며 일류 대학에 지원할 가능성이 낮다. 이 아이들은 학업 성취도보다는 계급이 고등학교 졸업 이후의 진로 선택을 좌우한다.[28] 소득이 하위 4분의 1 가정의 학업 성적이 뛰어난 학생들은 3분의 1 정도만 일류 대학에 지원하는 반면, 소득이 상위 4분의 1 가정의 성적이 뛰어난 학생들은 80퍼센트 가까이 일류 대학에 지원한다. 가난하지만 공부를 잘하는 학생 중 일류 대학에 지원하는 학생들도 있는데, 어쩌면 그 차이는 이 학생들이 공부를 잘하는 다른 학생들을 많이 알고 있거나 일류 대학에 다니는 대학생을 만날 가능성이 다른 학생보다 높았기 때문일 수 있다.[29]

문화에 따라서 달라지는 것은 학업 성취도만이 아니다. 학업에 대한 열망 또한 달라진다.[30] 듀크 대학교 교수인 스티븐 베이시 Stephen Vaisey는 다음과 같이 말했다. "가난한 아이들이 여러 선택지 중 교육을 택할 가능성이 낮다는 사실은 그다지 놀랄 만한 일이 아니다. 이 아이들은 교육이 아닌 다른 선택지를 고르게 되며, 사회경제적으로 불이익을 가져다줄 인생 전략을 좇게 된다."[31] 이러한 패턴을 차단하려면 저소득층 아이들과 그 부모들이 다양한 선택을 할

결혼 시장

수 있어야 한다.

불우한 환경에 처한 아이들에게 더 좋은 경험을 제공하고 직장에 다니는 부모를 도울 수 있으려면, 아이들이 학교에서 더 많은 시간을 보낼 수 있어야 한다. 이는 수업 시간을 늘리면 가능하다. 수업을 더 일찍 시작하고 더 늦게 끝내는 것이 불가능하다면, 정부가 지원하는 방과 전후 프로그램을 더 많이 만드는 방법이 있다. 이렇게 하면 모든 아이들에게 '더 좋은 경험'을 할 수 있는 기회를 평등하게 제공할 수 있다.[32]

저소득층 고등학생은 대학 선택과 관련해서 양질의 정보를 얻을 수 있는 기회가 필요하다. 즉, 시골에 있는 작은 학교에까지 입시 상담사를 배치해서 아이들이 대학을 선택할 때 적절한 조언을 받을 수 있도록 하고, 대학이 학생을 모집하는 방법을 바꿔서 졸업생들이 다양한 고등학교를 더 많이 방문할 수 있도록 해야 한다.[33] 이미 몇몇 단체들은 저소득층 학생들에게 대입 정보를 제공하고 있는데[34] 이러한 활동을 더욱 확대해도 좋을 것이다.

우리는 무엇이 아이들의 교육 수준을 높일 수 있는지 잘 모른다. 그러므로 이 분야에 대해서는 후속 연구가 필요하다. 저소득층 학생은 자신의 미래를 선택할 때 저마다 다양한 전략을 취하며, 많은 연구자들이 그 이유를 분석 중이다. 학자금 지원 프로그램이 실제로 영향을 미치는 것은 분명하지만, 모든 저소득층 학생이 관련 정보를 얻고 이 프로그램을 이용하는 것은 아니다.

고등학교 졸업 이후

대학에 입학하는 학생 수가 점점 늘고 있지만, 여전히 고소득 가족의 학생 수가 현저하게 많다(이에 관해서는 〈계급 재형성〉에서 다루었다). 새로운 경제 체제에서는 대학을 졸업하는 것이 매우 중요하다(물론 앞장에서 다루었듯이 우선 양질의 일자리부터 마련해야 한다).[35] 대학 진학을 돕는 정책은 이미 존재한다. 예컨대 커뮤니티칼리지를 보라. 등록 학생 수가 약 800만 명에 이른다.[36] 커뮤니티칼리지는 4년제 대학보다 훨씬 저렴하다. 또한 커뮤니티칼리지는 지역 주민이라면 누구나 입학할 수 있는 자유 입학 제도를 시행하고 있으며, 보통 집에서 가까운 곳에 위치해 있다. 라틴계 미국인과 미국 원주민 대학생의 절반 이상, 아프리카계 미국인 대학생의 40퍼센트 이상이 커뮤니티칼리지에 재학 중이다. 하지만 흑인과 라틴계 미국인, 저소득층 학생들은 백인이나 고소득층 학생보다 대학을 졸업할 확률이 낮다.[37] 많은 커뮤니티칼리지가 학생들이 학교에 남아 있을 수 있도록 돕는 프로그램과 어린 엄마들을 돕는 프로그램을 개발 중이다. 아이가 있는 학생들을 위해 교내에 탁아 시설을 운영하고 있으며, 몇몇 학교는 학생들이 자신의 생식 건강에 대해 깊이 고민할 수 있도록 관련 수업을 개설했다.

기회를 더 많이 제공한다는 것은 곧 사람들이 고등교육을 더 수월하고 유연하게 받을 수 있도록 만드는 것이다. 그리고 이때 남녀의 필요와 생활 패턴을 각각 고려해야 한다. 즉, 고등교육의 비용을 낮추는 정책들을 개발해야 하고, 특히 부양할 가족이 있는 사람들에게 이러한 정책을 제공해야 한다. 예를 들어, 학자금을 지원하기 위해 대학 재학에 필요한 비용을 계산할 때는 반드시 자녀 양육비와 의료보험비를 포함시켜야 한다. 일단 대학에 입학하면 지속적으로 개별 상담을 받을 수 있도록 해서 학생이 채무와 가족의 의무를 감당할 수 있도록 도와야 한다. 또한 수업 시간을 유연하게 조정할 수 있는 프로그램이 필요하다. 예를 들어, 커뮤니티칼리지에 초·중·고등학교의 수업 시간이나 교내 탁아 시설 운영 시간에 맞게 일정을 조절할 수 있는 수업을 만들면 나이가 많은 여성도 다시 학업을 재개할 수 있다. 앞으로 가장 도움이 많이 될 변화로는 온라인 수업의 확대와 자녀 양육 시간에 맞춰 개인의 일정을 조절할 수 있도록 허용하는 학위 수여 프로그램을 꼽을 수 있을 것이다. 커뮤니티칼리지와 도제 프로그램*은 기술이 부족한 노동자들이 학교로 돌아와 기술을 습득하거나 이직 또는 승진에 필요한 교육을 받을 수 있도록 도와준다. 인턴십 및 취업과 연계되는 커뮤니티칼리지 프로그램 또한 정규직 일자리를 얻는 데 도움이 된다.

부모를 위한 노동 환경 개선: 일과 가족 사이의 균형

다음 세대를 지원한다는 것은 곧 그들의 부모를 지원하는 것을 의미한다. 실비아 휴렛Sylvia Hewlett과 캐럴린 루스Carolyn Luce는 자신들의 연구 결과를 다음과 같이 요약했다. "고속도로에서 빠져나가는

• 기술 관련 분야에서 현장 전문가에게 실무와 이론을 함께 배울 수 있도록 하는 제도.

통로는 곳곳에 있다. 하지만 여성이 한번 고속도로를 빠져나가면 다시 고속도로로 돌아가는 진입로를 찾기가 매우 힘들며 비용도 엄청 많이 든다." 이 연구에서 여성들이 일을 쉬었던 기간은 평균 2년이 조금 넘는 정도였지만, 이들은 이전에 벌던 수입에서 거의 20퍼센트가 줄었다. 경력 단절 기간이 3년 이상인 여성들은 기존 수입에서 3분의 1이 넘게 줄었다.[38] 페이스북의 최고운영책임자인 셰릴 샌드버그Sheryl Sandberg는 베스트셀러가 된 그녀의 책 《린인Lean In》(와이즈베리, 2013)에서 여성은 정말로 일을 그만둘 준비가 되기 전까지는 출산을 위해 일을 그만두지 말아야 한다고 주장했다.[39]

앞 장에서 우리는 '유연안정성'의 중요성을 이야기했다. 즉, 공장이 문을 닫거나 고용주가 원하는 것이 바뀌거나 그 밖의 가족 외적인 요인으로 해고당했을 때 노동자가 다시 일자리를 구할 수 있도록 구조를 바꾸어야 한다. 이를 위해서는 부모가 회사를 다니면서도 아이를 돌볼 수 있도록 노동 환경의 유연성을 강화해야 한다. 직원, 특히 저임금을 받고 일하는 직원들은 노동 시간이 갑자기 바뀔 수도 있고, 아니면 노동 시간을 절대로 바꾸지 못할 수도 있다. 이들 중 절반가량은 표준 노동 시간만큼 일하지만 나머지 절반은 그렇지 않다.[40] 심지어 엘리트 직원들도 노동 환경의 유연성을 누리지 못할 수 있다. 야후의 최고경영자인 마리사 메이어Marissa Mayer는 2013년 큰 논란과 실망을 불러일으켰는데, 당시의 추세에 역행해서 1만 4,000명의 야후 노동자들이 원격근무를 하지 못하도록 금지했기 때문이다.

70퍼센트의 아이들이 어른들이 전부 일터에 나가는 가정에서 살

결혼시장

고 있는데, 이 말은 곧 부모들이 일과 가족 사이를 곡예 하듯 왔다 갔다 해야 한다는 뜻이다.[41] 노인을 돌보는 일 또한 스트레스로 작용하는데, 매년 다섯 명 중 한 명에 조금 못 미치는 직원들이 노인을 부양한다.[42] 직원의 절반은 노인을 돌봐야 한다는 사유로 결근을 한다. 고소득 노동자는 업무 시간을 유연하게 조정할 가능성이 가장 높다(노동 요구량은 여전히 많을 것이다). 저임금 노동자는 보육비, 유치원비 등등에서 얼마간의 보조금을 받을 가능성이 높지만, 예산이 빠듯했던 시기에 보조금이 대부분 삭감되었다. 그런데 고임금 노동자와 저임금 노동자 사이에서 그 어떤 혜택도 누리지 못하는 노동자들이 있다.[43] 예컨대 사무직 시급 노동자 대다수는 업무 시간이 정해져 있으며 유급 휴가가 없다. 이들은 보육비를 지원받지 못하며, 아이가 아프거나 아이에게 급한 일이 발생했을 때에도 딱히 대책이 없다. 이들은 회사에 남아서 잔업을 하라는 압박을 받기도 하고, 제시카 샤이어처럼 아이의 현장학습이나 축구 시합에 참석할지 아니면 가족을 먹여 살리기 위해 돈을 벌어야 할지를 놓고 괴로운 고민을 해야 한다. 선택권이 아예 없는 이들도 있다. 이들은 아이의 요구에 응한다거나 베이비시터가 나타나지 않았다간 바로 해고당하고 만다.

고소득 여성은 이미 무급 및 유급 가족 휴가를 많이 사용하고 있긴 하지만[44] 여성 지원 정책이 늘어나고 휴가를 정기적으로 갈 수 있게 되면서 이상적인 노동자라면 출산을 미뤄야 한다는 인식이 사라지고 있다. 휴가가 많아지면 남성 또한 육아에 더 많이 참여할 수 있다.[45] 게다가 저소득층 여성은 출산 후 해고되거나 스스로 그만

둘 가능성이 특히 더 높기 때문에 육아 휴직이 확대되면 장기 고용을 촉진할 수 있다. 몇몇 주는 노동자가 납입금을 내는 보험 프로그램을 통해서 유급 휴가를 지원한다. 캘리포니아 주와 뉴저지 주가 운영하는 보험 프로그램은 출산을 하거나 가족 구성원 및 동거인이 아플 때 월급 일부를 받으면서 6주 동안 쉴 수 있는 유급 휴가를 대부분의 노동자에게 제공한다.[46] 그 밖에 임신 중이나 임신 직후에 휴가를 쓰느라 받지 못했던 임금의 일부를 일시장해보험을 이용해 받을 수 있도록 하는 프로그램을 운영하는 주들도 있다. 몇몇 주는 노동자가 병가를 사용해서 아픈 자녀나 부모, 배우자, 동거인을 돌볼 수 있도록 허용한다. 이처럼 노동자에게 휴가를 제공하면 여러모로 이익이 된다. 휴가를 사용할 수 있는 여성은 그렇지 않은 여성보다 업무 복귀율이 더 높고 정부 보조금에 의존할 확률이 더 낮다.[47] 유급 육아휴직을 쓸 수 있는 노동자는 그렇지 못한 노동자보다 휴직이 끝난 뒤 다시 원래의 고용주와 함께 일할 가능성이 높다.[48] 휴가 정책을 잘 이용하는 남성은 자신이 맡은 몫 이상으로 집안일을 돕는다.[49]

물론 노동자들만 혜택을 보는 것은 아니다. 고용주 또한 이직률이 낮아지면 시간과 자원을 절약할 수 있다. 캘리포니아 주에서는 휴가 프로그램을 제공한 고용주 중 압도적인 수가 결과가 만족스러웠다고 답하거나 별달리 눈에 띄는 영향이 없었다고 답했다.[50]

노동자가 노동 시장에 참여하면서도 자녀를 제대로 돌볼 수 있도록 하려면 모든 부모가 가족 친화적인 노동 환경에서 일할 수 있도록 총력을 쏟아야 한다. 무엇보다 개인은 협상을 통해 직접 노동 환경을 바꾸기가 어려우며, 실업률이 높은 시기에는 할 수 있는 일이라면 뭐든지 해야만 한다. 노동 시간과 노동 환경을 유연하게 협상할 수 있는 능력 자체가 계급의 표지이다. 그러나 휴가를 얻는다 하더라도 "유연성 낙인"은 피할 수 없을지 모른다. 즉, 자녀와 관련된 이유로 휴가를 떠나려는 노동자는 일에 임하는 자세가 진지하지 못하다고 비치는 것이다.[51]

따라서 우리는 여러 개혁을 순차적으로 진행할 것을 제안한다. 우선 가족 휴가를 확대해야 한다. 현재의 제도를 개혁할 수 있는 방안이 수도 없이 제기되고 있는데, 작은 회사에도 노동자에게 휴가 혜택을 제공할 의무를 지우거나 시간제 노동자나 한 고용주 밑에서 1년 미만으로 일하는 사람들에게도 혜택을 보장하는 것 등 종류가 다양하다. 이 중 가장 호소력 있는 프로그램은 일부 분담금을 받더라도 폭넓은 보장을 제공하는 것이다. 이렇게 하면 오직 고용주만 비용을 지불하는 현재의 가족 휴가 정책을 사회 보험으로 바꾸어놓을 수 있다. 이러한 시스템에서는 노동자와 고용주 모두 비용을 댄다. 이 프로그램은 보장이나 관리 측면에서 사회보장제도와 맞먹으며, 심지어 사회보장국Social Security Administration이 직접 관리할 수도 있다. 이 시스템을 사회보장케어Social Security Cares[52]라고 부르든 가족의료보험휴가법Family And Medical Insurance Leave Act, FAMILY Act[53]이라고 부르든 간에 기본 원칙은 같다. 바로 고용주와 노동자가 임금의 일부를 지불하여 연방 정부가 관리하는 유급 가족 휴가 프로그램에 기금을 마련하는 것이다. 휴가의 종류나 기간은 현행 가족의료휴가법Family and Medical Leave Act, FMLA*의 내용과 상당히 비슷할 것이다.

그러나 휴가를 갈 수 있는 자격은 한 고용주 밑에서 얼마나 오랫동안 일했느냐보다는 총 몇 분기 동안 일했느냐에 따라 결정된다. 그래야만 이제 막 새로운 고용주와 일하기 시작한 노동자도 휴가를 갈 수 있기 때문이다.

두 번째는 현재의 휴가 제도를 확대하지 않고도 부모들이 자신의 병가를 이용해서 아이들을 돌볼 수 있도록 허용하는 것이다. 이것만으로도 상황이 상당히 호전될 수 있다. 절반이 넘는 노동자들이 아픈 아이를 돌봐야 할 때 유급 휴가를 받지 못한다. 대졸 이상 학력의 노동자의 3분의 1가량과 고등학교를 졸업하지 못한 노동자의 3분의 2가량이 여기에 해당한다.[54] 노동자 계급 부모들이 회사에 거짓말을 할 것인가 아니면 가족을 제대로 돌보지 못할 것인가 사이에서 고민하게 만들어선 안 된다.

세 번째로는 주간 노동 시간을 채우는 범위 내에서 근무일을 줄일 수 있도록 하거나 교대 근무 시간을 스스로 선택할 수 있도록 하는 등 노동자가 시간을 유연하게 사용할 수 있는 방법을 강화하는 것이다.[55] 노동자의 일정을 고려해서 근무 시간표를 짜고, 근무 시간표가 정해지면 미리미리 알리고, 노동자들끼리 교대 근무 시간을 바꿀 수 있도록 허용하는 것 등은 고용주가 추가 비용을 들이지 않고도 시행할 수 있다.[56] 소매 영업처럼 고용주의 요구에 따라 특정 장소에서 특정 시간에 일을 해야 하는 경우에도 변경이 불가능하거나 계획에 없던 근무 일정이 생기지 않도록 노동자가 고용주와 일

• 1993년에 제정된 법으로, 전년도 노동 시간이 총 1,250시간을 초과하는 노동자에 한하여 12주까지 무급 휴가를 사용할 수 있도록 한다.

결혼 시장

정을 협상할 수 있게 함으로써 노동 환경에 유연성을 부여할 수 있다.[57] 갑자기 보육 시설 일정이 변경되거나 방학이 시작된 경우에는 노동 환경의 유연성을 통해서 가족의료휴가법을 보완할 수 있다. 《워킹 마더 매거진Working Mother Magazine》이 선정한 '일하는 엄마를 위한 100대 기업'은 창의적이고 진보적으로 유연한 노동 환경을 제공한다. 먼저, 아이를 차에 태워 통학시키거나 노인을 돌보는 등 일과 관련이 없는 책임을 다할 수 있도록 일이 시작하는 시간과 끝나는 시간을 조절할 수 있도록 한다. 둘째, 주간 노동 시간을 채우는 조건으로 근무일을 줄이는 것을 허용해서 노동자가 시간을 더욱 유연하게 사용하고 가족 활동이나 가족이 필요로 하는 다른 일에 주말을 더 길게 쓸 수 있도록 한다. 셋째, 잡셰어링*을 통해서 일을 계속하면서도 가족과 함께 시간을 보낼 수 있도록 한다. 넷째, 프로그램을 단계적으로 도입해서 갓 출산한 부모가 처음에는 시간제로 일하다가 서서히 원래 근무 형태로 돌아올 수 있도록 한다.[58]

대졸자 집단은 새로운 기반을 마련해서 자녀를 미래의 도전에 대비시키고 있다. 우리는 나머지 집단 또한 그렇게 할 수 있도록 도와줄 것인지, 아니면 다음 세대의 상당수를 21세기의 풍요로운 경제에서 아예 배제시킬 것인지 선택해야만 한다.

---

* job sharing. 정규 노동자 한 명의 일을 2인 이상의 노동자가 시간·일·주 등으로 분담해서 하는 노동 형태.

섹스, 권력, 가부장제
그리고 부모의 의무

섹스의 대가는 변해왔다. 이제는 착한 소녀들도(이들뿐만 아니라 그 누구도) 혼전 순결을 지키지 않는다. 미국인의 95퍼센트 이상이 결혼 전에 적어도 한 번은 성관계를 갖는다.[1] 피임이 가능해지자 사람들은 더 오랜 시간을 들여서 적절한 파트너나 아이를 키우기에 적합한 환경을 탐색할 수 있게 되었고, 그 과정에서 재미 또한 놓치지 않을 수 있게 되었다.

　하지만 젠더 불균형이 섹스나 연애의 조건을 왜곡해왔다면 가장 타당한 방법을 통해서 다시 균형을 회복해야 한다. 앞에서 우리는 고용 전망을 회복해서 남녀가 서로의 기대에 부응할 수 있도록 만드는 것이 가장 효과적인 방법이라고 주장했다. 또 다른 방안은 섹

　　　　　　　　　　　　　　　　　결혼 시장

스의 조건을 재정립하는 것인데, 여기에는 두 가지 방법이 있다. 보수주의자들은 이 문제를 리시스트라타*의 관점으로 바라본다. 이들은 섹스 자체가 문제라고 본다. 아리스토파네스의 희곡에서처럼 여성이 때가 될 때까지 섹스를 거부하기만 하면 사회 질서는 자연히 회복되리라 보는 것이다. 찰스 머리 같은 보수주의자는 섹스가 훌륭한 동기라고 믿는다. 머리는 칼이 일자리를 구할 때까지 릴리가 섹스를 거부하기만 했더라면 분명 칼은 별 볼 일 없는 일자리라도 구했을 것이고, 릴리의 침실에 들어가기 위해서라면 그런 일자리를 서너 개 정도 얻었으리라고 확신한다. 페미니스트들 역시 여성이 섹스를 조건으로 협상을 벌일 수 있다고 주장한다. 심지어 애정 어린 시선으로 빅토리아 시대를 돌아보면서 당시야말로 여성이 침실에서 막강한 권력을 쥐고 있던 시대였다고 보는 이들도 있다.[2] 우리가 이 책에서 내내 주장하고 있는 바는, 오늘날 여성은 관계를 거부할 힘을 과거보다 훨씬 많이 갖고 있다는 것이다. 여성이 갖지 못한 것은 바로 장기적이고 만족스러운 관계를 맺을 수 있는 능력이다. 만약 여성이 서로 연대한다면, 연합을 형성해서 남성이 좀 더 믿을 만해질 때까지 섹스를 거부한다면, 남성의 경제력을 개선하지 않고서도 남녀 간 힘의 균형을 이룰 수 있을지도 모른다.

진보주의자들은 이에 반대한다. 이미 우리는 그러한 상황을 경험해보았는데, 상황은 여성이 자매애로 연대해 남성을 거부하는 방향으로 나아가지 못하고 결국 《주홍 글씨》처럼 되어버렸다는 것이다.

• Lysistrata. 기원전 410년에 쓰인 아리스토파네스의 희곡으로, 젊고 아름다운 아테네의 여성 리시스트라타가 섹스 파업을 통해 전쟁을 종결시킨다는 내용이다.

물론 오늘날 찰스 머리 같은 사람들은 굳이 애를 써가며 여성의 행실을 비난하지는 않는다. 대신 이 여성들이 낳은 자녀를 굶겨야 한다고 주장한다. 이들에게서 복지 수당과 푸드스탬프, 의료 혜택을 빼앗으면 남성이 수치심을 느끼고 시간당 7.25달러의 최저임금을 지급하는 일자리라도 구하리라는 것이다.

보수주의자들은 진보주의자들의 해결책이 올더스 헉슬리Aldous Huxley가 1932년에 발표한 《멋진 신세계》와 비슷하다고 대응한다. 《멋진 신세계》 속 사람들은 자연 생식을 하지 않으며 오직 오락을 위해 섹스를 한다. 헉슬리가 만들어낸 사회는 행복하고 편안하며 삭막하다. 보수주의자들은 대학생의 성생활이 이와 다르지 않다고 본다.

보수적 엘리트와 진보적 엘리트가 싸움을 벌이는 동안 관심 밖으로 밀려나 곤경을 겪는 사람들이 있다. 이들은 금욕을 통해 일자리 부족을 해결할 수 있다고 보지도 않고, 올지 안 올지 모르는 아름다운 미래를 위해 피임을 하면서 출산을 미루고 싶어 하지도 않는다. 이러한 현실은 계급 갈등에도 영향을 미치는데, 그 중심에는 성비의 문제가 있다. 독실한 기독교인 여성이 선동을 하든 찰스 머리가 묘사한 벨몬트 사람들이 선동을 하든, 여성 연합을 구축해 얼간이 같은 남자들을 꾸짖자는 계획은 공급 과잉이라는 문제에 직면하고 만다. 결혼할 만한 남성에 비해 여성, 아니 결혼할 만한 여성이 너무 많다는 사실은 가족 규범을 바꾸어버리며, 이렇게 여성의 수가 많으면 연합을 구축하기도 훨씬 어려워진다. 관계에 신물이 난 노동자 계급 여성들이 연합해서 남성이 더 부유하고 공손해질 때까

결혼 시장

지 섹스를 거부할 수 있으리라고 상상하기는 어렵다. 석유수출기구 OPEC 또한 석유 생산을 감산해서 유가 하락을 막자고 회원국들을 설득하는 데 어려움을 겪지 않았던가.

이러한 의심에도 불구하고 우리는 섹스(섹스 자체와 섹스에 대한 이해)가 계급 분화에 매우 큰 영향을 미친다고 보며, 섹스를 통해 문제를 해결할 수 있다고 확신한다. 결국 사람들은 섹스를 해서 아이를 낳는다. 그리고 계급 분화의 주원인 중 하나는 소외 계층 여성이 자신이 원하는 조건에서 성생활을 하지 못한다는 것이다. 하지만 분명 성 문화는 변하고 있다. 다른 변화에 비해 덜 알려져 있긴 하지만 10대의 섹스는 줄고 있으며 10대 출산율 또한 따라 줄고 있다. 그리고 원치 않는 출산을 하는 시기는 20대 초반으로 미뤄졌다.[3]

가장 효과적인 전략을 짜기 위해서는 섹스 자체가 아니라 섹스로 인해 무엇이 발생하는지를 봐야 한다. 예를 들어 아이들에게 관심을 갖고 아이를 양육하기 전에 준비를 철저하게 해야 한다는 주장은 충분히 도덕적이기 때문에 폭넓은 지지를 받을 수 있다. 이어지는 내용에서 우리는 부모가 제 역할을 다할 수 있도록 지원하고 여성의 자율성을 강화해야 한다고 주장할 것이다. 사람들이 피임약을 복용하고 성생활을 관리할 수 있게 하려면 지원이 필요하며, 피임약 복용과 성생활 관리는 예비 부모들이 미래에 희망을 가질 때 효과가 더 크다. 혼전 순결을 옹호하는 사람들과 충분히 성숙할 때까지 섹스를 미뤄야 한다고 주장하는 사람들은 궁극적으로 주장하는 바가 같다. 인생에서 가장 무거운 책임을 맡기 전에, 즉 부모가 되기 전에 더 많은 준비를 해야 한다는 것이다. 문제의 핵심을 섹스 자체에서 '부모가 되기 전에 해야 할 준비'로 옮긴다면 다수가 동의하는 정책을 세워 가족의 토대를 다시 닦는 것이 가능할 수 있다.

10대의 섹스와 계급 이동

섹스를 강력하게 규제하는 것이 가족 관계를 회복하는 열쇠라 생각하는 사람들은 10대의 섹스가 줄었다는 사실에 힘을 얻고 있다. 이제 쉐보레나 기아차의 뒷자석에서 임신하는 아이들은 얼마 없다. 아직 성경험이 없다고 대답한 아이들의 수는 1988~2010년 동안 점차 늘어났다. 15~19세 미혼 여성의 경우 성경험이 한 번이라도 있다고 대답한 비율은 52퍼센트에서 43퍼센트로 꾸준히 떨어졌다. 남성의 경우 이 수치는 더욱 극적으로 줄어 같은 기간 동안 60퍼센트에서 42퍼센트로 떨어졌다.[4] 그리고 이 수치는 부모가 대학 교육을 받은 청소년 집단에서 특히 크게 줄었다.[5] 하버드 대학교 교수였던 마크 하우저Mark Hauser는 그루터 법행태연구소Gruter Institute for Law and Behavioral Research 강연에서 하버드 대학교 신입생 중 성관계 경험이 있다고 대답한 학생은 오직 15퍼센트뿐이었다고 언급했다. 당시 청중은 깔깔대고 웃었지만, 대부분의 연구 결과를 보면 성적이 최상위권인 10대는 하버드 대학교에 입학한 직후부터 마음껏 즐기기 시작한다.

그러나 이러한 추세가 가족 형성에 영향을 미치려면 10대가 성인이 된 후에도 성생활을 절제해야 하며, 대학생 엘리트뿐만 아니라 대학에 진학하지 않은 사람까지도 성생활을 절제할 수 있어야 한

결혼 시장

다. 실제로 이러한 변화를 만들어낸 환경(엘리트 간의 합의, 엘리트에게 영향을 받은 하층 계급의 변화, 균형 잡힌 고등학교 내의 성비)은 고등학교 졸업 이후에는 사라진다. 그럼에도 10대의 섹스가 줄고 10대 출산율은 더더욱 줄었다는 사실은 검토해볼 만한 좋은 소식이다.

왜 이러한 변화가 발생했는지를 알아보기 위해 몇 가지 종합적인 연구를 살펴보자. 예산이 삭감되었던 시기에 연방 정부는 제목에 '섹스'라는 단어가 들어간 몇 가지 연구에 자금을 지원했는데, 이 몇 안 되는 연구를 통해 변화의 원인을 추측해볼 수 있다. 그런데 거기에는 상당히 많은 단서가 있다.

첫째, 어른들의 의견 일치다. 열다섯 살 아이가 성관계를 갖는 데 찬성하는 어른은 별로 없다.[6] 만약 여기에 찬성하는 어른이 있다면 아마도 아이가 없거나 마약으로 해롱대던 청소년기에서 아직 빠져나오지 못한 사람일 것이다.

둘째, 10대에게 금욕을 강조하는 종교 단체의 가르침이다. 종교 행사에 참석하는 노동자 계급 아이들이 특히 이러한 가르침을 잘 흡수한다. 텍사스 대학교의 마크 리그너러스 교수는 적어도 일주일에 한 번 교회에 가며 종교가 자신에게 "매우 중요하다"고 대답한 10대는 성경험이 없을 가능성이 상당히 높다는 사실을 발견했다. 종교가 자신에게 "어느 정도 중요하다"고 대답했거나 정기적으로 교회에 나가지만 그 횟수가 일주일에 한 번 미만인 10대는 교회의 영향을 덜 받았다. 경제 상황이 나빠지면서 교회에 출석하는 사람 수가 줄고 있긴 하지만, 종교 단체에서 믿음을 더욱 굳건히 하고 그에 따라 처신하는 사람들은 성생활의 시작을 미루는 경향이 있다.[7]

10대의 섹스가 줄어드는 데에 영향을 미친 셋째 요인은 특히 1990년대에 심각했던 에이즈의 확산이다. 그 결과 10대가 성생활을 절제하게 되었을 뿐만 아니라 콘돔 사용 또한 증가했다. 연구 결과에 따르면 여러 수단(예컨대 피임약이나 콘돔)을 통해 피임을 한 것도 임신이 줄어든 원인 중 하나다. 그러나 성생활을 절제하는 10대가 늘어난 것은 주로 15~17세에 국한된 현상으로, 성관계를 갖는 비율은 15~17세에서 가장 많이 줄어들었다.[8]

넷째 원인으로는 성비를 들 수 있다. 남녀 차이가 시간이 지날수록 줄어들긴 하지만, 여고생은 여전히 남고생보다 섹스를 조심스러워하며 성경험이 있다고 대답하는 비율도 남학생보다 낮다.[9] 이는 섹스 파트너를 찾는 남학생의 수가 섹스 파트너를 찾는 여학생의 수보다 많다는 것을 의미한다.

마지막 원인으로 대침체기에 10대가 이른 임신을 더욱 경계하게 되었다는 사실을 들 수 있다. 그 밖에 사회가 성폭행 예방에 주력했다는 사실 또한 어린 10대를 보호한 것으로 보인다. 실제로 원치 않는 섹스를 한 적이 있다고 대답하는 아이들의 수는 점점 줄고 있다. 하지만 이러한 추세는 여학생보다는 남학생에게서 더욱 크게 나타난다.[10]

이러한 수치는 친밀한 관계를 주제로 한 우리의 연구에서 주목할 만한 점을 알려준다. 바로 빨간 엘리트와 파란 엘리트가 같은 방향으로 나아가고 있다는 사실이다. 빨간 엘리트와 파란 엘리트만큼은 아니지만 현대 경제에서의 승자와 패자 또한 같은 방향으로 나아가고 있다. 이러한 결과는 엘리트들이 스스로 성생활을 규제하기로 합의를 보았고, 이러한 엘리트의 규범이 엘리트 집단뿐만 아니라 덜 부유한 집단에게도 영향을 미쳤기 때문에 발생했다.[11] 어떤 사람은 종교적 이유로, 또 어떤 사람은 단순히 준비가 되지 않았다는 이유로 성생활을 절제한다. 이처럼 금욕적인 생활을 하는 이유는 저마다 다르지만 이들의 행동 변화는 서로를 더욱 강화한다. 고등학생들은 대부분 집단에서 성적으로 조금씩 더 보수화되고 있다.

20대와 원나잇 문화

10대의 섹스가 줄어든다 해도 이러한 경향이 20대까지 이어지지 않는다면 결혼이나 혼외 출산율에는 큰 영향을 미치지 못할 것이다. 그리고 실제로 10대의 보수적인 성문화가 20대까지 이어진다는 증거는 별로 없다. 대신 성생활 및 가족 형성을 시작하는 시기가 성인기로 늦춰졌을 뿐이다. 오히려 성문화에서 나타나는 계급 차이는 10대 때 비교적 적었다가 20대에 이르러 극명하게 나타난다.

사회학자 마크 리그너러스와 제러미 위커에 따르면 18~23세 성인남녀 중 성경험이 있는 사람은 84퍼센트에 이른다.[12] 그러나 이러한 현상이 도덕적으로 올바른지에 대해서는 아직 합의된 바가 없다. 2012년 미국에서 미혼 성인 남녀가 섹스를 하는 것이 도덕적으로 문제가 없다고 대답한 사람은 59퍼센트, 옳지 않다고 대답한 사람은 38퍼센트였다. 반면 기혼자가 바람을 피우는 것이 도덕적으로 옳다고 대답한 사람은 7퍼센트뿐이었다.[13] 또한 리그너러스와 위커의 연구에서는 남녀 모두가 자발적인 성생활과 강간을 엄격하게 구분한다는 결과가 나온 반면, 성폭행을 당했거나 당할 뻔했다고 대답한 여성의 비율은 여전히 높았으며, 이 비율은 나이가 어릴수록 더 높았다.[14]

미혼자의 섹스를 반대하는 사람 수가 줄어들고는 있지만 여전히 남녀 간의 견해 차이가 있다. 여성은 과거와 마찬가지로 남성보다 원나잇 스탠드에 관심이 적으며, 관계를 승낙한 대가로 무언가(자산이나 헌신, 올바른 행실)를 얻고 싶어 한다.[15] 그러나 이와 같은 '시장' 경제는 모순된 결과를 낳는다. 자산이 가장 적은 남성이 가장 많은 파트너를 갖는 것이다. 대졸 남성은 평균 5명의 여성과 잠자리를 가졌다고 대답한 반면, 고졸 남성은 평균 7.4명의 여성과 잠자리를 가졌다고 대답했으며, 22세의 고등학교 중퇴자들은 8~9명의 여성과 잠자리를 가졌다고 말했다.[16] 물론 남성이 허세를 부리느라 숫자를 과장했을 가능성도 있다. 하지만 분명한 것은 이 숫자가 여성과 만난 기간을 반영한다는 것이다. 고등학교 중퇴자는 여성이 이들을 더 빨리 떠났기 때문에 그만큼 더 많은 파트너를 만나게 된 것일 수 있다. 그렇다고 해도 이 수치는 남성이 적어도 어릴 때는 어려움 없이 짝을 찾는다는 사실을 보여준다. 리그너러스와 위커는 다음과 같이 결론을 내렸다. "역사적으로 남성은 섹스를 하기 위해 갖가지 노력(헌신적인 행동이나 생활력, 또는 전도유망한 삶의 궤적을 드러내면서 예비 파트너의 관심을 끄는 것)을 해왔으나 현대에 이르러 남성은 확실히 그럴 필요가 없어졌다."[17]

그러나 20대까지 금욕 문화가 이어지지 않는 가장 큰 원인은 그 목적이나 수단에 대해 합의된 바가 없다는 것이다. 사람들이 유일하게 합의한 목표는 부모가 자식을 안전하게 호위하여 고등학교를 무사히 졸업시켜야 한다는 것뿐이다. 종교가 있는 10대에게 궁극적인 목표는 결혼이다. 종교가 없는 10대에게 목표는 원하는 대학에 입학하는 것, 또는 성인으로서 올바른 선택을 할 수 있을 때까지 성숙해지는 것이다. 특히 파란 엘리트에게 당장 결혼하라는 압박은 직업적 성취를 방해하는 요소가 될 수 있다. 해나 로진이 관찰한 것처럼(로진이 이 내용을 다룬 장의 제목은 "미혼 여성, 원나잇의 달인이 되다"이다) 야심 넘치는 여대생은 "유능한 헤드헌터"처럼 연애를 한다.[18] 이 여대생들은 자신이 만나는 남성들과 마찬가지로 연애에는 시간이 들며 자신에게는 그러한 시간이 없다고 생각한다. 원나잇은 시간을 들일 필요가 없다. 남성과 여성은 여러 면에서 다르지만 너무 이른 시기에 미래를 약속하는 것은 밝은 미래를 위협할 수 있다고 본다는 점에서는 생각이 같다. 그러나 이들은 오락을 위한 섹스는 가볍게 받아들인다. 이들의 계획에 금욕이란 없다. 그러나 출산은 반드시 피해야 하며, 피임은 이제 삶의 일부나 다름없다.

"빨간" 대학생들 또한 점점 더 섹스를 미루고 있다. 보수적인 여대생은 진보적인 여성보다 성생활을 훨씬 늦게 시작한다. 리그너러스와 위커는 18~23세의 보수적인 여대생 중 40퍼센트가 성경험이 없는 반면 진보적인 여대생의 경우 성경험이 없는 비율은 단 16퍼센트라고 보고했다. 성경험이 없는 비율은 백인이고, 보수적이며, 18~23세의 독실한 미혼 학생 또는 대졸자인 경우 63퍼센트까지 치솟는다.[19] 리그너러스와 위커는 독실함과 성생활 절제가 관련되는 지점에서 정치와 종교, 계급이 교차한다고 설명한다. 매우 독실하고 정치적으로 진보적인 성향을 가진 대학생은 독실하고 정치적으로 보수적인 대학생에 비해 성생활을 절제할 가능성이 낮다. 그러나 보수적이고 대학에 다니지 않는 백인 남성은 어느 정도 종교적일지라도 "막 성인기에 접어든 사람들 중에서 가장 활발하게 성생활을 하는 축에 속한다."[20] 금욕(또는 금욕해야 한다는 사회적 약속)은 거의 사라졌지만 빨간 엘리트 대학생에게서만큼은 정체성의 표지가 되고 있다. 다른 연구들도 리그너스와 위커의 연구처럼 일부 대학생들이 대학 캠퍼스에서 복음주의적 기독교 집단의 일원이 되는 대가로 금욕 생활을 한다는 사실을 확인했다.[21]

반면 종교가 없는 좌파의 경우 섹스 자체보다는 섹스를 통제하려는 시도에 반대한다. 진보주의자들은 금욕적인 생활만을 강조하고 성생활을 규제하려는 보수주의적 시도를 불신한다. 그 이유는 첫째, 이들은 믿음이라는 종교적 토대에 동의하지 않는다. 둘째, 이러한 보수주의적 노력들은 거의 언제나 성별에 대한 고정관념을 강화시키고 여성을 구속하는 결과를 낳는다. 셋째, 이러한 보수주의적 노력들은 특히 가난한 사람들에게 부정적인 영향을 미친다. 예를 들어, 구트마커 연구소Guttmacher Institute에 따르면 1994~2006년에 의도치 않은 임신을 한 비율은 빈곤선 아래에 있는 여성 집단에서 50퍼센트까지 증가했다. 같은 기간 소득이 높은 여성 집단에서 이 비율은 29퍼센트로 떨어졌다. 게다가 보수적인 엘리트의 성문화가 어떻든 리그너스와 위커의 연구에 따르면, 보수적이며 대학에 다니지 않는 19~23세의 미혼 여성 중 성경험이 없는 비율은 16퍼센트까지 낮아졌다. 이 비율은 대학에 다니지 않는 진보적 여성(6퍼

　　　　　　　　　　　　　　결혼 시장

센트)에 비하면 여전히 높은 편이지만, 보수적 신념이나 종교적 믿음도 결혼 전망이 어두워지면서 발생하는 현상을 뒤집지는 못한다는 사실을 보여준다.[22] 보수주의자들은 임신한 여성이 애초에 피임을 하지 않았다는 사실을 주로 지적한다. 하지만 다른 측면에서 봤을 때 피임할 이유를 찾지 못하는 여성은 결혼할 때까지 성생활을 절제할 이유도 찾지 못하며, 이러한 태도는 결혼이 실현 불가능한 이상이 된 뒤로 특히 심해졌다.

이러한 변화는 엘리트 사이에서 문화적 차이를 낳을 뿐만 아니라 태도의 측면에서 계급 차이도 만들어낸다. 엘리트에게 부부가 함께 가족을 꾸리는 길은 하나만 있는 것이 아니다. 금욕적으로 생활하고 종교적 가치를 추구하는 것도, 피임약을 먹으며 결혼을 미루는 것도 미래에 안정적인 관계를 맺을 수 있는 좋은 방법이다. 그러나 이 두 가지 방법이 덜 부유한 사람들에게도 똑같이 효과를 보는 것은 아니다. 그리고 독실한 우파와 세속적인 좌파 사이의 갈등 때문에 합의에 바탕을 둔 새로운 성행위 규범이 등장할 가능성은 낮다. 합의된 규범도 없고 행동 양식도 형편에 따라 저마다 다른 상황에서 엘리트와 비엘리트 사이의 격차는 갈수록 커질 것이다.

그러므로 이제는 섹스와 자녀 양육의 관계에 초점을 맞춰야 한다. 보수주의자들은 섹스를 '성스러운 것'으로 보는데, 섹스가 출산과 관련되어 있기 때문이다. 이처럼 섹스와 출산의 관계를 강조하는 것은 사람들이 낙태를 반대하고 피임의 대중화를 염려하도록 부추긴다. 진보주의자들은 피임의 중요성과 낙태의 합법성을 강조하는데, 이들은 자녀 양육을 대단히 중대한(사실 '성스럽다'는 말로는 다 표현할 수 없다) 일로 보기 때문이다. 우리는 아이들을 대하는 태도에서 공통점을 찾을 수 있는지 알아볼 것이며, 실제로 우리가 낳은 아이들을 잘 보살펴야 한다는 점에서 공통점을 찾을 수 있으리라고 믿는다. 그러나 그 전에 낙태 문제를 둘러싼 갈등부터 알아보자.

낙태와 한부모 그리고 양육

낙태는 가족 가치를 둘러싼 문화 전쟁에서 섹스보다도 더 격렬한 전투가 벌어지는 지점이다. 우파에게 낙태는 곧 나태해진 도덕성을 상징하며, 나태해진 도덕성은 혼전 섹스를 조장하는 것처럼 보인다. 좌파에게 낙태는 끝없는 출산에서 벗어날 수 있는 여성의 자유를 의미한다. 그리고 낙태에는 종교와 도덕, 삶의 모습에 대한 근본적 차이가 얽혀 있다. '이러한 차이에도 불구하고'가 아니라 '이러한 차이 때문에' 낙태는 중요한 정치적 문제가 되어왔다.[23] 주요 정당들이 이념적으로 손을 잡으면서 공화당은 낙태 문제의 '전부 아니면 전무'라는 본질을 이용해서 기독교 우파를 자기편으로 만들었다.[24] 게다가 2000년 이후 스스로 "보수주의자" 꼬리표를 단 사람들 중 더욱 많은 수가 반反낙태 정책을 지지하고 있다. 심지어 이들은 신앙심이 깊지도 않고 낙태를 반대하는 종교에 속해 있지도 않다.[25] 더 나아가 여러 연구는 반낙태 정책을 지지하는 의원들이 그 지역 유권자보다 낙태에 더 심하게 반대한다는 사실을 보여준다.[26] 따라서 낙태 문제에서 합의를 이끌어내는 것은 불가능하다.

그럼에도 낙태의 실질적 의미를 인정하는 것은 매우 중요하다.

결혼 시장

파란 엘리트에게 낙태는 혼전 출산, 10대 출산 및 적절하지 않은 시기의 출산을 억제하는 데 반드시 필요하다. 반면 낙태는 빨간 엘리트가 혼전 섹스를 반대하고 혼외 출산에 찬성하게 한다. 파란 엘리트와 빨간 엘리트는 결국 '고생하는 부모들을 더 많이 지원해야 한다'는 결론에 다다르지 못하고 수사적인 갈등만 심화하고 있다.

그동안 여성 운동은 낙태를 안전하고 합법적으로 만들고 그 수를 줄여야 한다고 주장해왔다. 그리고 실제로 이러한 접근은 낙태율을 낮춘다. 첫째, 한 실증 자료에 따르면 피임 수단을 가장 체계적으로 제공하는 지역에서 낙태율이 가장 낮게 나타났는데, 따라서 체계적인 피임이 최우선적인 목표가 되어야 한다.[27] 둘째, 여성은 예상치 못한 임신 때문에 교육의 기회 및 삶의 기회를 놓칠 수 있는데, 낙태가 이러한 상황을 방지해준다는 인식이 필요하다. 물론 신학대학은 원한다면 금욕적인 생활을 강조할 자유가 있다. 우리도 그들의 선택을 인정한다. 하지만 비공개 엘리트 클럽(몇몇 대학 캠퍼스의 기독교 집단이 점점 이렇게 되어가고 있다)에 가입해 있다는 표시로서의 금욕과 사회 정책으로서의 금욕을 구분하는 것은 중요하다. 실제로 성생활을 자제하겠다고 약속한 10대들도 그렇지 않은 10대만큼이나 혼전 섹스를 할 가능성이 있으며, 이들은 일단 성적으로 왕성해지고 나면 여러 피임법을 사용할 확률이 오히려 낮다.[28]

혼전 순결을 지키려면 피임약을 사용할 때와는 다른 종류의 동기와 절제력이 필요하며, 모든 계급에서 혼전 순결의 방침을 확대하는 것은 불가능하다. 그러므로 낙태 반대 운동은 정부가 피임 수단에 보조금을 제공하는 것을 반대하는 목소리와 합쳐져 계급 전쟁을 일으킨다. 가난한 여성은 낙태를 하지 못하면 10대 때의 출산 때문에 삶이 파괴된다. 대졸 여성의 자녀(대부분이 양친이 함께 사는 안정적인 가족에서 성장한다)는 대학을 졸업하지 못한 여성의 자녀들을 계속해서 앞서고 있는데, 대졸 여성의 자녀가 안전하게 낙태를 할 수 있으며 피임 덕분에 애초에 낙태를 할 필요가 별로 없다는 것이 그 원인 중 하나다.

《빨간 가족 vs 파란 가족》이 출간된 후 《뉴욕타임스》 칼럼니스트 로스 도댓Ross Douthat은 우리가 묘사한 중산층의 '파란' 모델은 양친이 함께 사는 안정적인 가족의 수를 늘릴 수는 있겠지만 그러려면 낙태를 해야 하기 때문에 절대로 보편적인 모델이 될 수는 없을 것이라고 했다.[29] 종교적·문화적으로 보수적인 사람들은 피임이 확실하지 않다고 생각하며 낙태는 상상할 수도 없는 일이라고 확신한다. 그러므로 피임을 하고 결혼을 미루는 것은 가족의 기본 전략이 될 수 없다. 도댓의 칼럼이 실리자 우리의 의견을 옹호하던 사람들은 우리가 그 칼럼을 보기도 전에 그의 블로그로 달려가서 우리가 당시 했을 법한 주장을 쏟아냈다. 사실 대학 교육을 받은 엘리트는 다른 어떤 집단보다도 낙태를 덜 한다. 가장 적극적으로 피임을 하는 집단이 바로 엘리트 집단이기 때문이다. 그러나 도댓이 칼럼을 쓴 지 몇 달 만에 우리는 그의 말이 어느 정도 사실이라는 것을 인정했다. 계획에 없던 임신을 한 사람이 어떤 행동을 취하는지만을 봤을 때 낙태를 할 가능성은 소득과 교육 수준에 따라 다르며 보통 엘리트들이 매우 높은 비율로 낙태를 한다. 예상치 못한 임신을 했을 때 교육 수준이 높은 사람이 교육 수준이 낮은 사람보다 낙태를

결혼 시장

더 많이 하는 것이다.[30] 교육을 많이 받은 여성은 낙태를 선택할 수 있다. 이들에게 낙태는 올바른 가족 가치를 지키기 위해서 매우 중요하며, 결혼 전에 출산하지 않기 위해 반드시 필요한 수단이다. 만약 대졸 엘리트가 찰스 머리의 말처럼 "자신들이 행하는 대로 설교해야" 한다면 그들은 낙태의 중요성을 설교하게 될 것이다. 따라서 낙태는 반드시 합법으로 남아 있어야 한다.

모순적이게도 낙태를 하느냐 마느냐는 미래를 얼마나 낙관적으로 보느냐와 관련이 있는 것으로 보인다. 결혼 전에 출산하지 않는 것이 대학생에게 매우 중요한 것과 마찬가지로, 10대 때 출산하지 않는 것 또한 가난한 여성에게 매우 중요하다. 두 경제학자가 발견한 것처럼 한 국가에서의 엄청난 소득 불평등(특히 중산층과 하층 사이의 격차)은 높은 10대 출산율과 강한 상관관계가 있다. 그 원인을 설명하려는 과정에서 계획에 없던 임신을 하는 비율은 좀 더 평등한 주와 덜 평등한 주에서 거의 비슷하다는 사실이 드러났다. 임신하는 비율은 비슷하지만 낙태를 하느냐 마느냐에 따라 출산율이 달라지는 것이다. 그 지역의 정치적 풍토와 독실함의 정도 등을 감안한 후에도 10대가 출산을 하느냐 아니면 더 나은 부모가 될 때까지 기다리느냐는 경제 불평등과 상당한 관련이 있었다. 그리고 이때 낙태는 원하는 결과를 만들기 위해 선택할 수 있는 방법이었다.[31] 좋은 일자리를 구하거나 만족스러운 결혼을 할 수 있을 거라고 기대하지 않는 여성은 아이를 낳는다. 그러므로 낙태의 수용 여부 자체로는 혼외 출산이 증가하는 이유를 설명할 수 없다. 실제로 연구자들은 낙태의 수용 여부에 따라 결과를 도출해보려고 했지만, 그보다는 높은 낙태율이 절망보다는 희망을 나타낸다는 결과가 나왔다. 예기치 않은 임신을 낙태로 끝낼 것인지 여부와 10대 출산율을 예견하는 데 있어서 장래의 고용과 동반자 관계에 대한 낙관적 전망은 가장 중요한 요인이다.

보수적이고 독실한 엘리트의 경우 피임은 믿을 만하지 않고 낙태는 아예 하면 안 된다는 확신은 금욕에 대한 강조로 이어진다. 그리고 현실적으로는 혼외 출산을 점차 수용하게 된다. 2012년 공화당 정강정책에는 다음과 같은 내용이 있다.

> 우리는 10대를 대상으로 한 "가족계획" 프로그램 대신 절제 교육에 자금을 더 지원할 것을 재차 요구합니다. 절제 교육을 통해 10대에게 결혼 전까지 성생활을 절제하는 것이 책임감 있는 행동 규범이라고 가르쳐야 합니다. 성생활을 절제하는 것이야말로 혼외 임신과 에이즈 등 성적 접촉을 통해 전염되는 질병을 100퍼센트 예방하는 유일한 방책입니다.[32]

그러나 낙태를 하면 안 된다는 주장은 혼외 출산을 향한 낙인을 없애는 데 기여한다. 분명 보수주의자들은 결혼한 후에 아이를 낳는 것을 선호한다. 하지만 열렬한 반낙태 운동 앞에서 보수주의자들은 "쉬운 길"을 거부한 싱글맘에게 훨씬 너그러워진다(그렇다고 경제적 지원을 해주지는 않는다). 예를 들어 우리는 2012년 말 오전 4시에 인디애나 주 외곽을 여행하면서 한 엄마와 딸의 얘기에 귀를 기울일 기회가 있었는데, 이들은 열아홉 살 난 딸이 강간을 당해서 임신을 했으나 "생명 존중 문화"를 기꺼이 받아들여 아이를 낳기로 결정했다는 것을 자랑스럽게 여겼다.

엘리트 집단 밖에서도 낙태에 반대하면 혼외 출산을 더욱 용인하게 된다. 캐시 에딘과 마리아 케팔라가 관찰한 바에 따르면, 젊은 여성들은 계획에 없었던 아이를 키우기로 결심하면서 종종 낙태를 반대한다는 입장을 표명했지만 임신했다는 이유로 반드시 결혼해야 한다고는 생각하지 않았다.[33] 이들이 연구한 젊은 노동자 계급 커플들은 성생활을 절제하지 않는 것이 확실하며, 자신의 도덕적 신념에 따라 아이를 낳기로 결정한다. 반면 결혼은 아이 아빠를 얼마나 믿을 수 있는지에 달려 있다. 오늘날 강간당한 젊은 여성에게 결혼을 할 수 있을 경우에만 아이를 낳으라고 말하는 사람은 아무도 없다.

아이러니한 것은 금욕하다가 결혼 후에 아이를 낳을 것을 강조하는 독실한 엘리트와 결혼 자체는 그다지 중요하게 생각하지 않지만 압도적인 수가 배우자와 함께 살며 아이를 키우는 세속적인 엘리트 둘 다 면밀하게 자녀 양육을 준비해야 한다고 본다는 것이다. 그러나 둘은 그 방법과 그렇지 못할 경우의 대비책에 대해 근본적으로 다른 생각을 갖고 있다. 진보주의자는 여성이 스스로 결정을 내릴 수 있어야 한다고 오랫동안 주장해왔고, 여성이 자신과 자신의 자녀에게 가장 적절한 결정을 내릴 수 있도록 돕는 가장 좋은 방법은 여성을 정서적·신체적·재정적으로 건강하게 만드는 것이라고 믿는다.[34] 이러한 맥락에서 낙태는 개인의 선택의 문제이며, 정부는 자기 돈으로 낙태를 할 수 없는 여성에게 보조금을 지급해서 여성이라면 누구나 낙태를 할 수 있도록 보장해야 한다. 진보주의자는 여성의 의사 결정권을 옹호하는 동시에 여성이 올바른 결정을 내릴 수 있도록 여러 지원(일자리, 피임 및 낙태를 할 수 있는 권리, 건강보험과 양육비)을 제공하는 데 주력한다.[35]

　　보수주의자는 도덕성(혼전 순결을 주장하고 낙태를 비난하며 결혼을 장려한다)을 더욱 강조하지만, 다시 올바른 가치로 돌아오기만 한다면 도덕 규칙을 어겼던 사람들도 용서한다. 문화에 따라 의견이 분분한 낙태 문제 외에 한부모 가정에 대해서도 진보주의자와 보수주의자는 최종 판단보다는 주장하는 방식에서 차이를 보인다. 오늘날 보수주의자와 진보주의자는 모두 한부모 가정을 차선책으로 받아들인다. 보수주의자 입장에서는 한부모 가정이 낙태보다 나으며 진보주의자 입장에서는 한부모 가정이 여성의 의사 결정권을 통제하는 것보다 낫다. 만약 우리가 실용적이고 정치적인 판단에 따라 초점을 '사람들은 어떻게 임신하는가'에서 '결혼하지 않고 아이를 키우는 엄마를 받아들여야 하는가'로 옮긴다면 두 입장이 상당히 겹치는 것을 볼 수 있다. 그렇다면 이러한 공통의 이해를 바탕으로 미혼 부모를 더 많이 지원할 수 있는 토대를 만들거나, 아이를 낳도록 장려했으니 적어도 이들이 키우는 아이들을 지원해야 한다. 그렇다면 이제 문제는 '아이들이 더 좋은 환경에서 태어날 수 있도록 하는 데 진보와 보수가 의견을 같이 할 수 있는가'가 된다.

육아 준비

우리는 지난 책에서 금욕만 강조하는 것을 비판하고 그러한 노력만으로는 충분하지 않다고 주장했다. 그다음 결혼 권장 캠페인을 비교하며 금욕만 강조하는 것보다는 더 낫다고 보았으나 최근 연구들은 (특히 백인 중산층 커플을 제외하면) 이러한 캠페인의 효과에 의구심을 갖는다.[36] 여기서 우리는 육아에 초점을 맞춘 가족 교육의 가능성을 탐구해보고자 한다. 우리는 문화 차이를 좁히기 힘들다는 것을 인정한다. 그럼에도 우리는 엘리트의 이념 차이(예컨대 전통적 결혼을 강조하는 입장 대 다양한 형태의 가족을 받아들여야 한다고 주장하는 입장)와 계급에 따른 행동 차이(예컨대 아이를 낳기 전에 결혼부터 하는 것은 대부분의 노동자 계급에게 더 이상 매력적이지 않은 반면, 엘리트 사이에서는 일반적 현상으로 남아 있다)를 구분하려고 한다. 그다음 우리는 빨간 엘리트와 파란 엘리트가 정치적 입장 차이에도 불구하고 서로 동의하는 지점이 어디인지, 가족을 형성하는 더 나은 방법이 무엇인지에 초점을 맞출 것이다. 결혼과 달리 부모가 되는 것은 모든 계급이 할 수 있는 일이다. 부모 교육은 유아기 때 아이의 인지 능력을 자극해줄 수 있는 환경을 만드는 법, 모유 수유를 하는 법, 갓 태어난 아기와 교감하는 법 등 논란을 일으킬 여지가 없는 기술들을 알려준다. 이 교육은 다른 노력보다 효과를 거둘 가능성이 높은데, 아이를 잘 보살피고자 하는 부모는 섹스를 절제하려는 10대보다 의욕적이기 때문이다. 또한 양육을 지원해야 한다는 주장에는 문화와 상관없이 대부분 동의하기 때문에 사람들은 부모 교육을 지지할 것이다.

양육은 중요한 의무다

앞에서 우리는 부모가 되기까지의 과정에 상당한 의견 차이가 있다
는 것을 알아보았다. 하지만 태어난 아이들을 잘 돌봐야 한다는 주
장에는 이견이 별로 없다.[37] 게다가 오늘날 젊은이들은 자녀 양육을
성인 간의 관계와는 상관없는 것으로 본다. 예를 들어 퓨 리서치 센
터의 2010년 조사에 따르면 18~29세의 젊은이 중 52퍼센트가 좋
은 부모가 되는 것이 인생에서 "가장 중요한 일 중 하나"라고 대답
했다. 이에 비해 성공적인 결혼이 그만큼 중요하다고 대답한 사람
은 30퍼센트뿐이었다. 반면 1997년에는 앞선 조사와 같은 연령대의
젊은이 중 좋은 부모가 되는 것이 인생에서 가장 중요한 일 중 하나
라고 대답한 사람은 42퍼센트, 성공적인 결혼이 그만큼 중요하다
고 대답한 사람은 35퍼센트였다.[38] 1997년에서 2010년 사이에 부모
가 되는 일은 더욱 중요해지고 결혼은 덜 중요해진 것이다. 그러므
로 부모 되기 자체에 초점을 맞추는 것은 결혼을 필수로 보는 사람
에게도, 또 그렇지 않은 사람에게도 적절하다고 할 수 있다. 모두가
부모 되기를 중요하게 여기는 것은 아니지만, 자녀를 양육하는 일
은 논란의 여지없이 매우 중요하다.

교육과 취업의 중요성

아이를 키우는 일은 매우 고되다. 우리도 알고, 아이를 처음 낳은
부모들도 순식간에 알게 되는 사실이다. 아이의 탄생은 엄청난 변

화이며, 아이를 유아 때부터 성인이 될 때까지 키워내려면 상당한 경제적 자원이 있어야 한다.[39] 재정적인 준비는 여러 방법으로 할 수 있으나 그중에서도 남녀 모두 일을 갖는 것이 점점 더 중요해지고 있다.

여전히 남성이 일을 하는 것을 당연하게 여기는 사람들이 많다. 남성 스스로도 일을 해야 한다고 생각하고, 일을 하기를 선호하며, 취업을 해야 결혼 가능성이 높아지고 그 밖의 다른 형태의 관계를 맺을 기회가 많아진다는 것을 안다. 반면 여성의 경제 활동 참여는 논쟁을 불러일으키는 문제다. 2012년 갤럽 조사에 따르면, 여성의 경제 활동 참여 문제는 어느 정도 당파적 특성을 보인다. 집에서 가족을 돌보는 것을 선호하는지 물었을 때 공화당 지지 여성은 57퍼센트가, 민주당 지지 여성은 37퍼센트가 그렇다고 대답했다.[40] 반면 집 밖에서 일하는 것을 선호하는 비율은 민주당 지지자가 공화당 지지자보다 높았다. 나이(나이가 있는 여성은 젊은 여성보다 공화당 지지자일 가능성이 높다)나 인종(아프리카계 미국인 여성은 백인 여성보다 민주당을 지지할 가능성이 높으며, 직장에서 일할 확률 또한 더 높다)이 이러한 차이에 영향을 미쳤을 수도 있다. 그럼에도 불구하고 이러한 결과는 공화당 지지자와 보수주의자들이 전통적인 성역할을 더욱 강조하고 있다는 사실을 보여준다.

그러나 계급과 차선책의 문제를 모두 고려했을 때 우리는 이러한 당파적 분열이 부모 교육을 방해하리라고 보지는 않는다. 보수주의자는 여성이 집안일을 도맡아 할 수 있으려면 가장이 있어야 한다는 사실을 알고 있다. 가장이 없다면 여성은 일을 해야 한다. 따라서 1980년대에 찰스 머리는 결혼하지 않은 복지 혜택 수령자는 일 자리를 찾으려고 노력함으로써 스스로 "혜택 받을 자격이 있는" 사 람이 되어야 한다고 주장했다.[41] 2012년 대선에서 공화당의 대통령 후보였던 밋 롬니는 노동 요구량을 늘리고 싶다고 말함으로써 이러 한 사상을 그대로 반복했다. 롬니는 다음과 같이 말했다. "예를 들 어, 저는 집에 두 살 난 아이가 있다고 해도 일을 하러 가야 한다고 말합니다. 그럼 사람들은 '그건 너무 무자비해요'라고 말하지요. 그 럼 저는 이렇게 말합니다. '아니요, 아닙니다. 저는 어린이집에 예 산을 더 지원해서 부모들이 다시 일자리로 돌아갈 수 있도록 만들 것입니다. 국가 입장에서는 이렇게 하는 것이 돈이 더 듭니다. 하지 만 저는 개개인이 일의 존엄성을 추구하기를 바랍니다.'"[42]

진보주의자들은 복지를 이런 식으로 개혁하는 데 회의적이지만 그럼에도 아이 엄마가 취업하는 것이 옳다고 보고, 엄마들이 취업 할 수 있도록 돕는 정부 지원에 박수를 보낸다. 게다가 가난한 여성 의 경우 취업을 하면 아이들을 먹여 살릴 수 있을 뿐만 아니라 파트 너와의 관계도 더욱 개선되는 경향이 있다. 가난한 남성은 자신의 파트너가 가장이 되어주기를 기대하기 때문이다.[43]

그러므로 부모가 되기 전에 필요하다면 일할 수 있는 능력을 갖 추는 것이 중요하다. 가족을 부양하려면 남녀 모두가 취업을 준비 해야 한다.

결혼시장

좋은 파트너를 선택하는 것이 관계 안정성에 도움이 된다

좋은 파트너를 고르는 것은 결혼할 때도 중요하지만 혼자 아이를 키우는 부모에게도 매우 중요하다. 퓨 리서치 센터의 연구에 따르면 남성의 93퍼센트가 좋은 엄마가 될 수 있는 여성과 결혼하기를 바라며, 여성의 91퍼센트가 좋은 아빠가 될 수 있는 남성과 결혼하기를 바란다.[44] 남녀 모두 파트너가 가족을 잘 보살피고 인정이 많으며 무엇보다도 가족을 제일 중요하게 생각하기를 원한다. 그리고 남녀 모두 이러한 자질이 다른 어떤 요소보다 중요하다는 데 동의한다. 또한 결혼과 관련한 수업에서는 학생들에게 가정 폭력의 징후를 잘 살피고 대화의 문을 언제나 열어두며 항상 서로를 존중할 것을 장려한다.[45]

연구들에 따르면 아이 아빠를 깐깐하게 고르는 여성은 결혼 여부와 상관없이 관계를 더욱 안정적으로 유지한다. 린다 버튼Linda Burton 등의 연구자들은 상대를 까다롭게 고르는 성향이 관계 안정성에 어떤 영향을 미치는지 알아보았다.[46] 연구 결과, 오늘날 친밀한 관계 대다수가 "시작이 빠르고, 상대가 믿을 만한 사람이라는 것을 증명하는 증거를 덜 모으며, 상호 의존성이 덜하고, 파트너가 즉각적이고 구체적인 요구를 만족시켜줄 것을 강조한다"는 특징을 보였다.[47] 남성이 적어도 여성만큼 벌어야 한다는 기대는 천천히 사라지고 있지만, 여성이 남성만큼 돈을 벌 수 있는 기회는 이보다 빨리 생기고 있다. 남녀가 비현실적이고 구시대적인 기대에 부응해야만 좋은 파트너가 될 수 있고 상대방의 신뢰를 얻을 수 있다면 둘이 서

로를 신뢰할 가능성은 낮다.[48]

앞에서 남녀가 짝을 찾는 방식을 분석한 바에 따르면 상대를 까다롭게 골라서 얻을 수 있는 이익은 릴리보다 에이미가 훨씬 크다. 에이미는 나중에 아이를 키울 때 자산이 될 수 있는 파트너를 찾을 확률이 높다. 그러나 버튼은 상대를 까다롭게 고르는 정도가 사회 내에서뿐만 아니라 여러 사회 사이에서도 차이를 보이며, 종종 어린 시절의 경험에 따라 달라진다는 사실을 발견했다. 우리가 유타주를 비롯한 여러 주에서 찾아낸 결혼 교육 강좌에서는 가정 폭력의 징후 알아채기처럼 수업을 통해 가르칠 수 있는 내용을 강조한다. 그러나 가장 좋은 조언은 속도를 좀 줄이라는 것이다. 파트너를 고를 때, 친밀한 관계를 시작할 때, 임신을 결정할 때에는 시간을 갖고 천천히 결정하는 것이 좋다.

피임은 장기적인 관계에 꼭 필요하다

이 책의 공저자인 준은 가톨릭 고등학교를 다녔는데, 한번은 교회가 피임에 어떤 입장을 취해야 하는지를 놓고 토론을 벌인 적이 있다. 토론이 중반쯤 지나자 준은 기혼 여성이 피임을 원할 수도 있다는 사실을 상대편이 전혀 이해하지 못한다는 것을 깨달았다. 우리 둘은 결혼한 지 50년이 넘었고, 우리가 각자 낳은 아이들을 합치면 다섯이나 된다. 우리는 기혼 여성이 피임을 하지 않는다면 아이들을 얼마나 많이 낳게 될지 상상할 수조차 없다.

기독교 우익이 아무리 결혼 전에 금욕할 것을 주장한다 해도 결

결혼 시장

혼한 후에도 금욕 생활을 해야 한다고 주장하는 사람은 아마 별로 없을 것이다. 그리고 가톨릭교회가 계속해서 인위적인 피임 수단을 거부한다 해도 가톨릭 신자 대부분을 포함해 거의 모든 부부가 피임을 한다.[49] 따라서 우리는 결혼을 했든 안 했든 자녀 양육을 준비할 때 피임에 대해 자세히 아는 것이 매우 중요하다고 본다.

아이의 건강과 관련해서 취약 계층에게 가장 큰 영향을 미치는 요인은 바로 첫째가 태어난 지 얼마 지나지 않아 둘째를 낳는 것이다. 준비를 철저하게 한 부모조차도 둘째를 낳으면 에너지와 재산을 쥐어짤 수밖에 없다. 10대 때 첫 아이를 낳았거나 가난하거나 홀로 아이를 키우고 있는 여성은 바로 둘째를 낳지 않는 것이 자신과 아이의 건강에 도움이 된다.

따라서 우리는 여러 가지 방법으로 출산을 제한하는 것이 결혼을 권장하는 것과 모순된다고 보지 않는다. 실제로 이 두 가지는 매우 복잡하게 얽혀 있다. 결혼을 고려하고 있는 커플들은 반드시 피임 계획을 세워야 한다. 그리고 결혼 전에 이들에게 필요한 정보를 준다고 손해 볼 일도 없다.

게다가 《빨간 가족 vs 파란 가족》에서 설명했듯이 여성이 가난하면 가난할수록 첫 성경험 시 피임에 관해 알고 있는 지식이라고는 고등학교 성교육 수업 때 들은 내용이 전부일 가능성이 높다(또한 이들이 듣는 성교육 수업은 금욕만을 강조할 가능성이 높다). 우리는 그 누구도 젊은 여성에게서 피임 및 출산에 대한 정확한 정보를 박탈할 수 없다고 생각하며, 그러한 정보를 제공함으로써 계급에 따라 가족의 모습이 점점 더 달라지는 현상을 완화할 수 있다고 본다.

마지막으로, 피임약을 먹기 시작하는 시기와 피임약을 먹는 동기가 계급에 따라 달라지고 있다. 우리는 '피임약을 복용하는 것이 생리 주기를 더 규칙적으로 만들어주고 생리통을 완화시켜준다'는 이야기를 친구들이나 학생들로부터 갈수록 많이 듣는다. 실제로 의료 정보 사이트 WebMD는 경구피임약이 암 발병 위험을 줄이고, 여드름을 없애주며, 생리량을 줄여주고, 생리전증후군을 감소시키고, 생리통을 덜어준다고 주장한다.[50] 이 주장이 사실인지에 대해서는 다른 사람들이 검토해줄 것이다. 우리가 말할 수 있는 것은, 주기적으로 의사에게 검진받는 청소년들은 앞에서 언급한 것과 정확히 같은 이유로 사춘기에 이르자마자 피임약을 먹으라는 조언을 듣는다는 것이다. 이러한 조언을 따르는 소녀들에게 피임약은 통과 의례이자 성인기에 접어들었다는 표지다. 경구피임약을 먹는 것은 매일매일 해야 하는 의례이며 (아마도 10년 동안은) 성생활을 시작하는 것과는 별개의 문제다.

이제는 기혼 여성이든 미혼 여성이든 효과적으로 피임을 해야 하며, 사춘기에 이른 소녀들도 경구피임약을 먹는 것이 좋다는 사실을 인정해야 한다. 피임약을 먹는 이유(신체의 성숙, 결혼, 성생활 등)는 지역의 관습이나 문화에 따라 다를 수 있지만, 여성의 삶에서 피임이 갖는 중요성은 절대로 간과하거나 무시하면 안 된다.

출산은 여성의 인생 계획을 바꾸지 않는다

브리스톨 페일린이 아이 아빠인 레비 존스턴과 다시 약혼한다고 발표하고 얼마 지나지 않아 우리는 가톨릭 신부 한 명과 이야기를 나눴다. 신부는 브리스톨이 결혼에서 중요한 답을 찾을 수 있을 거라고 생각하는 것 같았다. 우리는 신부에게 우리가 브리스톨에게 해줄 수 있는 충고는 브리스톨이 출산하기 전이나 후나 다르지 않을 거라고 말했다. 학교에서 공부를 계속하고, 스스로의 경제력에 투자하고, 첫째가 태어나자마자 둘째를 갖지 말 것. 또한 우리는 결혼이 만병통치약이 아니며 오히려 덫이 될 수 있다고 설명했다. 당시 브리스톨은 검정고시를 통과하고 저임금 일자리라도 놓치지 않으려고 고군분투하고 있었다. 브리스톨과 비슷한 상황에 처해 있는 많은 여성들이 결혼하면 학교나 직장을 그만두고 집에서 아이를 키울 수 있을 거라고 기대한다. 또한 아이를 더 낳으면 아이 아빠가 가족에게 더 헌신하리라는 게 사회적 통념이었다. 그러나 오늘날에는 이 중 어느 것도 사실이 아니다.

브리스톨이 재빨리 간파했듯이 레비는 아이 아빠로서 믿음직스러운 사람이 아니었다. 레비는 한곳에서 꾸준히 일하지 못했고, 고등학교 졸업장도 따지 못했으며, 관계에서 신의를 지키지도 않았다(하지만 레비가 두 번째 결혼에서 어떻게 행동하는지는 우리도 알 수 없다•). 이러한 사실에 비추어봤을 때 결혼 생활이 지속될 가능성은 낮다. 만약 브리스톨이 자신보다 레비가 돈을 더 잘 벌 것이라는 생각에 결혼한다면 이는 완전히 판단 착오다. 결혼은 아이와 아이 아빠의 관계를 더 끈끈하게 만든다. 만약 결혼 생활이 문제없이 이어진다면

• 레비 존스턴은 2012년 10월에 또 다른 여성과 결혼해 두 딸을 낳았다.

브리스톨과 레비와 아이 모두에게 좋은 일일 것이다. 그러나 그러려면 반드시 브리스톨과 레비가 가계에 함께 기여하고 상호 간에 협력과 신뢰를 쌓아나갈 수 있어야 한다. 오늘날 가족들이 처해 있는 상황과 젊은 남성의 소득이 불확실하다는 점을 고려해봤을 때 젊은 엄마에게 해줄 수 있는 가장 좋은 조언은 바로 결혼이 '나 자신에 대한 투자'를 대체할 수 없다는 것이다. 이미 젊은 남성들은 일자리가 없으면 가족을 꾸리지 못할 수도 있다는 사실을 깨닫고 있다. 이제 이들은 어떻게 하면 월급이 아닌 다른 것으로 자신이 원하는 여성을 설득해 아이를 낳고 살 수 있을지를 배워야 한다.

가족법의 죽음과
재탄생 가능성

가족은 오랫동안 누군가의 종속을 필요로 했다. 여성은 남편의 소득에 의존했고, 결혼을 해야 아이와 함께 먹고살 수 있었다.[1] 자기가 번 돈으로 먹고살 수 있는 독립적인 여성이 늘어나고 결혼이 (섹스를 통제하는 제도로서도, 자녀를 부양하는 유일한 방법으로서도) 의미를 잃자 가족법은 뿌리부터 흔들리게 되었다. 여성이 자립의 수단을 얻어낸 반면, 제도는 여전히 의존하는 쪽을 보호한다는 이유로 개인이 알아서 합의하도록 내버려두지 않는다. 그러나 사람들이 관계를 이해하는 방식이 너무도 다양해졌기 때문에 하나의 규칙을 여러 관계에 적용할 수 있으리라고는 더 이상 생각할 수 없다. 그 결과 가족법의 핵심, 즉 당사자들이 합의에 실패했을 때 기본 조건을 제공함으로써 성인 간의 관계가 나아가야 할 방향을 제시해주는 역할, 젊은 커플을 제도라는 틀 안으로 이끄는 역할, 관계를 배신한 사람에게 (좋건 나쁘건) 사회 규범을 부과하는 역할 등을 더 이상 예전처럼 해낼 수도 없고, 해서도 안 되게 되었다. 성인 간의 합의를 표현하는 것 외에 가족법에 남아 있는 역할이 있다면 친자와 양육권, 양육비를 정하는 것이다. 아이들을 보호하려면 이 문제를 부모에게만 맡겨서는 안 된다.

이러한 변화의 중심에는 사람들이 단일 모델, 즉 이성애자 커플이 결혼해서 친자식을 키우는 모델에서 점차 벗어나고 있다는 현실이 있다. 사실 우리는 커플들이 함께 살기 시작하고 아이를 갖고 결혼을 계획할 때 자신들이 어떤 상황에 처할지 알고는 있는 것인지 의문이 든다. 이러한 관계 자체는 그 어떤 합의도 의미하지 않는다. 에이미가 반드시 요리를 해야 하는 것도 아니고(확실히 타일러가 에이미보다 요리를 잘한다) 칼이 쓰레기를 내다 버려야 하는 것도 아니다(실제로 칼과 릴리가 함께 살 때 쓰레기는 언제나 릴리가 내다 버렸다). 결혼 자체는 논외로 치더라도 변호사 부부로 맞벌이를 하는 타일러와 에이미가 관계에서 기대하는 바는 생활고에 시달리는 릴리·칼 커플과는 분명 다를 것이다. 만약 에이미가 10년 후에 아이 둘과 타일러를 두고 떠난다면, 그리고 타일러가 로펌에서 버는 돈이 에이미가 지역 법원에서 판사로 일하면서 버는 돈의 두 배라면(그리고 지역 법원 판사직이 에이미가 너무나도 원해서 얻은 자리라면) 타일러는 에이미에게 이혼수당을 지급해야 할까? 만약 릴리가 다른 남자와 결혼한 후 칼과 낳은 아이를 그 남자의 친자로 입양시키고자 한다면 칼은 친권을

결혼시장

잃을 수밖에 없을까? 에이미와 타일러가 우리의 가족법 수업을 듣지 않았다면 이러한 문제에 대해 생각해보지 않았을 것이며, 릴리에게 다른 남자가 생길 경우 분명 릴리와 칼은 서로 다른 결과를 원할 것이다. 심지어 미국 대법원도 이 문제를 놓고 씨름하다가 결국 의견 일치를 보지 못하고 문제를 다시 주 법원으로 돌려보내고 있다.[2]

가족법의 한계

법이 할 수 없는 것이 있다면 바로 모든 가족 관계에 다 들어맞는 단 하나의 모델을 만들어서 적용하는 것이다. 과거에 시도해본 적이 있긴 하지만, 그때는 거의 모든 성인이 결혼을 하고, 가난한 여성만이 바깥일을 하고, 누군가의 과실이 있어야만 결혼 생활을 끝낼 수 있던 때였다. 하지만 만약 에이미와 타일러가 이혼을 한다면 어떤 일이 일어날지 상상해보자. 타일러가 에이미보다 돈을 두 배 더 벌고, 에이미가 다른 사람을 만나기 시작했다고 치자. 법원은 양육권을 누가 갖고, 양육비를 누가 내며, 재산을 어떻게 나누고, 이혼 수당 지급을 명령할 것인지 결정해야 한다. 우선, 경제 문제에서 에이미는 타일러만큼 취업의 기회를 갖고 있다. 최초의 여성 대법관인 샌드라 데이 오코너Sandra Day O'Connor는 스탠퍼드 대학교를 3등으로 졸업했으나 그 어떤 로펌에도 취직하지 못했다. 하지만 에이미는 그렇지 않다. 그러므로 양육비와 이혼 수당, 재산 분할을 통해 의존적인 쪽을 돕거나 국고를 지출할 필요가 없다. 결국 에이미는 자립이 가능하기 때문에 타일러를 떠날 수 있었을 것이다.

둘째, 에이미가 자녀 양육을 더 많이 책임졌기 때문에 돈을 덜 벌게 되었다고 가정해볼 수 있다. 실제로 남성이 다소 격차를 메우기는 했지만 여전히 여성이 남성보다 자녀를 더 많이 돌본다.[3] 그러나 아이를 낳고도 일을 계속하는 여성은 휴직을 한 여성만큼 소득이 줄지 않으며, 남성 또한 타일러처럼 자녀를 위해 시간을 내면 그만큼 임금이 낮아진다.[4] 만약 에이미가 가정주부였다면 분명히 가족을 돌봐야 한다는 책임감 때문에 돈을 벌 수 있는 기회를 잃었을 것이다. 그러나 아이의 생일파티를 열고, 아이를 댄스 교실에 보내고, 축구 시합에 데려다주기로 한 에이미의 결정이 에이미와 타일러의 소득 차이에 얼마만큼 영향을 끼쳤는지를 파악하기란 매우 어렵다. 그리고 법원이 소득 격차의 원인을 어디까지 조사해야 하는지 결정하는 것은 더욱 어렵다.

셋째, 남성과 여성은 여전히 직업 선택 면에서 차이를 보인다(엔지니어는 여성보다 남성이 많고, 약사는 남성보다 여성이 많다). 남녀가 가족 내에서 맡는 책임이 서로 다르다는 것이 그 원인 중 하나다.[5] 그러나 타일러가 하이테크 스타트업에서의 일자리를 선택한 것과 에이미가 판사직을 선택한 것은 성별이나 가족과 얼마만큼 관련이 있는가? 통계 수치를 인용할 수는 있지만(연방 대법원 판사의 30퍼센트와 오바마가 지명한 대법원 판사의 40퍼센트가 여성이다)[6] 에이미가 권위 있는 자리에서 충분하고도 남을 만큼 돈을 벌고 있는데도 타일러가 에이미를 지원해야 한다고 주장하기는 어렵다. 특정 사례에서 복잡하게 얽혀 있는 성별, 가족의 의무, 각기 다른 상황을 풀어내기란 불가능한 일

결혼시장

이다. 또한 에이미가 결혼 생활을 끝내기로 선택했다는 사실이 상황을 더욱 복잡하게 만든다. 타일러는 버려졌다. 과거였다면 에이미는 혼인 서약을 어긴 악녀가 되었을 것이다. 하지만 오늘날 에이미와 타일러가 살고 있는 주의 법원은 누구에게도 죄를 묻지 않는다.

이러한 요인들 때문에 공정하고 널리 적용 가능한 원칙을 만들기가 어렵다. 게다가 젠더 전쟁(페미니스트 대 부권 운동) 및 빨간 이념과 파란 이념 사이의 분열은 상황을 더욱 어렵게 만든다. 주 의회와 법원은 한 건 한 건 판결을 다르게 내리면 불확실성이 너무 커지고 정치적 반발이 생길 수 있다고 판단했고, 결과적으로 선택을 신중하게 내리지 않게 되었다. 원래 판사가 당사자들의 필요를 재량껏 판단하여 이혼 수당과 양육권을 결정했으나(이때 판사는 주로 남성이었다) 이제는 주 법원들이 무조건 재산을 반으로 나누고 양육비도 반씩 내라고 명령하며, 모든 상황에 똑같은 이혼 수당 지침을 적용하는 쪽으로 바뀌고 있다. 이는 성 역할이 변화하는 가운데 모두가 동의하는 원칙을 마련하지 못했기 때문이다.[7] 게다가 앨라배마 주처럼 의견이 완전히 분열된 주의 법원은 각각의 소송을 처리할 때 합의된 바가 없다는 이유로 원칙을 아예 논의하지 않는다. 항상 개별 요인에 따라 소송을 판단하며 의견서도 제출하지 않는다. 이후 가족법 중에서도 가장 논란이 뜨거운 지점에서 소송이 발생했을 때 의견서가 지침을 제공할 수 있기 때문이다.[8]

계급 격차 또한 상황을 더욱 복잡하게 만든다. 상위 집단의 남성 중 압도적인 수가 여전히 자신보다 적게 버는 여성과 결혼한다.[9] 소득 상위 3분의 1 집단의 여성 중에는 기꺼이 남편의 소득에 의지하는 가정주부도 있고, 노동 시장에 머물고자 하는 고소득 여성도 있다.[10] 반면 중간 3분의 1 집단의 여성은 노동 시장에 남아 있을 가능성이 더 높은데, 가족이 돈을 필요로 하기 때문이다. 그리고 이 집단의 여성이 남편보다 돈을 더 많이 벌 때는 남편이 직업이 없거나 일을 충분히 하지 않기 때문일 확률이 높다.[11]

타일러는 에이미보다 돈을 더 많이 버는데, 이는 전형적인 대졸자 부부의 특징이다. 둘 다 법조계에 있지만 그 안에서도 타일러는 에이미와 다른 선택을 했다. 칼과 릴리는 결혼할 가능성이 별로 없는데, 칼의 소득이 불확실하기 때문이다. 릴리와 칼이 결혼한다면 아마 둘은 칼이 일을 하지 않는 시기에 릴리가 더 이상 주 양육자, 유일한 가장, 칼의 치어리더가 되기를 거부하면서 이혼하게 될 것이다. 칼은 에이미처럼 배우자보다 돈을 못 번다. 또한 칼은 에이미처럼 배우자보다 아이에게 시간을 더 많이 쏟을 수 있다. 적어도 이혼하기 전까지는 말이다. 그렇다면 이혼할 때 칼과 에이미는 비슷한 금액의 이혼 수당을 받아야 하는가? 우리는 그렇게 생각하지 않는다. 하지만 그 이유를 설명하는 과정은 매우 복잡하며, 칼과 에이미가 결혼 생활에서 재정적으로 얼마만큼 기여했는지, 가족을 얼마만큼 보살폈는지 분석할 수 있어야 한다.

사실상 법원은 이러한 경우에 보통 이행적 지원, 즉 경제 능력이 없는 사람이 준비를 할 수 있도록 짧은 기간 동안 수당을 지급할 것을 명령한다. 앞에서 논의했듯 이러한 결과는 항상 공평하거나 이상적이지는 않더라도 그리 나쁜 것도 아니다. 무엇보다 가족법은 자녀에게 이익을 가져다줄 수 있는 방향으로 협상을 이끌어야 하며, 그 과정에서 서로 다른 환경에 처해 있는 남녀의 힘의 균형을 고려해야 한다. 이를 위해 법원은 당사자들이 처해 있는 각기 다른 상황을 고려할 수 있도록 재량권을 가져야 한다(비록 판사는 재량권을 발휘할 때 어쩔 수 없이 자신의 제한되고 편향된 세계관을 반영하겠지만 말이다).

가족법의 재탄생

가족 가치와 그 가치를 법으로 어떻게 표현해야 하는가에 대한 논의는 마치 재산 분할 및 양육권 관련법이 권력 체계와 무관한 것처럼 진행되고 있다. 하지만 우리가 이 책에서 줄곧 말해왔듯이 원칙은 권력 체계를 반영하여 결정되며, 법은 그러한 권력 체계와 무관하지 않다. 가족법이 실질적인 필요와 관습을 반영하여 더욱 유용하게 재탄생하려면, 연인과 부모가 자신의 관계를 시대에 맞게 재정의할 수 있도록 돕는 모델이 있어야 한다.

그러한 모델은 새로 바뀐 남녀 간 협상이 궁극적으로 요구하는 바를 담고 있어야 한다. 과거 결혼이 보편적일 수 있었던 것은 여성이 남성에게 완전히 복종했기 때문인데, 많은 이들이(특히 우파가) 여전히 그래야 한다고 믿는다. 2013년 보수주의자 블로거인 에릭 에릭슨Erick Erickson은 남성으로만 이루어진 《폭스Fox》 뉴스의 패널 중 한 명이었다. 그는 가장으로서 자녀를 부양하는 여성의 수가 늘어나고 있는 현상(40퍼센트)이 자연의 순리를 완전히 벗어난 것이라고 말하면서 다음과 같이 설명했다.

생물학과 자연에서 또 여러 동물 집단에서 남성과 여성의 역할을 보면 항상 남성이 지배적인 역할을 맡습니다. 여성은 남성과 대립하는 역할도 아니고, 경쟁하는 역할도 아니고, 남성을 보완하는 역할을 합니다. 스마트 사회에 살고 있는 우리는 핵가족 안에서 상호보완적인 관계를 잃어버렸습니다. 그 결과 우리는 뿔뿔이 흩어졌어요.[12]

다시 말해서, 여성이 더 이상 자신의 "주인님"을 따르지 않는 것이 가족의 문제라는 것이다.

이와 동시에 가장 역할뿐만 아니라 가족을 돌보는 역할까지 맡는 여성은 관계에서 얻는 것이 별로 없다. 이 여성들은 소득이 높기 때문에 그만큼 사회적 지위도 높고, 이러한 특징은 예비 배우자에게 매력적으로 보일 수 있다. 하지만 소득이 높다고 해서 함께 살기 시작한 후에도 언제나 존중받거나 권력을 쥘 수 있는 것은 아니다. 우리가 앞에서 분석한 것처럼 이들은 괜찮은 남성과 짝이 될 확률이 엘리트 여성보다 낮기 때문이다. 만약 소득이 적은 남성이 소득이 많은 아내에게 조금만 더 "응, 여보"라고 말했더라면 관계가 좀 더 안정적이었을 거라고 상상해볼 수 있다. 우리는 아내가 남편보다 돈을 더 많이 벌지만 서로 멋진 동반자 관계를 맺고 있는 사람들을 안다. 이들은 서로 교대로 일터에 나가고, 남편이 아내보다 좀 더 많이 아이들을 돌보고 요리를 하며 쇼핑을 한다. 그러나 이와 같은 좋은 예는 주로 대학 교수 부부나 진보주의자를 자처하는 사람들이 많이 거주하는 지역에서 나타난다. 물론 노동자 계급 커플 중에서도 서로 업무 시간을 조절해서 보육비와 집안 관리 비용을 줄이는 사람들이 있다. 하지만 건강한데도 직업이 없거나 집을 치울 줄 모르는 남성과 함께 사는 여성은 찾아보기 힘들다.[13] 플로리다 대학교의 법학 교수인 낸시 다우드Nancy Dowd는 노동자 계급 남성을 불리하게 만드는 바로 그 계급 구조가 남성의 지위를 나타내는 전형적인 행동을 만들어낸다고 주장한다.[14] 여러 연구에 따르면, 파트너보다 돈을 덜 버는 남성은 돈을 더 버는 남성보다 집을 치울 가능성이 낮다.[15] 실제로 괜찮은 일자리를 얻을 기회가 별로 없는 남성은 전통적인 남성의 역할을 수행해야 한다는 압박을 더 많이 받는다. 아내가 남편보다 돈을 많이 버는 것이 문제라고 생각할 확률은 대학에 진학하지 않은 사람이 대학에 진학한 사람보다 훨씬 높으며, 그에 따라 아내는 자신의 소득이 남편의 소득보다 많을 경우 일하는 시간을 줄일 가능성이 높다.[16] 성 혁명은 여성을 노동 시장에 편입시켰으나 가사를 맡는 남편을 만들지는 못했으며, 그러한 남편이 곧 등장할 것 같지도 않다.[17]

우리는 이와 다른 미래를 쉽게 상상해볼 수 있다. 그리고 앞에서 어떻게 하면 그 미래에 다다를 수 있는지 알아보았다. 우리는 남녀 모두, 심지어 남성 "주인님"에게 복종해야 한다고 배워온 사람들도 동등한 동반자 관계를 발전시키고 또 받아들일 수 있으리라고 믿으며, 많은 커플이 동등한 관계를 더 선호하리라 확신한다. 미래를 바꾸는 것보다 더 어려운 것은 바로 현재 무엇을 해야 하는가이다. 현재 너무나 많은 부모가 기존 관계의 조건에 따라 자녀에게 투자를 하지 않고 있다. 우리는 성 역할을 해체할 수 있을지 질문하는 것과 함께, 아이 부모로서의 동반자 관계에도 관심을 기울여야 한다고 본다. 그리고 권력을 어떻게 배분해야 어른들의 자원이 아이들에게 가장 잘 흘러갈 수 있는지 질문해야 한다. 그 답은 관계의 조건을 개선하기 위해 성비의 영향에 대응하는 가족법 제도에서 찾을 수 있다.

그러려면 기회와 권력의 측면에서 계급 격차가 만들어낸 결과를 암묵적으로라도 받아들여야 한다. 상위 3분의 1 집단의 여성은 "괜찮은" 남성을 찾을 가능성이 상당히 높다. 그리고 남성은 "괜찮은" 여성과 만나고 싶어 하기 때문에 기꺼이 여성에게 헌신하고 자녀에게 투자한다. 이러한 관계는 보통 안정적인데, 고를 수 있는 남성이 많기에 지속적으로 협상을 벌일 수 있기 때문이기도 하고, 상위 3분의 1에 속하는 남성은 사회에서나 아이가 태어난 후의 부부 관계에서나 항상 큰 권력을 누리기 때문이기도 하다.

이러한 현실은 커플이 결혼을 하든 안 하든 마찬가지다.[18] 미국의 결혼 생활은 유럽의 동거 생활보다 덜 안정적이다. 그리고 결혼반지가 없다는 사실보다는 관계가 불안정한 것이 자녀에게 더욱 영향을 미친다. 성인이 자신이 선택한 여러 명의 파트너와 자유롭게 관계를 맺을 수 있게 된 것을 기뻐할 수도 있다. 하지만 성인이 한 파트너에게서 떠나갈 때 아이가 부모나 친구, 또는 자신을 돌봐주던 사람과 헤어져야 하는 상황은 우려하지 않을 수 없다. 여태까지는 부모가 아이에게 책임을 다하게 만드는 역할을 지역 사회와 제도가 맡아왔다. 하지만 지역 사회와 제도가 혼란에 빠져 있을 때에는 가족법이 그 역할을 대신할 수 있어야 한다. 우리는 가족법이 그동안 엘리트를 위해 해왔던 것들, 이를테면 자녀에게 혜택을 제공하

결혼 시장

는 쪽으로 부부 간 협상을 이끌고, 부모가 부모로서의 책임감을 가질 수 있도록 옆구리를 찌르고, 가족이 더욱 안정적으로 변할 수 있도록 명시적으로든 암묵적으로든 새로운 합의를 만드는 일 등을 좀 더 조직적으로 할 것을 제안한다. 이를 위해 현재 성인이 동반자 관계를 끝낼 때 적용되는 제도를 뜯어고칠 필요는 없다. 그보다는 부모 자식 관계를 매만져야 한다.

재산과 이혼 수당

우선, 현재의 제도는 결혼을 상호 의존적인 헌신이라고 보고 결혼한 부부가 이혼할 경우 정확히 반반은 아니더라도 공평하게 재산을 분할할 것을 요구한다. 이처럼 부부가 재산을 공유하는 체제는 자녀 및 배우자의 직업에 더 많이 투자하는 쪽을 보호한다. 물론 우리는 재산을 균등하게 분할하는 것이 적절하지 않은 예를 쉽게 상상해볼 수 있다. 그러나 정확히 어떤 사례가 그러한지(매년 수백만 달러를 버는 제너럴일렉트릭사의 사장 혹은 두 아이와 실직한 남편을 돌보기 위해 투잡을 뛰는 교사?)에 대한 합의가 없기 때문에 우리는 재산의 균등 분할이 바람직한 해법이라고 본다. 주도면밀한 사람들은 미리 혼전계약서를 쓴다는 점을 고려하면, 재산의 균등 분할 때문에 사람들이 결혼을 거부하지는 않는다고 볼 수 있다. 그리고 대부분의 경우 분쟁을 벌일 만큼의 재산이 없으며(이혼하는 부부의 절반은 순자산이 8만 달러 미만이다)[19] 재산의 균등 분할이 부당한 몇 안 되는 경우에는(앞에서 언급한 불쌍한 교사가 그러할 것이다) 법원이 재량권을 갖고 어떤 형태로 재산을 지급할 것인지를 조정해야 한다(예컨대 집에 대한 유치권을 이용할 수 있다. 이 경우에는 집을 팔아서 얻은 수익금을 나누어 가진다). 그러므로 타일러와 에이미는 누가 돈을 더 벌었고 누가 아이들을 더 많이 돌봤는지 자세히 조사받지 않고 집과 자동차, 은행 계좌를 나누어 갖게 될 것이다.

둘째, 재산권과 관련해서 현재처럼 결혼한 커플과 결혼하지 않은 커플을 정확하게 구분하는 것은 타당하다. 결혼하지 않은 커플은 일부러 결혼하지 않기로 선택한 것이다. 릴리는 칼이 정확히 자신만큼 가족에 기여할 수 있으리라고 믿게 되지 않는 한 칼과 결혼하지 않을 것이다. 대부분의 미혼 커플처럼 릴리와 칼도 분쟁을 벌일 만큼의 재산을 갖고 있지 않을 가능성이 크지만, 릴리 같은 여성은 상대방이 양육비를 면제해달라거나 자신의 은행 계좌를 함께 소유하겠다고 주장할 경우 상당한 불이익을 당하게 된다. 재산을 주장할 권리를 미혼 커플에게까지 전면적으로 확대하기보다는[20] 한쪽이 집을 사거나 사업을 하는 데 다른 한쪽이 기여했을 경우 정당한 요구를 할 수 있을 정도로만 가능성을 열어두는 편이 좋을 듯하다.[21]

셋째, 우리는 배우자에게 장기간 동안 생활비를 지급하라는 명령이 ① 결혼 생활을 오래 했을 경우 ② 소득 차이가 상당히 클 경우 ③ 결혼 생활 중에 내린 결정(예컨대 전업주부가 되기로 결정하는 것)이 소득 차이에 기여했을 경우에 한정되어야 한다고 본다. 이러한 방향으로 원칙을 정하면 확실한 기준을 제공할 수 있으며, 오랫동안 가정주부로 살아온 탓에 불가피하게 의존적일 수밖에 없는 여성의 상황을 명확하게 인정할 수 있다. 이혼 수당의 개념은 여성이 원래 의존적이라거나 또는 가족 내에서 남녀가 맡는 책임이 본래(또는 적어도 선호에 따라) 다르기 때문에 남녀 간 소득 불평등이 발생한다는 낡은 생각에 매여 있다. 오늘날 법원은 이혼 부부의 15퍼센트에게만 이혼 수당을 지급하라고 명령하며, 대부분의 이혼 수당은 이혼 후 적응할 시간을 준다는 데 그 목적이 있다.[22] 소득이 없는 아내 다섯 명 중 한 명이 이혼 수당을 받고 있긴 하지만[23] 젊은 여성들은 가계를 꾸려 나가기 위해 돈 벌 능력을 잃지 말아야 한다는 사실을 점점 더 깨닫고 있다. 그리고 가계소득이 하위 4분의 1인 여성의 3분의 2 이상이 돈을 남편만큼 벌거나 남편보다 더 많이 번다.[24] 또한 정부의 책임(예를 들어 질병이나 비자발적 실업으로 고통받는 사람들을 돌보는 것) 문제나 민간 로펌보다는 판사직을 선택한 것과 같은 개인 선호도의 문제를 장기적인 이혼 수당 지급으로 해결하는 것은 부적절하다. 상층에서는 이혼 수당 지급이 때때로 적절하지만, 대개 가족 내 책무를 더욱 성별화하는 경향이 있다. 그리고 하층과 이혼 수당은 거의 무관하다. 그러나 중간층에서 아내에게 이혼 통보를 받은 남편이나 주로 자신의 소득으로 아이들을 먹여 살리는 여성의 경우 이들에게 이혼 수당 지급을 명령하는 것은 부당해 보인다.

이러한 변화는 성인을 자신의 안녕에 책임을 지는 자율적 개인으로 보는 것이 장기적인 추세임을 보여준다. 전체적인 그림을 완성하려면 법이 어떤 의무를 계속해서 부과해야 할지 검토해야 하며 이때 부모 자식 간의 관계를 고려하는 것이 필요하다.

양육과 양육 수당

의제를 다시 짜려면 우선 법적 부모가 누구이며 이들이 자녀에게 어떤 의무를 갖는지 알아보아야 한다. 현재 법은 생물학적 부모가 아이와 부모 자식 관계를 맺어야 한다고 추정한다.[25] 하지만 이렇게 하면 자녀의 이익을 고려하는 새로운 제도로 친생자 추정 원칙을 대체할 수도 없고, 부모가 함께 아이를 키울 수 있도록 협상의 장을 만들 수도 없다. 이를 위해서는 관계의 기저를 이루는 힘의 역학관계를 고려해야 한다. 대졸자 집단의 경우 이 역학관계는 공적 제도의 역할에 달려 있는데, 현 제도는 아버지에게도 권리를 주고(예를 들어 이혼 후에 공동 양육권을 갖는 것) 여성이 한부모 가족을 이루는 것도 허용한다(예를 들어 정자를 기증받아 아이를 낳는 것). 이러한 제도는 부모가 누구인지 확실하게 정해주며, 여성이 불행한 관계를 떠날 수 있는 능력을 갖듯이 아이 아빠도 자녀와 관계를 유지할 수 있는 능력을 갖게 해준다. 결혼하거나 정자은행에 갈 확률이 낮은 사람들이 부모 역할을 맡도록 장려하는 것은 또 다른 문제다.

따라서 우리는 누가 부모인가라는 문제에서부터 시작하려고 한다. 즉, 법적으로 양육권을 가져갈 능력이 있다고 인정받는 사람은 누구이며, 양육 수당을 책임지고 지급해야 하는 사람은 누구인가? 물론 새로운 제도 또한 핏줄을 인정해야 하지만, 여성이 아이의 삶에 아이 아빠가 아닌 다른 파트너를 맞이할 수 있다는 사실을 진지하게 고려하고 이러한 관계에도 장점이 있다는 것을 인정해야 한다. 이러한 새 제도는 아이들의 이익을 증진하는 방향으로 협상하도록 장려한다.

첫 번째 단계로, 핏줄을 인정하려면 아버지 자격에 대해 고려해 보아야 한다. 아기가 태어났을 때 의무적으로 친자 검사를 하면 유전적 유대 관계를 형성할 수 있으며, 거짓보다는 진실과 계획을 기반으로 관계를 만들어나가야 한다는 메시지를 사람들에게 전할 수 있다.[26] 오늘날에는 DNA 검사 비용이 상당히 저렴해졌기 때문에(다른 목적으로 하는 산전 검사와 산후 검사 또한 보편화되었다) 아기가 태어났을 때 기혼 커플뿐만 아니라 미혼 커플도 비교적 쉽게 친자 검사를 받을 수 있다. 하지만 서로의 부모 자격에 절대 이의를 제기하지 않겠다고 합의하는 커플에 한해서는 예외를 둘 수 있다.[27]

그러나 의무적인 친자 검사에 반대하는 의견도 있을 수 있다. 첫째, 아버지를 확실하게 정해야 한다고 주장하는 사람들은 대부분 미혼 부모에게 벌을 줘야 한다고 본다. 이들은 우리가 〈공동 양육: 평등주의인가 가부장주의인가 아니면 둘 다인가〉에서 설명한 것처럼 아이 아빠에게 양육비를 부과함으로써 오히려 역효과를 낸다. 이는 분명 우리의 목표가 아니다. 사실 우리는 아이 엄마가 아이에게 관심이 없는 남성, 아이의 삶에 관여하지 않을 여러 명의 애인, 이름 없는 정자 기증자, 폭력적이거나 위험한 남성에게 왜 아빠라는 이름을 붙여야 하는지 잘 모르겠다. 둘째, 우리는 아이의 친부가 공식적으로 아이 아빠라고 인정받고 싶어 할 경우 친자 확인 검사를 하는 것이 가장 적절하다고 보지만, 친자 확인 검사 때문에 대리모나 정자은행을 통해 아이를 낳은 부부가 부모로 인정받는 데 어려움을 겪기를 바라지는 않는다. 셋째, 우리는 법 제도에 접근 가능한 남성이 법적으로 아버지 지위를 확립함으로써 아이와 함께하는 시간을 확보할 수 있으며, 그러므로 아이 엄마를 상대로 상당한 힘을 갖게 된다고 본다. 하지만 이렇게 하는 것이 아이에게는 최선이 아닐 수도 있다.

이러한 점들을 고려했을 때 우리는 반드시 ① 양측이 동의하고 ② 친자 확인 검사에 보조금을 지급하고 ③ 관련 법으로 부모의 권리와 의무를 적절하게 규정했을 경우에만 친자 확인 검사를 해야 한다고 생각한다. 우리는 부부가 협상을 할 때 아이의 친부가 누구인지 알아야 한다고 생각하지만, 아이의 친부가 원치 않는데 억지로 아버지 역할을 떠맡게 되는 상황에는 반대한다.

따라서 생물학적 친부가 누구인지 알아볼 때는 반드시 이를 보완할 수 있는 제도가 필요하며, 이 제도를 통해 부모가 핏줄이나 결혼 자체보다는 자신이 부모 역할을 맡았다는 사실에 기초해서 아이들을 돌볼 수 있도록 환경을 조성해야 한다. 예를 들어, 미혼모인 릴리가 앤디라는 남자를 만나기 시작했으며, 앤디가 아이 아빠 역할을 맡았다고 가정해보자. 아이의 친부인 칼은 임신한 릴리를 부양하지 않았으며, 그 이후로도 아이를 단 몇 차례 만났을 뿐이다. 릴리가 칼을 아이 아빠로 인정하고 칼이 아이 아빠의 자격을 갖도록 도와야 한다는 주장은 아이를 잘 보살피려는 릴리의 노력을 칼이 방해할 수 있도록 허용하는 것이나 마찬가지이며(릴리와 앤디의 관계 또한 방해받는다) 칼이 릴리와 아이에게 조금이라도 도움이 되도록 유도하는 데에도 별 도움이 안 된다. 게다가 이처럼 강압적인 제도 아래에서 앤디는 릴리 및 릴리의 아이와 수년간 함께 살고 어떤 면에

결혼 시장

서 보아도 아이 아빠 역할을 다했을지라도 릴리와 헤어지면 아이와의 관계를 유지할 수 없다. 그 대신 칼이 유일한 예비 아빠로 남으며, 이는 칼이 아이를 만나거나 부양하는 것을 게을리하더라도 마찬가지다. 앤디는 아이를 입양해서 칼의 친권을 없애야만 확실한 부모 지위를 얻을 수 있다.

법원이 획일적 기준에 따라 판결을 내리기보다는 재량권을 가지고 판결을 내리면 릴리와 칼, 앤디 중에서 부모를 선택할 수 있다. 그러나 그러한 선택은 매우 어려운데, 정파에 따라 사람들이 추구하는 문화적 가치가 다르며, 사법부가 점점 더 도덕규범(부모 역할을 하는 사람과 아이의 관계를 보호해야 한다)보다는 원칙('아이 아빠'는 공동 양육권을 가질 권리가 있다)에 따라 판결을 내리고 있기 때문이다.[28] 게다가 판사가 재량권을 가지고 도덕규범을 결정할 경우 개인적으로 선호하는 가치를 당사자에게 강요할 수 있다. 예를 들어 많은 판사들은 오직 핏줄에만 근거해서 칼을 옹호하고, 칼이 아이의 삶에서 아빠 역할을 할 권리가 있다고 주장할 것이다.[29] 그리고 또 다른 판사들은 칼이 릴리와 결혼하지 않고 릴리와 아이를 부양하지 않았다는 사실을 너그럽게 봐주지 않을 것이다.[30]

두 명 이상의 어른이 아이의 삶에 지속적으로 관여하면 문제는 더욱 복잡해진다. 릴리가 만나는 사람이 앤디뿐일지라도 칼과 앤디가 둘 다 아이의 삶에 관여한다면 어떻게 해야 할까? 현재 여러 주에서는 두 명 이상의 성인이 아이의 부모 역할을 맡을 수 있다고 인정한다.[31] 보통은 핏줄이 아닌 선택에 따라 가족을 이룬 사람들을 지지하기 위해 이러한 법규를 채택한다. 예를 들면 레즈비언 커플과 아이의 생물학적 아빠는 아이를 함께 키우고 싶어 할 수 있다. 그러나 이러한 법규는 이성애자인 생물학적 부모 및 의붓부모에게도 적용 가능하다. 부모의 수를 두 명으로 제한하는 대부분의 주에서 앤디는 부모 지위를 획득하려면 법적 대리인의 힘을 빌려 영원히 칼을 대체해야 한다. 하지만 부모가 세 명일 수 있다는 사실을 인정한다면, 법원은 칼의 아버지 지위를 없애지 않고도 앤디가 아버지 역할을 한다는 사실을 승인할 수 있다. 그러나 릴리와 칼, 앤디 모두에게 동시에 양육권을 주는 것은 최선의 상황을 방해할 수도 있다. 가족이 가난할수록 아이의 삶에 가장 안정적으로 영향을 미칠 사람은 릴리와 릴리의 친척일 가능성이 높다. 그리고 릴리의 형편이 나아질수록 릴리가 앤디 같은 사람과 오래도록 안정적인 관계를 형성할 가능성이 높아진다.[32] 만약 릴리의 형편이 나아지지 않고 앤디와의 관계가 칼과의 관계처럼 짧고 불안정하다면, 언젠가 나중에 아이가 아빠를 필요로 할 때 도움을 제공할 사람은 칼일 가능성이 높다. 그러나 아이가 막 태어날 당시에는 어떤 상황이 발생할지 전혀 예측할 수 없다.

그러므로 이제는 핏줄과 현재 아이 엄마가 맺고 있는 관계, 아이에게 바람직한 환경 사이에서 균형을 맞추는 식으로 아이의 삶에 여러 명의 어른이 관여할 수 있다는 사실을 받아들여야 한다. 실제로 캘리포니아[33]와 루이지애나[34]를 비롯한 몇몇 주에서는 여러 명의 성인이 아이의 삶에 관여하는 상황에 대처하기 위해 관련 법규를 만들어왔다(그러나 두 주가 이러한 법규를 만든 이유는 상당히 다르다).

첫째로, 캘리포니아 주와 루이지애나 주는 성인 여러 명이 법적인 부모 지위를 얻을 수 있도록 허용하지만, 모두에게 똑같은 권리와 책임을 요구하지는 않는다. 캘리포니아 주에서 개개인은 친생자 추정 원칙을 통해서도 부모로 추정되고, 아이를 가정에 받아들여서 자신의 아이처럼 키워도 부모로 추정된다.[35] 그리고 두 경우 모두 부모의 역할을 다할 것을 요구받는다. 루이지애나 주 법원은 현재 아이 엄마의 남편과 아이의 친부 모두를 부모로 인정함으로써 "두 명의 아버지"를 허용한다. 하지만 최근 아이 엄마와 결혼하지 않은 아이의 친부는 아이가 한 살이 지나야만 아버지 지위를 주장할 수 있도록 제한을 두었다.[36] 우리는 결혼을 했든 안 했든 생물학적 부모와 아이를 직접 키우고 있는 부모 모두 아이가 두 살이 될 때까지 아이와 연락을 했는지에 따라 '잠재적 부모'로 간주되어야 한다고 본다. 그러나 꼭 필요하기 전까지는 그중 한 명을 부모로 결정하거나 권리 및 책임을 배분하지 않아도 될 것이다. 예를 들어 릴리가 앤디와 함께 살고 있다면 릴리가 앤디와 헤어지거나, 릴리가 칼에게 양육비를 요구하거나(또는 칼이 양육권을 요구하거나), 앤디가 릴리와 상의해서 아이를 입양하기로 결정하지 않는 이상 재판을 받을 필요가 없다. 법원은 세 명 중 누가 법적 부모로 인정받을 것인지를 결정해야 할 때에만 관여하면 된다.

둘째로, 누가 양육권을 가져갈 것인지 결정할 때 현재 아이 엄마가 맺고 있는 관계를 핏줄보다 중요하게 여겨야 한다. 부모 역할은 하지도 않고 핏줄 하나에만 근거해서 부모 지위를 주장하는 사람보다는 실제 아이와 유대 관계를 형성하고 아이를 부양하는 데 기여한 사람을 인정해야 한다는 뜻이다. 즉, 부모로 인정받으려면 다음과 같은 세 가지 요건을 충족해야 한다. ① 기존의 법적 부모와 명시적 또는 암묵적인 합의하에 부모 역할을 맡을 것 ② 아이가 자신을 부모로 받아들이도록 노력할 것 ③ 적어도 2년간 양육권을 가진 부모의 집 또는 자신의 집에서(따로 살 경우 적어도 양육권을 가진 부모만큼 아이와 함께 있어야 한다) 아이와 함께 살 것.[37] 릴리와 앤디가 2년 동안 함께 산 후 아이가 세 살이 되었을 때 헤어진다면, 그리고 아이가 앤디를 아빠라고 생각한다면, 우리는 아이의 이익을 최우선으로 여겨 (자리를 비운 칼이 아닌) 앤디에게 공동 양육권을 주어야 한다고 본다. 그러나 반대로 앤디가 릴리나 아이를 학대했기 때문에 헤어진 거라면 아버지로 인정받는 사람은 칼이 되어야 한다. 만약 칼이 아이의 삶에 계속 관여하는 동시에 앤디 또한 아이와 친밀한 유대관계를 형성했다면, 우리는 칼과 앤디, 릴리가 전부 아이의 삶에 관여할 수 있는 가능성을 열어두고자 한다. 그러나 세 명 모두가 양육권을 갖는 것이 반드시 아이에게 좋다고 보지는 않는다.[38]

셋째로, 우리는 경제적 의무를 져야 할 사람이 필요할 경우 양육권이 없는 친부가 그 역할을 맡아야 한다고 본다. 이 사람이 아이와 아무 관계를 맺고 있지 않다고 해도 마찬가지다. 제3자가 부모 역할을 맡거나 양육권을 가진 부모가 지원을 요구하지 않는다면 이 사람에게 양육비를 지급하라는 명령은 내려지지 않는다. 그러나 양육권을 가진 부모가 지원을 필요로 할 경우 생물학적 부모는 부모 지위를 박탈당하지 않은 이상 양육비를 낼 법적 책임이 있는 것으로 간주된다. 그러므로 아이가 세 살 때 앤디와 릴리가 헤어지고 앤디가 아이와의 관계를 유지하려고 하지 않는다면, 그리고 3년 뒤 릴리가 경제적 위기 상황에 빠져서 양육비를 요구한다면, 양육비를 지급할 법적 책임은 (앤디가 아니라) 칼에게 있다.

넷째로, 물론 법원은 아이의 이익을 고려해서 누가 양육권을 가져갈지 결정할 수 있으며 아이에게 바람직한 환경을 만들 것을 장려할 수 있다. 아이 엄마와 아빠의 사이가 매우 나쁠 경우 공동 양육권을 갖지 않는 것이 좋을 수 있으며, 아동 학대 등의 폭력 행위를 한 사람은 실격 처리해야 한다.

이러한 제도를 온전히 시행하려면 국가의 양육비 지원 정책을 전적으로 재고해야 한다. 현재의 지원 방식으로는 아동부양가족지원 정책*처럼 아이 아빠가 자신의 아이를 버려야만 지원을 받을 수 있는 정책을 대체할 수 없다. 현재 법은 돈을 지불할 능력이 없는 남성에게 양육비를 지급하라는 명령을 내리고 있으며, 현금이 아닌 현물 기여를 인정하지 않는다. 하지만 현물 기여는 아이 아빠가 자녀 양육에 기여하는 유일한 방법일 수 있다. 그리고 이 남성은 이러한 방식을 통해 자신이 아이의 성장에 보탬이 된다는 느낌을 받을 수 있다. 양육비를 지급하라는 명령은 오직 아이 아빠가 안정적인 일자리를 갖고 있으며 스스로 가족을 버렸을 경우에만 타당하다. 그리고 이러한 상황에서는 아이 엄마 또한 양육비 지급 명령을 바랄 가능성이 높다.

우리는 국가가 역효과를 낳는 양육비 지급 명령을 통해 양육권을 가진 부모를 지원하는 것을 중단해야 한다고 본다. 그 대신 그러한

• Aid to Families with Dependent Children, AFDC. 부모 중 한쪽만 있는 가정에 현금을 지원해주는 프로그램으로, 1960년부터 1996년까지 시행되었으며 여러 부작용이 발생했다.

노력에 사용되는 자원들을 곧바로 아이들을 돕는 데 사용할 것을 제안한다. 즉, 양육권을 가진 부모가 법 집행을 통해 양육비를 받길 원한다면 법을 최우선으로 집행하고, 아이 아빠의 현물 기여 또한 인정하는 것이다. 또한 요즘처럼 아이 아빠 상당수가 결혼하지 않은 상태에서 아이들을 보살피고 주로 아이 엄마가 먼저 관계를 끝내는 시대에 주 정부의 양육비 보조 정책에서 게으름뱅이 아빠의 이미지를 제거해야 한다.

가족법 다시 자리매김하기

사회 안전망의 붕괴와 양육 지원 정책의 미비는 오늘날 이혼 결정에 악영향을 미치고 모든 종류의 친밀한 관계를 위태롭게 만든다. 보험의 원리는 위험 분산이다. 개인보다는 다수가 예상치 못한 질병과 장애, 또는 경기 침체로 인한 일시적 실업에 더욱 잘 대처할 수 있다. 그러나 가족 대부분은 크기가 너무 작아서 가진 자산을 전부 소진하지 않고는 이러한 위험에 대처할 수 없다.

상위 3분의 1 집단은 탄탄한(그리고 종종 보이지 않는) 보험 혜택을 누리는데, 고용주가 제공하는 건강보험과 장해 급여, 유급 병가와 노동 환경이 유연한 일자리, 자신이 가족을 돌볼 수 없을 때 유모와 재택 건강관리인을 고용할 수 있는 자산 등이 그것이다. 이 집단 밖의 사람들은 대부분 여전히 이러한 역할들을 가족 구성원에게 의존한다. 우리는 돈을 벌어오는 사람이 질병이나 경기 침체로 일자리를 찾을 수 없는 배우자를 떠나는 것이 어떤 의미인지 아직 직시하지 못하고 있다. 또한 아픈 아이에게 의료 서비스를 제공하기 위해 공적 자금을 이용하는 대신 양육권이 없는 부모에게 양육비 지급 명령을 하고는 결과에 책임을 지지도 못한다. 양육비 지급을 명령 받은 부모가 다른 아이를 부양하고 있다면, 양육비 지급 명령은 말 그대로 이 아이의 입에서 음식을 빼앗는 것과 마찬가지다. 이러한 상황에서 가족법은 피터에게서 뺏은 것을 폴에게 줄 수는 있겠지만 가족을 더욱 건강하게 만들고 지역 사회를 강화시키지는 못한다. 사회 안전망을 더욱 튼튼하게 만든다면 다음 세대를 부양하기 위해 필요한 자원을 모으는 데 더욱 쉽게 집중할 수 있을 것이다.

오늘날 우리는 가족이 보다 큰 사회와 어떻게 연결되어 있는지 다시 이해하는 과정에 있다. 불평등이 증가하면서 오랜 시간에 걸쳐 가정과 시장의 관계가 다시 조정되고 있다는 사실은 은폐되었다. 여성이 더 이상 종속되지 않도록 하고, 관계의 정의를 의존적인 것에서 동등한 것으로 재정의하려면 가족의 역할을 다시 숙고해야 한다. 우리는 가족을 미래에 대한 투자의 근원으로 본다. 아이들의 미래 가능성에 투자하는 것이다. 그러나 국가 전반에서 지역 사회가 붕괴되면서 상호 의존적인 관계를 위협하고 있다. 얼마 없는 소득으로 일자리가 없거나 아프거나 아니면 단순히 돈을 많이 못 버는 배우자를 돌봐야 하는 사람은 아이에게 투자할 수 있는 자원이 얼마 없다. 이처럼 자원이 제한된 세계에서 많은 사람들이 자신은 결혼할 수 없으리라고 생각하는 것은 놀랄 일도 아니다. 가족을 다시 일으켜 세우려면 더 많은 사람들이 사회의 당당한 일원이 될 수 있도록 만들어야 한다. 그래야만 상호 의존적인 관계가 미래를 박탈하는 위협이 아닌 힘의 근원이 될 수 있다.

역설적이게도 가족법의 변화를 이끌고 있는 가장 긍정적인 현상 중 하나는 동성 커플을 인정하는 사람이 점점 더 많아지고 있다는 것이다. 법이 동성 커플을 통치할 수 있으려면 성 고정관념의 한계에서 벗어나 새로운 눈으로 바깥일과 집안일의 균형을 맞춰야 하며, 이성애자의 출산이라는 틀 밖에서 부모 자식 관계의 본질에 대해 숙고해야 한다. 우리는 이처럼 가족의 의무를 재평가하면 부모가 여러 명 있을 수도 있다는 사실을 점점 더 받아들일 수 있으리라 생각한다. 이 여러 명의 부모들은 아이의 삶에서 각자 중요한 역할을 하지만 이들의 역할이 언제나 동등하지는 않을 수 있다. 동성 커플의 경우 생물학적 부모, 생물학적 부모의 파트너, 정자 또는 난자 기증자, 때로는 기증자의 파트너까지 아이의 삶에 관여한다. 이러한 상황을 정리하다 보면 전 배우자와 동거인 그리고 아이와 계속 관계를 유지하는 의붓부모까지 포용하는 새로운 모델이 등장할 수 있다. 이와 비슷하게 우리는 성별에 따라 배우자의 역할을 나누지 않을 때 의존성과 상호 의존성의 개념이 새로운 의미를 갖게 되리라 생각한다. 관계의 관점에서 가족의 의무를 재고하면 가족법 내에서 여러 계층을 아우르는 데 도움이 될 수도 있다.

앞으로는 법이 미국 가족의 새로운 모습에 적응하고, 아빠들이 직접적인 경제적 기여 외에도 여러 가지 방법으로 아이를 보살필 수 있다는 사실을 받아들이고, 결혼 생활에서 발생하는 의존성과 상호 의존성을 인정하고, 일차 양육자의 중요성을 인식할 수 있기를 바란다. 이를 위해서는 무엇보다도 점점 커지고 있는 여성의 자율성을 인식하고 존중해야 한다. 이 문제와 관련된 우리의 사회적 이해와 법은 끊임없이 변하고 있으며, 사회가 기대하는 일반적인 삶의 모습 역시 아직 완전히 자리 잡지 않았다. 이러한 가운데 법은 강압적이고 분열을 초래하는 대신 사람들에게 도움을 줄 수 있을 것이다.

평등하고 공정한 사회

서두에서 이야기했듯이 미국 가족에게 발생한 변화는 아주 단순하다. 경제가 가족 구조에 심각한 영향을 미친 것이다. 그러나 어떻게 경제가 가족 구조에 영향을 미칠 수 있었는지 설명하는 것은 전혀 단순하지 않다. 제일 처음에는 남녀 간에 권력이 어떻게 재분배되었는지 분석하고, 그 결과 친밀한 관계에서 협상의 조건이 어떻게 달라졌는지 알아보았다. 두 번째 단계에서는 이러한 변화가 무엇을 의미하는지 탐구했다. 상층은 자녀에게 이익을 가져다주는 방식으로 새롭게 합의를 볼 수 있게 되었으나 중간층은 그러한 합의를 맺기가 불가능해졌으며, 하층은 사실상 그런 합의를 맺을 필요도 없어졌다.

권력의 재분배는 가정과 시장의 관계가 재정립되면서 시작되었다. 지난 반세기 동안 여성은 노동 시장에 성공적으로 편입했고, 대부분이 사회에서 더 높은 위치에 올라섰다. 스스로 돈을 벌 수 있게 되자 여성은 프러포즈를 거절할 능력, 불행한 관계를 끝낼 능력, 결혼하지 않고 아이를 키울 능력이 커졌다. 그러므로 이제 여성에게 있어 관계에 헌신하고자 하는 의지는 남성과 마찬가지로 얼마나 좋은 파트너를 찾아낼 수 있느냐에 크게 좌우된다. 상층 여성은 좋은 파트너를 찾을 가능성이 갈수록 커지고 있지만, 엘리트가 아닌 여성에게는 좋은 파트너를 찾는 일이 점점 더 어려워지고 있다. 이는 남성에게 발생한 변화 때문이다.

여성의 역할이 완전히 변한 뒤 남성 사이에서 불평등이 점점 심해졌다. 불평등이 심해지자 남성이 갖고 있던 사회적 권력이 줄었을 뿐만 아니라 남녀가 만나는 방식도 바뀌었다. 지난 30년 동안 소득이 증가한 집단은 상층 남성 집단뿐이다. 나머지 남성들은 설 자리를 잃었다. 좋은 일자리와 나쁜 일자리가 늘어난 반면 그럭저럭 괜찮은 일자리는 자취를 감췄고, 특히 중간관리자 남성과 숙련된 블루칼라 노동자 남성이 큰 타격을 받았다. 그 결과 상층 남성은 정치경제적 권력이 더욱 커졌으나 경제 변화에 타격을 입은 사람들은 권력을 잃었고 스스로 주변화되었다고 생각하게 되었다.

그러나 여성 집단은 이와 다르게 변화했다. 지난 30년간 (고등학교 중퇴자를 제외한) 거의 모든 여성이 소득 증가를 경험했다. 여성은 학업 성취도 면에서 남성을 능가했고, 약사나 사무장처럼 상당한 교육과 기술이 필요한 고소득 직업을 더 많이 차지할 수 있었다. 대학을 나오지 않은 중간층 여성은 고소득 직업은 아니더라도 의료조무사나 캐셔, 사무원 같은 비교적 안정적인 일자리를 얻을 수 있으며 경제 상황이 나빠질 경우 스스로 추가 교육을 받을 확률이 남성보다 높다. 여성 집단에서는 오직 하층 여성만이 설 자리를 잃었다.

남성 집단과 여성 집단이 이렇게 변하자 남녀가 만나는 방식이

결혼 시장

변했고 서로가 동의하는 조건에 따라 관계를 맺을 능력 또한 변했다. 상층은 다른 집단과는 다르게 남녀 모두 소득이 증가했다. 하지만 총소득은 남성이 여성보다 높다. 상층 남성은 전체 소득의 상당 부분을 가져가며, 정치 담론을 원하는 대로 만들 수 있는 능력을 갖고 있다. 그러나 동시에 남성 집단에서 계급 격차가 더욱 가팔라지면서 최상층 여성을 차지하려는 경쟁이 심화되었다. 남성 간 불평등이 점점 심해지고 있는 시대에 좋은 파트너를 만나는 것은 더욱 중요해진다. 그러므로 상층 남성은 상층 여성에 비해 특정 파트너에게 헌신하는 것을 더욱 신중하게 결정한다. 어쨌든 상층 남성은 좋은 사람을 만나 결혼하고자 하는 의지가 있다.

상층에서 결혼을 더 많이 하는 이유는 상층 남성의 사회적 권력과 깐깐하게 파트너를 고를 수 있는 상층 여성의 힘이 더해진 데다가 법 구조 덕분에 자녀에게 더욱 헌신할 수 있게 되었기 때문이다. 상층 남성은 결혼했다가 이혼할 경우 두 가지 위험에 직면한다. 첫째, 자신이 모아놓은 재산을 마음대로 처분하지 못할 수 있고, 둘째, 아내와 함께 시간과 자산, 애정을 들여 키운 자녀를 만나지 못할 수 있다. 이 두 가지 위험으로부터 엘리트 남성을 보호하기 위해 법이 바뀌었다. 그 결과 일방적인 혼전계약서를 작성하기가 쉬워졌고, 이혼 수당을 지급하라는 명령이 크게 줄었으며, 공동 양육을 주로 명령하게 되면서 법원에 갈 수 있을 만큼 자산이 있는 남성은 자녀와의 시간을 상당히 보장받을 수 있게 되었다. 그뿐만 아니라 남성이 친권을 행사할 경우 양육비를 덜 낼 수 있게 되었다. 그 결과 결혼은 겉보기에 더욱 평등해졌으나 이로 인해 가장 큰 혜택을 보

는 사람은 아내보다 돈을 더 많이 버는 상층 남성이다.[39]

그렇다면 상층 여성은 왜 자신에게 불리한 조건에서도 결혼을 하는 걸까? 여전히 여성은 자신보다 돈을 더 많이 버는 남성과 결혼하고 싶어 한다는 것이 하나의 원인일 수 있다.[40] 상위 3분의 1에 속하는 대졸 여성은 여전히 남성에게 얻을 수 있는 것이 많기 때문에 결혼을 한다. 그리고 남성은 법이 자신이 투자한 것을 보호해주기 때문에 여전히 결혼을 한다.

반면 중간층 여성은 하층 여성이나 중간층 남성과 비교했을 때 사회적 권력을 더 많이 쥐게 되었다. 즉, 스스로 돈을 벌게 되면서 중간층 여성이 더욱 독립적으로 변했다는 뜻이다. 하지만 이는 곧 '좋은' 남성, 즉 부부 간 협력 관계에 확실하게 기여할 수 있는 남성이 줄었다는 뜻이기도 하다. 중간층 여성은 상층 남성처럼 결혼에 신중할 수밖에 없다. 하지만 중간층 여성이 상층 남성과 다른 점이 있다면, 이들은 결혼을 자신에게 유리하게끔 만들지 못한다는 것이다. 중간층 여성 또한 자신의 소득을 나눠야 할지 모른다는 위험이 있다. 하지만 상층 남성과 다르게 중간층 여성은 혼전계약서를 작성할 확률이 낮기에 결혼 생활 동안 자신의 얼마 안 되는 자산을 공유해야 한다는 두려움이 훨씬 크다. 게다가 상층 남성이 자녀와의 관계를 보장받기 위해 힘을 쓴 공동 양육권 개혁은 중간층 여성에게 불리하게 작용한다. 결과적으로 중간층 여성은 결혼을 하지 않음으로써 더 큰 권력을 얻게 된다.[41] 결혼하지 않으면 남성은 여성의 소득에 아무런 권리를 주장할 수 없다. 남성이 아이 아빠 지위를 얻으려면 친부인정서에 서명을 하거나(아이 엄마의 협조가 필요하다)

친자 확인 소송을 해야 하는데, 친자 확인 소송은 돈과 시간이 너무 많이 들어서 이들로서는 소송을 제기하기가 어려울 수 있다. 법은 여성에게 아이 주변 사람을 통제할 수 있는 사회적 권력을 주지는 않으면서 여성이 실제로 그러한 권력을 행사할 때는 못 본 체한다. 그리고 여성이 사실상 자녀 양육의 통제권을 쥐고 있으나 그 힘을 법적으로 인정받지 못하는 곳에서는 여성이 실제 아이 아빠가 누구 인지 속이거나 거짓말을 할 가능성이 커진다.

하층에서는 남녀 모두가 사회적 기반을 잃었다. 정치 제도는 이들의 이익을 거의 대변하지 않는다. 과거에는 지역 사회와 대가족이 이들을 지원했으나 그러한 지원은 점점 줄고 있다. 하층 남성은 오랫동안 주변화되어 왔으며, 오늘날에는 만성 실업과 대량 투옥으로 더욱더 고생하고 있다. 가족법은 국고를 보호하려는 국가 개입에 좌우되고 있으며, 효과도 없이 징벌적이다. 과거에 가난한 사람들을 낙인찍는 행위는 적어도 상층과 중간층의 결속에 보탬이 되었다. 하지만 오늘날 그러한 결속은 사라지고 없다. 그 결과 가족법은 그 어떤 가족도 따르지 않는 규칙을 강화해야 한다고 우기고 있으며, 양육비와 관련해서는 특히 더하다. 하층 남성은 여성과 아이를 버리지 않는다. 오히려 여성이 남성을 내쫓는다. 하층 남성은 자녀가 고생하고 있는데도 혼자 희희낙락하는 게으름뱅이가 아니다. 대신 이들은 법이 인정하지 않는 방식으로 자녀에게 기여한다. 가족은 남성의 월급을 반드시 필요로 하지 않을 수도 있다. 중간층과 하층에서는 보통 여성이 남성보다 돈을 많이 번다. 만약 가족법이 최근 중간층에서 생긴 규범을 하층에 적용한다면 여성이 가족생활을 통제할 수 있도록 허용할 것이다. 이러한 체제에서 여성은 파트너가 자신의 자녀에게 관여할 때 전제조건을 둘 수 있으며, 사회는 여성의 선택을 받아들인다. 그러나 현 체제는 오직 상층의 삶만을 반영한다.

가족법, 아니 사회는 딜레마에 봉착해 있다. 상층과 중간층에서 권력의 균형이 완전히 다르다는 것을 인정하고 사회적 지위에 따라 다른 종류의 법 체제를 적용해야 할까, 아니면 못 본 척하고 그러한 차이가 존재하지 않는 듯이 행동하면서 실용성을 택해야 할까? 상층과 중간층의 격차를 다시 줄일 수 있는 유일한 방법은 이들을 멀어지게 만들었던 상황을 바꾸는 것이다. 사회가 경쟁의 장을 지금보다 공평하게 만들어서 상층 여성이 상층 남성만큼 기회를 얻고, 중간층 남성도 중간층 여성만큼 기회를 얻고, 세 계급이 서로 공평하게 기회를 얻을 수 있게 된다면 단일한 가족법 체제가 등장할 수 있을 것이다. 하지만 그러한 날이 올 때까지는 어른보다 아이들에게 더욱 초점을 맞춰야 한다. 아이들은 사회적 불평등의 증가로 인해 마땅히 누려야 할 것들을 누리지 못하고 있다.

이 책의 저변에 있는 더 큰 쟁점은 사회에서 불평등이 맡는 역할이다. '불평등'이라는 추상적 개념은 정치적 갈등을 불러일으킨다. 우리는 이런 농담 하기를 좋아한다. 전구를 갈아 끼우는 데 얼마나 많은 고위층 인사가 필요할까? 두 명이다. 한 명이 다른 한 명에게 전구를 가는 데 필요한 일들을 하라고 지시해야 하기 때문이다. 그렇다면 전구를 갈아 끼우는 데 얼마나 많은 평등주의자가 필요할까? 정답은 평등주의자는 전구를 갈 수 없다는 것이다. 전구

결혼 시장

를 갈려면 한 명이 다른 한 명 위에 올라타야 하기 때문이다. 〈희생
자 탓하기: 교훈적 이야기〉에서 우리는 가족을 대하는 태도에 이러
한 태도가 깔려 있음을 설명했다. 평등을 추구하는 진보주의자들은
모든 가족을 존중하고 싶어 한다. 이들은 가족의 결함을 제도 탓으
로 돌린다. 보수주의자들은 계급이 신이 정해준 것까지는 아니더라
도 어쩔 수 없이 발생할 수밖에 없는 것이라고 본다. 이들은 가난을
개인 탓으로 돌리고, 결혼을 못 하는 것도 개인의 능력 부족으로 본
다. 실제로 정치적 태도를 분석한 메타연구에서 심리학자 존 조스
트John Jost는 정치 성향별 관점을 다음과 같이 정리했다.

> 보수주의자는 사람이 본래부터 평등하지 않으며, 불평등한 대우를 받아
> 야 마땅하다고 본다. 진보주의자는 평등주의자다. 보수주의자는 전통을 숭
> 배하고, 그 무엇보다도 질서와 권위를 숭배한다. 진보주의자는 조직적인 변
> 화가 발전을 불러온다고 믿는다.[42]

조스트는 변화에 열려 있는 "진보적" 성향과 불평등을 용인하는
"보수적" 성향의 대결이 정치적 충성심 및 지난 30년 동안 있었던
정당 재편성의 주요인이라고 보았다.[43]

예일 대학교의 문화 인지 프로젝트Yale Cultural Cognition Project는 개
개인이 문화라는 렌즈를 통해 경험적 자료("온난화는 실제 존재하는가?"
"총기를 규제하면 개인의 안전이 보장되는가?")를 받아들인다고 본다. 관찰
자는 기존에 갖고 있던 신념에 따라서 새로운 정보를 해석한다. 정
치학자 래리 바텔스Larry Bartels는 "몇몇 사람들이 열심히 일하지 않

는다"는 사실 때문에 불평등이 발생한다고 보느냐는 질문에 사람들이 어떤 대답을 했는지를 조사했는데, 그 역시 사람들의 대답이 불평등에 관한 정보보다는 개개인의 이념 성향과 관련이 있다는 결론에 이르렀다.[44] 스스로 보수주의자라고 밝힌 사람은 스스로 진보주의자라고 밝힌 사람보다 그렇다고 대답한 비율이 훨씬 높았으며 그 차이는 정보가 가장 많은 사람들에게서 가장 크게 나타났다. 사람들이 가지고 있는 정보의 양을 교육 수준이나 사회 문제에 대한 관심도 등으로 종합해서 측정했을 때 "정보가 가장 많은" 보수주의자의 70퍼센트 이상이 불평등은 몇몇 사람이 그만큼 열심히 일했기 때문에 발생한다고 대답했다. 반면 정보가 가장 많은 진보주의자 중 이와 같이 대답한 사람은 20퍼센트 미만이었다. 가난한 남성이 게으르기 때문에 가족이 붕괴되었다고 주장하는 찰스 머리는 전통적인 보수주의자의 접근법을 따르고 있는 것이다. 그리고 이러한 접근법은 수 세기 동안 엘리트의 도그마를 형성해왔다.

불평등의 존재 이유에 대해 이처럼 견해가 극명하게 갈리는 것을 볼 때 우리는 모두가 합의하는 해결책이 나올 수 있을 것이라고 기대하지 않는다. 또한 가난이 게으름과 상관없다는 것을 찰스 머리에게 이해시킬 수 있을 것이라고도 생각하지 않는다. 그러나 의견 일치를 볼 수 없다고 해서 넋 놓고 있을 수만은 없다. 우리는 불평등으로 그동안 가족에게 일어난 변화를 상당 부분 설명할 수 있으며, 이 변화는 다시 더욱 큰 불평등을 초래한다고 본다(우리가 이 책에서 잘 설명했다고 믿는다). 또한 우리는 여러 이유들로 심각한 불평등이 그 자체로 파괴적이라고 생각한다. 새로운 경제 체제에서 승자는

결혼시장

패자와 공감하지 못하고, 부가 엘리트에게 과도하게 집중되면 엘리트는 책임감을 잃고 사회 붕괴에 일조하게 된다.

그럼에도 불구하고 우리는 '경제적 불평등이 그 자체만으로 해를 끼치는가'라는 오래된 질문에 해명할 필요는 없다고 본다. 대신 우리는 불평등을 더욱 악화시키는 인과 관계에 초점을 맞추려 한다. 가파른 계급 격차에 큰 가치를 부여하고 승자가 모든 것을 독식하는 환경에서 사람들은 더 쉽게 얻어낼 수 있는 단기 목표에 초점을 맞춘다. 이로 인해 조직이 더 건강해지거나 생산성이 높아지는 게 아니라면, 가족에게 미치는 영향을 논외로 하더라도 과연 이러한 상황이 옳은 것인지 의심해봐야 한다.

이와 비슷하게 더 높은 차원의 사회 변화 때문에 가족 구조가 변하고 이로써 가족이 어쩔 수 없이 불안정해지는 것이라 하더라도 이것이 아이들에게 발생한 불평등을 해결하지 못한 데 대한 변명이 될 수는 없다. 19세기 산업화의 발흥으로 사비로 교육을 받을 수 있는 능력은 더욱 중요해졌고, 또 더욱 불평등해졌다. 도시의 부유한 사람들은 좋은 대학에 진학할 수 있었지만 도시의 가난한 사람들은 엄마와 아이들을 공장에 보내는 것 말고는 다른 선택을 할 수 없었기 때문이다. 누구나 중등 교육을 받을 수 있게 만드는 데 한 세기가 걸렸고, 사람들이 교육비 지출과 미성년 노동보호법에 반대하면서 좌파와 우파 및 남부와 북부 간의 이념 분열이 심화되었으며, 이러한 이념 갈등은 오늘날에도 여전하다. 그러나 미국은 세계적인 교육 강국으로 떠오른 덕분에 산업의 중심지가 될 수 있었다.

아이들의 인지 발달 정도와 교육 및 직업 훈련 수준은 미래 업무 현장에서 훨씬 더 중요해질 것이며, 흥미로운 연구 자료들은 유아기 시절의 교육이 성장한 후에 받는 교육보다 아이의 발달에 훨씬 도움이 된다는 것을 입증한다. 모든 아이들이 유아기 때부터 교육받을 수 있어야 한다는 주장은 단순히 불평등과 맞서 싸우기 위한 방안이 아니다(실제로 그러한 역할을 하기는 하지만 말이다). 대신 이러한 주장은 새로워진 경제 상황에서 아이들을 지원하기 위한 기본 조치 중 하나로 보아야 한다. 산업화 이후 부모의 역할이 산업 시대가 필요로 하는 것을 아이에게 투자하는 것으로 바뀌었듯이 부모가 아이에게 투자하는 패턴은 정보화 시대가 된 오늘날 다시 한 번 바뀌고 있다. 경제 체제가 필요로 하는 것과 부모의 투자가 일치하도록 만들고, 그 결과 발생한 이익을 모두가 나눠 가질 수 있으려면 자녀 양육을 사회적 과업으로 바라봐야 한다. 사회가 생산성을 높이려면 도로와 학교, 다리가 있어야 하듯이 제도를 마련해서 일과 가족을 통합시키고 부모가 양육의 어려움을 이겨낼 수 있도록 준비시켜야 한다.

이러한 기본 조치에서 중요한 것은 법 체계다. 가족법은 부모로서의 최소한의 의무를 규정하고 있으며 이를 통해서 부모가 적절한 행동을 취할 수 있도록 돕는다. 그러나 이러한 과정을 더욱 효과적으로 수행하려면 우선 누가 법적 부모인지 결정하고 이들이 자녀의 미래에 도움을 줄 수 있도록 환경을 조성해야 한다. 여성은 그동안 있었던 정치경제적 변화 덕분에 새로운 체제에서 남성처럼 온전히 자율적인 사회의 일원이 될 수 있었다. 이제 가족법이 해결해야 할 과제는 부모와 자녀의 관계를 다시 정의할 수 있도록 그 토대를 마련하는 것이다.

그러나 가족법의 이러한 노력은 사회의 재건이 함께 이루어져야만 성공할 수 있다. 사회 공동체가 새롭게 거듭나지 않고서는 가족 불안정이라는 문제를 해결할 수 없기 때문이다. 사회 공동체는 노동이 가능한 성인 모두에게 안정적인 일자리를 제공하고, 갓 출산한 부모들이 사회 연결망 속에서 자녀를 돌보는 능력을 키워갈 수 있도록 하고, 모든 아이들을 미래 사회의 소중한 구성원으로 대우해야 한다. 이러한 과업을 달성하고 가족들을 다시 일으켜 세우기 위해 무엇보다도 가장 필요한 것은 더욱 평등하고 공정한 사회를 만드는 것이다.

주

들어가는 글

1. Richard Wilkinson & Kate Pickett, *The Spirit Level: Why Greater Equality Makes Societies Stronger*(New York: Bloomsbury, 2009). 한국 어판은 전재웅 옮김, 《평등이 답이다》(이후, 2012).

2. Andrew J. Cherlin, *The Marriage-Go-Round: The State of Marriage and the Family in America Today*(New York: Vintage, 2009), 168-169; Andrew J. Cherlin, "Between Poor and Prosperous: Do the Family Patterns of Moderately-Educated Americans Deserve a Closer Look?" in *Social Class and Changing Families in an Unequal Society*, ed. Marcia J. Carlson and Paula England(Stanford, CA: Stanford University Press, 2011), 68-84.

3. Wilkinson and Pickett, *The Spirit Level*.

4. 2012년 《뉴욕타임스》는 25세 이상 미국인 중 30.4퍼센트가 대학을 졸업했으며 이는 사상 최고치라고 보도했다. Richard Perez-Pena, "U.S. Bachelor Degree Rate Passes Milestone," Feb. 23, 2012, *New York Times*, www.nytimes. com/2012/02/24/education/census-finds-bachelors-degrees-at-record-level.html. 25~29세 미국인 중 대졸자 비율은 1995년 24.7퍼센트에서 2012년 33.5퍼센트로 증가했다. National Center for Education Statistics. Catherine Rampell, "Data Reveal a Rise Among College Degrees Among Americans," June 12, 2013.

5. Catherine Rampell, "Where Do You Fall on the Income Curve?" Economix blog, *New York Times*, May 24, 2011.

6. Nicole Stoops, "Educational Attainment in the United States: 2003," Current Population Reports P20-550(Washington, DC: U.S. Census Bureau, June 2004), www.census.gov/prod/2004pubs/p20-550.pdf.

7. National Center for Education Statistics,

"Fast Facts: Dropout Rates"(Washington, DC: National Center for Education Statistics, 2012), www.nces.ed.gov/fastfacts/display.asp?id=16; Statistic Brain, "High School Dropout Statistics," www.statisticbrain.com/high-school-dropout-statistics.

8. U.S. Census Bureau, "Income, Poverty and Health Insurance in the United States: 2011—Highlights," www.census.gov/hhes/www/poverty/data/incpovhlth/2011/highlights.html.

9. Larry M. Bartels, *Unequal Democracy: The Political Economy of the New Gilded Age*(Princeton, NJ: Princeton University Press, 2008) 참조. 한국어판은 위선주 옮김, 《불평등 민주주의》(21세기북스, 2012).

10. John Parker, "Burgeoning Bourgeoisie," *The Economist*, Feb. 12, 2009, www.wichaar. com/news/295/ARTICLE/12328/2009-02-20. html(역사적으로 중산층은 "더 나은 삶을 살기 위해 희생할 준비가 되어 있는 사람"이라고 여겨졌다.); Susan Pace Hamill, *A Moral Perspective on the Role of Education in Sustaining the Middle Class*, 24 ND J. L. Ethics & Pub Pol'y 309, 311(2010); Lawrence Stone, *The Family, Sex and Marriage in England, 1500-1800*(London: Harper & Row, 1977), 22-95(자녀에 대한 태도를 계급별로 비교해봤을 때 지주 계급은 자녀에게 어마어마하게 투자하며, 하위 중간 계급은 훈육을 강조하며, 하위 계급은 아이들을 골칫거리로 보았다).

11. Les Christie, "America's Smartest Cities," *CNN Money*, Oct. 1, 2010, www.money.cnn. com/2010/10/01/pf/college/Americas_brainiest_cities/index.htm.

12. 미국에서의 계급 간 문화 격차에 대한 통찰력 있는 논의는 Joan C. Williams, *Reshaping the Work-Family Debate: Why Men and Class Matter*(Cambridge, MA: Harvard University Press, 2010) 참조. 윌리엄스는 "안정적인" 노동자 계급과 "생활난을 겪고 있는 부류"를 나누었다. 안정적인 집단은 훈육과 가치, 옳을 일을 하려는 의지 측면에서 같은 지역 내 생활난을 겪고 있는 부류 및 가난한 사람들과는 다르다. 생활난을 겪고 있는 부류는 약물을 남용하거나 일

자리 및 관계를 지속적으로 유지하지 못할 가능성이 높다. 지난 세기 중엽에는 블루칼라 일자리가 많았던 덕분에 두 집단의 일자리와 소득이 비슷했다. 오늘날 두 집단은 사정이 더 나빠졌는데, "생활난"을 겪고 있는 계급과 가난한 사람들 간의 차이는 빠르게 사라지고 있는 반면, "안정적인" 집단은 어느 정도 더 나은 삶을 유지할 수 있게 되었다. 이 책에서 설명하는 것처럼 이러한 차이에는 성별도 연관되어 있다. 안정적인 집단의 여성은 안정적인 일자리를 유지하고 절제하는 삶을 살 가능성이 더욱 높아진 반면, 생활난을 겪는 남성은 설 자리를 잃고 있다.

계급과 결혼 시장 그리고 가족의 새로운 토대

1. 이 책에서 묘사한 인물들은 저자들이 알고 있는 사람들의 특징을 합쳐서 만든 가상의 인물들이다. 이야기에 등장하는 개별 요소들은 전부 우리가 아는 사람들에게 발생한 일이지만, 우리가 여기에서 묘사한 일들을 전부 겪은 한 명의 인물이 존재하는 것은 아니다.
2. Elizabeth Waldman, "Labor Force Statistics from a Family Perspective," *Monthly Labor Review*, December 1983, www.bls.gov/opub/mlr/1983/12/art2full.pdf.
3. Adam Looney and Michael Greenstone, "The Marriage Gap: The Impact of Economic and Technological Change on Marriage Rates," Hamilton Project Paper, Feb. 2012, www.hamiltonproject.org/papers/the_marriage_gap_the_impact_of_economic_and_technological_change_on_ma.
4. Charles Murray, *Coming Apart: The State of White America, 1960–2010*(New York: Random House, 2013), 156 참조.
5. Sara McLanahan, "Diverging Destinies: How Children Are Faring after the Second Demographic Transition," *Demography* 41, no. 4(2004): 607, 617; Kay Hymowitz, Jason S. Carroll, W. Bradford Wilcox, and Kelleen Kaye, "Knot Yet: The Benefits and Costs of Delayed Marriage in America," National Marriage Project Report, 2013, 8, http://nationalmarriageproject.

org/wp-content/uploads/2013/03/KnotYet-FinalForWeb.pdf 참조.
6. Hymowitz et al., "Knot Yet," 8, fig. II.
7. Hymowitz et al., "Knot Yet"; fig. IIA와 fig. IIB, fig. IIC를 비교해보라.
8. 이러한 변화에 대한 여러 가지 견해를 알고 싶다면 다음 두 저서를 비교해보라. Hanna Rosin, *The End of Men and the Rise of Women*(New York: Penguin, 2012. 한국어판은 김수안 옮김, 《남자의 종말》, 민음인, 2012), 3-4; Mark Regnerus and Jeremy Uecker, *Premarital Sex in America: How Young Americans Meet, Mate, and Think about Marrying*(New York: Oxford University Press, 2011), 122.
9. W. Bradford Wilcox and Elizabeth Marquardt, eds., "When Marriage Disappears: The New Middle America," The State of Our Unions: Marriage in America, 2010, 57, fig. S3. http://stateofourunions.org/2010/SOOU2010.pdf.
10. Murray, *Coming Apart*, 166.
11. Wilcox and Marquardt, "When Marriage Disappears," 40, fig. 16.
12. Wilcox and Marquardt, "When Marriage Disappears," 29, fig. 8; 30, fig. 9.
13. Hymowitz et al., "Knot Yet," 8, fig. II 참조.

빛에 눈이 멀다

1. James Q. Wilson, *The Marriage Problem: How Our Culture Has Weakened Families*(New York: HarperCollins, 2002) 참조.
2. Diana B. Elliott, Kristy Krivickas, Matthew W. Brault, and Rose M. Kreider, "Historical Marriage Trends from 1890–2010: A Focus on Race Differences," SEHSD Working Paper no. 2012-12, 2012, 15, www.census.gov/hhes/socdemo/marriage/data/acs/ElliottetalPAA2012paper.pdf.
3. Daniel Patrick Moynihan, *The Negro Family: The Case for National Action*(Moynihan Report) (Washington, DC: U.S. Department of Labor, Office of Policy Planning and Research, March 1965), www.dol.gov/oasam/programs/history/

webid-meynihan.htm.

4. The Family Leader, "The Marriage Vow," July 7, 2011.

5. Linda Burton and M. Belinda Tucker, *Romantic Unions in an Era of Uncertainty: A Post-Moynihan Perspective on African American Women and Marriage,* 621 Annals Am.Acad.Pol. & Soc. Sci.(이하 Annals) 132(2009).

6. Moynihan Report, chap. 2. Massey와 Sampson은 다음과 같이 말한다. "흑인 인권 운동의 맥락에서 모이니핸이 흑인 남성의 실패를 강조한 것은 매우 부적절했으며, 당시 여성 운동이 힘을 모으고 있었다는 맥락에서 모계 사회를 문제로 본 것은 환영받을 수 없었다. 젊은 흑인 남성들과 페미니스트 대열에 갓 합류한 사람들은 입을 모아 모이니핸을 비난했다. 모이니핸은 인종차별주의자라고 비난받았을 뿐만 아니라 성차별주의자라고까지 비난받았다." Douglas S. Massey and Robert J. Sampson, *Introduction: Moynihan Redux: Legacies and Lessons,* 621 Annals 6, 9(2009).

7. 학자들은 여전히 모이니핸 리포트의 주목적이 자기 홍보였는지, 정치적 이익이었는지, 정책 개발이었는지를 두고 논쟁을 벌이고 있다. James T. Patterson, *Freedom Is Not Enough: The Moynihan Report and America's Struggle over Black Family Life from LBJ to Obama*(New York: Basic Books, 2010), 22 참조.

8. Doris Kearns Goodwin, *Lyndon Johnson and the American Dream*(New York: St. Martin's, 1991), 211.

9. Thomas Meeham, "Moynihan of the Moynihan Report," *New York Times,* July 31, 1966, www.nytimes.com/books/98/10/04/specials/moynihan-report.html; Patterson, Freedom Is Not Enough, 1-4.

10. 모이니핸 리포트는 다음과 같이 말한다. "미국의 정책은 아프리카계 미국인에게 시민으로서의 책임감과 권리를 온전하고 동등하게 부여해야 한다. 이를 위해서는 이와 관련된 연방 정부 프로그램을 직접적으로든 간접적으로든 아프리카계 미국인 가족의 안정성과 자산을 강화시킬 수 있도록 구성해야 한다." Moynihan, *The Negro Family,* chap. 5: "The

Case for National Action," www.dol.gov/oasam/programs/history/moynchapter5.htm.

11. 가장 커다란 아이러니는 모이니핸 리포트를 강하게 비판하던 사람들 중 실제로 리포트를 읽은 사람이 몇 없다는 것이다. 모이니핸을 인종차별주의자라고 비난한 비평가들이 리포트의 첫 페이지를 읽기나 했는지 모르겠다. 첫 페이지에서 모이니핸은 "미국인의 핏속에 흐르는 인종차별주의 바이러스가 여전히 우리를 괴롭히고 있다"라고 말한다. Massey and Sampson, "Introduction: Moynihan Redux," 9.

12. William Ryan, "Savage Discovery: The Moynihan Report," *The Nation,* Nov. 22, 1965, 380-384.

13. Adoph Reed Jr. & Julian Bond, "Equality: Why We Can't Wait," *The Nation,* Dec. 9, 1991, 733.

14. Massey and Sampson, "Introduction: Moynihan Redux," 14.

15. Massey and Sampson, "Introduction: Moynihan Redux," 13; 또한 Frank R. Furstenberg, *If Moynihan Had Only Known: Race, Class, and Family Change in the Late Twentieth Century,* 621 Annals 94(2009) 참조(인종과 계급이 교차하는 지점에 관한 모이니핸의 주장을 재정리).

16. Massey and Sampson, "Introduction: Moynihan Redux," 13(그때나 지금이나 우파는 가족 불안정을 빈곤의 원인으로 보는 반면, 모이니핸은 이를 고용이나 빈곤과 같은 거시적 구조의 결과로 본다는 것을 강조).

17. Moynihan Report, "Introduction."

18. Moynihan Report, chap. 2.

19. Moynihan Report, chap. 2: "The Negro American Family," www.dol.gov/oasam/programs/history/moynchapter2.htm.

20. Massey and Sampson, "Introduction: Moynihan Redux," 14.

21. Moynihan Report, chap. 3: "The Roots of the Problem," www.dol.gov/oasam/programs/history/moynchapter3.htm.

22. Moynihan Report, chap. 3.

23. 모이니핸은 다음과 같이 썼다. "아마도 남성이 가족을 지배하는 사회가 모계 중심 사회

보다 선호되는 데에는 특별한 이유가 없을 것이다. 그러나 대다수 인구와 가장 유리한 고지에 있는 사람들이 어떤 원칙을 따를 때 소수 집단이 이와 다른 원칙을 따르는 것은 분명 불리한 일이다. 현재 우리 사회의 원칙은 공적 영역과 사적 영역 모두에서 남성이 지배적인 역할을 맡을 것을 가정한다. 이와 같은 사회 구조는 남성이 지배적 역할을 맡을 수 있게 만들고, 이들에게 보상을 한다. 아프리카계 미국인 사회처럼 이와 다른 양상을 보이는 하위문화는 분명 불리한 입장에 처한다." Moynihan Report, chap. 4: "The Tangle of Pathology," www.dol.gov/oasam/programs/history/moynchapter4.htm.

24. Dave Kopel, "Freedom Is Not Enough: The Moynihan Report and America's Struggle over Black Family Life—From LBJ to Obama"에 대한 Bruce Hayden의 댓글. The Volokh Conspiracy blog, May 17, 2010, www.volokh.com/2010/05/17/freedom-is-not-enough-the-moynihan-report-and-americas-struggle-over-black-family-life-from-lbj-to-obama/#comments.

희생자 탓하기: 교훈적 이야기

1. Wall Street Journal, Oct. 29, 1993, A14.
2. Charles Murray, Coming Apart: The State of White America, 1960–2010(New York: Random House, 2013), 156-158(이혼율), 160(백인 혼외 출산율), 159, 167(계급별 비율).
3. Murray, Coming Apart, 167.
4. Murray, Coming Apart, 153.
5. 실제로 찰스 머리는 책에서 백인 집단만 다루었는데, 책의 말미에 "놀랍게도" 백인 집단에 대한 분석을 "전체 미국인으로 확대해도 달라지는 것이 없다"고 말했다(269). 그렇다면 왜 애초에 논의를 백인으로 한정했는가?
6. 찰스 머리는 《기반 상실Losing Ground》에서 아프리카계 미국인 사회의 범죄율 증가를 강조했으며, 1993년에 쓴 사설에서 백인 사회도 아프리카계 미국인 사회처럼 범죄율이 증가할 것이라고 예측했다. Charles Murray, Losing Ground: American Social Policy, 1950-1980(New York: Basic Books, 1984, 1994). 머리의 2012년

자료는 실제로 백인 노동자 계급 사회에서 폭력 및 도난 범죄로 인한 체포율이 1970년대 중반과 1990년대 초반 사이에 극적으로 증가했다가 1998년과 2007년 사이에 증가세를 멈추었음을 보여준다(193). 머리는 이것이 전체적으로 체포율이 증가해서라기보다는 백인의 범죄 활동이 늘어났기 때문에 발생한 결과라고 주장했다(appendix E를 보라). 하지만 범죄율이 다시 줄어든 것은 다른 가능성을 고려하지 않은 채 사람들을 감옥에 더 많이 가두었기 때문이라고 설명한다(194). 그러나 머리가 궁극적으로 하려는 주장, 즉 1960년에서 1990년대 중반 사이 범죄 행위 및 체포에서 계급 간 격차가 증가했다는 사실은 설득력이 있다.

7. Tim Murphy, "What's Hurting White America? It's Not the Welfare State," Mother Jones, April 5, 2011, www.motherjones.com/mojo/2011/04/whats-hurting-white-america-welfare-state-charles-murray.
8. Murray, Coming Apart.
9. Murray, Coming Apart, chap. 11.
10. Wall Street Journal, Oct. 29, 1993, A14.
11. Murray, Coming Apart, 188.
12. Murray, Coming Apart, 175.
13. Robert J. Samuelson, "Employers Lack Confidence, Not Skilled Labor," Washington Post, May 5, 2013, www.washingtonpost.com/opinions/employers-lack-confidence-not-skilled-labor/2013/05/05/757340c8-b411-11e2-9a98-4be1688d7d84_story.html 참조.
14. Charles Murray, "Why Economics Cannot Explain Our Cultural Divide," Wall Street Journal, March 16, 2012, http://online.wsj.com/news/articles/SB10001424052702304692804577281582403394206. 또한 Courtland Milloy, "Charles Murray and Shiftless Lazy Whites," Washington Post, April 24, 2011, www.washingtonpost.com/local/charlesmurray-and-shiftless-lazy-whites/2011/04/24/AFmC0beE_story.html 참조. ("'일자리가 널려 있었던 1990년대에 백인 남성 상당수가 일터를 떠난 이유가 뭐라고 생각하십니까?' 머리가 물었다. '일에 대한 태도가 달랐고, 사회 규범이 근본적으로 바뀌었기 때문입니다. 그게 제가 생각하는 이유입

니다.'"): Murray, *Coming Apart*, 181 참조.

15. Murray, *Coming Apart*, 178.

16. Murray, *Coming Apart*, 218. 《양극화 Coming Apart》는 《기반 상실》과는 다르게 주로 장애 급여의 증가에 초점을 맞추면서 정부가 제공하는 혜택은 비교적 덜 다루고 있지만 그럼에도 머리는 복지가 "큰 역할을 한다"고 주장한다 (222).

17. Murray, *Coming Apart*, 181.

18. Murray, "Why Economics Can't Explain Our Cultural Divide."

19. Murray, "Why Economics Can't Explain Our Cultural Divide."

20. Thomas Keneally, *Three Famines, Starvation and Politics*(New York: PublicAffairs, 2011), Johann Hari, "Man Made Disaster," *New York Times Book Review*, Sept. 9, 2011에서 재인용.

21. Lead editorial, *The Times*(London), Sept. 22, 1846, http://xroads.virginia.edu/~hyper/SADLIER/IRISH/Notfamin.htm 참조(이 사설은 감자 농사가 망한 것이 "축복"이며 아일랜드인의 성격을 뜯어고칠 수 있는 기회라고 본다). 《타임스》는 머리와 마찬가지로 문제는 아일랜드인에게 있으며 아일랜드인이 원하기만 한다면 유럽에 널려 있는 일자리를 구할 수 있을 것이라고 주장했다.

22. 이는 베커를 비판하는 사람들이나 비판하지 않는 사람들이나 마찬가지다. Shelly Lundberg and Robert A. Pollak, "The American Family and Family Economics," *Journal of Economic Perspectives* 21, no. 2(2007): 3-26, www.ssc.wisc.edu/~walker/wp/wp-content/uploads/2012/09/LundbergPollak2007.pdf; Betsey Stevenson and Justin Wolfers, "Marriage and Divorce: Changes and Their Driving Forces," IZA Discussion Paper no. 2602(Feb. 2007), www.econstor.eu/bitstream/10419/34065/1/543741710.pdf 참조.

23. Andrew J. Cherlin, "The Deinstitutionalization of American Marriage," *Journal of Marriage and Family* 66, no. 4(2004): 848-861, http://krieger.jhu.edu/sociology/wp-content/uploads/sites/28/2012/02/Cherlin_JMFmarriagepaper.pdf.

24. Gary Becker, *A Treatise on the Family*(Cambridge, MA., 1981).

결혼 시장의 재발견

1. George A. Akerlof, Janet L. Yellen, and Michael L. Katz, "An Analysis of Out-of-Wedlock Childbearing in the United States," *Quarterly Journal of Economics* 111, no. 2(1996): 277, 279, Lillian Rubin, *Worlds of Pain*(New York: Basic Books, 1969)을 인용.

2. Hanna Rosin, *The End of Men and the Rise of Women*(New York: Penguin, 2012), 3-4.

3. James Q. Wilson, *The Marriage Problem: How Our Culture Has Weakened Families*(New York: HarperCollins, 2003).

4. Mona Charen, "Blame the Sexual Revolution, Not Men," *National Review Online*, Oct. 28, 2011, www.nationalreview.com/article/281490/blame-sexual-revolution-not-men-mona-charen.

5. Akerlof et al., "Out-of-Wedlock Childbearing," 277.

6. Akerlof et al., "Out-of-Wedlock Childbearing," 308.

7. *Planned Parenthood v. Casey*, 505 U.S. 833(1992) 참조.

8. Wilson, *Marriage Problem*, 156.

9. Akerlof, et al, "An Analysis of Out of Wedlock Childbearing." 또한 Wilson, *Marriage Problem*, 282, 308-310 참조.

10. Rickie Solinger, *Wake Up Little Susie: Single Pregnancy and Race before Roe v. Wade*(New York: Routledge, 1992).

11. 더 나아가 이들은 대학에 진학하지 않은 노동자 계급 여성은 더 빠른 나이에 아이를 키울 준비가 되어 있으며, 그러므로 예기치 못한 임신으로 태어난 아이들을 "원할" 가능성이 높다고 본다. 그러나 결혼하지 않고 아이를 출산한 엄마들이 계획하에 피임이나 임신 중 하나를 선택할 가능성이 매우 낮다는 것 또한 인정한다. 실제로 이들은 1982년 전미가족성장보고서(National Survey of Family Growth, NSFG)를 인용했는데, 이 보고서에 따르면 1970년에 혼외 출산을 한 엄마들 중 "19퍼센트는 당시 출

산을 원했고, 65퍼센트는 아이를 원하지만 시기가 부적절했다고 보거나 또는 아이를 원하지도 원하지 않지도 않았으며, 15퍼센트는 아이를 원치 않았다." 이 자료는 이 여성들이 출산을 '결정'한 것이 아니라는 것을 보여준다. 이들은 더 이상 혼전 섹스를 막지도 않고 결혼에 대한 보편적 기준을 마련하지도 않은 시스템의 일부일 뿐이다. 그러나 경제학자들은 '현시선호' 이론을 신봉한다. 즉, 이들은 아이를 가진 여성이 아이 갖기를 '원했다'고 가정한다. Akerlof et al., "Out-of-Wedlock Childbearing," 280.

12. Rosin, *The End of Men* 참조.

13. Claudia Goldin and Lawrence F. Katz, "The Power of the Pill: Oral Contraceptives and Women's Career and Marriage," *Journal of Political Economy* 110, no. 4(2002): 730-770.

14. Claudia Goldin, *The Long Road to the Fast Track: Career and Family,* 596 Annals 20(2004), http://scholar.harvard.edu/files/goldin/files/the_long_road_to_the_fast_track_career_and_family.pdf.

15. Goldin and Katz, "Power of the Pill," 749.

16. W. Bradford Wilcox and Elizabeth Marquardt, eds., "When Marriage Disappears: The New Middle America," *The State of Our Unions: Marriage in America,* 2010, 56, fig. S2, http://stateofourunions.org/2010/SOOU2010.pdf.

17. Betsey Stevenson and Justin Wolfers, "Marriage and Divorce: Changes and Their Driving Forces," *Journal of Economic Perspectives* 21, no. 2(2007): 35.

18. Stevenson and Wolfers, "Marriage and Divorce," 35.

19. 1980년 인구 조사에 따르면 50대의 대졸 여성 91퍼센트가 결혼한 상태였으며, 같은 연령대의 고졸 혹은 고졸 미만 학력 여성은 97퍼센트가 결혼한 상태였다. Adam Isen and Betsey Stevenson, "Women's Education and Family Behavior: Trends in Marriage, Divorce and Fertility," NBER Working Paper no. 15725(Feb. 2010), 7-8, www.nber.org/papers/w15725.pdf.

20. Isen and Stevenson, "Women's Education and Family Behavior," 21.

21. 실제로 남녀의 초혼 연령 차이는 지난 100년 동안 크게 줄었으며, 1970년대 중반부터 2000년까지 대체로 비슷하게 유지되었다. Stevenson and Wolfers, "Marriage and Divorce," 27-52.

22. W. Bradford Wilcox and Elizabeth Marquardt, eds., "When Baby Makes Three: How Parenthood Makes Life Meaningful and How Marriage Makes Parenthood Bearable," *The State of Our Unions: Marriage in America,* 2011, 27, fig. 10, http://nationalmarriageproject.org/wp-content/uploads/2012/05/Union_2011.pdf 참조.

23. Sara McLanahan, "Diverging Destinies: How Children Are Faring after the Second Demographic Transition," *Demography* 41, no. 4(2004), fig. 6.

24. Valerie K. Oppenheimer, "A Theory of Marriage Timing," *American Journal of Sociology* 94, no. 3(1988): 563-591.

25. Jason DeParle, "For Poor, Leap to College Often Ends in a Hard Fall," *New York Times,* Dec. 22, 2012, www.nytimes.com/2012/12/23/education/poor-students-struggle-as-class-plays-a-greater-role-in-success.html?pagewanted=all.

문제의 핵심

1. 영국의 경제학자 앨리슨 울프Alison Wolf가 신랄하게 비판한 것처럼 "경제 구조가 아이를 가진 엄마들의 편의를 위해 구축될 가능성은 거의 사라졌다. 이것은 여성이 직업 피라미드의 꼭대기에 있든 그보다 아래에 있든 마찬가지다." Alison Wolf, *The XX Factor: How the Rise of Working Women Has Created a Far Less Equal World*(New York: Crown Books, 2013), 256. 그녀는 또한 여성이 아이에 대해 남성보다 훨씬 일찍부터 훨씬 많이 생각한다고 말하면서 '경로의존성'을 언급했다. 경로의존성은 "한번 일정한 경로(엄마들이 주로 자녀 양육을 책임진다)에 들어서면 그 경로를 벗어나는 것이 몹시 힘들어진다"는 개념이다(254).

2. Nancy Polikoff, *Beyond (Straight and Gay) Marriage: Valuing All Families under the*

Law(Boston: Beacon, 2008) 참조.

3. 우리는 결혼 시장을 분석할 때 이성 커플을 중심으로 다뤘는데, 이성 간 결혼 시장을 분석한 자료가 동성 간 결혼 시장을 분석한 자료보다 훨씬 풍부하기 때문이다.

4. Kevin Fasick, "Gals' Date Fright: Not Enough Guys!" *New York Post*, Dec. 29, 2011, www.nypost.com/p/news/local/gals_date_fright_not_enough_guys_jgxBNJtUvu9arN7K1kawFM.

5. Hugh Wilson, "The Places Where Women Outnumber Men," *MSN Him*, Jan. 28, 2011.

6. Jos. J. Schall, "Evolutionary Biology: Sex Ratios Writ Small," *Nature* 453(May 29, 2008): 605–606, www.nature.com/nature/journal/v453/n7195/full/453605a.html.

7. Marcia Guttentag and Paul F. Secord, *Too Many Women? The Sex Ratio Question*(Beverly Hills, CA: Sage, 1983).

8. Guttentag and Secord, *Too Many Women?* 185.

9. Guttentag and Secord, *Too Many Women?* 24-27.

10. Guttentag and Secord, *Too Many Women?*

11. Guttentag and Secord, *Too Many Women?* 27.

12. Guttentag and Secord, *Too Many Women?* 28.

13. 이후 사회학자들은 성비가 미치는 영향에 대한 비교문화 연구에서 다음과 같은 사실을 발견했다. "여성의 수가 충분하지 않은 데다가 남성이 구조적으로 무소불위의 권력을 쥐고 있는 상황에서는 결혼율과 출산율이 높아지며 이혼율과 혼외 출산율이 낮아진다는 결론이 도출되었다. 이러한 상황에서 여성의 역할은 제한된다. 그러므로 여성이 많은 사회의 여성이나 여성이 적은 사회의 남성과 비교해 여성이 적은 사회의 여성은 문맹률이 높고 노동 참여율이 낮다. 이들의 자살률 또한 남성보다 높다." Scott J. South and Katherine Trent, "Sex Ratios and Women's Roles: A Cross-National Analysis," *American Journal of Sociology* 93, no. 5(1988): 1096, 1112.

14. Guttentag and Secord, *Too Many Women?*

15. Guttentag and Secord, *Too Many Women?* 30.

16. Guttentag and Secord, *Too Many Women?* 85. 질 해즈데이Jill Hasday는 정통파 유대교도 집단 내의 다른 관습들이 성비 불균형을 낳았을 수 있다고 본다(2013년 4월 1일에 나눈 대화에서). 거튼테그와 세코드는 그동안 정통파 유대교도 집단에서 영아를 살해하지는 않은 것으로 본다. 이 가설을 경험적으로 검증하려고 시도하자 몇 안 되는 상반된 결과가 도출되었다. Olivia Judson, "Is It Really All in the Timing?" Opinionator blog, *New York Times*, June 14, 2006, www.opinionator.blogs.nytimes.com/2006/06/14/is-it-really-all-in-the-timing.

17. 예컨대 덴마크는 남성당 여성의 비율이 높고(1.06배), 모계 혈통을 따랐던 역사가 있으며, 여왕이 여러 명이었고, 이혼율이 높으며(덴마크는 여성이 권력을 가진 사회로 유명하다), 쉽게 이용 가능하고 국가가 보조금을 제공하는 보육 시설이 있다. 그러나 우리는 덴마크 여성의 권력을 과장하고 싶지는 않다. 덴마크는 여성 취업률이 유럽에서 가장 높긴 하지만, 덴마크 여성은 여전히 덴마크 남성보다 돈을 적게 벌며, 이러한 소득 차이의 상당 부분은 노동 시간이나 교육 수준의 차이로 설명되지 않는다. Cecilie Wehner, Mia Kambskard, and Peter Abrahamson, "Demography of the Family—The Case of Denmark," unpublished report, University of York, n.d., www.york.ac.uk/inst/spru/research/nordic/denmdemo.PDF: European Working Conditions Observatory, "Women and Men in the Danish Labour Market," Ministry of Employment Annual Report (last updated March 24, 2011), www.eurofound.europa.eu/ewco/2011/03/DK110302SI.htm 참조.

18. 우리는 식민주의나 다른 형태의 인종차별이 어떤 영향을 미치는지 매우 궁금하다. 결국 바퀘리족 여성이 권력을 쥔 것은 오직 식민 지배 때문이었다. 몇몇은 비난하는 투로 여성이 가정을 이끄는 사회가 "모계 사회"이며, 이는 곧 여성이 사회적 권력을 쥔 사회라고 주장한다. 그러나 거튼테그와 세코드는 이처럼 여성이 지배하는 사회를 찾아보지 못했다. 실제로 우리

는 여성이 이끄는 가정이 여성의 자립심을 보여
주는 예라고 볼 뿐(이제 여성은 조건이 나쁜 관
계를 거부할 수 있다) 남성보다 더 큰 권력을 쥔
것이라고 보지는 않는다.

19. Guttentag and Secord, *Too Many Women?*
190.

20. Scott J. South and Katherine Trent, "Sex
Ratios and Women's Roles: A Cross-National
Analysis," *American Journal of Sociology* 93, no.
5(1988): 1096, 1112.

21. South and Trent, 1097. 또한 둘은 우울증을
앓거나 자살하는 여성의 수가 더 많을 것이라고
예측했다.

22. South and Trent, "Sex Ratios and Women's
Roles," 1100-1101.

23. South and Trent, "Sex Ratios and Women's
Roles," 1108.

24. South and Trent, "Sex Ratios and Women's
Roles," 1108.

25. Josh Angrist, "How Do Sex Ratios Affect
Marriage and Labor Markets? Evidence from
America's Second Generation," *Quarterly Journal
of Economics* 117, no. 3(2002): 997, 1033.

26. Emily A. Stone, Todd K. Shackelford,
and David M. Buss, "Sex Ratio and Mate
Preferences: A Cross-Cultural Investigation,"
European Journal of Social Psychology 37, no.
2(2007): 288, 294.

27. Ran Abramitzky, Adeline Delavande, and
Luis Vasconcelos, "Marrying Up: The Role of
Sex Ratio in Assortative Matching," *American
Economic Journal: Applied Economics* 3, no.
3(2011): 124, www.aeaweb.org/articles.
php?doi=10.1257/app.3.3.124.

28. Abramitzky et al., "Marrying Up," 136. 또
한 나이 차이가 줄어든 이유를 두 가지로 해석
할 수 있다. 저자는 남성 수가 적은 곳에서 여성
이 결혼을 늦게 하는 경향이 있었기 때문에 나
이가 많은 미혼 여성의 수가 많아졌으리라고 본
다. 또한 전쟁을 겪은 남성이 자신과 비슷한 나
이의 여성을 선호했을 수도 있다(148-149).

29. Mark Regnerus and Jeremy Uecker,
*Premarital Sex in America: How Young Americans
Meet, Mate, and Think about Marrying*(New

York: Oxford University Press, 2011), 122.

30. Regnerus and Uecker, *Premarital Sex in
America*, 123.

31. Regnerus and Uecker, *Premarital Sex in
America*, 124.

32. Richard Wilkinson and Kate Pickett, *The
Spirit Level: Why Greater Equality Makes Societies
Stronger*, repr. ed.(New York: Bloomsbury,
2011).

남자는 어디에 있는가

1. Kay Hymowitz, "Will Women Marry
Down?" *Daily Caller*, April 18, 2011, www.
dailycaller.com/2011/04/18/will-women-marry-
down/#ixzz1nu8g7hwW.

2. Ralph Richard Banks, *Is Marriage for White
People? How the African American Marriage
Decline Affects Everyone*(New York: Penguin,
2011), 99.

3. Denise I. Smith and Renee E. Spraggins,
"Gender in the United States"(2011).

4. Smith and Spraggins, "Gender in the United
States."

5. 성비 불균형이 아프리카계 미국인 집단에
미치는 영향에 대한 도발적 주장에 대해서는
Banks, *Is Marriage for White People?* 참조.

6. Donald Braman, *Doing Time on the
Outside: Incarceration and Family Life in Urban
America*(Ann Arbor: University of Michigan
Press, 2007), 84-90.

7. Alex Witchel, "Anne Heche Is Playing It
Normal Now," *New York Times Magazine*, July
31, 2009, www.nytimes.com/2009/08/02/
magazine/02heche-t.html?pagewanted=all.

8. Christine R. Schwartz and Robert D. Mare,
"Trends in Educational Assortative Marriage from
1940 to 2003," *Demography* 42, no. 4(2005):
621-646.

9. Schwartz and Mare, "Trends in Educational
Assortative Marriage," 633.

10. Schwartz and Mare, "Trends in Educational
Assortative Marriage," 640.

11. 2011년 필립 코렌Philip Cohen은 대졸자

의 71퍼센트가 대졸자와 결혼했다고 밝혔으나 코헨의 방법론은 슈워츠Schwartz·마레Mare의 연구 방법론과 다르다. Philip Cohen, "College Graduates Marry Other College Graduates Most of the Time," *The Atlantic,* April 4, 2013, www. theatlantic.com/sexes/archive/2013/04/college-graduates-marry-other-college-graduates-most-of-the-time/274654.

12. 코헨은 박사 학위가 있는 남성의 60퍼센트와 전문 학위가 있는 남성의 52퍼센트가 학사 학위가 있는 여성과 결혼했으며, 전문 학위가 있는 남성의 8퍼센트와 박사 학위가 있는 남성의 12퍼센트만이 대학을 졸업하지 않은 여성과 결혼했다고 밝혔다.

13. "Multiple Partner Fertility," Fragile Families Research Brief, No. 8, June 2008, http:// fragilefamilies.princeton.edu/sites/fragilefamilies/files/researchbrief8.pdf.

14. Richard Kahlenberg, "Class Act," *New Republic,* Aug. 8, 2012.

15. Kay Hymowitz, Jason S. Carroll, W. Bradford Wilcox, and Kelleen Kay, "Knot Yet: The Benefits and Costs of Delayed Marriage in America," National Marriage Project Report, 2013, 8, fig. II, http://nationalmarriageproject. org/wp-content/uploads/2013/03/KnotYet-FinalForWeb.pdf 참조. 대졸자의 평균 초혼 연령과 평균 초산 연령은 갈수록 높아지고 있다. 이보다 교육 수준이 낮은 경우 초혼 연령은 높아지고 있으나 초산 연령은 1990년 이후 변동이 없으며 현재는 평균 초산 연령이 평균 초혼 연령보다 낮다. Hymowitz et al., "Knot Yet," 8.

16. Timothy Noah, *The Great Divergence: America's Growing Inequality Crisis and What We Can Do about It*(New York: Bloomsbury, 2012), 55-56.

17. Claudia Goldin and Robert A. Margo, "The Great Compression: The U.S. Wage Structure at Mid-Century," *Quarterly Journal of Economics* 107, no. 1(1992): 1-34 참조. 대압착 시대를 회상한 글에 대해서는 Paul Krugman, "Introducing This Blog," Conscience of a Liberal blog, *New York Times,* Sept. 18, 2007, www.krugman. blogs.nytimes.com/2007/09/18/introducing-this-blog 참조.

18. Willford I. King, *The Wealth and Income of the People of the United States*(New York: Macmillan, 1915), Timothy Noah, "The United States of Inequality," *Slate,* Sept. 3, 2010, www. slate.com/id/2266025/entry/2266026에서 인용.

19. "Income Growth for Bottom 90 Percent of Americans Averaged Just $59 over 4 Decades: Analysis," *Huffington Post,* March 25, 2013, www.huffingtonpost.com/2013/03/25/income-growth-americans_n_2949309.html.

20. Peter Robinson, "Top 1% Got 93% of Income Growth as Rich-Poor Gap Widened," *Bloomberg News,* Oct. 1, 2012, http://www. bloomberg.com/news/2012-10-02/top-1-got-93-of-income-growth-as-rich-poor-gap-widened.html.

21. Nicholas D. Kristof, "Our Banana Republic," *New York Times,* Nov. 6, 2010. http://www.nytimes.com/2010/11/07/opinion/07kristof.html.

22. Lawrence Mishel and Nicholas Finio, "Earnings of the Top 1.0 Percent Rebound Strongly in the Recovery," Economic Policy Institute Issue Brief no. 347(Jan. 23, 2013), www.epi.org/publication/ib347-earnings-top-one-percent-rebound-strongly.

23. Larry M. Bartels, *Unequal Democracy: The Political Economy of the New Gilded Age*(Princeton, NJ: Princeton University Press, 2008), 9. 바텔스는 1947년부터 1974년까지를 "대압착" 시대라고 보는데, 미국 사회의 전 부문에서 소득이 거의 비슷한 비율로 증가했으며, 백분위 95의 소득은 다른 집단에 비해 다소 덜 증가했음을 보여준다. 반면 바텔스가 1974년에서 2005년까지라고 보는 "대분기" 시대에는 소득이 많은 사람일수록 소득이 많이 증가했다. 백분위 40은 소득이 18.6퍼센트, 백분위 60은 30.8퍼센트, 백분위 80은 42.9퍼센트, 백분위 95는 62.9퍼센트 증가했다.

24. Lawrence Mishel and Natalie Sabadish, "CEO Pay and the Top 1%," Economic Policy Institute Issue Brief no. 331(May 2, 2012), www.epi.org/publication/ib331-ceo-pay-top-1-

percent; Lawrence Mishel, Jared Bernstein, and Sylvia Allegretto, *The State of Working America 2006/2007*(Ithaca, NY: Cornell University Press, 2007). Carola Frydman and Raven E. Saks, "Executive Compensation: A New View from a Long-Term Perspective, 1936 - 2005," FEDS Working Paper no. 2007 - 35(July 6, 2007), http://federalreserve.gov/pubs/feds/2007/200735/200735abs.html 참조(CEO 의 월급 대 노동자의 월급 비율은 1970년에 30 대 1에서 2000년에 120 대 1로 증가했다).

25. "2012년《포춘》지가 선정한 500대 기업에서 여성 임원의 비율은 14.3퍼센트였고, 소득이 가장 높았던 임원들 중 여성 비율은 8.1퍼센트였다. 2011년과 2012년 여성 임원 비율이 25 퍼센트 이상이었던 기업의 비율은 20퍼센트였고, 여성 임원이 아예 없었던 기업은 25퍼센트가 넘었다." Catalyst, "2012 Catalyst Census: Fortune 500 Women Executive Officers and Top Earners"(Dec. 11, 2012), www.catalyst.org/knowledge/2012-catalyst-census-fortune-500-women-executive-officers-and-top-earners. Sheryl Sandberg, *Lean In: Women, Work, and the Will to Lead*(New York: Knopf, 2013) 참조. 한국어판은 안기순 옮김,《린 인》(와이즈베리, 2013).

26. Financial Crisis Inquiry Commission, "The Financial Crisis Inquiry Report," 미공법 111-21에 의거해 제출(January 2011), 62, http://cybercemetery.unt.edu/archive/fcic/20110310173545/http://c0182732.cdn1.cloudfiles.rackspacecloud.com/fcic_final_report_full.pdf.

27. Financial Crisis Inquiry Commission, "Financial Crisis Inquiry Report," 62.

28. Frank Bass, "Shining Shoes Best Way Wall Street Women Outearn Men," *Bloomberg*, March 16, 2012.

29. Alexander Eichler, "Gender Wage Gap Is Higher on Wall Street Than Anywhere Else," *Huffington Post*, March 19, 2012, www.huffingtonpost.com/2012/03/19/gender-wage-gap-wall-street_n_1362878.html.

30. Anthony T. Lo Sasso, Michael R. Richards, Chiu-Fang Chou, and Susan E. Gerber, "The

$16,819 Pay Gap for Newly Trained Physicians: The Unexplained Trend of Men Earning More Than Women," *Health Affairs* 30, no. 2(2011): 193-201.

31. Barbara M. Flom and Stephanie A. Scharf for the National Association of Women Lawyers(NAWL) and the NAWL Foundation, "Report of the Sixth Annual National Survey on Retention and Promotion of Women in Law Firms"(October 2011).

32. Francine D. Blau and Lawrence M. Kahn, "The U.S. Gender Pay Gap in the 1990s: Slowing Convergence," Princeton University Industrial Relations Section Working Paper no. 508(March 2006), 17, http://dataspace.princeton.edu/jspui/bitstream/88435/dsp01gb19f581g/1/508.pdf 참조(1970년대와 1980년대 기혼 여성의 임금 상승은 특히 소득이 중간 이상인 남성과 결혼한 여성 사이에서 가장 컸다).

33. 1980년대 대졸 정규직 여성의 주급 중간값은 128달러 증가한 반면 남성은 120달러 증가했다. 여성은 시작점이 남성보다 낮았기 때문에 소득 증가 비율이 남성보다 훨씬 높았다. 경기가 비교적 안 좋았던 1990년대 초반, 대졸 여성은 계속해서 남성을 앞질러서 1990년과 1995년 사이에 주급 중간값이 101달러 증가한 반면 남성은 오직 79달러만 증가했다. U.S. Bureau of Labor Statistics(BLS), "Highlights of Women's Earnings in 2009," BLS Report no. 1025, June 2010, tbl. 17, www.bls.gov/opub/reports/womens-earnings/archive/womensearnings_2009.pdf.

34. BLS, "Highlights of Women's Earnings in 2009," tbl. 17.

35. Catalyst, "Women's Earnings and Income"(Sept. 18, 2013), www.catalyst.org/knowledge/womens-earnings-and-income.

36. Marianne Bertrand, Claudia Goldin, and Lawrence F. Katz, "Dynamics of the Gender Gap for Young Professionals in the Financial and Corporate Sectors," 미출간 논문, Sept. 30, 2008, http://fairmodel.econ.yale.edu/ec483/katz.pdf 참조.

37. Blau and Kahn, "U.S. Gender Pay Gap in

the 1990's."

38. U.S. Bureau of Labor Statistics and U.S. Census Bureau, Current Population Survey, Annual Social and Economic Supplement(2009), tbl. PINC-03, www.census.gov/hhes/www/cpstables/032009/perinc/new03_175.htm.

39. Hanna Rosin, *The End of Men and the Rise of Women*(New York: Penguin, 2012) 참조.

40. 여기서 재정적 지원을 받은 자녀는 24세 이하이고 미혼이며 자녀가 없고 퇴역 군인이나 고아가 아닌 대학생을 의미한다.

41. Mary Beth Marklein, "College Gender Gap Widens: 57% Are Women," *USA Today,* Oct. 19, 2005, http://usatoday30.usatoday.com/news/education/2005-10-19-male-college-cover_x.htm(미국 교육통계센터가 정리한 자료를 이용해서 대학 캠퍼스의 남성 비율을 소득과 인종별로 보여준다). 최근 자료에 따르면 교육에서의 남녀 격차는 2004년 이후로 변동이 없으며 여전히 주로 계급에 따라 달라진다. Jacqueline E. King, "Gender Equity in Higher Education: 2010," American Council on Education Report, 2010, https://bookstore.acenet.edu/products/gender-equity-higher-education-2010-pdf 참조(2007~2008년 대학에서의 흑인 비율은 48퍼센트로 51퍼센트였던 2004년보다는 떨어졌지만 41퍼센트였던 1995년보다는 여전히 높다. 아시아인의 경우 52퍼센트로, 54퍼센트였던 2004년보다 낮아졌다).

42. King, "Gender Equity in Higher Education: 2010"; Marklein, "College Gender Gap Widens" 참조; 또한 Thomas A. DiPrete and Claudia Buchman, *The Rise of Women: The Growing Gender Gap in Education and What It Means for American Schools*(Ithaca, NY: CUP Services, 2013) 참조.

43. Kelly Musick, Jennie E. Brand, and Dwight Davis, "Variation in the Relationship between Education and Marriage: Marriage Market Mismatch?" *Journal of Marriage and Family* 74, no. 1(2012): 53-59.

44. U.S. Bureau of Labor Statistics and U.S. Census Bureau, Current Population Survey, tbl. PINC-03.

45. U.S. Bureau of Labor Statistics and U.S. Census Bureau, Current Population Survey, tbl. PINC-03.

46. King, "Gender Equity in Higher Education, 2010," 11-12, tbls. 2 and 3.

47. Sam Roberts, "For Young Earners in Big City, a Gap in Women's Favor," *New York Times,* Aug. 3, 2007, www.nytimes.com/2007/08/03/nyregion/03women.html.

48. Roberts, "For Young Earners in Big City, a Gap in Women's Favor."

49. Philip N. Cohen, "The End of Men Is Not True: What Is Not and What Might Be on the Road toward Gender Equality," 93, B.U. L. Rev. 1157, 1160(2013).

50. Banks, *Is Marriage for White People?* 3.

51. Kate Bolick, "All the Single Ladies," *The Atlantic,* Sept. 30, 2011, www.theatlantic.com/magazine/archive/2011/11/all-the-single-ladies/308654.

52. Eric D. Gould and M. Daniele Paserman, "Waiting for Mr. Right: Rising Inequality and Declining Marriage Rates," *Journal of Urban Economics,* 53, no. 2(2003): 257-281 참조.

53. David M. Buss, Todd K. Shakelford, Lee A. Kirkpatrick, and Randy J. Larsen, "A Half Century of Mate Preferences: The Cultural Evolution of Values," *Journal of Marriage and Family* 63, no. 2(2001): 491-503.

54. Christine R. Schwartz, "Earnings Inequality and the Changing Association between Spouses' Earnings," *American Journal of Sociology* 115, no. 5(2010): 1524-1557.

55. Schwartz, "Earnings Inequality."

56. Michael Greenstone and Adam Looney, "The Marriage Gap: The Impact of Economic and Technological Change on Marriage Rates," Brookings blog, Feb. 3, 2012, www.brookings.edu/blog/jobs/2012/02/03/the-marriage-gap-the-impact-of-economic-and-technological-change-on-marriage-rates.

57. Inequality in the United States taken from 2006 U.S. Census Data, http://wiki.econwiki.com/index.php/Inequality_in_the_US#cite_note-

6.

58. U.S. Census Bureau, "Race: The Black Alone Population in the United States, 2011," tbl. 1, www.census.gov/population/race/data/ppl-ball.html.

59. Jeffrey S. Passel, Wendy Wang, and Paul Taylor, "Marrying Out: One-in-Seven New U.S. Marriages Is Interracial or Interethnic," Pew Research Center Social & Demographic Trends Report, rev. June 15, 2010, ii, http://pewsocialtrends.org/files/2010/10/755-marrying-out.pdf.

60. William J. Wilson, *The Truly Disadvantaged: The Inner City, the Underclass, and Public Policy*(Chicago: University of Chicago Press, 1987), 83.

61. Sterling C. Lloyd, "Gender Gap in Graduation," *Education Week,* July 6, 2007, www.edweek.org/rc/articles/2007/07/05/sow0705.h26.html.

62. Banks, *Is Marriage for White People?* 38.

63. Erik Eckholm, "Plight Deepens for Black Men, Studies Warn," *New York Times,* March 20, 2006, www.nytimes.com/2006/03/20/national/20blackmen.html?pagewanted=all.

64. Kristen Harknett and Sara McLanahan, "Racial and Ethnic Differences in Marriage after the Birth of a Child," *American Sociological Review* 69, no. 6(2004): 790, 799.

65. Adam Litpak, "1 in 100 U.S. Adults behind Bars, New Study Says," *New York Times,* Feb. 28, 2008, www.nytimes.com/2008/02/28/us/28cnd-prison.html; "One in 100: Behind Bars in America in 2008," Pew Center on the States Report, n.d., www.pewtrusts.org/~/media/legacy/uploadedfiles/wwwpewtrustsorg/reports/sentencing_and_corrections/onein100pdf.pdf.

66. Banks, *Is Marriage for White People?* 39.

67. Braman, *Doing Time on the Outside,* 91.

68. Braman, *Doing Time on the Outside,* 93. 이 문제에 대해 더 알고 싶다면 Daniel. T. Lichter, George Kephart, Diane K. McLaughlin, and David J. Laundry, "Race and the Retreat from Marriage: A Shortage of Marriageable Men?" *American Sociological Review* 57, no. 6(1991): 781 참조. 저자는 윌슨이 미혼 여성 전체를 결혼 시장에 포함시켰으며 이들이 오로지 직장이 있는 남성과 결혼할 것이라고 상정했다는 점을 언급한다. 저자는 여기에 몇몇 경험적 연구를 덧붙였는데, 이 연구에 따르면 남성에 비해 "여성은 안정적인 일자리가 있고 고소득을 올리며 자신보다 교육 수준이 높은 배우자를 선호하는 경향이 훨씬 강하다"(784).

69. 또한 남성의 취업률에 따라 조정된 성비는 인종에 따라 결혼 패턴이 달라지는 이유를 복지의 유무나 여성의 취업 여부보다 잘 설명했다. Lichter et al., "Race and the Retreat from Marriage," 796. 그렇지만 성비가 인종 간 차이를 얼마만큼 설명할 수 있는가에 대해서는 연구마다 상당한 차이를 보인다. 이 연구들의 간략한 내용에 대해서는 Harknett and McLanahan, "Racial and Ethnic Differences in Marriage after the Birth of a Child" 참조.

70. 실제로 선택 가능한 파트너의 수는 심지어 아이가 태어날 때 동거하고 있던 커플 사이에서도 결혼할 확률에 상당한 영향을 미쳤으며, 결혼에 대한 태도나 성역할과 같은 개별 요소보다도 더욱 강력한 예측 변수였다. Harknett and McLanahan, "Racial and Ethnic Differences in Marriage after the Birth of a Child," 807-808.

71. 이는 연구에서 측정한 네 개의 항목에서 모두 사실로 드러났다. ① 서로에게 더욱 힘이 되며 ② 갈등이 적고 ③ 아버지로서의 역할을 더욱 많이 하고 ④ 아이 아빠가 다른 여성과 또 다른 아이를 낳을 가능성이 낮았다. Kristen Harknett, "Mate Availability and Unmarried Parent Relationships," *Demography* 45, no. 3(2008): 555-571.

72. Kristen Harknett and Arielle Kuperberg, "Education, Labor Markets and the Retreat from Marriage," *Social Forces* 90, no. 1(2011): 41-63; Liana C. Sayer, Paula England, Paul D. Allison, and Nicole Kangas, "She Left, He Left: How Employment and Satisfaction Affect Women's and Men's Decisions to Leave Marriages," *American Journal of Sociology* 116, no. 6(2011): 1982-2018. 이 연구에 따르면 일

반적으로 남성의 실직이 증가할수록 이혼율이 늘어나지만, 여성이 결혼 생활에서 불행한 것이 아니라면 여성의 취업은 이혼율에 큰 영향을 미치지 않았다.

73. 예를 들어 크리스토퍼 젠크스Christopher Jencks는 결혼한 아프리카계 미국인 남성의 비율은 일자리가 있으나 없으나 똑같이 줄어들었다는 점을 지적한다. Christopher Jencks, *Rethinking Social Policy: Race, Poverty, and the Underclass*(New York: HarperCollins, 1992). 마레와 윈십Winship은 개인의 고용 상태를 알려주는 자료를 이용해서 개인의 결혼 가능성을 예측했는데, 이 자료로는 1960년대와 1970년대 젊은 흑인 남성의 결혼율 감소를 단 20퍼센트밖에 설명하지 못했다. Robert D. Mare and Christopher Winship, "Socioeconomic Change and the Decline of Marriage for Blacks and Whites," in *The Urban Underclass*, ed. Christopher Jencks and Paul E. Peterson(Washington, DC: Brookings Institution, 1992).

74. Kathryn Edin and Maria Kefalas, *Promises I Can Keep: Why Poor Women Put Motherhood before Marriage*(Berkeley: University of California Press, 2005), 81.

75. Edin and Kefalas, *Promises I Can Keep*.

76. William J. Wilson, *When Work Disappears: The World of the New Urban Poor*(New York: Vintage, 1996), 99.

77. Wilson, *When Work Disappears*, 105.

78. Kathryn Edin and Joanna M. Reed, "Why Don't They Just Get Married? Barriers to Marriage among the Disadvantaged," *The Future of Children* 15, no. 2(2005): 117, http://futureofchildren.org/futureofchildren/publications/docs/15_02_07.pdf, 123.

79. Laura Tach, Kathy Edin, and Sara McLanahan, "Multiple Partners and Multiple Partner Fertility in Fragile Families," Fragile Families Working Paper no. WP11-10-FF(Feb. 10, 2011), http://crcw.princeton.edu/workingpapers/WP11-10-FF.pdf(취약 가족이란 아이가 태어날 때 아이의 생물학적 부모가 결혼하지 않은 상태의 가족을 의미한

다); Sharon H. Bzostek, Sara S. McLanahan, and Marcia J. Carlson, "Mothers' Repartnering after a Nonmarital Birth," *Social Forces* 90, no. 3(2011): 817, 826, http://sf.oxfordjournals.org/content/90/3/817("아이가 태어날 당시, 결혼하지 않은 아이 엄마 중 아이 아빠와 함께 살고 있는 사람은 절반을 약간 넘었으며, 30퍼센트는 아이 아빠와 데이트를 하고 있었고, 20퍼센트는 아이 아빠와 연애 감정을 갖고 있지 않았다. 5년 후 아이 엄마의 38퍼센트만이 아이 아빠와 함께 살고 있었고(아이가 태어날 당시 동거하고 있었던 사람의 약 55퍼센트), 31퍼센트에게는 새로운 파트너가 있었다").

80. Harknett and McLanahan, "Racial and Ethnic Differences in Marriage after the Birth of a Child."

81. Harknett and McLanahan, "Racial and Ethnic Differences in Marriage after the Birth of a Child," 806.

82. Harknett and McLanahan, "Racial and Ethnic Differences in Marriage after the Birth of a Child," 794, 806.

83. Braman, *Doing Time on the Outside*, 95.

84. Sara McLanahan, "Family Instability and Complexity after a Nonmarital Birth: Outcomes for Children in Fragile Families," in *Social Class and Changing Families in an Unequal America*, ed. Marcia J. Carlson and Paula England(Stanford, CA: Stanford University Press, 2011), 108, 119. 맥라나한은 취약 가족 연구를 시작하고 5년이 지난 시점에, 아이를 낳을 당시 결혼한 상태였던 부부는 동거 상태이던 커플과 비교했을 때 주거지를 옮기거나 연애 상대가 바뀔 가능성이 대략 절반 정도임을 발견했다.

85. Edin and Kefalas, *Promises I Can Keep*, 194.

86. Ryan D. King, Michael Massoglia, and Ross MacMillan, "The Context of Marriage and Crime: Gender, the Propensity to Marry, and Offending in Early Adulthood," *Criminology* 45, no. 1(2007): 33-65.

87. 맥라나한과 페르체스키Percheski는 "연구들은 전부 남성의 실업이나 불완전 고용이 결혼의 형성과 안정성에 상당히 부정적인 영향을 미친다는 것을 보여준다"고 말했다. Sara McLanahan and Christine Percheski, "Family Structure and the Reproduction of Inequalities," *Annual Review of Sociology* 34(Aug. 2008): 257, 262. 또한 Sayer et al., "She Left, He Left" 참조.

88. Jerry A. Jacobs and Kathleen Gerson, "Who Are the Overworked Americans?" *Review of Social Economy* 56, no. 4(1998): 442, 457.

89. Charles Murray, *Coming Apart: The State of White America, 1960–2010*(New York: Random House, 2013), 176.

90. Murray, *Coming Apart*, 173.

91. Murray, *Coming Apart*, 175.

92. "Hispanic Unemployment Edges Up to 9.7 Percent," *Hispanic Business.com*, Feb. 4, 2013. 미국 노동통계청 자료에 따르면 2013년 1월에 20세 이상 남성의 실업률은 아시아계 6.5퍼센트, 백인 7퍼센트, 라틴계 9.7퍼센트, 흑인 13.8 퍼센트였다.

93. Samreen Hooda, "Unemployment Rates Highest amongst Black and Latinos," *Huffington Post*, Sept. 10, 2012, www.huffingtonpost.com/2012/09/10/unemployment-rates-highest-amongst-black-and-latinos_n_1871453.html, Bureau of Labor Statistics, "The Employment Situation—013," news release, www.bls.gov/news.release/pdf/empsit.pdf 인용.

94. Arne L. Kalleberg, *Good Jobs, Bad Jobs: The Rise of Polarized and Precarious Employment Systems in the United States, 1970s to 2000s*(New York: Sage, 2011), 93.

95. Kalleberg, *Good Jobs, Bad Jobs*, 103-104.

96. Richard Wilkinson and Kate Pickett, *The Sprit Level: Why Greater Equality Makes Societies Stronger*(New York: Bloomsbury, 2011).

97. Kalleberg, *Good Jobs, Bad Jobs*.

98. Murray, *Coming Apart*, 193.

99. Murray, *Coming Apart*, 191.

100. Murray, *Coming Apart*, 157.

101. W. Bradford Wilcox and Elizabeth Marquardt, eds., "When Marriage Disappears: The New Middle America," *The State of Our Unions: Marriage in America*, 2010, 40, fig. 16, http://stateofourunions.org/2010/SOOU2010.pdf.

102. Murray, *Coming Apart*, 153.

103. W. Bradford Wilcox and Elizabeth Marquardt, eds., "When Marriage Disappears: The New Middle America," *The State of Our Unions: Marriage in America*, 2010, 30, fig. 9, http://stateofourunions.org/2010/SOOU2010.pdf.

104. Wilcox and Marquardt, "When Marriage Disappears," 32, fig. 11.

105. Wilcox and Marquardt, "When Marriage Disappears," 29, fig. 8, http://stateofourunions.org/2010/SOOU2010.pdf.

106. Wilcox and Marquardt, "When Marriage Disappears," 33, fig. 12.

107. Andrew J. Cherlin, *The Marriage-Go-Round: The State of Marriage and the Family in America Today*(New York: Vintage, 2009), 163.

108. Andrew J. Cherlin, "Between Poor and Prosperous: Do the Family Patterns of Moderately-Educated Americans Deserve a Closer Look?" in Carlson and England, *Social Class and Changing Families in an Unequal Society*, 68-84.

109. 성비가 불균형하면 수가 더 많은 성별에서 결혼이 감소하지만 동질혼이 발생하는 정도는 변하지 않는다는 의견에 대해서는 2004년 4월 보스턴에서 열린 미국인구학회 연례 회의에 제출된 다음의 논문을 참조. Bernardo Queiroz, "The Impacts of Sex Ratios on Marriage Markets in the United States."

110. 우리는 아시아인이나 라틴계에 대해서는 구체적으로 조사하지 않았다. 이에 대한 자료가 시간이 흐르면서 발생한 변화를 효과적으로 파악하지 못하고 있기 때문이다. 아시아인 대부분은 결혼과 이혼을 미리 계획하며 혼외 출산율은 백인과 비슷하다. 라틴계 이주민들은 아프리카계 미국인과 사회경제적 특성이 비슷하지만 상당히 다른 모습을 보인다. 라틴계 이주민 중에서는 남성이 여성보다 훨씬 많고, 라틴계 남성은 아프리카계 미국인 남성보다 취업할 가능성이 더 높으며, 외국에서 태어난 남성일수록 특히 그렇다. 그러므로 라틴계 이주민의 성비는 총합계 면에서도, 또 같은 사회 계급 내에서 결혼 가능한 여성과 일자리가 있는 남성의 비율 면에서도 아프리카계 미국인과 상당히 다르다.

그렇지만 이러한 요소들은 전부 빠르게 변화하고 있다. 이주민의 수가 줄고 남성 취업률이 낮아지고 있으며, 미국에서 태어난 라틴계 이주민들은 외국에서 태어난 라틴계 이주민과 다른 태도를 갖고 다른 지역에서 살아간다. Queiroz, "Impacts of Sex Ratios on Marriage Markets."

111. 우리는 오늘날의 소득 변화가 엘리트 집단의 결혼율에 어떤 영향을 미치는지 검증한 경험적 연구를 찾지 못했다. 가장 흥미로운 연구는 21세기에 접어들 무렵에 출간된 굴드Gould와 파제르만Paserman의 연구로, 이들은 미국의 여러 도시에서 20대의 결혼율을 비교했다. 이들은 남성의 소득 불평등으로 인해 결혼율이 25퍼센트 하락했으며 이는 남성의 선택이라기보다는 여성의 선택이라는 결과를 발견했다. Gould and Paserman, "Waiting for Mr. Right," 257(2003); D. S. Loughran, "The Effect of Male Wage Inequality on Female Age at First Marriage," *Review of Economics and Statistics* 84, no. 2(2002): 237-250 참조(불평등의 증가를 평균 결혼 연령의 증가와 연결시킴). 트리스탄 코글린Tristan Coughlin과 스콧 드레위앙카Scott D. Drewianka 역시 결혼율과 불평등의 관계를 조사했다. 이들은 1970년대와 1980년대에 발생한 불평등의 증가와 결혼율의 하락 사이에 매우 강한 상관관계가 있다는 것을 발견했으나 그 이후에는 상관관계를 찾지 못했다. 이들의 연구는 모든 연령을 대상으로 했다는 점에서 굴드와 파제르만의 연구와 달랐다. 그러나 이들은 계급별로 결혼율이 달리 나타나는지는 조사하지 않았다. 게다가 도시별 자료를 이용한 굴드와 파제르만과 달리 코글린과 드레위앙카는 주별 자료를 이용했는데, 주별 자료는 구체적인 결혼 시장과 밀접한 관련이 없을 수 있다. 그리고 이들의 연구는 상호 검토되는 학술지에 실리지 않은 것으로 보인다. Coughlin and Drewianka, "Can Rising Inequality Explain Aggregate Trends in Marriage? Evidence from U.S. States, 1977-2005," *B.E. Journal of Economic Analysis & Policy* 11, no. 1(2011): 1-33. 하지만 그렇다고 이 연구의 내용이 모순되는 것은 아니다.

112. Pickett and Wilkinson, *The Sprit Level*, 133-134.

113. 실제로 사회학자 앤드루 셜린은 중간층을 뚜렷한 집단으로 볼 수 있는지에 대해 의문을 제기한다. 하지만 셜린은 고졸자가 결혼할 경우 끼리끼리 결혼하는 경우가 많으며, 아프리카계 미국인과 라틴계, 백인 중간층 집단은 패턴이 서로 분명하게 다르고(백인은 결혼과 이혼을 더 많이 하며, 라틴계는 결혼할 경우 좀 더 안정적인 관계를 유지하고, 아프리카계 미국인은 백인보다 결혼과 동거를 덜 한다) 대졸자 집단 및 고등학교 중퇴자 집단과도 다르다고 말한다. Cherlin, "Between Poor and Prosperous."

114. "Rutgers Study: Protective Effect of Education on Marriage Differs between White and African-American Women, Rutgers," *Rutgers Today*, March 6, 2013, http://news.rutgers.edu/news-releases/2013/march-2013/rutgers-study-protec-20130304#.V8Qm27Xbvsk.

115. Mary Beth Marklein, "College Gender Gap Widens: 57% Are Women," *USA Today*, Oct. 19, 2005, http://usatoday30.usatoday.com/news/education/2005-10-19-male-college-cover_x.htm(미국 교육통계센터의 자료를 이용해서 대학 캠퍼스에서의 남성 비율을 인종과 소득별로 보여준다).

116. Justin Lahart, "Number of the Week: Falling Wages for Young College Grads," Real Time Economics blog, *Wall Street Journal*, Oct. 8, 2011, http://blogs.wsj.com/economics/2011/10/08/number-of-the-week-falling-wages-for-young-college-grads.

117. Jefffrey J. Selingo, "The Diploma's Vanishing Value," *Wall Street Journal*, April 26, 2013, http://online.wsj.com/article_email/SB10001424127887324874204578440901216478088-lMyQjAxMTAzMDIwOTEyNDkyWj.html?mod=wsj_valettop_email; Jeffrey J. Selingo, *College (Un)Bound: The Future of Higher Education and What It Means for Students*(New York: Houghton Mifflin Harcourt, 2013).

계급 장벽 다시 쌓기: 자녀와 성취도

1. Jason DeParle, "For Poor, Leap to College Often Ends in a Hard Fall," *New York Times*, Dec. 22, 2013, www.nytimes.com/2012/12/23/

education/poor-students-struggle-as-class-plays-a-greater-role-in-success.html?_r=0.

2. Sean F. Reardon, "The Widening Academic Achievement Gap between the Rich and the Poor: New Evidence and Possible Explanations," in *Whither Opportunity? Rising Inequality, Schools, and Children's Life Chances,* ed. Greg J. Duncan and Richard J. Murnane(New York: Sage, 2011), 91-116.

3. Sabrina Tavernise, "Education Gap Grows between Rich and Poor, Studies Say," *New York Times,* Feb. 9, 2012, www.nytimes.com/2012/02/10/education/education-gap-grows-between-rich-and-poor-studies-show.html?pagewanted=all.

4. Anne Fernald, Virginia A. Marchman, and Adriana Weisleder, "SES Differences in Language Processing Skill and Vocabulary Are Evident at 18 Months," *Developmental Science* 16, no. 2(2013): 234-248.

5. Fernald et al., "SES Differences," 235.

6. Fernald et al., "SES Differences," 244.

7. 쌍둥이를 연구한 자료에 따르면, 사회경제적 지위가 높을 경우 아이의 발달 정도는 거의 유전적 차이에서 비롯된다. 그러나 가난한 가정에서 자란 아이의 경우 유전적 요소가 미치는 영향은 거의 없다시피 하며, 차이의 60퍼센트가 환경적인 요인에서 비롯된다. Fernald et al., "SES Differences," 243.

8. Reardon, "Widening Academic Achievement Gap between the Rich and the Poor," 17.

9. Robert D. Putnam, Carl B. Frederick, and Kaisa Snellman, "Growing Class Gaps in Social Connectedness among American Youth, 1975-2009," 미출간 논문, Kennedy School of Government, July 12, 2012, 10, www.hks.harvard.edu/saguaro/pdfs/SaguaroReport_DivergingSocialConnectedness.pdf.

10. Kim Parker and Wendy Wang, "Modern Parenthood: Roles of Moms and Dads Converge as They Balance Work and Family," Pew Research Center Report, March 14, 2013, 24, www.pewsocialtrends.org/files/2013/03/FINAL_modern_parenthood_03-2013.pdf.

11. Linda C. McClain, The Place of Families: Fostering Capacity, Equality, and Responsibility(Cambridge, MA: Harvard University Press, 2006)에 대한 서평인 June Carbone, "Is Fertility the Unspoken Issue in the Debate between Liberal and Conservative Family Values?" 32 *Law & Soc. Inquiry* 809, 822(2007) 참조.

12. Sara McLanahan, "Diverging Destinies: How Children Are Faring under the Second Demographic Transition," *Demography* 41, no. 4(2004): 607, 608.

13. Paula England, Elizabeth Aura McClintock, and Emily Fitzgibbons Shafer, "Birth Control Use and Early, Unintended Births: Evidence for a Class Gradient," in *Social Class and Changing Families in an Unequal America,* ed. Marcia Carlson and Paula England(Stanford, CA: Stanford University Press, 2011), 21-49 참조.

14. Greg J. Duncan and Richard J. Murnane, "Introduction: The American Dream, Then and Now," in *Whither Opportunity? Rising Inequality, Schools, and Children's Life Chances,* ed. Greg J. Duncan and Richard J. Murnane(New York: Sage, 2011), 3, 9, www.russellsage.org/sites/all/files/Duncan_Murnane_Chap1.pdf.

15. Duncan and Murnane, *Whither Opportunity?* 13, Elizabeth O. Ananat, Anna Gassman-Pines, and Christina M. Gibson-Davis, "The Effects of Local Employment Losses on Children's Educational Achievement," in Duncan and Murnane, *Whither Opportunity?* 299.

16. Duncan and Murnane, *Whither Opportunity?* 13.

17. Annette Lareau, *Unequal Childhoods: Class, Race, and Family Life,* 2nd ed.(Berkeley: University of California Press, 2011).

18. Annette Lareau and Amanda Cox, "Social Class and the Transition to Adulthood: Differences in Parents' Interactions with Institutions," in Carlson and England, *Social Class and Changing Families,* 134.

19. National Center for Education Statistics, "Indicator 34: Immediate Transition to College," in NCES Report no. 2012-045, "The Condition of Education 2012," May 2012, 85, fig. 34-1.

20. Martha J. Bailey and Susan M. Dynarski, "Gains and Gaps: Changing Inequality in U.S. College Entry and Completion," in Duncan and Murnane, *Whither Opportunity?*; Thomas A. DiPrete and Claudia Buchman, *The Rise of Women: The Growing Gender Gap in Education and What It Means for American Schools*(New York: Sage, 2013) 참조(남학생이 여학생보다 공부를 못하는 이유 중 하나로 남학생의 성취도가 학교나 지역 사회에 더 많이 좌우된다는 사실을 제시한다. 남학생과 여학생 모두 좋은 학교에서 성적을 더 잘 내지만, 남학생이 좋은 학교의 영향을 더 많이 받는다).

21. "Recent Deep State Higher Education Cuts May Harm Students in the Economy for Years to Come," March 19, 2013, www.cbpp.org\cms\?fa=view&&id=3927. Joan C. Williams, *Reshaping the Work-Family Debate: Why Men and Class Matter*(Cambridge, MA: Harvard University Press, 2010), 162.

22. William G. Bowen, Matthew M. Chingos, and Michael S. McPherson, *Crossing the Finish Line: Completing College at America's Public Universities*(Princeton, NJ: Princeton University Press, 2009), 6.

23. Bowen et al., *Crossing the Finish Line,* 8.

계급 재형성

1. W. Bradford Wilcox and Elizabeth Marquardt, eds., "When Marriage Disappears: The New Middle America," The State of Our Unions: Marriage in America, 2010(2010), 38, http://stateofourunions.org/2010/SOOU2010.pdf; David Popenoe and Barbara Dafoe Whitehead, 'Who Wants to Marry a Soul Mate?' in "The State of Our Unions 2001," National Marriage Project Report, 2001, 6-16, www.stateofourunions.org/pdfs/SOOU2001.pdf; Paul Amato, Alan Booth, David R. Johnson, and Stacy J. Rogers, *Alone Together: How Marriage in America Is Changing*(Cambridge, MA: Harvard

University Press, 2007), 71.

2. William Kristol, "Women's Liberation: The Relevance of Tocqueville," in *Interpreting Tocqueville's Democracy in America,* ed. Ken Masugi(Lanham, MD: Rowman & Littlefield, 1991), 480, 491.

3. Adrienne Rich, "Compulsory Heterosexuality and Lesbian Existence," *Signs* 5, no. 4(1980): 631, 654.

4. Rich, "Compulsory Heterosexuality."

5. James Q. Wilson, *The Marriage Problem: How Our Culture Has Weakened Families*(New York: HarperCollins, 2002), 89-99.

6. Wilson, *The Marriage Problem,* 89.

7. 무슬림형제단과 남침례회연맹만 봐도 알 수 있다. David D. Kirkpatrick and Mayy El Sheikh, "Muslim Brotherhood's Statement on Women Stirs Liberals' Fears," *New York Times,* March 14, 2013, www.nytimes.com/2013/03/15/world/middleeast/muslim-brotherhoods-words-on-women-stir-liberal-fears.html?emc=eta1&_r=0 참조.

8. Leslie Bennetts, "JFK Intern Mimi Alford's Shocking Affair Tell-All," *Newsweek,* Feb. 13, 2012, www.newsweek.com/jfk-intern-mimi-alfords-shocking-affair-tell-all-65693.

9. Jacqueline Kennedy, *Historic Conversations on Life with John F. Kennedy*(New York: Hyperion, 2011), xxvi.

10. Annual of the 2007 Southern Baptist Convention, June 12-13, San Antonio, Texas, www.sbcec.org/bor/2007/2007sbannual.pdf 참조.

11. Betsey Stevenson and Justin Wolfers, "Bargaining in the Shadow of the Law: Divorce Laws and Family Distress," *Quarterly Journal of Economics* 121, no. 1(2006): 267.

12. Andrew J. Cherlin, "The Deinstitutionalization of American Marriage," *Journal of Marriage and Family* 66, no. 4(2004): 848-861. F. M. Cancian, *Love in America: Gender and Self-Development*(Cambridge: Cambridge University Press, 1987) 인용(이러한 자질들을 선호하는 사람들이 증가하는 것을 "역

할에서 자기 자신으로의" 이동이라고 본다).

13. Amato et al., *Alone Together.*

14. Bureau of Labor Statistics, "Employment Characteristics of Families in 2005," news release, April 27, 2006, tbl. 4, www.bls.gov/news.release/archives/famee_04272006.pdf(2004~2005년에 결혼한 엄마의 대략 66퍼센트가 바깥에서 일을 했다); Eileen Patten and Kim Parker, "A Gender Reversal on Career Aspirations," Pew Research Center Social & Demographic Trends Report, April 19, 2012, www.pewsocialtrends.org/2012/04/19/a-gender-reversal-on-career-aspirations.

15. CNN Political Unit, "CNN Poll: Support for Working Women Almost Unanimous," Political Ticker blog, April 16, 2012, http://politicalticker.blogs.cnn.com/2012/04/16/poll-support-for-working-women-almost-unanimous.

16. Amato et al., *Alone Together*, 110.

17. Eileen Patten and Kim Parker, *A Gender Reversal On Career Aspirations*, April 19, 2012, www.pewsocialtrends.org/2012/04/19/a-gender-reversal-on-career-aspirations.

18. Kim Parker and Wendy Wang, "Modern Parenthood: Roles of Moms and Dads Converge as They Balance Work and Family," Pew Research Center Report, March 14, 2013, 16, 58, www.pewsocialtrends.org/files/2013/03/FINAL_modern_parenthood_03-2013.pdf.

19. Sheryl Sandberg, *Lean In: Women, Work, and the Will to Lead*(New York: Knopf, 2013); Richard Fry and D'Vera Cohn, "Women, Men and the New Economics of Marriage," Pew Research Center Social & Demographic Trends Report, Jan. 19, 2010, 17, http://pewsocialtrends.org/files/2010/11/new-economics-of-marriage.pdf.

20. Naomi Cahn and June Carbone, "Five Myths about Working Mothers," *Washington Post*, May 30, 2010, www.washingtonpost.com/wp-dyn/content/article/2010/05/28/AR2010052802268.html 참조.

21. June Carbone and Naomi Cahn, "Casualty of the One Percent," *New York Times*, April 1, 2013, www.nytimes.com/roomfordebate/2013/03/31/why-has-salary-parity-still-not-happened/gender-equality-is-a-casualty-of-the-one-percent.

22. Sylvia DeMott and Kathy Lynch, "Defining Paternity Leave," Boston College Center for Work & Family Executive Brief(n.d.; last viewed May 18, 2013), www.bc.edu/content/dam/files/centers/cwf/research/publications/pdf/paternityleave_ebs.pdf.

23. Jeffery Leving and Kenneth Dachman, *Fathers' Rights: Hard-Hitting and Fair Advice for Every Father Involved in a Custody Dispute*(New York: Basic Books, 1997). 또한 Suzanne M. Bianchi, John Robinson, and Melissa A. Milkie, *Changing Rhythms of American Family Life*(New York: Sage, 2007), 91 참조(여기서는 82퍼센트라고 나옴).

24. Liana C. Sayer, Suzanne M. Bianchi, and John Robinson, "Are Parents Investing Less in Children? Trends in Mothers' and Fathers' Time with Children," *American Journal of Sociology* 110, no. 1(2004): 1-43, http://csde.washington.edu/downloads/bianchi_AJS_paper.pdf. Sara McLanahan, "Diverging Destinies: How Children AreFaring after the Second Demographic Transition," IB 41, no. 4(2004) 참조.

25. Catherine Rampell, "In Most Rich Countries, Women Work More Than Men," Economix blog, *New York Times*, Dec. 19, 2012, http://economix.blogs.nytimes.com/2012/12/19/in-most-rich-countries-women-work-more-than-men.

26. Philip Cohen, "Exaggerating Gender Changes," FamilyInequality blog, Aug. 13, 2012, http://familyinequality.wordpress.com/2012/08/13/exaggerating-gender-changes.

27. Amato et al., *Alone Together*, 198-200.

28. Amato et al., *Alone Together*, 145.

29. Amato et al., *Alone Together*, 149-150.

30. Amato et al., *Alone Together*, 150.

31. Amato et al., *Alone Together*, 161.

32. Kathryn Edin and Timothy J. Nelson,

Doing the Best I Can: Fatherhood in the Inner City(Berkeley: University of California Press, 2013), 78.

33. Robert L. Griswold, *Fatherhood in America: A History*(New York: Basic Books, 1993), 2.

34. Mary Blair-Loy, *Competing Devotions: Career and Family among Women Executives*(Cambridge, MA: Harvard University Press, 2003), 83-84; Pew Research Center Social & Demographic Trends Report, "The Decline of Marriage and the Rise of New Families,"(November 18, 2010), iii, www.pewsocialtrends.org/2010/11/18/the-decline-of-marriage-and-rise-of-new-families("퓨리서치 센터 조사에서 '여성이 가족을 경제적으로 부양할 수 있는 능력은 결혼에 있어서 얼마만큼 중요한가'라는 질문에 '매우 중요하다'라고 답한 사람은 단 33퍼센트였다. 그러나 남성이 가족을 경제적으로 부양하는 것이 매우 중요하다고 답한 사람은 67퍼센트나 되었다").

35. Daniel Schneider, "Market Earnings and Household Work: New Tests of Gender Performance Theory," *Journal of Marriage and Family* 73, no. 4(Aug. 2011): 845-860 참조.

36. Suzanne Bianchi, "Changing Families, Changing Workplaces," *Future of Children* 21, no. 2(2011): 26.

37. Andrew J. Cherlin, *The Marriage-Go-Round: The State of Marriage and the Family in America Today*(New York: Vintage, 2009), 163.

38. Kathleen Gerson, *The Unfinished Revolution: How a New Generation Is Reshaping Family, Work, and Gender in America*(New York: Oxford University Press, 2010), 164.

39. Jonathan Rauch, "The No Good, Very Bad Outlook for the Working-Class American Man," *National Journal,* Dec. 5, 2012, www.theatlantic.com/business/archive/2012/12/the-no-good-very-bad-outlook-for-the-working-class-american-man/426288.

40. Sarah Jane Glynn, "The New Breadwinners: 2010 Update; Rates of Women Supporting Their Families Economically Increased since 2007," Center for American Progress Issue Brief, April 16, 2012, www.americanprogress.

org/wp-content/uploads/issues/2012/04/pdf/breadwinners.pdf.

41. Susan Gregory Thomas, "When the Wife Has a Fatter Paycheck: Female Breadwinners Can Make for Frustrated Husbands—Unless the Man Holds His Own with Income," *Wall Street Journal,* July 12, 2012, www.wsj.com/articles/SB10000872396390444873204577537161203859878.

42. Hanna Rosin, *The End of Men and the Rise of Women*(New York: Penguin, 2012), 2(싱글맘을 "자신이 세운 성에 사는 왕비"라고 묘사).

43. Rosin, *The End of Men,* 3.

44. Schneider, "Market Earnings and Household Work," 845.

45. Rosin, *The End of Men,* 71. Marianne Bertrand, Jessica Pan, and Emir Kamenica, *Gender Identity and Relative Income Within Households*(2013), www.nber.org/papers/w19023 참조.

46. Tony Dokoupil, "Lifestyle: Laid-Off Men Don't Do Dishes," *Newsweek,* Feb. 20, 2009, www.newsweek.com/2009/02/20/men-will-be-men.html.

47. CNN Political Unit, "CNN Poll: Support for Working Women Almost Unanimous."

48. Charles Murray, *Coming Apart: The State of White America, 1960–2010*(New York: Random House, 2013), 151.

49. Amato et al., *Alone Together,* 101.

50. Amato et al., *Alone Together,* 111.

51. Parker and Wang, "Modern Parenthood," 24.

52. Anne-Marie Slaughter, "Why Women Still Can't Have It All," *The Atlantic,* July/August 2012, www.theatlantic.com/magazine/archive/2012/07/why-women-still-cant-have-it-all/309020 참조.

53. Lynda Laughlin, "Maternity Leave and Employment Patterns of First-Time Mothers, 1961 – 2008," U.S. Census Bureau Current Population Report no. P70-128, October 2011, 11, tbl. 7, www.census.gov/prod/2011pubs/p70-128.pdf.

54. Amato et al., *Alone Together,* 123–124.

55. Amato et al., *Alone Together,* 124.

56. Amato et al., *Alone Together.* 또한 Steven L. Nock and Margaret F. Brinig, "Weak Men and Disorderly Women: Divorce and the Division of Labor," in *The Law and Economics of Marriage and Divorce,* ed. Antony W. Dnes and Robert Rowthorn(Cambridge: Cambridge University Press, 2002), 171-190 참조(전통적으로 여자들이 해왔던 집안일을 둘 중 한 명이 도맡아 하면 이혼이나 별거를 하게 될 확률이 높아진다. 하지만 남편이 아내가 집안일을 더 많이 한다는 사실을 인정하고 이를 불공평하다고 볼 경우 관계는 더욱 안정적으로 변한다).

57. Tony Dokoupil, "Men Will Be Men: When Guys Lose Jobs, the TV, Den and Gym Win. Women? Sex? Not So Much," *Newsweek,* March 2, 2009, 50.

58. Sarah Moore, Leon Grunberg, Richard Anderson-Connolly, and Edward S. Greenberg, "Physical and Mental Health Effects of Surviving Layoffs: A Longitudinal Examination," Institute of Behavioral Science Working Paper PEC2003–0003, November, 2003, www.colorado.edu/ibs/pubs/pec/pec2003-0003.pdf.

59. Tony Dokoupil, "Lifestyle: Laid-Off Men Don't Do Dishes": Clifford L. Broman, V. Lee Hamilton, and William S. Hoffman, "The Impact of Unemployment on Families," *Michigan Family Review* 2, no. 2(1996) 참조.

60. Richard Wilkinson and Kate Pickett, *The Spirit Level: Why Greater Equality Makes Societies Stronger*(New York: Bloomsbury, 2009) 참조.

61. Rosin, *The End of Men,* 2 참조.

가족법, 결혼 대본을 다시 쓰다

1. Heather Havrilesky, "The Divorce Delusion," *New York Times Magazine,* July 6, 2011, www.nytimes.com/2011/07/10/magazine/the-divorce-delusion.html?pagewanted=1.

2. Havrilesky, "The Divorce Delusion."

3. Naomi Cahn and June Carbone, *Red Families v. Blue Families: Legal Polarization and the Creation of Culture*(New York: Oxford University Press, 2010).

4. 칼 슈나이더Carl Schneider는 이를 "가족법의 유도 기능"이라고 부른다. Carl E. Schneider, *The Channelling Function in Family Law,* 20 Hofstra L. Rev. 495(1992).

5. Robert H. Mnookin and Lewis Kornhauser, *Bargaining in the Shadow of the Law: The Case of Divorce,* 88 Yale L.J. 950(1979).

6. Jacobus tenBroek, *California's Dual System of Family Law: Its Origin, Development, and Present Status*(pts. I, II, & II), 16 Stan. L. Rev. 257(1964), 16 Stan. L. Rev. 900(1964), 17 Stan. L. Rev. 614(1965) 참조. 이처럼 가족법이 부유한 가족과 가난한 가족, 공적 가족과 사적 가족, 자발적 가족과 비자발적 가족 사이에 차등을 두기 때문에 이에 대한 해설이 수없이 많이 나오고 있다. Tonya L. Brito, *The Welfarization of Family Law,* 48 U. Kan. L. Rev. 229, 238-250(2000); Naomi R. Cahn, *Children's Interests in a Familial Context: Poverty, Foster Care, and Adoption,* 60 Ohio St. L.J. 1189, 1211-1215(1999); Deborah Harris, *Child Support for Welfare Families: Family Policy Trapped in Its Own Rhetoric,* 16 N.Y.U. Rev. L. & Soc. Change 619, 621-629(1988); Leslie Joan Harris, *The Basis for Legal Parentage and the Clash between Custody and Child Support,* 42 Ind. L. Rev. 611, 612-614(2009); Jill Elaine Hasday, *Parenthood Divided: A Legal History of the Bifurcated Law of Parental Relations,* 90 Geo. L.J. 299, 368-371(2002); Daniel L. Hatcher, *Child Support Harming Children: Subordinating the Best Interests of Children to the Fiscal Interests of the State,* 42 Wake Forest L. Rev. 1029, 1043-1044(2007); Amy E. Hirsch, *Income Deeming in the AFDC Program: Using Dual Track Family Law to Make Poor Women Poorer,* 16 N.Y.U. Rev. L & Soc. Change 713, 715-716(1988) 참조.

7. tenBroek, *California's Dual System of Family Law*(pt. II), 907.

8. Andrew J. Cherlin, *The Marriage Go-Round: The State of Marriage and Family in America*

Today(New York: Vintage, 2009).

9. Hanna Rosin, *The End of Men and the Rise of Women*(New York: Penguin, 2012), 47.

10. James Q. Wilson, *The Marriage Problem: How Our Culture Has Weakened Families*(New York: HarperCollins, 2002), 89.

11. *Griswold v. Connecticut,* 381 U.S. 479(1965); *Eisenstadt v. Baird,* 405 U.S. 438(1972).

12. Cahn and Carbone, *Red Families v. Blue Families,* 87.

13. *Carey v. Population Servs. Int'l,* 431 U.S. 678(1977).

14. Elizabeth Warren and Amelia Warren Tyagi, *The Two-Income Trap: Why Middle-Class Parents Are Going Broke*(New York: Basic Books, 2003).

15. 이러한 변화에 관한 논의에 대해서는 Deborah A. Widiss, *Changing the Marriage Equation,* 89 Wash. U. L. Rev. 721(2012) 참조.

16. Richard Fry and D'Vera Cohn, "Women, Men and the New Economics of Marriage," Pew Research Social & Demographic Trends Report, Jan. 19, 2010, 8, http://pewsocialtrends.org/files/2010/11/new-economics-of-marriage.pdf; Pew Research Center, "On Pay Gap, Millennial Women Near Parity –For Now," Dec. 11, 2013, http://www.pewsocialtrends.org/files/2013/12/gender-and-work_final.pdf.

17. 양육권과 양육 수당에 관한 논의에 대해서는 Paula England and Nancy Folbre, "Involving Dads: Parental Bargaining and Family Well-Being," in *Handbook of Father Involvement: Multidisciplinary Perspectives,* ed. Catherine S. Tamis-LeMonda and Natasha Cabrera(Mahwah, NJ: Erlbaum, 2002), 387 참조.

18. Nelson Manfred Blake, *The Road to Reno*(New York: Macmillan, 1962).

19. 과거에는 남편만이 공동 자금의 지출을 통제할 수 있었으며, 기혼 여성은 남편의 허락 없이 신용거래를 할 수 없었다. Leslie Joan Harris, June Carbone, and Lee E. Teitelbaum, *Family Law,* 4th ed.(New York: Aspen, 2009).

20. June Carbone, *From Partners to Parents: The Second Revolution in Family Law*(New York:

Columbia University Press, 2000), 99 참조.

21. Andrew Hacker, *Mismatch: The Growing Gulf between Men and Women*(New York: Scribner, 2003) 참조(1990년대 중반에는 전체 이혼의 60.7퍼센트를 여성이 주도했으며 이 여성 중 64퍼센트는 아이가 있었다); Margaret F. Brinig and Douglas W. Allen, "These Boots Are Made for Walking": Why Most Divorce Filers Are Women, 2 Am. L. & Econ. Rev. 126, 128 tbl. 1, 136-137(2000)(이혼을 신청하는 사람의 3분의 2는 여성이다).

22. 코즈의 법칙Coase theorem에 영향을 받은 경제학자들은 커플들이 법의 변화에 맞춰 협상을 한다고 주장한다. Betsey Stevenson and Justin Wolfers, "Marriage and Divorce: Changes and Their Driving Forces," *Journal of Economic Perspectives* 21, no. 2: 46(내용 요약); Justin Wolfers, "Did Unilateral Divorce Raise Divorce Rates? A Reconciliation and New Results," *American Economic Review* 96, no. 5(2006): 1802-1820.

23. Stephane Mechoulan, *Divorce Laws and the Structure of the American Family,* 35 J. Legal Stud. 143, 163-164(2006)("통계적으로 유의미한 수치는 아니지만 이혼 사유가 완화되어 무과실 이혼이 가능해지자 초혼 연령은 낮아졌으나 무과실 이혼으로 재산을 분할해야 하자 사람들은 결혼을 상당히 미루게 되었다").

24. Betsey Stevenson and Justin Wolfers, "Bargaining in the Shadow of the Law: Divorce Laws and Family Distress," *Quarterly Journal of Economics* 121, no. 1(2006): 267-288.

25. Betsey Stevenson, "The Impact of Divorce Laws on Investment in Marriage-Specific Capital," *Journal of Labor Economics* 25, no. 1(2007): 75-94; Betsey Stevenson, "Divorce-Law Changes, Household Bargaining, and Married Women's Labor Supply Revisited," mimeo, University of Pennsylvania.

26. Cherlin, *Marriage Go-Round,* 88.

27. Leslie Harris, June Carbone, Lee Teitelbaum, *Family Law,* 4th ed.(Aspen, 2009).

28. Harris et al., *Family Law.*

29. Harris et al., *Family Law.*

30. American Law Institute(ALI), *Principles of the Law of Family Dissolution: Analysis and Recommendations* § 4.09(2002) 참조(재산의 균등 분할을 인정). Marsha Garrison, *How Do Judges Decide Divorce Cases? An Empirical Analysis of Discretionary Decision Making*, 74 N.C. L. Rev. 401, 452-458(1996) 참조(판사들은 주로 재산을 50 대 50으로 분할하라고 명령). Marsha Garrison, *Good Intentions Gone Awry: The Impact of New York's Equitable Distribution Law on Divorce Outcomes*, 57 Brook. L. Rev. 621, 673-674, tbls. 18 및 20(1991)과 비교해볼 것(당사자 간 합의를 통해 재산을 분할하는 것이 법원의 명령으로 재산을 분할하는 것보다 훨씬 변수가 많다는 결론).

31. Carolyn Frantz and Hanoch Dagan, *Properties of Marriage*, 104 Colum. L. Rev. 75, 77(2004). Elizabeth S. Scott, *Rational Decisionmaking about Marriage and Divorce*, 76 Va. L. Rev. 9, 12(1990) 참조(이성적으로 상호 간의 이익을 추구하는 것이 현대에서의 결혼의 조건이라고 보고, 현대의 결혼은 상호 의존적인 체제를 헌신적으로 만들어나가는 것이며 상대방이 "소울메이트"가 되기를 기대했으나 감정적으로 만족스럽지 않다고 해서 결혼 생활을 끝낼 수는 없다는 주장).

32. *Orr v. Orr*, 440 U.S. 268(1979) 참조(주로 남성이 아내를 부양하던 관습이 해체됨).

33. Harris et al., Family Law, 927, n10(3d ed., 2005); June Carbone, *The Futility of Coherence: The ALI's Principles of the Law of Family Dissolution, Compensatory Spousal Payments*, 4 J.L. & Fam. Stud. 43(2002): 43.

34. Katharine K. Baker, *Homogenous Rules for Heterogeneous Families: The Standardization of Family Law When There Is No Standard Family*, 2012 U. Ill. L. Rev. 319, 340(2012).

35. Nehami Baum, "'Separation Guilt' in Women Who Initiate Divorce," *Clinical Social Work Journal* 35, no. 1(2006): 47, 48.

36. Berger v. Berger, 747 N.W.2d 336, 3522353(Mich. App. 2008).

37. Nehami Baum, "'Separation Guilt' in Women Who Initiate Divorce," 47, 48 참조(여성은 남성보다 두 배 더 많이 이혼을 주도한다). 그러나 배심원의 태도에 관한 연구 결과, 나이가 많은 여성 중 현재 가정주부가 아닌 사람은 배심원의 동정을 가장 적게 받았다. Ira Mark Ellman and Sanford L. Braver, *Lay Intuitions about Family Obligations: The Case of Alimony*, 13 Theoretical Inquiries L. 209(2012).

38. Judith G. McMullen, "ALIMONY: What Social Science and Popular Culture Tell Us about Women, Guilt and Spousal Support after Divorce"(2011), ExpressO, http://works.bepress.com/judith_mcmullen/1 참조. 최근 몇몇 주에서는 오랜 결혼 생활 이후 이혼하는 여성이 다시 이혼 수당을 장기적으로 받을 수 있도록 했으나 수당 지급 기간은 저마다 크게 다르며 지급자의 소득과 지급받는 사람의 경제 활동 가능성에 대한 법원의 판단, 결혼 기간에 좌우된다. Katharine K. Baker, *The Stories of Marriage*, 12 J.L. & Fam. Stud. 1, 49-50(2010) 참조. 1년에 40만 달러를 버는 의사는 특수 교육이 필요한 자녀 네 명이 있으며 최근 병원에서 시간당 15달러를 받고 일했던 아내에게 이혼 수당을 지급하라는 명령을 받을 수 있다. *Martindale v. Martindale*, 2005 WL 94366(Tenn. Ct. App. 2005).

39. Katharine K. Baker, *The Stories of Marriage*, 12 J.L. & Fam. Stud. 1, 49-50(2010) 참조.

40. Terry Martin Hekker, "Paradise Lost (Domestic Division)," *New York Times*, Jan. 1, 2006, www.nytimes.com/2006/01/01/fashion/sundaystyles/01LOVE.html?pagewanted=all.

41. Theresa Glennon, *Still Partners? Examining the Consequences of Post-Dissolution Parenting*, 41 Fam. L.Q. 105, 105(2007) 참조.

42. "Results of Local, Regional Ballot Questions," 2004 election, *Boston Globe*, www.boston.com/news/special/politics/2004_results/general_election/questions_all_by_town.htm.

43. Sanford L. Braver, Ira Mark Ellman, Ashley Votruba, and William V. Fabricius, *Lay Judgments about Child Custody after Divorce*, 17 Psychol. Pub. Pol'y & L. 212(2011); Ira Mark Ellman, Sanford L. Braver, and Robert J. MacCoun, *Abstract Principles and Concrete Cases in Intuitive*

Lawmaking, 36 Law & Hum. Behav. 96(2012), (이전 판(Feb. 5, 2011)은 http://papers.ssrn. com/sol3/papers.cfm?abstract_id=1755707 에서 볼 수 있다); Ira Mark Ellman, Sanford L. Braver, and Robert J. MacCoun, *Intuitive Lawmaking: The Example of Child Support,* 6 J. Empirical Legal Stud. 69(2009).

44. Judith G. McMullen, *Alimony: What Social Science and Popular Culture Tell Us about Women, Guilt, and Spousal Support after Divorce,* 19 Duke J. Gender L. & Pol'y 41(2011) 참조(먼저 이혼을 주도했다는 여성의 죄책감이 이혼 수당을 받지 않는 원인으로 작용하는 것에 대한 논의). Judith S. Wallerstein and Joan B. Kelly, *Surviving the Breakup: How Children and Parents Cope with Divorce*(New York: Basic Books, 1996), 23 참조(이혼을 주도한 측은 재정적인 지원을 덜 요구한다).

45. June Carbone, *From Partners to Parents: The Second Revolution in Family Law*(New York: Columbia University Press, 2000), 180 n.12.

46. Margaret F. Brinig, *Does Parental Autonomy Require Equal Custody at Divorce?* 65 La. L. Rev. 1345, 1367-1368(2005) 참조(양육권 지정에 관해 법이 바뀌자 양육 수당 감소); Margaret F. Brinig, *Penalty Defaults in Family Law: The Case of Child Custody,* 33 Fla. St. U. L. Rev. 779, 806(2006)(법이 바뀌자 이혼 커플이 공동으로 양육권을 갖는 경우가 증가).

47. Martha Albertson Fineman, *The Illusion of Equality: The Rhetoric and Reality of Divorce Reform*(Chicago: University of Chicago Press, 1994), ch. 5; Martha Albertson Fineman, *The Neutered Mother, the Sexual Family, and Other Twentieth Century Tragedies*(New York: Routledge, 1995), 82-83. 또한 누킨과 콘하우저는 양육권을 부여하는 원칙이 성중립적으로 변하면 이혼 시 여성의 협상 능력이 약해진다고 보았다. Mnookin and Kornhauser, *Bargaining in the Shadow of the Law,* 978.

48. Margaret F. Brinig and Douglas W. Allen, *"These Boots Are Made for Walking": Why Most Divorce Filers Are Women,* 2 Am. L. & Econ. Rev. 126, 128 tbl. 1, 136-137(2000)(이혼을 신청하는 사람의 3분의 2가 여성이며 양육권 관련법이 이혼 신청에 영향을 미친다).

49. Wis. Stat § 767.41(2)(2011)(공동 양육권이 추정된다고 확정)과 § 767.41(4)(법원이 "아이가 주기적으로 의미 있는 시간을 보낼 수 있도록 일정을 짜고" "아이가 각 부모와 보내는 시간을 최대한으로 늘려야 한다"고 언급) 참조. Leslie Bennetts, *The Feminine Mistake: Are We Giving Up Too Much?*(New York: Hyperion, 2007) 참조.

50. Kay Hymowitz, Jason S. Carroll, W. Bradford Wilcox, and Kelleen Kaye, "Knot Yet: The Benefits and Costs of Delayed Marriage in America," National Marriage Project Report, 2013, http://nationalmarriageproject.org/wp-content/uploads/2013/03/KnotYet-Final-ForWeb.pdf. 새로운 체제에서 결혼을 일찍 함으로써 잃을 것이 가장 많은 집단은 교육 수준이 높은 남성과 교육 수준이 낮은 여성이다. 그러므로 이들이 현재 파트너와의 결혼을 회의적으로 생각하는 것은 놀랄 일이 아니다.

51. Paul R. Amato, *Good Enough Marriages: Parental Discord, Divorce, and Children's Well-Being,* 9 Va. J. Soc. Pol'y & L. 71(2002) 참조 (갈등이 심했던 부부가 이혼하는 것은 아이에게 좋지만, 보통 더 흔한 "충분히 괜찮았던 결혼 생활"이 이혼으로 끝나는 것은 아이에게 좋지 않다는 결론).

52. William J. Wilson, *When Work Disappears: The World of the New Urban Poor*(New York: Vintage, 1996), 103-104.

53. Jason DeParle and Sabrina Tavernise, "For Women under 30, Most Births Occur Outside Marriage, *New York Times,* Feb. 17, 2012, www.nytimes.com/2012/02/18/us/for-women-under-30-most-births-occur-outside-marriage.html?pagewanted=all&_r=1&.

54. Mark Regnerus and Jeremy Uecker, *Premarital Sex in America: How Young Americans Meet, Mate, and Think about Marrying*(New York: Oxford University Press, 2011), 192.

55. Lauren Schutte, "Michael Jordan Set to Marry for the Second Time," *Hollywood Reporter,* Dec. 29, 2011, www.hollywoodreporter.com/

news/michael-jordan-engaged-christmas-yvette-
prieto-276669.

56. W. Bradford Wilcox and Elizabeth
Marquardt, eds., "When Marriage Disappears:
The New Middle America," *The State of Our
Unions: Marriage in America*(2010), 40, fig. 16,
http://stateofourunions.org/2010/SOOU2010.
pdf(지인들의 결혼 생활이 원만하지 않다고 대
답한 비율은 교육 수준이 가장 낮은 집단은 53
퍼센트, 교육 수준이 중간인 집단은 43퍼센트인
반면, 교육 수준이 높은 집단은 17퍼센트였다).

57. Kathryn Edin and Timothy J. Nelson,
*Doing the Best I Can: Fatherhood in the Inner
City*(Berkeley: University of California Press,
2013), 205.

58. Kathleen Gerson, *The Unfinished Revolution:
Coming of Age in a New Era of Gender, Work,
and Family*(New York: Oxford University Press,
2010), 11-12, 127-128.

59. Gerson, *Unfinished Revolution*, 127.

60. Gerson, *Unfinished Revolution*, 130.

61. Lenore Skomal, "Women Who Pay
Alimony: It's More Frequent Than You Think,"
Divorce360, www.divorce360.com/divorce-
articles/alimony/information/women-paying-
alimony.aspx?artid=1065&page=2.

62. Baker, *Homogenous Rules for Heterogeneous
Families*.

63. Rosin, *The End of Men*, 3-4.

64. Hymowitz et al., "Knot Yet," 28; 26-
29('The Great Crossover: The Why'), http://
twentysomethingmarriage.org/the-great-
crossover-the-why.

65. Alison Wolf, *The XX Factor: How the Rise
of Working Women Has Created a Far Less Equal
World*(London: Profile Books, 2013), 206, 207;
Christine R. Schwartz, "Trends and Variation in
Assortative Mating: Causes and Consequences,"
Annual Review of Sociology 39(July 2013): 451,
460 참조(교육 수준이 비슷한 사람과 결혼하는
경우가 증가).

66. Molly Lanzarotta, "Kathryn Edin on Poverty
in America," interview, April 21, 2008.

67. Edin and Nelson, *Doing the Best I Can*, 205.

68. Kathryn Edin and Maria Kefalas, *Promises
I Can Keep: Why Poor Women Put Motherhood
before Marriage*(Berkeley: University of California
Press, 2005), 108.

69. Edin and Nelson, *Doing the Best I Can*, 17,
18, 208.

70. Edin and Nelson, *Doing the Best I Can*, 209
참조("아빠가 되고 싶다는 염원을 변함없이 그
리고 잘 실현하려면, 헌신과 쉽게 감정적으로
흔들리지 않는 강직함이 필요하다. 이것이 바로
우리가 정서적 자원이라고 부르는 것들이다").
불확실함이 아프리카계 미국인 여성의 태도에
미치는 영향에 대한 논의는 Linda M. Burton
and M. Belinda Tucker, *Romantic Unions in an
Era of Uncertainty: A Post-Moynihan Perspective
on African American Women and Marriage*, 621
Annals 132(2009) 참조. 예를 들어 버튼과 터커
는 아프리카계 미국인 여성이 연애 관계에서 다
음과 같은 위험 요인을 발견한다고 본다. "재정
적 위험(많은 여성들이 일정 수준의 경제적 안
정을 일구며, 다른 사람과 돈으로 엮일 경우 자
신의 자산이 줄어들 것을 염려한다), 신체적 위
험(나이 든 남성이 아프거나 간호를 요구하거나
의존적이 될 가능성이 높다), 정신적 위험(이 여
성들은 다른 사람의 요구에서 벗어난 독립적인
삶을 선호하며, 이는 그동안은 불가능했던 것이
다)"(135-136).

공동 양육: 평등주의인가 가부장주의인가 아니면 둘 다인가

1. Kristen Harknett and Sara McLanahan, "Racial
and Ethnic Differences in Marriage after the Birth
of a Child," *American Sociological Review* 69,
no. 6(2004); W. Bradford Wilcox and Elizabeth
Marquardt, eds., "When Marriage Disappears:
The New Middle America," *The State of Our
Unions: Marriage in America*, 2010.

2. Linda M. Burton, Andrew Cherlin, Donna-
Marie Winn, Angela Estacion, and Clara Holder-
Taylor, "The Role of Trust in Low-Income
Mothers' Intimate Unions," *Journal of Marriage
and Family* 71, no. 5(2009): 1107-1124, www.
ncbi.nlm.nih.gov/pmc/articles/PMC2788951/

pdf/nihms151618.pdf; Kathryn Edin and Maria Kefalas, *Promises I Can Keep: Why Poor Women Put Motherhood before Marriage*(Berkeley: University of California Press, 2005).

3. Burton et al., "Role of Trust in Low-Income Mothers' Intimate Unions," 1117.

4. Edin and Nelson, *Doing the Best I Can: Fatherhood in the Inner City*(Berkeley: University of California Press, 2013), 99.

5. George A. Akerlof, Janet L. Yellen, and Michael L. Katz, "An Analysis of Out-of-Wedlock Childbearing in the United States," *Quarterly Journal of Economics* 111, no. 2(1996).

6. Edin and Nelson, *Doing the Best I Can*.

7. Sara McLanahan and Audrey N. Beck, "Parental Relationships in Fragile Families," *The Future of Children* 20, no. 2(2010): 17-37.

8. 물론 엘리트는 낙태를 받아들이는 정도가 다른 집단과 다르다. 하지만 통계상으로 대학생에게 낙태는 혼외 출산에 반대하는 현 규범을 강화하는 데 중요한 역할을 한다. 반면 대학을 졸업하지 않은 사람들 사이에서는 그러한 규범이 사라지고 있지만, 낙태에 반대하는 규범은 강화되고 있다. 이와 관련된 논의에 대해서는 〈섹스, 권력, 가부장제 그리고 부모의 의무〉 참조.

9. June Carbone and Naomi Cahn, *Marriage, Parents and Child Support*, 45 fam. l. q. 219(2011).

10. *Renaud v. Renaud*, 168 Vt. 306, 721 A.2d 463(1998).

11. *Id.* 309, 466. Rita Berg, *Parental Alienation Analysis, Domestic Violence, and Gender Bias in Minnesota Courts*, 5 Law & Ineq. 29(2011) 참조(한 부모가 다른 부모와 아이의 관계를 소원하게 만든 사건에서는 "관계를 소원하게 만든" 부모가 아이를 신체적·정신적으로 학대하는 경우가 많았으며 대부분 아이 아빠가 양육권을 가져갔다는 결론).

12. 이러한 법의 변화가 (특히 학대와 방임이 있었던 사건에) 미치는 영향에 대해서는 Leslie Joan Harris, June Carbone, and Lee E. Teitelbaum, *Family Law*, 4th ed.(New York: Aspen, 2010), 657-658 참조.

13. 이러한 운동과 그에 대한 반대 논의는

Margaret F. Brinig, *Penalty Defaults in Family Law: The Case of Child Custody*, 33 Fla. St. U. L. Rev. 779, 781(2006) 참조.

14. Sanford L. Braver, Ira M. Ellman, Ashley M. Votruba, and William V. Fabricius, *Lay Judgments about Child Custody after Divorce*, 17 Psychol. Pub. Pol'y & L. 212(2011). Linda Nielsen, "Shared Parenting after Divorce: A Review of Shared Residential Parenting Research," *Journal of Divorce & Remarriage* 52, no. 8(2011): 586-609; "Results of Local, Regional Ballot Questions," 2004 election, *Boston Globe*, www.boston.com/news/special/politics/2004_results/general_election/questions_all_by_town.htm 참조(공동 양육권에 찬성하는 개정안이 압도적인 표로 통과).

15. Braver et al., *Lay Judgments*, 236.

16. Patricia Brown and Steven T. Cook, "Children's Placement Arrangements in Divorce and Paternity Cases in Wisconsin," Institute for Research on Poverty Report, September 2011(rev. November 2012), www.irp.wisc.edu/research/childsup/cspolicy/pdfs/2009-11/Task4A_CS_09-11_Final_revi2012.pdf.

17. Brown and Cook, "Children's Placement Arrangements," 19.

18. Brown and Cook, "Children's Placement Arrangements," 11.

19. Brown and Cook, "Children's Placement Arrangements," 17.

20. Harris et al., *Family Law*, 161, 166-167.

21. Harris et al., *Family Law*.

22. Harris et al., *Family Law*.

23. Harris et al., *Family Law*, 168.

24. 위스콘신 대학교의 연구에 따르면 친부인 정서에 서명한 아이 아빠에게 양육 수당을 요구한 대부분 사건에서 아이 엄마가 계속해서 양육권을 가졌으며, 2006~2007년에 있었던 법원 명령의 80퍼센트가 아이 엄마가 양육권을 유지하도록 명령했다. 그러나 이는 10년 전 단독 양육권 명령이 91퍼센트였던 것과 비교하면 낮은 수치다. Brown and Cook, "Children's Placement Arrangements," 12.

25. 이처럼 "의존 문제를 개인이 처리하게 만

든"시스템에 대한 비판은 Martha Albertson Fineman, *The Neutered Mother, the Sexual Family, and Other Twentieth Century Tragedies*(New York: Routledge, 1995) 참조.

26. 예를 들어 질 해즈데이는 "시작부터 이 프로그램(아동부양가정지원 정책)은 가족 부양에 실패한 아빠들을 불신했으며, 일을 그 상태로 만든 데에는 어떠한 변명도 용납되지 않았다"고 말한다. Jill Hasday, *Parenthood Divided: A Legal History of the Bifurcated Law of Parental Relations,* 90 Geo. L.J. 299, 357(2002).

27. 복지 원리가 어떻게 친자법에 영향을 미쳤는지에 대해서는 Leslie Joan Harris, *The Basis for Legal Parentage and the Clash between Custody and Child Support,* 42 Ind. L. Rev. 611(2009); Jane C. Murphy, *Legal Images of Fatherhood: Welfare Reform, Child Support Enforcement and Fatherless Children,* 81 Notre Dame L. Rev. 325, 346(2005); Tonya Brito, *The Welfarization of Family Law,* 48 Kan. L. Rev. 229, 256-260(2000) 참조.

28. Personal Responsibility and Work Opportunity Reconciliation Act of 1996, Pub. L. No. 104 – 193, 110 Stat. 2105(1997). Section 103(a)(1)은 가정 형편에 맞춰서 고용을 촉진하고, 현금 지원 기간을 한 번에 2년으로 제한하고, 5년 동안 현금 지원을 받은 가족은 더 이상 주 정부로부터 현금 지원을 받지 못하도록 한다. 이 규정은 42 U.S.C. §§ 607, 602(a)(1)(A)(ii), 608(a)(7)(A) (Supp. II 1996)에 명시되어 있다.

29. Personal Responsibility and Work Opportunity Reconciliation Act of 1996, 104 Pub. L. No. 193, 110 Stat. 2105, § 101(42 U.S.C. § 601(2007)에 명시됨); Gwendolyn Mink, *Welfare's End*(Ithaca, NY: Cornell University Press, 1998), 43(결혼과 결혼한 부부의 자녀 양육, 아버지의 참여에 대한 입법 연혁을 강조); Tonya L. Brito, *From Madonna to Proletariat: Constructing a New Ideology of Motherhood in Welfare Discourse,* 44 Vill. L.Rev. 415(1999) 참조.

30. Sara S. McLanahan and Irwin Garfinkel, "The Fragile Families and Child Well-Being

Study: Questions, Design and a Few Preliminary Results," Institute for Research on Poverty Discussion Paper no. 1208 – 00, 41, http://irp.wisc.edu/publications/dps/pdfs/dp120800.pdf.

31. Marcia J. Carlson, Sara S. McLanahan, and Jeanne Brooks-Gunn, "Coparenting and Nonresident Fathers' Involvement with Young Children after a Nonmarital Birth," *Demography* 45, no. 2(2008): 461-488.

32. Nancy E. Dowd, *Redefining Fatherhood*(New York: NYU Press, 2000), 3; Katharine K. Baker, *Bargaining or Biology? The History and Future of Paternity Law and Parental Status,* 14 Cornell J.L. & Pub. Pol'y 1(2004); Leslie M. Harris, *Questioning Child Support Enforcement Policy for Poor Families,* 45 Fam. L.Q. 157(2011) 참조.

33. Maureen R. Waller, "Viewing Low-Income Fathers' Ties to Families through a Cultural Lens: Insights for Research and Policy," *Annals of the American Academy of Political and Social Science* 629(2010): 102-124, 109.

34. Edin and Nelson, *Doing the Best I Can,* 214.

35. Baker, *Bargaining or Biology?* 37. 또한 남성은 아이 엄마와 밀접한 관계를 맺고 있을수록 아버지 자격을 얻을 가능성이 커진다. Ronald Mincy, Irwin Garfinkel, and Lenna Nepomnyaschy, "In-Hospital Paternity Establishment and Father Involvement in Fragile Families," *Journal of Marriage and Family* 67(2005): 611, 615 참조. 이와 비슷한 위스콘신 대학교의 연구 결과 위스콘신에 거주하는 미혼 부부의 거의 절반이 2005년 아이가 태어난 후 몇 달 안에 친부인정서를 제출했다. 부모가 나이가 많거나 대학 교육을 받았을 경우 친부인정서를 제출할 확률이 높았으며, 아이 엄마가 정부 원조를 받고 있을 경우 친부인정서를 제출할 확률이 낮았다. Patricia R. Brown and Steven T. Cook, "A Decade of Voluntary Paternity Acknowledgment in Wisconsin: 1997 – 2007," Institute for Research on Poverty Report, May 2008, www.irp.wisc.edu/research/childsup/pubtopics/paternity_estab.htm.

36. Leslie Harris, *Questioning Child Support*

Enforcement Policy for Poor Families, 45 Fam. L.Q. 157(2011).

37. Lenna Nepomnyaschy and Irwin Garfinkel, "Child Support Enforcement and Fathers' Contributions to Their Nonmarital Children," Center for Research on Child Well-Being Working Paper no. 2006-09-FF, April 2007, http://crcw.princeton.edu/workingpapers/wp06-09-ff.pdf. 또한 Timothy S. Grall, "Custodial Mothers and Fathers and Their Child Support: 2007," Current Population Reports no. P60-237, November 2009 참조; Laurie Kohn, *Engaging Men as Fathers: The Courts, The Law, and Father-Absence in Low-Income Families*, 35 Cardozo L. Rev. 511, 535(2013) 참조(정부가 아이 아빠에게 양육비를 청구하는 체제에서는 "양육 수당을 받을 권리를 정부가 가지고 있기 때문에 모든 종류의 협상과 합의가 불가능하다. 양육권을 가진 부모가 비공식적으로 돈을 받으면 부정 수급이 된다"고 언급).

38. Harris, *Questioning Child Support Enforcement Policy for Poor Families*, 165.

39. Harris, *Questioning Child Support Enforcement Policy for Poor Families*, 158.

40. In re Marriage of Deborah & Michael Jackson, 136 Cal. App. 4th 980, 990, 994(Cal. Ct. App. 2d Dist. 2006) 참조(아이 엄마에게서 친권을 빼앗는다는 명령을 취소).

41. In re Marriage of Deborah & Michael Jackson.

42. Esther Wattenberg, "Paternity Actions and Young Fathers," in *Young Unwed Fathers: Changing Roles and Emerging Policies*, ed. Robert I. Lerman and Theodora J. Ooms(Philadelphia: Temple University Press, 1993), 213, 226 참조.

43. Timothy S. Grall, "Custodial Mothers and Fathers and Their Child Support: 2009," Current Population Reports no. P60-240, December 2011, www.census.gov/prod/2011pubs/p60-240.pdf.

44. "Bristol Palin: Levi Johnston's a Deadbeat Dad," Tmz.com, April 7, 2012, www.tmz.com/2012/04/07/bristol-palin-levi-johnston-child-support.

45. Michael Y. Park, "Levi Johnston to Sue for Joint Custody of Son Tripp," People.com, Sept. 11, 2009, www.people.com/people/article/0,,20318502,00.html.

46. "Bristol Palin: Levi Johnston's a Deadbeat Dad."

47. *Stanley v. Illinois*, 405 U.S. 645(1972).

48. *Stanley v. Illinois*, 405 U.S. at 646-647, 651(아이 아빠가 결혼하지 않은 채 "아이의 아빠 역할을 하고 아이를 직접 키웠을 경우" 아이에 대한 아이 아빠의 권리를 인정).

49. 이 사건들에 대해서는 June Carbone, *From Partners to Parents: The Second Revolution in Family Law*(New York: Columbia University Press, 2000), 166-170 참조.

50. *Quilloin v. Walcott*, 434 U.S. 246(1978).

51. *Caban v. Mohammed*, 441 U.S. 380(1979).

52. *Lehr v. Robertson*, 463 U.S. 248(1983).

53. Carbone, *From Partners to Parents: The Second Revolution in Family Law*, 169; Janet L. Dolgin, *Just a Gene: Judicial Assumptions about Parenthood*, 40 UCLA L. Rev. 637, 671(1993)("아이의 친부는 아이와 사회적 관계를 발전시킴으로써 아버지 자격을 지킬 수 있으나 이러한 과정은 가족을 이루어야 가능하며, 아이 아빠와 아이 엄마의 관계가 뒷받침되어야 한다").

54. *Michael H. v. Gerald D.*, 491 U.S. 110, 114(1989).

55. *Id.*, 113-114. 반대 의견은 "마이클과 빅토리아, 캐럴이 가족을 이루고 함께 살았다는 증거에는 반박의 여지가 없다. 즉, 셋은 가정을 공유했고, 빅토리아는 마이클을 '아빠'라고 불렀으며, 마이클은 빅토리아를 부양하는 데 기여했고, 빅토리아와의 관계를 유지하려는 의욕이 상당하다"고 주장했다. Id. 143-144(브레넌 대법관의 반대 의견).

56. *Id.*

57. 바이런 화이트Byron White 대법관은 핏줄로 아이 아빠를 결정해야 한다고 가장 강력하게 주장했으나 이 남성이 합법적인 인정을 받으려면 반드시 부모 역할을 적극적으로 맡아야 한다고 보았다. Id. 157-160(화이트 대법관의 반대 의견).

58. *Id.* 142(브레넌 대법관의 반대 의견) 참조

(마이클과 빅토리아가 단일한 가족 관계를 이루었는가라는 틀로 문제를 해석).

59. *Id.* 124와 *Id.* 157(화이트 대법관의 반대 의견)을 비교해볼 것. 스칼리아 대법관은 다음과 같이 말했다. "브레넌 대법관은 자유권의 유무를 판단할 때 빅토리아의 엄마가 아이를 임신했을 때 다른 사람과 결혼했으며 빅토리아와 그녀의 남편이 아이를 직접 키우기를 원한다는 사실을 언급하지 않고 마이클과 빅토리아의 관계만을 따로 봐야 한다고 주장합니다. 우리는 무엇 때문에 다른 사람한테 미칠 영향을 고려하지 않고 자유권만 주장하는 괴상한 절차가 생겨났는지 모르겠습니다. 이건 마치 어떤 사람이 어쩌다 보니 다른 사람의 몸에 총을 쏜 사건에서 총을 쏠 수 있는 자유권의 유무를 묻는 것과 같습니다. 브레넌 대법관의 논리는 만약 마이클이 캐럴을 강간해서 빅토리아를 낳았다고 할지라도 여전히 마이클에게 빅토리아와의 관계를 유지할 자유권이 있다는 결론으로 이어집니다." *Id.* 124 n4(다수 의견)(각주 생략). 이 분석은 이 사건의 사실 관계를 특히 잘 짚어냈는데, 5년 후 이 사건이 대법원에 이르렀을 때 제럴드와 캐럴은 여전히 함께 살고 있었고, 캘리포니아에서 뉴욕으로 이사했고, 결혼 생활 동안 두 명의 아이를 더 낳았기 때문이다. June Carbone and Naomi Chan, *Which Ties Bind? Redefining the Parent-Child Relationship in an Age of Genetic Certainty*, 11 Wm. & Mary Bill Rts. J. 1011, 1045(2003) 참조.

60. *Michael H.*, 491 U.S. 133-144(브레넌 대법관의 반대 의견).

61. *Id.* 123 n3(다수 의견).

62. 대략 미국의 3분의 2에 달하는 주가 결혼하지 않은 아이 아빠가 법규나 판례법을 통해서 친생자 추정 원칙에 의문을 제기할 수 있도록 허용한다. Uniform Parentage Act of 2002 § 607 cmt.

63. In re J.W.T., No. D-1742, 1993 Tex. LEXIS 101, at. *31-32(Tex. June 30, 1993), *withdrawn, In re* J.W.T., 872 S.W.2d 189, 197-198(Tex. 1994).

64. *Id.* 198.

65. *J.N.R. v. O'Reilly*, 264 S.W.3d 587, 596-597(Ky. 2008)(커닝햄 재판관의 보충 의견).

66. *J.A.S. v. Bushelman*, 342 S.W.3d 850, 853(Ky. 2011)(명확하게 *J. N. R.*을 번복).

67. *Draper v. Heacock*, No. 2010-CA-000, 112-ME, slip op. at 3, n1(Ky. Ct. App. Jan. 21, 2011), opinions.kycourts.net/coa/2010-CA-000112.pdf 참조.

68. *Courtney v. M. Roggy*, 302 S.W.3d 141, 149(Mo. Ct. App. 2009) 참조("자신이 아이 아빠라고 주장하는 남성은 지금 아이 아빠 노릇을 하는 사람이 있든 없든 언제라도 자신이 아이 아빠라고 선언하고 아이와의 관계를 주장할 수 있다")(Mo. Ann. Stat. § 210.826(West 2010) 인용); *Fisher v. Tucker*, 697 S.E.2d 548, 550(S. C. 2010)(결혼으로 친부를 추정하는 사우스캐롤라이나 주의 법적 추정은 피검사로 반박 가능하다고 주장); *Watermeier v. Moss*, No. W2009-00789-COA-R3-JV, 2009 WL 3486426, at. *2(Tenn. Ct. App. Oct. 29, 2009)(테네시 주의 법규는 친생자 추정 원칙을 통해 아이의 친부가 아버지 자격을 얻지 못하게 하려면 아이를 임신할 당시 부부가 함께 살고 있어야 하고 법원에 신청서를 제출할 때까지 함께 살고 있어야 하며 아이의 친부를 입증하는 진술서에 서명할 것을 요구한다).

69. David D. Meyer, *Parenthood in a Time of Transition: Tensions between Legal, Biological, and Social Conceptions of Parenthood*, 54 Am. J. Comp. L. 125, 138-139(2006).

70. *J.N.R. v. O'Reilly*, 264 S.W.3d 587(Ky. 2008); *J.A.S. v. Bushelman*, 342 S.W.3d 850, 853(Ky. 2011).

71. In re Jesusa V., 85 P.3d 2, 13, 15(Cal. 2004) 참조.

72. June Carbone, "From Partners to Parents Revisited: How Will Ideas of Partnership Influence the Emerging Definition of California Parenthood?" *Whittier Journal of Child and Family Advocacy* 7, no. 1(2007): 3, 5 참조.

73. Carbone, "From Partners to Parents Revisited"; In re Jesusa V 참조.

74. In re Jesusa V 참조.

75. *Gabriel v. Suedi D.*, 46 Cal. Rptr. 3d 437, 439(Cal. Ct. App. 2006).

76. 여러 사건에서 법원은 아이를 자신의 가

정에 받아들이고 아이가 자신의 아이라고 주장
하는 사람이 부모로 추정되며, 이 사람이 아이
와 그 어떤 생물학적 관계도 없다는 사실이 부
모 추정을 반박할 수는 없다고 결론 내렸다.
Carbone, "From Partners to Parents Revisited" 참
조.

77. *H.S. v. Superior Court,* 108 Cal. Rptr. 3d
723, 726(Cal. Ct. App. 2010) 참조(주 법규에
따라 "아이 엄마와 그녀의 남편이 아이의 친부
가 친권을 주장하지 못하게 막을 수 있다"고 인
정). *Gabriel P.,* 46 Cal. Rptr. 3d at 439에서 법
원은 아이 엄마인 수에디가 아이의 친부는 아니
지만 자신과 함께 살며 자신을 성심성의껏 보살
피고 스스로 아버지라고 주장한 앤서니를 아이
아빠로 인정했다는 데 주목했다.

78. *Brian C. v. Ginger K.,* 92 Cal. Rptr. 2d
294, 297, 310–311(Cal. Ct. App. 2000) 참조(아
이의 친부가 아이 엄마 및 아이와 함께 살았으
며 아이와 부자 또는 부녀 관계를 형성했을 경
우 친부의 권리를 인정해 친생자 추정 원칙을
반박).

79. *Black v. Librers,* 28 Cal. Rptr. 3d 188(Cal.
Ct. App. 2005).

위로부터의 변화: 가족, 불평등, 고용

1. 아프리카계 미국인의 경우 그 패턴과 시기
가 달랐던 적이 많다. 제2차 세계 대전이 발생
하자 비교적 임금이 높은 제조업 일자리가 많
이 생겨났고, 이 시기 아프리카계 미국인의 소
득은 두 배가 되었다. 가족 패턴이 계급별로 달
라지는 현상은 백인 집단에 앞서 이미 1960년
대에 흑인 집단에서 나타났다. June Carbone,
*From Partners to Parents: The Second Revolution
in Family Law*(New York: Columbia University
Press, 2000), 77-78 참조.

2. 〈계급 재형성〉 참조. 1960년대 블루칼라 가
족과 화이트칼라 가족 사이에서 아이의 성취도
와 부모가 아이와 함께 보내는 시간은 큰 차이
가 없었다.

3. 고용 문제를 해결하는 것 자체만으로도 가
족 간 계급 격차를 줄일 수 있다. 프린스턴 대
학교의 사회학자인 사라 맥라나한은 대침체기
이전인 2004년에 "사람들이 다시 일자리로 돌
아오게 만들고 하층 남녀가 생활수준을 유지할
수 있도록 만들 수 있는 정책이 필요"하며 이
를 통해 가족을 안정적으로 만들 수 있다고 지
적했다. Sara McLanahan, "Diverging Destinies:
How Children are Faring under the Second
Demographic Transition," *Demography* 41, no.
4(2004): 607, 622.

4. 클라우디아 골딘과 로렌스 카츠 교수는 중
등 교육이 보다 부유하고 평등한 지역에서 먼
저 확장되었다고 말한다. 이들은 평등이 더
큰 평등을 낳는다고 주장한다. Claudia Goldin
and Lawrence Katz, "Why the United States
Led in Education: Lessons from Secondary
School Expansion, 1910 to 1940." In D. Eltis,
F. Lewis, K. Sokoloff, *Human Capital and
Institutions*(Cambridge: Cambridge University
Press, 2009) 참조, http://scholar.harvard.
edu/files/lkatz/files/why_the_united_states_led_
in_education_lessons_from_secondary_school_
expansion_1910_to_1940_1.pdf에서 볼 수 있음.

5. Naomi Cahn and June Carbone, *Red Families
v. Blue Families: Legal Polarization and the
Creation of Culture*(New York: Oxford University
Press, 2010).

6. William Easterly, "The Middle Class
Consensus and Economic Development,"
World Bank Policy Research Working Paper
no. 2346, May 2000, https://williameasterly.
files.wordpress.com/2010/08/34_easterly_
middleclassconsensus_prp.pdf.

7. Dagmar Hertova, Luis F. Lopez-Calva, and
Eduardo Ortiz-Juarez, "Bigger... But Stronger?
The Middle Class in Chile and Mexico in the Last
Decade," Research for Public Policy, Inclusive
Development, ID-02-2010.

8. Adam Looney and Michael Greenstone, "A
Record Decline in Government Jobs: Implications
for the Economy and America's Workforce,"
Hamilton Project Paper, Aug. 2012, www.
hamiltonproject.org/papers/a_record_decline_
in_government_jobs_implications_for_todays_
economy_an.

9. Sajinda O'Connell, "How Did the Peacock
Get His Tail?" *The Independent*(London), Sept.

9, 2002, http://news.nationalgeographic.com/news/2002/09/0909_peacock_2.html.

10. "1950년과 비교했을 때 상품 생산량은 5분의 3 수준이며 일자리 수는 절반이 줄었다. 2010년이 되자 서비스 부문이 성장하여 생산량의 3분의 2를 담당하게 되었고 일자리 10개 중 7개가 서비스 부문에서 나오게 되었다." Jim Tankersley, "Shift to a Service-Driven Economy Delays Job Recovery," *Washington Post*, May 3, 2013, www.washingtonpost.com/business/economy/shift-to-services-delays-job-recovery/2013/05/03/a78ec0f0-b3f3-11e2-9a98-4be1688d7d84_story.html?wprss=rss_business.

11. Jim Tankersley, "Growth Isn't Enough to Help Middle Class," *Washington Post*, Feb. 13, 2013, http://articles.washingtonpost.com/2013-02-13/business/37070931_1_job-creation-growth-drives-recoveries 참조.

12. Ro Khanna, "Five Myths about Manufacturing Jobs," *Washington Post*, Feb. 15, 2013, http://articles.washingtonpost.com/2013-02-15/opinions/37111109_1_gary-pisano-job-growth-service-sector.

13. "Rewarding Work: The Case for Subsidizing Worker Pay: Interview with Edmund Phelps," *Challenge* 40, no. 4(1997): 15-26. 또한 Edmund S. Phelps, *Rewarding Work: How to Restore Participation and Self-Support to Free Enterprise*(Cambridge, MA: Harvard University Press, 1997) 참조.

14. 실제로, 불평등의 원인이 무엇인가에 대해 격렬한 토론이 벌어진다. 대다수 학자들이 기술이나 세계화가 미친 영향만을 조사하면 변화를 만족스럽게 설명할 수 없다는 데 동의한다. Margaret Jacobson and Filippo Occhino, "Labor's Declining Share of Income and Rising Inequality," Commentary, Federal Reserve Bank of Cleveland, Sept. 25, 2012, www.clevelandfed.org/newsroom-and-events/publications/economic-commentary/2012-economic-commentaries/ec-201213-labors-declining-share-of-income-and-rising-inequality.aspx(기술, 세계화, 노동 시장의 구조와 조직 등의 다양한 요소가 불평등이 심화된 원인이라고 봄);

Jared Bernstein, "An Inequality Debate Heats Up," *Huffington Post*, Jan. 18, 2013, www.huffingtonpost.com/jared-bernstein/income-inequality_b_2502007.html.

15. "Elephant Seal," *National Geographic*, n.d., http://animals.nationalgeographic.com/animals/mammals/elephant-seal.

16. "Elephant Seal Reproduction," Marine Science blog, n.d., www.marinebio.net/marinescience/05nekton/esrepro.htm.

17. 저널리스트 크리스 헤이스Chris Hayes는 극심한 불평등 그리고 불평등을 낳는 경쟁으로 인해 상층과 하층의 사회적 거리가 멀어지고 있으며, 상층이 타인의 어려움에 대해 알지도 신경 쓰지도 않게 되었다고 말한다. 또한 그는 이러한 문제가 굉장히 만연해서 금융위기를 일으킨 자들의 불법 행위를 처벌하지도 못하고 펜실베이니아 주립대학교가 어린 소년들을 성폭행한 대학 미식축구팀 코치 제리 샌더스키Jerry Sandusky를 제대로 조사하지 않은 것이라고 본다. "Twilight of the Elites: Chris Hayes on How the Powerful Rig the System, from Penn State to Wall St.," *Democracy Now!* July 17, 2012, www.democracynow.org/2012/7/17/twilight_of_the_elites_chris_hayes.

18. Laurent Belsie, "The Causes of Rising Income Inequality," *NBER Digest*, December 2008, www.nber.org/digest/dec08/w13982.html 참조. "Symposia: The Top 1 Percent," *Journal of Economic Perspectives* 27, no. 3(2013): 3, www.aeaweb.org/articles.php?doi=10.1257/jep.27.3 참조(양쪽의 주장을 요약).

19. Lawrence Mishel and Natalie Sabadish, "CEO Pay and the Top 1%: How Executive Compensation and Financial-Sector Pay Have Fueled Income Inequality," Economic Policy Institute Report, May 2, 2012, www.epi.org/publication/ib331-ceo-pay-top-1-percent.

20. Emmanuel Saez, "Striking It Richer: The Evolution of Top Incomes in the United States," 미출간 논문, Sept. 3, 2013, https://eml.berkeley.edu/~saez/saez-UStopincomes-2013.pdf.

21. Belsie, "Causes of Rising Income

Inequality," para. 8.

22. Lynne L. Dallas, *Short-Termism, the Financial Crisis, and Corporate Governance,* 37 J. Corp. L. 265, 316(2012).

23. Mary Schapiro, *Testimony Concerning the State of the Financial Crisis,* 2010년 1월 14일 금융위기 조사위원회에서의 증언, www.sec.gov/news/testimony/2010/ts011410mls.htm.

24. Kent Greenfield, *Reclaiming Corporate Law in a New Gilded Age,* 2 Harv. L & Pol'y Rev. 1, 12(2008).

25. Sreedhari D. Desai, Donald Palmer, Jennifer George, and Arthur Brief, "When Executives Rake in Millions: The Callous Treatment of Lower Level Employees," ResearchGate. net, July 25, 2011, www.researchgate.net/publication/228181990_When_Executives_Rake_in_Millions_The_Callous_Treatment_of_Lower_Level_Employees. Jeffrey T. Brookman, Saeyoung Chang, and Craig G. Rennie, "CEO Equity Portfolio Incentives and Layoff Decisions," *Journal of Financial Research* 30, no. 2(2007): 259-281 참조(최소 1년 동안 회사를 운영하면서 양도제한 조건부 주식의 포트폴리오나 스톡옵션 보상으로 막대한 이익을 가져가는 CEO들은 인원 감축을 더 많이 실시할 가능성이 높으며, 이와 같은 인원 감축은 주주에게 이익을 가져다준다).

26. "Is it Time to Reform Executive Compensation and Stock Option Grants?" Brookings Institution panel discussion, Sept. 27, 2012, transcript at www.brookings.edu/wp-content/uploads/2012/09/20120927_executive_compensation.pdf

27. 미국과 독일을 비교해보면 독일은 고임금, 고기술, 중간급 일자리를 미국보다 훨씬 많이 유지하고 있다. Virginia Doellgast, *Disintegrating Democracy at Work: Labor Unions and the Future of Good Jobs in the Service Economy*(Ithaca, NY: Cornell University Press, 2012) 참조. Mort Zuckerman, "A Jobless Recovery Is a Phony Recovery," *Wall Street Journal,* July 15, 2013, http://online.wsj.com/article/SB10001424127887323740804578601472261953366.html 참

조(전반적으로 노동자의 수가 줄고 혜택이 별로 없는 시간제 일자리가 늘어난다는 사실에 주목).

28. Eileen Appelbaum, "Reducing Inequality and Insecurity: Rethinking Labor and Employment Policy for the 21st Century," Center for Economic and Policy Research Working Paper, November 2012, www.cepr.net/documents/publications/inequality-insecurity-2012-11.pdf.

29. 경영진의 근무 기간은 점점 줄어들고 이들이 가져가는 임금은 점점 늘고 있다. Joanne S. Lublin, "The Serial CEO," *Wall Street Journal,* Sept. 19, 2005, http://online.wsj.com/news/articles/SB112709114986644489; Steven N. Kaplan and Bernadette A. Minton, "How Has CEO Turnover Changed?" 미출간 논문, August 2008, http://faculty.chicagobooth.edu/steven.kaplan/research/km.pdf("이직률과 이직 행위 민감도가 증가한 것은 소수 대주주의 주식 증가, 이사회의 독립성, 사베인즈 옥슬리 법과 관련이 있다는 증거가 있다") 참조.

30. Paul Davidson, "Study Says Shortage of Skilled Workers Not That Severe," *USA Today,* Oct. 15, 2012, www.usatoday.com/story/money/business/2012/10/14/jobs-skills-gap-study/1630359.

31. Adam Davidson, "Skills Don't Pay the Bills," *New York Times,* Nov. 20, 2012, www.nytimes.com/2012/11/25/magazine/skills-dont-pay-the-bills.html?pagewanted=all.

32. Andrew Hacker and Paul Pierson, *Winner-Take-All Politics: How Washington Made the Rich Richer—And Turned its Back on the Middle Class*(Simon & Shuster 2010), 166-167; Lee Epstein, William M. Landes, and Richard A. Posner, *How Business Fares in the Supreme Court,* 97 Minn. L. Rev. 1431(2013)(대법원이 보수 성향을 띤다는 것을 입증하고 미 상공회의소가 관련 소송의 70퍼센트에서 승소했음을 보여줌).

33. Belsie, "Causes of Rising Income Inequality" 참조.

34. Belsie, "Causes of Rising Income Inequality."

35. Belsie, "Causes of Rising Income

Inequality." 노동 인구는 갈수록 줄고 있다.《유에스 뉴스 앤드 월드 리포트*U.S. News & World Report*》의 사장이자 편집장인 모티머 주커먼 Mortimer Zuckerman은 2013년 7월 15일《월스트리트저널》의 논평란에 "일할 수 있고 일자리가 있는 사람들의 비율, 즉 민간 노동참여율은 현재 63.5퍼센트다. 불황이 끝난 이후로 2.2퍼센트 하락한 수치다"라고 썼다. Zuckerman, "Jobless Recovery Is a Phony Recovery."

36. Brett McDonnell, "Two Goals for Executive Compensation Reform," Minnesota Legal Studies Research Paper no. 07-34, 2007, http://ssrn.com/abstract=1008356.

37. Roberta Romano and Sanjai Bhagat, *Reforming Executive Compensation: Focusing and Committing to the Long-Term*, 26 Yale J. on Reg. 359(2009), http://digitalcommons.law.yale.edu/cgi/viewcontent.cgi?article=2969&context=fss_papers 참조. 환수 조항에 대해서는 Miriam A. Cherry and Jarrod Wong, *Clawbacks: Prospective Contract Measures in an Era of Excessive Executive Compensation and Ponzi Schemes*, 94 Minn. L. Rev. 368, 370(2009) 참조(돈을 철저하게 환수하는 방법을 상세히 기술). 이들은 '환수'를 "청구권에 의해 혜택을 부여했으나 불공평이 발생하는 것을 막기 위해 다시 혜택을 회수할 수 있다고 보는 이론"이라고 정의한다(371-372).

38. "Is it Time to Reform Executive Compensation and Stock Option Grants?" Brookings Institution panel discussion, Sept. 27, 2012, transcript at www.brookings.edu/wp-content/uploads/2012/09/20120927_executive_compensation.pdf. 주주 우선주의와 이해 당사자 이론 사이의 논쟁은 길고 복잡하다. 아이러니하게도 대공황 때 등장한 주장 중 하나는 경영진이 욕심을 내다가 실패했을지라도 주주의 이익을 보호하기 위해서 이들을 자리에 계속 앉혀야 한다는 것이었다. 우리는 노동 시장의 구조가 고용에 큰 영향을 미치기 때문에 이에 대해 숙고하는 것이 중요하다고 생각하며 현대의 경영진 보상 체계를 주주 우선주의와 이해 당사자 이론이라는 맥락 위에서 다시 검토해야 한다고 생각하지만, 이에 대한 논의는 다른 이들에게 맡기고자 한다. Edward S. Adams and John H. Matheson, *A Statutory Model for Corporate Constituency Concerns*, 49 Emory L.J. 1085(2000); Stephen M. Bainbridge, *Interpreting Nonshareholder Constituency Statutes*, 19 Pepp. L. Rev. 971(1992); William J. Carney, *Does Defining Constituencies Matter?* 59 U. Cin. L. Rev. 385(1990); Timothy L. Fort, *The Corporation as Mediating Institution: An Efficacious Synthesis of Stakeholder Theory and Corporate Constituency Statutes*, 73 Notre Dame L. Rev. 173(1997); James J. Hanks Jr., *Playing with Fire: Nonshareholder Constituency Statutes in the 1990s*, 21 Stetson L. Rev. 97(1991); Jonathan R. Macey, *Fiduciary Duties as Residual Claim: Obligations to Nonshareholder Constituencies from a Theory of the Firm Perspective*, 84 Cornell L. Rev. 1266(1999); Lawrence E. Mitchell, *A Theoretical and Practical Framework for Enforcing Corporate Constituency Statutes*, 70 Tex. L. Rev. 579(1992); Brett H. McDonnell, *Corporate Constituency Statutes and Employee Governance*, 30 Wm. Mitchell L. Rev. 1227(2004); Eric W. Orts, *Beyond Shareholders: Interpreting Corporate Constituency Statutes*, 61 Geo. Wash. L. Rev. 14(1992); Jonathan D. Springer, *Corporate Constituency Statutes: Hollow Hopes and False Fears*, Ann. Surv. Am. L. 85(1999); Steven M. H. Wallman, *The Proper Interpretation of Corporate Constituency Statutes and Formulation of Director Duties*, 21 Stetson L. Rev. 163(1991); Committee on Corporate Law, *Other Constituencies Statutes: Potential for Confusion*, 45 Bus. Law 2253(1990) 참조.

39. McDonnell, "Two Goals for Executive Compensation Reform."

40. Roland Benabou and Jean Tirole, "Intrinsic and Extrinsic Motivation," *Review of Economic Studies* 70(2003): 489-520, www.princeton.edu/~rbenabou/papers/RES2003.pdf.

41. Claudio Feser, "The Limits of Monetary Incentives," Chief Executive.net, Feb. 3, 2012, http://chiefexecutive.net/the-limits-of-monetary-incentives.

42. Appelbaum, "Reducing Inequality and

주

403

Insecurity," 3("기술이 빠른 속도로 발전하는 산업 분야에서는 심지어 숙련 노동자들도 기술을 발전시킬 기회를 제공받기보다는 그냥 버려진다").

43. Betsey Stevenson and Justin Wolfers, "The U.S. Economic Policy Debate Is a Sham," *Bloomberg Politics,* July 23, 2012, www.bloomberg.com/news/2012-07-23/the-u-s-economic-policy-debate-is-a-sham.html.

44. Josh Bivens and Heidi Shierholz, "Three Years into Recovery, Just How Much Has State and Local Austerity Hurt Job Growth?" Economic Policy Institute blog, July 6, 2012, www.epi.org/blog/years-recovery-state-local-austerity-hurt.

45. Paul Krugman, *End This Depression Now!*(New York: W. W. Norton, 2012), 46.

46. Arne L. Kalleberg, *Good Jobs, Bad Jobs: The Rise of Polarized and Precarious Employment Systems in the United States, 1970s to 2000s*(New York: Sage, 2011), 248, n. 5. 최저임금의 하락과 최저임금을 강제하지 않는 현실에 대해서는 Sarah Leberstein and Anastasia Christman, *Occupy Our Occupations: Why "We Are the 99 percent" Resonates with Working People and What We Can Do to Fix the American Workplace,* 39 Fordham Urb. L.J. 1073(2012) 참조. 최저임금과 관련한 경제 사상에 대해서는 Betsey Stevenson, "Five Myths about the Minimum Wage," *Washington Post,* April 5, 2013, http://articles.washingtonpost.com/2013-04-05/opinions/38300337_1_minimum-wage-fair-labor-standards-act-workers 참조.

47. Stevenson, "Five Myths about the Minimum Wage," 10번째 단락("노동자는 임금이 오르면 보통 자신이 하는 일을 더 좋게 생각하고 스트레스를 덜 받으며, 이 두 요소 모두 생산성을 높이는 데 기여한다. 그리고 노동자가 더욱 많이 생산하면 고용주가 지출하는 인건비가 줄어든다").

48. 예컨대 Edmund S. Phelps, "The Economy Needs a Bit of Ingenuity," *New York Times,* Aug. 6, 2010, www.nytimes.com/2010/08/07/opinion/07phelps.html?_r=0.

49. Dan Slater, "At Law Firms, Reconsidering the Model for Associates' Pay," *New York Times,* March 31, 2010, www.nytimes.com/2010/04/01/business/01LEGAL.html?pagewanted=all. 에드먼드 펠프스Edmund Phelps 또한 미숙련 일자리가 줄어든 근본 원인은 지불 임금에 비해 직업 훈련 비용이 커졌다는 데 있다고 주장한다. Phelps, "Rewarding Work."

50. Tyler Cowen, *Average Is Over: Powering America beyond the Age of the Great Stagnation*(New York: Penguin, 2013)(신경제에서는 고임금 일자리가 아주 적고 미숙련 노동자의 상당수가 실업난을 겪을 수밖에 없다는 주장).

51. Phelps, "Rewarding Work."

52. "The Case for an Integrated Model of Growth, Employment and Social Protection," World Economic Forum Report no. 200112, 2012, www3.weforum.org/docs/WEF_GAC_CaseIntegratedModelGrowthEmploymentSocialProtection_Report_2012.pdf.

53. Michael Greenstone and Adam Looney, "A Record Decline in Government Jobs: Implications for the Economy and America's Workforce," Brookings on Job Numbers blog, Aug. 3, 2012, www.brookings.edu/blogs/jobs/posts/2012/08/03-jobs-greenstone-looney.

54. Kalleberg, *Good Jobs, Bad Jobs.*

55. Martha Alberston Fineman, *The Vulnerable Subject and the Responsive State,* 60 Emory L.J. 251(2010).

56. Jacob Hacker, *The Great Risk Shift: The New Economic Insecurity and the Decline of the American Dream*(New York: Oxford University Press, 2008), 165, 178(경제가 더욱 불안정해지고 연금과 건강보험 등의 혜택은 줄었다는 설명).

57. Sara Sternberg Greene, *The Broken Safety Net: A Study of Earned Income Tax Credit Recipients and a Proposal for Repair,* 88 N.Y.U. L. Rev. 515(2013) 참조.

58. Fineman, *Vulnerable Subject and the Responsive State,* 269 참조("취약성의 반대가 '전

혀 취약하지 않다'는 아니다. 모든 것에 전혀 취약하지 않을 수는 없다. 중요한 것은 불행이 닥쳤을 때 다시 회복할 수 있는 능력이며, 이 능력은 불행에 맞설 수 있는 수단에서 생긴다").

59. Tammy Erickson, "The Rise of the New Contract Worker," *Harvard Business Review,* blog, Sept. 7, 2012, http://blogs.hbr.org/erickson/2012/09/the_rise_of_the_new_contract_worker.html.

60. Mark Thoma, "Flexicurity," Economist's View blog, March 21, 2006, http://economistsview.typepad.com/economistsview/2006/03/flexicurity.html.

61. Hacker, *Great Risk Shift,* 182-192 참조.

62. "Health Insurance Market Reforms: Portability," Kaiser Family Foundation Fact Sheet no. 8421, March 2013, http://kaiserfamilyfoundation.files.wordpress.com/2013/03/8421.pdf 참조.

63. Greene, supra, 108.

64. Kristen Harknett and Arielle Kuperberg, "Education, Labor Markets, and the Retreat from Marriage: Understanding Differences in Marriage by Education," *Social Forces* 90, no. 1(2011): 41-63 참조. 이들은 교육 수준이 높은 여성의 경우 여기에 별로 해당되지 않는다고 말한다. 아마도 이는 남성이 가장의 역할을 맡아야 한다고 보는 젠더 이데올로기가 고착화되었기 때문일 것이다.

아래로부터의 변화: 자녀에게 필요한 것 제공하기

1. Jason DeParle, "Two Classes, Divided by 'I Do,'" *New York Times,* July 14, 2012, www.nytimes.com/2012/07/15/us/two-classes-in-america-divided-by-i-do.html?ref=jasondeparle.

2. James J. Heckman, "The Economics of Inequality: The Value of Early Childhood Education," *American Educator*(spring 2011), www.aft.org/pdfs/americaneducator/spring2011/Heckman.pdf 참조(온전한 가족이 싱글맘이나 혼합 가족보다 유아의 인지 능력을 더 많이 자극한다는 것을 보여줌).

3. 〈계급 장벽 다시 쌓기: 자녀와 성취도〉 참조.

4. Lee Fang, "Missouri Lawmaker on Child Hunger: 'Hunger Can Be a Positive Motivator,'" Think Progress.org, June 21, 2009, http://thinkprogress.org/politics/2009/06/21/46862/cynthia-davis-hunger/?mobile=nc.

5. June Carbone and Naomi Cahn, "The Conservative War on Single Mothers Like Jessica Schairer," *Huffington Post,* July 19, 2012, www.huffingtonpost.com/june-carbone/the-conservative-war-on-s_b_1685865.html.

6. 부모가 아이와 함께 보내는 시간의 양과 아이의 고립감이 계급에 따라 큰 차이를 보이는 것에 대해서는 〈계급 장벽 다시 쌓기: 자녀와 성취도〉 참조.

7. John F. Irwin, "Invest Wisely in Early Childhood," letter to the editor, *Baltimore Sun,* March 15, 2013, www.baltimoresun.com/news/opinion/readersrespond/bs-ed-child-health-letter-20130314,0,6670846.story. 또한 D. J. Barker, "The Developmental Origins of Adult Disease," *Journal of the American College of Nutrition* 23, no. 6(supp. 2004), 588S – 595S 참조.

8. C. T. Beck, "The Effects of Postpartum Depression on Child Development: A Meta-Analysis," *Archives of Psychiatric Nursing* 12, no. 1(1998): 12-20(산후 우울증이 아이의 인지 발달과 정서 발달에 장기적으로 미치는 영향에 대해 논의).

9. John Cairney, Michael Boyle, David R. Offord, and Yvonne Racine, "Stress, Social Support and Depression in Single and Married Mothers," *Social Psychiatry and Psychiatric Epidemiology* 38, no. 8(2003): 442-449.

10. "Medicaid's Role for Women across the Lifespan: Current Issues and the Impact of the Affordable Care Act," Kaiser Family Foundation Women's Issue Brief, Dec. 3, 2012, 3-4, http://kff.org/womens-health-policy/issue-brief/medicaids-role-for-women-across-the-lifespan.

11. Kristen Kirkland and Susan Mitchell Herzfeld, "Final Report: Evaluating the Effectiveness of Home Visiting Services in Promoting Children's Adjustment in School,"

주

New York State Office of Children and Family Services Report, May 31, 2012, www.pewtrusts. org/~/media/legacy/uploadedfiles/pcs_assets/2013/schoolreadinessreportpdf.pdf.
12. "Why Business Should Support Early Childhood Education," Institute for a Competitive Workforce Report, 2010, www.smartbeginnings.org/Portals/5/PDFs/Research/ICW_EarlyChildhoodReport_2010.pdf; Deborah Lowe Vandell, Jay Belsky, Margaret Burchinal, Laurence Steinberg, and Nathan Vandergrift, "Do Effects of Early Child Care Extend to Age 15 Years? Results for the NICHD Study of Early Child Care and Youth Development," *Child Development* 81, no. 3(2010): 737-756. Institute for a Competitive Workforce는 다음과 같이 말한다. "조사 결과는 분명합니다. 0~5세 아이를 대상으로 하는 조기 교육은 아이의 발달에 매우 큰 영향을 미치며, 탄탄한 기초를 형성하여 성장 후 아이의 학습 능력과 성취도에도 도움이 됩니다"("Why Business Should Support Early Childhood Education," 24).
13. Madeleine M. Kunin, *The New Feminist Agenda*(White River Junction, VT: Chelsea Green, 2012), 110-111의 조사 내용 참조.
14. Donna Cooper and Kristina Costa, "Increasing the Effectiveness and Efficiency of Existing Public Investments in Early Childhood Education: Recommendations to Boost Program Outcomes and Efficiency," Center for American Progress Report, June 2012, 2, https://cdn.americanprogress.org/wp-content/uploads/issues/2012/06/pdf/earlychildhood.pdf 참조.
15. James J. Heckman and Dimitriy V. Masterov, "The Productivity Argument for Investing in Young Children," *Review of Agricultural Economics* 29, no. 3(2007): 446, 449, http://jenni.uchicago.edu/papers/Heckman_Masterov_RAE_2007_v29_n3.pdf; Arthur J. Reynolds, Judy A. Temple, Suh-Ruu Ou, Irma A. Arteaga, and Barry A. B. White, "School-Based Early Childhood Education and Age-28 Well-Being: Effects by Timing, Dosage, and Subgroups," Science 333, no. 6040 July 15,

2011.("조사 결과 가장 일관되게 오랫동안 영향을 미친 요인은 3~4세 때의 유치원 교육이다. 유치원 교육은 이후의 교육 수준, 사회경제적 지위, 생활 습관, 범죄 행위 등에 폭넓은 영향을 미쳤다").
16. James J. Heckman, "The American Family in Black and White: A Post-Racial Strategy for Improving Skills to Promote Equality," Institute for the Study of Labor(IZA) Discussion Paper no. 5495, February 2011, www.iza.org/en/webcontent/publications/papers/viewAbstract?dp_id=5495.
17. Heckman, "American Family in Black and White," 22.
18. Lynn A. Karoly, M. Rebecca Kilburn, and Jill S. Cannon, "Early Childhood Interventions: Proven Results, Future Promise," RAND Labor and Population Report, 2005, www.rand.org/content/dam/rand/pubs/monographs/2005/RAND_MG341.pdf 참조.
19. Karoly et al., "Early Childhood Interventions," 130; 또한 "A Science-Based Framework for Early Childhood Policy," Center on the Developing Child Report, August 2007, http://developingchild.harvard.edu/wp-content/uploads/2015/05/Policy_Framework.pdf 참조.
20. "A Science-Based Framework."
21. Travis Waldron, "How Investing in Pre-School Education Could Boost the Economy and Combat Income Inequality," Think Progress, Feb. 7, 2013, http://thinkprogress.org/economy/2013/02/07/1555401/universal-pre-k-plan.
22. Vincent Zafonte, "Why Universal Preschool Would Cost Taxpayers and Not Benefit Students," Heritage Foundation, Feb. 22, 2013, www.myheritage.org/news/why-universal-preschool-would-cost-taxpayers-and-not-benefit-students.
23. Lindsey Layton, "Preschool Can Pay Big Dividends," *Washington Post*, 13, 2013, www.washingtonpost.com/postlive/policymakers-business-leaders-say-preschool-can-pay-big-dividends/2013/03/12/63108bc2-8a93-11e2-

8d72-dc76641cb8d4_story.html 참조.

24. "Science-Based Framework," 19.

25. "Science-Based Framework," 19.

26. "The Costs and Benefits of Universal Preschool in California," RAND Labor and Population Research Brief no. 9118-PF, 2005, www.rand.org/content/dam/rand/pubs/research_briefs/2005/RAND_RB9118.pdf 참조.

27. Susan Dynarski, Joshua Hyman, and Diane Whitmore Schanzenbach, "Experimental Evidence on the Effct of Childhood Investments on Postsecondary Attainment and Degree Completion," 미출간 논문, Oct. 16, 2011, www.nber.org/papers/w17533.pdf 참조.

28. Caroline M. Hoxby and Christopher Avery, "The Missing 'One-Offs': The Hidden Supply of High-Achieving, Low Income Students," National Bureau of Economic Research Working Paper no. 18586, December 2012, www.nber.org/papers/w18586.pdf; David Leonhardt, "Better Colleges Failing to Lure Talented Poor," *New York Times*, March 16, 2012, www.nytimes.com/2013/03/17/education/scholarly-poor-often-overlook-better-colleges.html 참조.

29. Hoxby and Avery, "Missing 'One-Offs,'" 25-26 참조.

30. Stephen Vaisey, *What People Want: Rethinking Poverty, Culture, and Educational Attainment,* 629 Annals Am. Acad. Pol. & Soc. Sci. 75(2010) 참조.

31. Vaisey, *What People Want.*

32. Michelle Kelso, Naomi Cahn, and Barbara Miller, "Gender Equality in Employment: Policies and Practices in Switzerland and the United States," George Washington University Report, 2012, 40-42, www.gwu.edu/~igis/assets/docs/report-gender-equality-switzerland-2012.pdf 참조.

33. Leonhardt, "Better Colleges Failing to Lure Talented Poor" 참조.

34. David Leonhardt, "A Nudge to Poorer Students to Aim High on Colleges," *New York Times,* Sept. 25, 2013, www.nytimes.com/2013/09/26/education/for-low-income-students-considering-college-a-nudge-to-aim-high.html; Leonhardt, "Better Colleges Failing to Lure Talented Poor."

35. 〈위로부터의 변화: 가족, 불평등, 고용〉 및 Jacob Hacker, *The Great Risk Shift: The New Economic Insecurity and the Decline of the American Dream*(New York: Oxford University Press, 2008) 참조.

36. Jason Koebler, "Report: Community College Attendance Up, but Graduation Rates Remain Low," *U.S. News & World Report,* April 21, 2012, www.usnews.com/education/best-colleges/articles/2012/04/21/report-community-college-attendance-up-but-graduation-rates-remain-low; American Association of Community Colleges, 21st-Century Commission on the Future of Community Colleges, "Reclaiming the American Dream: Community Colleges and the Nation's Future," 2012. 8. 14. www.insidehighered.com/sites/default/server_files/files/21stCentReport.pdf.

37. American Association of Community Colleges, "Reclaiming the American Dream," 8, 14.

38. Sylvia Ann Hewlett and Carolyn Buck Luce, "Off-Ramps and On-Ramps: Keeping Talented Women on the Road to Success," *Big Picture,* March 2005, 48, 46, https://hbr.org/2005/03/off-ramps-and-on-ramps-keeping-talented-women-on-the-road-to-success.

39. Sandberg, *Lean In.*

40. Liz Watson and Jennifer E. Swanberg, "Flexible Workplace Solutions for Low-Wage Hourly Workers: A Framework for a National Conversation," Georgetown University Law Center, Workplace Flexibility 2010, May 2011, 5, http://workplaceflexibility2010.org/images/uploads/whatsnew/Flexible%20Workplace%20Solutions%20for%20Low-Wage%20Hourly%20Workers.pdf.

41. Karen Kornbluh, "The Parent Trap," *The Atlantic,* January/February 2003, www.theatlantic.com/issues/2003/01/kornbluh.htm.

42. Lynn Feinberg, Susan C. Reinhard,

Ari Houser, and Rita Choula, "Valuing the Invaluable: 2011 Update, The Growing Contributions and Costs of Family Caregiving," AARP Public Policy Institute Report, 2011, http://assets.aarp.org/rgcenter/ppi/ltc/i51-caregiving.pdf.

43. Joan C. Williams and Heather Boushey, "The Three Faces of Work-Family Conflict: The Poor, the Professionals, and the Missing Middle," Center for American Progress Report, January 2010, www.worklifelaw.org/pubs/ThreeFacesofWork-FamilyConflict.pdf.

44. 유급 휴가에 대해서는 Sarah Jane Glynn, "Working Parents' Lack of Access to Paid Leave and Workplace Flexibility," Center for American Progress, Nov. 20, 2012, www.americanprogress.org/wp-content/uploads/2012/11/GlynnWorkingParents-1.pdf 참조.

45. Eileen Appelbaum and Ruth Milkman, "Leaves That Pay: Employer and Worker Experiences with Paid Family Leave in California," Center for Economic Policy Research Report, January 15, 2011, www.cepr.net/documents/publications/paid-family-leave-1-2011.pdf.

46. California Unemployment Insurance Code § 2626; N.J. Dept. of Labor & Workforce Dev., "Family Leave Insurance," http://lwd.state.nj.us/labor/fli/fliindex.html(2014년 1월 14일에 마지막으로 방문).

47. Linda Houser and Thomas Vartanian, "Pay Matters: The Positive Economic Impacts of Paid Family Leave for Families, Businesses and the Public," Center for Women and Work Report, January 2012, 2, http://smlr.rutgers.edu/paymatters-cwwreport-january2012; Heather Boushey and Sarah Jane Glynn, "The Effects of Paid Family and Medical Leave on Employment Stability and Economic Security," Center for American Progress, Report, April 2012, 15, www.americanprogress.org/wp-content/uploads/issues/2012/04/pdf/BousheyEmploymentLeave1.pdf.

48. Majority Staff of the Joint Economic Committee, 111th Cong., "Invest in Women, Invest in America: A Comprehensive Review of Women in the U.S. Economy," Dec. 16, 2010, 12.

49. Sarah Beth Estes, Mary C. Noonan, and David J. Maume, "Is Work-Family Policy Use Related to the Gendered Division of Housework?" *Journal of Family and Economic Issues* 28, no. 4(2007): 527, 538; Ellen Ernst Kossek and Brian Distelberg, "Work and Family Employment Policy for a Transformed Labor Force: Current Trends and Themes," in *Work-Life Policies*, ed. Ann C. Crouter and Alan Booth(Washington, DC: Urban Institute Press, 2009), 29.

50. "The Case for a National Family and Medical Leave Insurance Program(The FAMILY Act)," National Partnership for Women and Families Fact Sheet, August 2013, 2-3, www.nationalpartnership.org/site/DocServer/FAMILY_Act_Fact_Sheet.pdf?docID=11821; Appelbaum and Milkman, "Leaves That Pay."

51. Joan Williams, Mary Blair-Loy, and Jennifer Berdahl, "The Flexibility Stigma: Work Devotion vs. Family Devotion," *Rotman Magazine*, Winter 2013, http://worklifelaw.org/wp-content/uploads/2012/12/TheFlexibilityStigma.pdf 참조.

52. Ann O'Leary, Matt Chayt, and Eve Weissman, "Social Security Cares: Why American Is Ready for Paid Family and Medical Leave," Center for American Progress Report, Sept. 27, 2012, www.americanprogress.org/issues/labor/report/2012/09/27/39331/social-security-cares.

53. National Partnership for Women and Families, "The Case for a National Family and Medical Leave Insurance Program."

54. Kristin Smith and Andrew Schaefer, "Who Cares for the Sick Kids? Parents' Access to Paid Time to Care for a Sick Child," Carsey Institute Issue Brief no. 51, Spring 2012, 2, tbl. 1, http://scholars.unh.edu/cgi/viewcontent.cgi?article=1170&context=carsey 참조.

55. "Flexible Work Arrangements: A Definition and Examples," Georgetown University Law

Center, Workplace Flexibility 2010, n.d., http:// workplaceflexibility2010.org/images/uploads/ general_information/fwa_definitionsexamples.pdf 참조.

56. Watson and Swanberg, "Flexible Workplace Solutions for Low-Wage Hourly Workers," 25–31 참조.

57. Jennifer E. Swanberg, Jacquelyn B. James, and Mac Werner, "What Is Workplace Flexibility for Hourly Retail Workers?" Citi Sales Study Issue Brief no. 2, n.d., www.uky.edu/Centers/ iwin/citisales/_pdfs/IB2-HourlyWorkers.pdf.

58. "2012 Working Mother 100 Best Companies," Working Mother.com, n.d., www. workingmother.com/best-companies/2012- working-mother-100-best-companies; Kelso, Cahn, and Miller, "Gender Equality in Employment," 40–42 참조.

섹스, 권력, 가부장제 그리고 부모의 의무

1. Naomi Cahn and June Carbone, *Red Families v. Blue Families: Legal Polarization and the Creation of Culture*(New York: Oxford University Press, 2010), 175.

2. Linda Hirschman and Jane Larson, *Hard Bargains: The Politics of Sex*(New York: Oxford University Press, 1998) 참조.

3. 2001년에서 2006년까지 의도치 않게 임신하는 비율은 10대의 경우 하락했으나 20대 여성의 경우 증가했다. Lawrence B. Finer and Mia R. Zolna, "Unintended Pregnancy in the United States: Incidence and Disparities, 2006," *Contraception* 84, no. 5(2011): 478–485, tbl. 1.

4. Gladys Martinez, Casey E. Copen, and Joyce C. Abma, "Teenagers in the United States: Sexual Activity, Contraceptive Use, and Childbearing, 2006－2010 National Survey of Family Growth," *Vital and Health Statistics* 23, no. 31(2011): 6, fig. 1, www.cdc.gov/nchs/data/series/sr_23/ sr23_031.pdf.

5. Martinez et al., "Teenagers in the United States," 14, tbl. 1.

6. Mark Regnerus and Jeremy Uecker,

Premarital Sex in America: How Young Americans Meet, Mate, and Think about Marrying(New York: Oxford University Press, 2011), 6.

7. Mark D. Regnerus, Forbidden Fruit: *Sex & Religion in the Lives of American Teenagers*(New York: Oxford University Press, 2007), 122.

8. John S. Santelli, Laura Duberstein Lindberg, Lawrence B. Finer, and Susheela Singh, "Explaining Recent Declines in Adolescent Pregnancy in the United States: The Contribution of Abstinence and Improved Contraceptive Use," *American Journal of Public Health* 97, no. 1(2007): 150–156.

9. Martinez et al., "Teenagers in the United States."

10. 20세 이전 섹스를 한 경험이 있는 18~24세 여성 중 첫 번째 섹스를 "원하지 않았다"고 대답한 비율은 2002년에 13퍼센트, 2006~2010년에 11퍼센트였다. 같은 연령대의 남성의 경우 이 비율은 10퍼센트에서 5퍼센트로 떨어졌다. "Facts on American Teens' Sexual and Reproductive Health," Guttmacher Institute In Brief: Fact Sheet, June 2013. 또한 Lawrence B. Finer and Jesse M. Philbin, "Sexual Initiation, Contraceptive Use, and Pregnancy among Young Adolescents," *Pediatrics* 131(2013): 886, http://pediatrics.aappublications.org/content/ early/2013/03/27/peds.2012-3495 참조. 이들은 또한 가장 나이가 어린 집단은 합의하에 섹스를 할 가능성이 가장 낮다고 말한다(888).

11. 이제 민주당 행정부도 공화당 행정부처럼 금욕을 촉구한다. 그러나 이들은 성교육에서 피임 관련 정보를 제공한다. 그 효과에 대해서는 Laura Duberstein Lindberg and Isaac Maddow-Zimet, "Consequences of Sex Education on Teen and Young Adult Sexual Behaviors and Outcomes," *Journal of Adolescent Health* 51, no. 4(2012): 332–338 참조.

12. Mark Regnerus and Jeremy Uecker, *Premarital Sex in America: How Young Americans Meet, Mate, and Think about Marrying*(New York: Oxford University Press, 2011) 참조.

13. Frank Newport, "Americans, Including Catholics, Say Birth Control Is Morally OK,"

Gallup poll, May 22, 2012, www.gallup.com/poll/154799/Americans–Including–Catholics–Say–Birth–Control–Morally.aspx.

14. Regnerus and Uecker, *Premarital Sex in America*, 92–93.

15. Regnerus and Uecker, *Premarital Sex in America*, 62–65(성관계에 여전히 이중 잣대가 작용한다는 설명), 162(섹스 파트너가 있다고 대답한 남성은 우울한 정도가 가장 낮았으나 여성의 경우 섹스 파트너의 수가 증가할수록 우울한 정도가 심해졌다). 또한 Michael Pollard and Kathleen Mullan Harris, "Cohabitation and Marriage Intensity: Consolidation, Intimacy, and Commitment," RAND Labor & Population Working Paper, June 2013, 14, www.rand.org/content/dam/rand/pubs/working_papers/WR1000/WR1001/RAND_WR1001.pdf 참조(동거 중인 남성은 동거 중인 여성에 비해 동거 파트너에게 덜 헌신한다).

16. Regnerus and Uecker, *Premarital Sex in America*, 60.

17. Regnerus and Uecker, *Premarital Sex in America*, 61. Naomi Wolf, "The Porn Myth," *New York Magazine*, http://nymag.com/nymetro/news/trends/n_9437 참조(여성은 다른 여성뿐만 아니라 포르노와도 경쟁해야 한다).

18. Hanna Rosin, *The End of Men and the Rise of Women*(New York: Penguin, 2012), 23.

19. Regnerus and Uecker, *Premarital Sex in America*, 225, tbl. 7.4.

20. Regnerus and Uecker, *Premarital Sex in America*, 225, tbl. 7.4.

21. Evelyn M. Perry and Elizabeth A. Armstrong, "Evangelicals on Campus," Social Science Resource Council, Feb. 6, 2007, http://religion.ssrc.org/reforum/Perry_Armstrong.pdf.

22. 저널리스트 해나 로진은 다음과 같이 말한다. "이러한 현상(여권 향상)이 발생할 수 있었던 것은 단지 피임약이나 낙태 합법화 때문만은 아니다. 사람들이 성에 대해서 더욱 자유롭게 생각하게 되었기 때문이다. 이제 사람들은 결혼을 미루고, 교육이나 경력에 방해가 되지 않게끔 일시적인 관계를 누린다. 좀 노골적으로 말하자면, 현재 페미니스트가 이룬 진보

는 거의 원나잇 문화 덕분이라고 할 수 있다. 요즘 여대생 입장에서 진지하게 결혼하자고 조르는 남성은 19세기에 실수로 한 임신과도 같은 존재다. 창창한 미래를 가로막을 수 있기 때문에 무슨 수를 써서라도 피해야 하는 위험한 존재인 것이다." Rosin, "Boys on the Side," *The Atlantic*, September 2012, www.theatlantic.com/magazine/archive/2012/09/boys-on-the-side/309062/2; Guttmacher Instit., "Disparities in Unintended Pregnancy Grow, Even as National Rate Stagnates," Aug. 24, 2011, www.guttmacher.org/media/nr/2011/08/24/(의도치 않게 임신하는 비율); Regnerus and Uecker, *Premarital Sex in America*, 213, tbl 7.1(독실한 보수주의자 중 성경험이 없는 비율).

23. June Carbone and Naomi Cahn, *Embryo Fundamentalism*, 18 Wm. & Mary Bill Rts. J. 1015(2010).

24. Carbone and Cahn, *Embryo Fundamentalism*.

25. Dan Cassino, "Changing the Subject: Abortion and Symbolic Masculinities among Young Evangelicals," *Journal of Men, Masculinities, and Spirituality* 1, no. 3(2007), 201–214, www.researchgate.net/profile/Dan_Cassino/publication/26485213_Changing_the_Subject_Abortion_and_Symbolic_Masculinities_Among_Young_Evangelicals/links/551404540cf283ee08349f6e.pdf?origin=publication_detail.

26. David Schecter, "What Drives the Voting on Abortion Policy? Investigating Partisanship and Religion in the State Legislative Arena," *Women & Politics* 23, no. 4(2001): 61–84.

27. Amy Deschner and Susan A. Cohen, "Contraceptive Use Is Key to Reducing Abortion Worldwide," *Guttmacher Report on Public Policy* 6, no. 4(2003): 7, 10, www.guttmacher.org/pubs/tgr/06/4/gr060407.html; John Santelli, Theo Sandfort, and Mark Orr, "Transnational Comparisons of Adolescent Contraceptive Use: What Can We Learn from These Comparisons?" *Archives of Pediatrics & Adolescent Medicine* 162, no. 1(2008): 92–94; Jeffrey F. Peipert, Tessa

Madden, Jennifer E. Allsworth, and Gina M. Secura, "Preventing Unintended Pregnancies by Providing No-Cost Contraception," *Obstetrics & Gynecology Online*, Oct. 4, 2012, http://news.wustl.edu/news/Pages/24334.aspx(press release); www.ncbi.nlm.nih.gov/pmc/articles/PMC4000282.

28. Rob Stein, "Premarital Abstinence Pledges Ineffective, Study Finds," *Washington Post*, Dec. 29, 2008, www.washingtonpost.com/wp-dyn/content/article/2008/12/28/AR2008122801588.html?hpid=topnews.

29. Ross Douthat, "Red Family, Blue Family," *New York Times*, May 9, 2010, www.nytimes.com/2010/05/10/opinion/10douthat.html.

30. Lawrence B. Finer and Mia R. Zolna, "Unintended Pregnancy in the United States: Incidence and Disparities, 2006," *Contraception* 84, no. 5(2011): 478-485; Rachel Benson Gold, "Rekindling Efforts to Prevent Unplanned Pregnancy: A Matter of 'Equity and Common Sense,'" *Guttmacher Policy Review* 9, no. 3(2006), 2, www.guttmacher.org/pubs/gpr/09/3/gpr090302.html(소득별 낙태율); Averil Y. Clarke, *Inequalities of Love: College-Educated Black Women and the Barriers to Romance and Family*(Durham, NC: Duke University Press, 2011), 246(대졸 백인 여성은 낙태를 할 가능성이 가장 높다) 참조.

31. Melissa S. Kearney and Phillip B. Levine, "Why Is the Teen Birth Rate in the United States So High and Why Does It Matter?" 26 *Journal of Economic Perspectives* 26, no. 2(2012): 141-163, www.nber.org/papers/w17965.pdf.

32. Thomas, "2008 Republican Party Platform Formally Addresses Education," Open Education. net, Sept. 2, 2008, www.openeducation.net/2008/09/02/2008-republican-party-platform-formally-addresses-education.

33. Edin and Kefalas, *Promises I Can Keep*, 43-44.

34. Linda McClain, *The Place of Families: Fostering Capacity, Equality and Responsibility*(Cambridge, MA: Harvard University Press, 2006) 참조.

35. McClain, *The Place of Families Maxine Eichner, The Supportive State: Families, Governments and America's Political Ideals*(New York: Oxford University Press, 2010).

36. Stephanie Mencimer, "The GOP's Dead-End Marriage Program," *Mother Jones*, June 25, 2012, www.motherjones.com/politics/2012/06/gops-dead-end-marriage-program; Madeleine Schwartz, "One Marriage under God," *Salon*, Feb. 2, 2013, www.salon.com/2013/02/02/one_marriage_under_god 참조(결혼을 장려해온 역사에는 가난한 사람들에 대한 편견이 있음을 저자가 분명히 밝혔다고 언급하는 서평).

37. Eichner, *Supportive State* 참조.

38. Wendy Wang and Paul Taylor, "For Millennials, Parenthood Trumps Marriage," Pew Research Center Social & Demographic Trends Report, March 9, 2011, www.pewsocialtrends.org/2011/03/09/for-millennials-parenthood-trumps-marriage/2.

39. Melanie Hicken, "Average Cost to Raise a Child: $241,080," *CNN Money*, Aug. 14, 2013, http://money.cnn.com/2013/08/14/pf/cost-children.

40. Lydia Saad, "In U.S., Half of Women Prefer a Job outside the Home," Gallup poll, Sept. 7, 2012, www.gallup.com/poll/157313/half-women-prefer-job-outside-home.aspx.

41. Charles Murray, *Losing Ground: American Social Policy, 1950-1980*(New York: Basic Books, 1984).

42. Alex Seitz-Wald, "Romney Flashback: Poor Mothers Should Be Required to Work outside the Home or Lose Welfare," Soda Head blog, April 15, 2012, https://thinkprogress.org/romney-flashback-poor-mothers-should-be-required-to-work-outside-the-home-or-lose-welfare-3eab1421f48e#.azg18x90m.

43. Kristen Harknett and Arielle Kuperberg, "Education, Labor Markets and the Retreat from Marriage," *Social Forces* 90, no. 1(2011): 41-63; Kathryn Edin and Timothy J. Nelson, *Doing the Best I Can: Fatherhood in the Inner*

City(Berkeley: University of California Press, 2013).
44. Wang and Taylor, "For Millennials, Parenthood Trumps Marriage."
45. Cahn and Carbone, *Red Families v. Blue Families,* 162–163.
46. Linda M. Burton, Andrew Cherlin, Donna-Marie Winn, Angela Estacion, and Clara Holder Taylor, "The Role of Trust in Low-Income Mothers' Intimate Unions," *Journal of Marriage and Family* 71, no. 5(2009): 1107–1124, www.ncbi.nlm.nih.gov/pmc/articles/PMC2788951/pdf/nihms151618.pdf.
47. Burton et al., "Role of Trust in Low-Income Mothers' Intimate Unions."
48. Marianne Bertrand, Jessica Pan, and Emir Kamenica, "Gender Identity and Relative Income within Households," National Bureau of Economic Research Working Paper no. 19023, May 2013, www.nber.org/papers/w19023.
49. Cahn and Carbone, *Red Families v. Blue Families,* 175 참조.
50. Janis Graham, "Other Reasons to Take the Pill," WebMD, n.d., www.webmd.com/sex/birth-control/features/other-reasons-to-take-the-pill.

가족법의 죽음과 재탄생 가능성

1. 자율성과 취약성의 관계에 대해서는 Martha Fineman, *The Vulnerable Subject: Anchoring Equality in the Human Condition,* 20 Yale J.L. & Feminism 1(2008) 참조.
2. 이 문제에 대해서는 June Carbone, *From Partners to Parents: The Second Revolution in Family Law*(New York: Columbia University Press, 2000), 166–170 참조.
3. 〈계급 장벽 다시 쌓기: 자녀와 성취도〉와 〈가족법, 결혼 대본을 다시 쓰다〉에서 인용한 연구에 따르면 대졸자와 결혼한 남녀는 몇 십 년 전보다 아이들과 시간을 더 많이 보낸다. 또한 아이와 함께 보내는 시간은 모든 부모 사이에서 증가했지만, 미혼이거나 교육 수준이 낮은 남성

은 엘리트 남성에 비해 증가폭이 훨씬 적다.
4. Joy A. Schneer and Frieda Reitman, "Managerial Life Without a Wife: Family Structure and Managerial Career Success," *Journal of Business Ethics*(2002): 25–38.
5. Alison Wolf, *The XX Factor: How the Rise of Working Women Has Created a Far Less Equal World*(London: Profile Books, 2013) 참조.
6. "Decades after O'Connor, Role of Women Judges Still Growing," *Third Branch News,* March 29, 2013, www.uscourts.gov/news/2013/03/29/decades-after-oconnor-role-women-judges-still-growing.
7. Katharine K. Baker, *Homogenous Rules for Heterogeneous Families: The Standardization of Family Law When There Is No Standard Family,* Ill. L. Rev. 319(2012).
8. 《빨간 가족 vs 파란 가족》 9장에서 앨라배마주의 항소법원은 이념 분열 때문에 부모가 양육권을 놓고 다투는 사건에 판결을 내리지 못하고 있으며, 1심 재판의 결정이 불명확하고(의견서는 없으며 조서 또한 제한적이다) 불공평하더라도 1심 재판 결과에 따른다는 것을 보여주었다. 주별로 의견서 제출 여부를 비교한 자료에 대해서는 Stephen J. Choi, Mitu Gulati, and Eric A. Posner, *Judicial Evaluations and Information Forcing: Ranking State High Courts and Their Judges,* 58 Duke L.J. 1313(2009), http://scholarship.law.duke.edu/cgi/viewcontent.cgi?article=1403&context=dlj 참조.
9. Richard Fry and D'Vera Cohn, "Women, Men and the New Economics of Marriage," Pew Research Center Social & Demographic Trends Report, Jan. 19, 2010, 16, http://pewsocialtrends.org/files/2010/11/new-economics-of-marriage.pdf.
10. 대졸 남성의 지위는 대졸 여성의 지위와 같지 않다. 대졸 남성은 대졸 여성에 비해 대졸자와 결혼할 가능성이 더 높으며, 자신보다 돈을 적게 버는 여성과 결혼할 확률이 교육 수준이 낮은 남성에 비해 훨씬 더 높다. Fry and Cohn, "Women, Men and the New Economics of Marriage." 또한 Philip Cohen, "College

Graduates Marry Other College Graduates Most of the Time," *The Atlantic*, April 4, 2013, www. theatlantic.com/sexes/archive/2013/04/college-graduates-marry-other-college-graduates-most-of-the-time/274654 참조. 이는 어느 정도 사실인데, 전체적으로 대졸 남성보다 대졸 여성의 수가 더 많기 때문이다.

11. 〈가족법, 결혼 대본을 다시 쓰다〉 참조.

12. Jack Mirkinson, "All-Male Fox Panel Freaks Out about Female Breadwinners," *Huffington Post*, www.huffingtonpost.com/2013/05/30/fox-female-breadwinners_n_3358926.html?utm_hp_ref=email_share.

13. Hanna Rosin, *The End of Men and the Rise of Women*(New York: Penguin, 2012) 참조.

14. Nancy E. Dowd, *The Man Question: Male Subordination and Privilege*(New York: NYU Press, 2010), 13-73, 105-123; Nancy E. Dowd, *Asking the Man Question: Masculinities Analysis and Feminist Theory*, 33 Harv. J.L. & Gender 415, 430 (2010); Nancy E. Dowd, *Masculinities and Feminist Legal Theory*, 23 Wis. J.L. Gender & Soc'y 201, 248(2008) 참조.

15. Daniel Schneider, "Market Earnings and Household Work: New Tests of Gender Performance Theory," *Journal of Marriage and Family* 73, no. 4(2011): 845-860 참조.

16. Marianne Bertrand, Jessica Pan, and Emir Kamenica, "Gender Identity and Relative Income within Households," National Bureau of Economic Research Working Paper no. 19023, May 2013, www.nber.org/papers/w19023.

17. 실제로 사람들은 여전히 성별에 따라 다른 행동을 기대한다. 노동자 계급 남성은 전통적으로 남성의 성공이라고 정의된 것들을 해낼 능력이 적은데도 불구하고 이러한 현상은 노동자 계급에서 특히 심하다. Richard A. Lippa, *Gender, Nature and Nurture*(Mahwah, NJ: Erlbaum, 2005), 183(가난한 노동자 계급 아이들은 보통 엄격한 성 고정관념을 가지고 있다); Joan C. Williams, *Reshaping the Work-Family Debate: Why Men and Class Matter*(Cambridge, MA:

Harvard University Press, 2010), 59 참조.

18. 실제로, 3년 동안 연방 정부의 지원을 받아 'Building Strong Families'라는 결혼 장려 프로그램을 실시했으나 "관계의 질 또는 이들이 계속해서 연애 관계를 맺거나 결혼할 가능성에 그 어떤 효과도 미치지 못했다." Robert G. Wood, Quinn Moore, Andrew Clarkwest, Alexandra Killewald, and Shannon Monahan, "The Long-Term Effects of Building Strong Families: A Relationship Skills Education Program for Unmarried Parents, Executive Summary," OPRE Report no. 2012-28B, November 2012, vi, www.acf.hhs.gov/sites/default/files/opre/bsf_36_mo_impact_exec_summ.pdf.

19. 미국인의 순자산 중간값은 8만 달러 밑이다(절반은 이 위에, 절반은 이 밑에 있다). 재산의 균등 분할은 부채 또한 반반으로 나눈다는 것을 의미한다. Kathleen Pender, "Household Incomes, Net Worth Rising," *SFGate*, March 11, 2013, www.sfgate.com/business/networth/article/Household-incomes-net-worth-rising-4346405.php.

20. 미국법률협회ALI는 반박 가능한 추정 원칙을 세웠다. 이 원칙에 따르면 정해진 햇수 동안 동거한 커플은 '동거 관계'를 형성한 것으로 간주된다. 동거 관계의 자격을 얻으면 이혼법에 의해 정해진 재산 분할 및 이혼 수당 원칙을 적용받을 수 있다. ALI, *Principles of the Law of Family Dissolution: Analysis and Recommendations* §§ 6.01 - .06(2002).

21. Leslie Joan Harris, June Carbone and Lee E. Teitelbaum, *Family Law* 4th ed.(New York: Aspen, 2010), chapter 4.

22. Jonathan Zimmerman, "Alimony Myth Persists in New Jersey's Divorce-Reform Drive," Philly.com, June 5, 2012, http://articles.philly.com/2012-06-05/news/32056763_1_alimony-divorce-reform-women.

23. Philip Cohen, "End-of-Men-Richer-Sex Equality Check," FamilyInequality.com, Sept. 10, 2012, http://familyinequality.wordpress.com/2012/09/10/end-of-men-richer-sex-reality-check-40-years-of-pants-edition.

24. Sarah Jane Glynn, "The New Breadwinners: 2010 Update; Rates of Women Supporting Their Families Economically Increased since 2007," Center for American Progress Issue Brief, April 16, 2012, 3, fig. 2, www.americanprogress.org/issues/labor/report/2012/04/16/11377/the-new-breadwinners-2010-update. 남편만큼 벌거나 남편보다 더 많이 버는 백인 여성의 비율은 40퍼센트인 반면, 흑인 여성은 50퍼센트다.

25. *Courtney v. M. Roggy*, 302 S.W.3d 141, 146(Mo. Ct. App. 2009) 참조.

26. June Carbone and Naomi Cahn, *Which Ties Bind? Redefining the Parent-Child Relationship in an Age of Genetic Certainty*, 11 Wm. & Mary Bill Rts. J. 1011(2003).

27. 예를 들어 정자를 기증받을 경우 정자를 기증받은 아이 엄마는 DNA 검사를 자유롭게 포기할 수 있어야 하며, 이러한 검사의 시행 여부는 정자은행이나 대리모를 통해서 아이를 얻은 부모들이 부모 자격을 얻는 데 영향을 미쳐서는 안 된다. 심지어 아이 엄마가 정자를 기증받아서 아이를 가졌으나 아이 아빠가 이 사실을 모르는 경우에도 검사를 포기한다는 것은 곧 부부가 자신과 상대방의 부모 지위에 이의를 제기하지 않겠다는 것을 의미한다. 그러므로 최근에야 자신이 아이의 친부가 아니라는 것을 알게 된 남성은 여전히 아이에 대해 책임을 지며, 아이 엄마는 이들 간에 생물학적 관계가 없다는 이유만으로 이 남성이 공동 양육권을 얻는 것을 방해할 수 없다. 이 남성은 여전히 아이의 법적 아버지다.

28. Baker, *Homogenous Rules for Heterogeneous Families* 참조.

29. In re J.W.T., No. D-1742, 1993 Tex. LEXIS 101, at *31-32(Tex. June 30, 1993), withdrawn, In re J.W.T., 872 S.W.2d 189, 197-198(Tex. 1994).

30. *Pearson v Pearson*, 182 P.3d 353(Utah 2008)(남편이 아이와의 관계를 유지할 수 있게 보호).

31. 법의 변화에 대해서는 Nancy Polikoff,

"Where Can a Child Have Three Parents?", Beyond (Straight and Gay) Marriage, July 14, 2012, http://beyondstraightandgaymarriage.blogspot.com/2012/07/where-can-child-have-three-parents.html; Nancy Polikoff, "Three parents (or more) okay in California—by adoption or otherwise," Beyond (Straight and Gay) Marriage, Aug. 5, 2013, http://beyondstraightandgaymarriage.blogspot.com/2013/10/three-parents-or-more-okay-in.html 참조.

32. 아이 아빠의 소득은 관계의 질에 항상 긍정적인 영향을 미친다. Marcia Carlson, Sara S. McLanahan, and Jeanne Brooks-Gunn, "Coparenting and Nonresident Fathers' Involvement with Young Children after a Nonmarital Birth," *Demography* 45, no. 2(2008): 461-488.

33. June Carbone, "From Partners to Parents Revisited: How Will Ideas of Partnership Influence the Emerging Definition of California Parenthood?" *Whittier Journal of Child and Family Advocacy* 7, no. 1(2007): 3, 5 참조.

34. 루이지애나 주는 아이 아빠가 두 명일 수 있다고 인정한다. June Carbone, *The Legal Definition of Parenthood: Uncertainty at the Core of Family Identity*, 65 La. L. Rev. 1295(2005); Rachel L. Kovach, Comment, *Sorry Daddy—Your Time Is Up: Rebutting the Presumption of Paternity in Louisiana*, 56 Loy. L.Rev. 651(2010) 참조.

35. Carbone, "From Partners to Parents Revisited" 참조.

36. Korvach, *Sorry Daddy—Your Time Is Up*.

37. American Law Institute(ALI), Principles of the Law of Family Dissolution § 2.03(2002) 참조. 실제로 많은 주들이 사실상의 부모 원칙을 사용해서 두 번째 미혼 부모 및 핏줄이 다른 부모를 인정한다.

38. 2013년에 캘리포니아 주에서 채택된 법규는 세 명의 부모가 양육권을 갖는 것을 허용하지만, 이렇게 하지 않으면 아이가 손해를 본다는 것을 증명해야만 한다.

39. Fry and Cohn, "Women, Men and the New Economics of Marriage."

40. David M. Buss, Todd K. Shakelford, Lee A. Kirkpatrick, and Randy J. Larsen, "A Half Century of Mate Preferences: The Cultural Evolution of Values," *Journal of Marriage and Family* 63, no. 2(2001): 491-503.

41. 캐시 에딘은 해나 로진에게 다음과 같이 말했다. "'내 생각에 그동안 페미니스트들이 간과했던 것은 여성이 결혼에 속박되지 않았을 때 얼마만큼의 권력을 가질 수 있는가 하는 거에요.' 그녀는 설명했다. '여성은 아이를 가질지, 아이를 어떻게 키울지, 어디서 살지까지 모든 중요한 결정을 직접 해요.'" Rosin, *End of Men*, 92.

42. John T. Jost, "The End of the End of Ideology," *American Psychologist* 61, no.7(2006): 651, 654. 조스트는 "분명 보수주의자들은 독단적인 수단, 애매모호한 것에 대한 불관용, 체계성, 폐쇄성에서 높은 점수를 받았으며, 경험에 대한 개방성과 통합적 복합성(사안을 다양한 시각에서 보고 이를 하나의 일관된 관점으로 통합시키는 능력)에서는 온건파나 진보주의자보다 점수가 낮았다. 여러 연구들은 그럼이나 시, 음악과 같은 지각 및 심미의 여러 영역에서 보수성이 보다 단순하고 분명하고 익숙한 것에 대한 선호도와 관련 있다는 것을 증명한다"(662). 또한 Dan M. Kahan, Donald Braham, Paul Slovic, John Gastil, and Geoffrey L. Cohen, "The Second National Risk and Culture Study: Making Sense of—and Making Progress in—The American Culture War of Fact," Yale Law School Public Law Working Paper no. 154, Sept. 26, 2007 참조.

43. Jost, "The End of the End of Ideology."

44. Larry M. Bartels, *Unequal Democracy: The Political Economy of the New Gilded Age*(Princeton, NJ: Princeton University Press, 2008), 160.

주